Andreas Pott
Orte des Tourismus

Mit herzlichem Gruß
nd Dank —
Andreas Pott

Andreas Pott (Dr. phil.) ist Professor für Sozialgeographie an der Universität Osnabrück. Seine Forschungsschwerpunkte sind Migrationsforschung, Raumtheorie, Tourismusforschung und kulturelle Geographien der Stadt.

ANDREAS POTT

Orte des Tourismus

Eine raum- und gesellschaftstheoretische Untersuchung

[transcript]

Gedruckt mit Hilfe der Geschwister Boehringer Ingelheim Stiftung für Geistes-wissenschaften in Ingelheim am Rhein.

Bibliografische Information der Deutschen Bibliothek
Die Deutsche Bibliothek verzeichnet diese Publikation in der Deutschen Nationalbibliografie; detaillierte bibliografische Daten sind im Internet über http://dnb.ddb.de abrufbar.

© 2007 transcript Verlag, Bielefeld

Umschlaggestaltung & Innenlayout: Kordula Röckenhaus, Bielefeld
Umschlagabbildung vorne: kriegsflocke, »da hat eiffel gebaut!«,
    © Photocase 2007
Umschlagabbildung hinten: Wetzlarer Dom, © Tourist-Information
    Wetzlar 2007
Lektorat & Satz: Andreas Pott
Druck: Majuskel Medienproduktion GmbH, Wetzlar
ISBN 978-3-89942-763-9

Gedruckt auf alterungsbeständigem Papier mit chlorfrei gebleichtem Zellstoff.

Besuchen Sie uns im Internet: *http://www.transcript-verlag.de*

Bitte fordern Sie unser Gesamtverzeichnis und andere Broschüren an unter: *info@transcript-verlag.de*

FÜR STAMATIA

INHALT

TOURISMUS UND RAUM ALS GESELLSCHAFTS-
THEORETISCHE HERAUSFORDERUNG

Zwischen Tourismus und Raum scheint ein Zusammenhang zu bestehen. Wer an Tourismus denkt, denkt an Urlaubsreisen, Ortswechsel, Erholung in alltagsfremden Räumen, an die Besichtigung und Erfahrung von Orten, an Strände, Länder oder Regionen, an Landkarten oder Stadtpläne. Auch in der interdisziplinären Tourismusforschung ist viel von Räumen und räumlichen Formen die Rede. Regionen, Orte und räumliche Grenzen gehören zu ihren zentralen Gegenständen. Tourismus gilt als „Raumphänomen" (Wöhler 1997, 10). Deshalb verwundert es kaum, dass gerade die Geographie – als raumbezogene Sozialwissenschaft – eine lange und ausgeprägte Tradition in der Untersuchung tourismusbezogener Fragestellungen aufweist.

Neben der Beobachtung, dass die Begriffe Tourismus und Raum häufig zusammen oder doch in enger Verknüpfung auftreten, fällt an ihnen noch etwas anderes auf. Bei aller Unterschiedlichkeit dessen, was Tourismus und Raum bezeichnen, haben die Begriffe eine Gemeinsamkeit: Beide standen lange nicht auf der gesellschaftstheoretischen Agenda.

Im Falle des Raums hat sich diese Situation in den vergangenen Jahren deutlich geändert. Im Zuge des fachübergreifenden *spatial turn* widmen sich seit den 1990er Jahren auch viele deutschsprachige Arbeiten der theoretischen Bestimmung des Verhältnisses von Gesellschaft und Raum. Auf die längste Beschäftigung mit dieser Problematik kann sicherlich die Geographie zurückblicken. Doch mit dem Globalisierungsdiskurs entdecken auch die Soziologie und andere Sozial- und Kulturwissenschaften die Raumkategorie wieder, nachdem ihr dort jahrzehntelang nur ein Schattendasein beschieden war. Das neue Interesse am Raum motiviert verschiedene Versuche einer angemessenen theoretischen Fassung.[1] Diese vielstimmige und anregende Debatte erinnert an etwas, was schon Simmel (1995/1908) betonte: Raum, wie immer neutral und natürlich er daherkommt, ist nichts selbstverständlich Gegebenes, das unabhängig von Sozialem besteht oder gar ‚von außen' auf Handlungen und soziale Strukturbildung wirkt. Wie alles Gesellschaftliche unterliegt auch Raum Prozessen der gesellschaftlichen Konstruktion und Konstitution. Räumliche Strukturen sind immer soziale Strukturen. Mit ihrer Betonung, dass räumliche Formen und ihre Bedeutungen nur als soziale Herstellungsleistungen angemessen zu verstehen sind, verweist die gegenwärtige Debatte auf die gesellschaftlichen Handlungs-, Kommunikations- und Beobachtungskontexte, von denen die soziale Relevanz des Raums abhängt. Mit anderen Worten: In der sozialwissenschaftlichen Analyse sind nicht Handlungen, Kommunikationen, Beobachtungen, soziale Prozesse, Beziehungen o.ä. *im Raum* zu untersuchen, sondern genau umgekehrt: Raum und räumliche Unterscheidungen *in* oder als Bestandteil von Handlungen, Kommunikationen, Beobachtungen, sozialen Prozessen, Beziehungen o.ä.

Im Vergleich zum Raum ist das Verhältnis zwischen Gesellschaftstheorie und Tourismus bis heute distanziert. Die gesellschaftstheoretische Diskussion spart den Tourismus fast vollständig aus. Dass dies angesichts seines dynamischen globalen Wachstums, seiner enormen ökonomischen Bedeutung und seiner sozialen Folgen nicht nur überrascht, sondern auch kaum zu rechtfertigen ist, ist oft bemerkt worden. Trotz dieser Kritik bleiben Anstrengungen, Tourismus als *gesellschaftliches* Phänomen genauer zu untersuchen, bis heute die Ausnahme.[2] Umgekehrt arbeitet die tourismusbezogene Forschung – als interdisziplinärer und stark empirisch ausgerichteter Zusammenhang verschiedener sozialwissenschaftlicher Subdisziplinen – typischerweise ohne größere theoretische Ansprüche. Insbesondere verzichtet sie weitgehend auf eine gesellschaftstheoretische Einbettung ihrer Arbeiten. Sie begnügt sich mit auf die jeweilige Fragestellung bezogenen Theorien „mittlerer Reichweite" (Becker 2002, 4).

Dafür kennzeichnet die Tourismusforschung ein umso stärkeres „Räumeln" (Hard 2002, 296). In ausgesprochen vielfältiger Weise werden in der Literatur, und nicht selten innerhalb einzelner Texte, physische, natürliche, gebaute, bereiste, sozial angeeignete, inszenierte, ästhe-

---

1 Vgl. z.B. Döring/Thielmann 2007, Krämer-Badoni/Kuhm 2003, Löw 2001, Redepenning 2006, Schroer 2006, Werlen 1995 u. 1997.
2 Vgl. als solche: Armanski (1986/1978); Scheuch 1969, 799ff.; Urry 1990.

tisierte, imaginäre, symbolische und einige andere Räume thematisiert. Der mehrfache Bezug auf sozial konstruierte Räume bleibt allerdings überwiegend metaphorisch. Der Raumbegriff wird gerade nicht gesellschaftstheoretisch abgeleitet oder fundiert. Er fungiert nicht als analytischer Begriff, mit dem nach der Bedeutung von Raum *im* Tourismus gefragt wird. Stattdessen wird die metaphorische Raumbegrifflichkeit mit einer alltagsontologischen Vorstellung von Raum als physisch-territorialer Umwelt kombiniert. Dabei wird Raum zu einem sehr unspezifischen Totalitätsbegriff: Alles Gesellschaftliche, also auch jeder Tourismus, findet immer *im* (physischen) Raum statt. Diese Dualität des Raums rahmt die Forschung. Denn bei allen Hinweisen auf die soziale Konstruktion touristischer Räume (bzw. ihre Produktion, Gestaltung, Regulierung usw.) untersucht die Tourismusforschung regelmäßig Tourismus *in* Räumen (im Ort X, in der Region Y) bzw. die Folgen touristischer Entwicklungen *für* Räume. In dieser Orientierung an so genannten Destinationen sieht Urry ein grundlegendes Problem der Tourismusforschung. Während touristische Destinationen und die Form ihrer Bereisung durch entterritorialisierte, flexible Netzwerke von Organisationen – i.e. die Tourismusindustrie – produziert würden, bleibe die Tourismusforschung in der territorialen Falle und in linearen Maßstabsmetaphern gefangen (vgl. Urry 2003, 122). Ohne gesellschaftstheoretische Fundierung und ohne eine hinreichend abstrakte Konzeption von Raum wird sich dies, so kann man vermuten, nicht ändern.

Die Forschungslücken sind also unübersehbar. Gesellschafts- und raumtheoretische Debatten auf der einen Seite sowie tourismusbezogene auf der anderen halten noch weitgehend Distanz zueinander. Ebenso selten, wie gesellschaftstheoretische Studien das touristische Phänomen berücksichtigen, sind die tourismusbezogenen Arbeiten gesellschaftstheoretisch gerahmt. Auch die gestiegene Aufmerksamkeit für die soziale Relevanz des Raums hat an dieser beidseitigen Zurückhaltung wenig geändert. So, wie der Bezug der jüngeren gesellschaftstheoretisch orientierten Raumdebatte auf den Tourismus noch aussteht, so ist die Bereitschaft der tourismusbezogenen Forschung bislang gering, Konsequenzen aus der Theoriediskussion zu ziehen. Dies würde bedeuten, die theoretischen Einsichten zur sozialen Konstruktion des Raums, d.h. zur Kontingenz und Kontextabhängigkeit dieser Konstruktion, auch forschungspraktisch umzusetzen.

Diese wechselseitigen Blindstellen nimmt die vorliegende Arbeit zum Anlass, den *Zusammenhang* zwischen Gesellschaft, Tourismus und Raum zu beleuchten. Als gesellschaftstheoretischen Rahmen für dieses Unterfangen wählt sie die soziologische Systemtheorie, wie sie vor allem von Niklas Luhmann entwickelt und im Anschluss an seine Arbeiten weiterentwickelt worden ist. Diese Wahl ist mehrfach motiviert. Zunächst reizt der Nachweis, dass die Systemtheorie auch für die Behandlung raumbezogener Fragestellungen fruchtbar gemacht werden kann. Erwartet wurde dieses Potential von der Systemtheorie bis vor kurzem nicht. Sieht man von frühen Ausnahmen (z.b. Klüter 1986) ab, schien die selbsternannte Universaltheorie vielen Wissenschaftlern doch gerade für die Untersuchung von Raumfragen ungeeignet zu sein. Nicht nur sahen Systemtheoretiker ihrerseits von der Berücksichtigung der Raumkategorie ab. Auch auf Geographinnen, Stadt- und Regionalsoziologen oder Tourismusforscherinnen hat die Theorie wenig bis keine Attraktion ausgeübt. Vielleicht zu explizit hatte Luhmann neben den Menschen auch alles Physisch-Materielle – und damit auch viele der Räume, auf die die Alltagssprache referiert – in die nicht-kommunikative Umwelt der Gesellschaft ‚verbannt'. Als Grenzziehungskriterium für soziale Systeme und im Besonderen für die (Welt-)Gesellschaft als alle Kommunikationen umfassendes Sozialsystem lehnte er den Raum konzeptionell ab. Luhmann verfolgte das Ziel, „die Systemtheorie als Grundlage der Gesellschaft so zu formulieren, dass sie in der Bestimmung der Gesellschaftsgrenzen nicht auf Raum und Zeit angewiesen ist" (Luhmann 1998, 30, Fn. 24). Mit dieser Ablehnung eines territorialen oder regionalistischen Gesellschaftskonzepts bleibt aber ungeklärt, „ob die soziale Funktion des Raums tatsächlich in seiner Rolle in der Grenzbildung sozialer Systeme aufgeht, und dies zudem noch in der hochgradig spezifischen Form der Grenzbildung, die durch die Territorialität politischer Systeme definiert wird" (Stichweh 2003a, 94). Die Anlage der Systemtheorie, der zufolge Raum keine zentrale Dimension der Strukturbildung in der (Welt-)Gesellschaft ist, impliziert eben nicht, dass ihm für die Genese und Reproduktion sozialer Systeme und Strukturen keine Bedeutung zukommt.

Luhmann selbst hat wenig unternommen, sein Desinteresse am Raum zu verbergen. In einem Interview antwortete er auf die Frage, ob es bestimmte Gegenstandsbereiche gebe, die ihn nicht interessieren: „Ich will nicht apodiktisch ein für alle Mal ‚nicht interessieren' sagen, aber z.B. habe ich immer Schwierigkeiten mit räumlichen Ordnungen. So gern ich in Brasilien bin und mich für die politischen Verhältnisse dort interessiere, aber Brasilien als Einheit interessiert mich nun wieder nicht. Oder nehmen Sie die Stadt Bielefeld, das ist kein System. Also alle räumlichen, regionalisierenden Einheiten interessieren mich nicht so sehr. Wie man sich über Raum im Verhältnis zu Kommunikation Gedanken machen kann, das ist z.B. so ein Bereich" (Huber 1991, 131f.). Erst die Weiterentwicklung der Systemtheorie in der jüngsten Vergangenheit zeigt, dass diese Gesellschaftstheorie, gerade weil sie in der

Identifikation der Gesellschaftsgrenzen vom Raum absieht und Raum nicht zum zentralen Theoriebegriff erhebt, dabei helfen kann, gesellschaftsintern erzeugte Räume und raumbezogene Differenzen zu analysieren (vgl. Kuhm 2000a, 324).

Radikaler als in anderen Ansätzen bezeichnet Raum aus systemtheoretischer Perspektive *nur* eine soziale Konstruktion, eine Form der Unterscheidung oder Beobachtung der Welt, die getroffen werden und folgenreich sein kann, aber nicht muss. Damit tritt deutlich eine Leitfrage systemtheoretischen Nachdenkens über den Raum hervor: Welche Bedeutung haben Räume und räumliche Unterscheidungen (als soziale Konstruktionen) für den Aufbau und die Stabilisierung sozialer Strukturen? Anders formuliert: Welche soziale Funktion erfüllt die Raumkategorie? Oder noch pointierter: Wozu Raum?

Mit dieser Zuspitzung ist die systemtheoretische Debatte zu Gesellschaft und Raum an einem Punkt angekommen, an dem sie ihre Fruchtbarkeit an Phänomenen zu erweisen hat. Zugleich drängt sich der Eindruck auf, dass sie auch nur durch Auseinandersetzung mit phänomenbezogenen Fragestellungen wirklich weitergeführt werden kann. Für diese Aufgabe bietet sich der Tourismus nicht nur wegen seines offensichtlichen Raumbezugs an. Er markiert auch ein Themenfeld, das von der Systemtheorie – wie von anderen Gesellschaftstheorien – vernachlässigt worden ist. Die Möglichkeit, dass eine gesellschafts- und raumbezogene Betrachtung des Tourismus mit Hilfe systemtheoretischer Mittel ebenso Impulse und Reflexionsmöglichkeiten für die Tourismusforschung und die Tourismusgeographie eröffnet, ist ein zusätzlicher Anreiz.

Im Hinblick auf die praktische Durchführbarkeit wird sich die Untersuchung besonders auf einen Teilbereich des modernen Tourismus konzentrieren: den *Städtetourismus*. Für die herkömmliche Erforschung des Städtetourismus gelten die für die Tourismusforschung im Allgemeinen genannten Merkmale entsprechend. Trotz seines deutlichen Bedeutungszuwachses in den letzten Jahrzehnten ist das soziologische, auch das stadtsoziologische, Interesse am Städtetourismus auffallend gering. Spiegelbildlich ist der Gesellschaftsbezug der geographischen und sonstigen Städtetourismusforschung nur schwach. Empirische Fallstudien dominieren die Forschungslandschaft. Anschluss an gesellschaftstheoretisch rückgebundene Raumdebatten wird nur in Ausnahmen gesucht.[3]

Die vorangehenden Ausführungen verdeutlichen, dass der Städtetourismus dieser Untersuchung nicht als Beispiel im Sinne eines empiri-

---

3 Vgl. z.B. Shields 1998, Wöhler 2003.

schen Tests theoretischer Annahmen oder Modelle dient. Vielmehr zielt der exemplarische Bezug auf Schärfung und Weiterentwicklung der sozialwissenschaftlichen Erforschung des Verhältnisses von Gesellschaft und Raum. Am Beispiel des Städtetourismus geht die Untersuchung der *Frage* nach, ob und, wenn ja, inwiefern Raum für dieses gesellschaftliche Phänomen von Bedeutung ist: Inwiefern fungiert Raum im Städtetourismus strukturbildend? Wie wird seine Entwicklung durch die Raumkategorie strukturiert und beeinflusst? Welche Rolle spielen räumliche Unterscheidungen und Formen für die Entstehung, die Reproduktion und die Veränderung städtetouristischer Strukturen?

Um diese Fragestellung behandeln zu können, geht die Arbeit folgendermaßen vor. Nach einer ersten Annäherung an den Untersuchungsgegenstand Städtetourismus wird als Grundlage seiner genaueren Analyse eine systemtheoretische Konzeption des Raums entwickelt (Kapitel *Städtetourismus und Raum*). Dabei wird unter anderem die Bedeutung sichtbar, die der Kontextualisierung raumbezogener Beobachtungen zukommt. Die Relevanz räumlicher Unterscheidungen und Formen erschließt sich erst vor dem Hintergrund ihres Mobilisierungs- und Herstellungszusammenhangs. Dazu ist der Blick auf Städtetourismus allein nicht ausreichend. Denn als touristischer Teilbereich lässt sich der Städtetourismus strukturtheoretisch nur bestimmen, wenn auch geklärt ist, was Tourismus ist. Erforderlich ist daher eine eingehendere Beschäftigung mit dem Verhältnis von Tourismus und Gesellschaft (Kapitel *Der Tourismus der Gesellschaft*). Nach diesen Vorarbeiten kann der Städtetourismus systematisch als ein spezifischer Sinnzusammenhang der modernen Gesellschaft untersucht werden (Kapitel *Die Form des Städtetourismus*). Im Rahmen dieser Analyse wird gezeigt, dass und in welcher Weise Städte im Tourismus und mit ihnen der Städtetourismus primär auf dem Beobachtungsschema Kultur beruhen. Aber auch die mehrfache Relevanz räumlicher Unterscheidungen und Formen wird nun deutlich. Die Städte des Tourismus lassen sich daher insgesamt als besondere, nämlich kultur- und raumbezogene, Semantiken deuten. Damit ist eine theoretische Beschreibungsform des Städtetourismus gefunden, die es erlaubt, die Behandlung der Frage nach der strukturbildenden Funktion des Raums in zwei Richtungen weiter zu vertiefen. Zum einen stellt sich die Frage nach der Beziehung zwischen städtetouristischen Kommunikationen und Städtetouristen (Kapitel *Städte des Tourismus und Städtetouristen*). Zum anderen wird die Frage aufgeworfen, inwiefern städtetouristische Semantiken auch die Entwicklung und (Re-)Produktion städtetouristischer Destinationen strukturieren. Aufbauend auf der erfolgten Untersuchung des Zusammenhangs von städtetouristischen Semantiken und Städtetouristen wird dieser Frage durch die exemplarische

Rekonstruktion der Entstehungsgeschichte des städtetouristischen Reiseziels Wetzlar nachgegangen (Kapitel *Ortssemantik und städtetouristische Entwicklung*). Wie die Untersuchung des Städtetourismus insgesamt verfolgt auch diese Fallstudie eine theoretische Problemstellung: die Frage nach der Bedeutung des Raums für das Verhältnis von (städtetouristischer) Semantik und Struktur. Die Zusammenfassung der zentralen Untersuchungsergebnisse und die durch sie angeregten Ausblicke bilden den Abschluss der Arbeit (Kapitel *Zusammenfassung und Ausblick*).

STÄDTETOURISMUS UND RAUM

Städtetourismus als Untersuchungsgegenstand

Für eine erste Annäherung an den Untersuchungsgegenstand bietet sich ein entwicklungsgeschichtlicher Rückblick an. Folgt man der tourismusbezogenen Forschungsliteratur, wird deutlich, dass der Städtetourismus eine ebenso lange Geschichte wie der Tourismus insgesamt hat. Wie die Urlaubsreisen an Meeresküsten oder in Bergregionen hat auch der Städtetourismus schon adelige Vorläufer. Die Grand Tour der jungen europäischen Adeligen des 16. bis 18. Jahrhunderts umfasste typischerweise historisch-kulturelle Zentren wie Paris, Rom, Florenz, Venedig und Wien (vgl. Brilli 1997). Diese und andere Metropolen und historische Städte Italiens, Griechenlands und Frankreichs wurden dann fester Bestandteil der Bildungsreisen des gehobenen Bürgertums im 18. und 19. Jahrhundert (vgl. Feifer 1985, 137ff.). Auch für den modernen Tourismus des 19. und frühen 20. Jahrhunderts waren Städte von Anbeginn an wichtige Reiseziele. Gerade die Großstädte waren Touristenmagneten. Allen voran dominierten die Weltstädte London, Paris und New York, die nicht nur in den Jahren der populären Weltausstellungen (1851 in London, 1889 und 1900 in Paris sowie 1939 in New York) Hunderttausende Besucher anzogen und schon um 1900 in den Reiseführern von Murray und Baedeker ausführlich portraitiert wurden (vgl. Syrjämaa 2000, 181ff.). Städte wiesen mit ihrer vergleichsweise langen Besuchertradition stets eine Fülle an Besichtigungsmöglichkeiten sowie eine tourismusbegünstigende Übernachtungs- und Bewirtungsinfrastruktur auf. Sie waren aber vor allem leicht (und billig) mit der Eisenbahn zu erreichen (vgl. ebd., 185). Aus diesem Grund entwickelten sich sowohl in den USA als auch in Europa die Eisenbahngesellschaften schnell zu den

17

wichtigsten Veranstaltern von Städtereisen. Auch die ersten Reisen, die Thomas Cook in den 1840er Jahren organisierte, waren mit der Eisenbahn durchgeführte Städtereisen (vgl. Krempien 2000, 108f.). Er führte die durch die Industrialisierung zu einigem Wohlstand gelangte neue Mittelschicht, insbesondere aber die Industriearbeiter aus Leicester, Sheffield und York nach Liverpool, Cardiff, Dublin, Newcastle, Edinburgh und Glasgow. Das Beispiel der frühen Cook'schen Reisen zeigt damit auch, dass der Städtetourismus, wenngleich aus der Tradition des Bildungsbürgertums hervorgegangen und bis in die jüngste Vergangenheit von höher gebildeten Schichten geprägt, schon im 19. Jahrhundert in Ansätzen auch schichtübergreifend organisiert war. Mit einem in Konkurrenz zum Angebot der Eisenbahngesellschaft Northern Railway ,geschnürten' attraktiven ,Zwei-Tages-Paket', das „Bahnfahrt, Übernachtung, Handtuch, Seife und Frühstück" beinhaltete und mit Blaskapellen vor den Fabriktoren beworben wurde, brachte Cook 1851 allein im Jahr der Weltausstellung ca. 165.000 Arbeiter nach London (vgl. ebd., 110).

Neben den Eisenbahngesellschaften und anderen Reiseveranstaltern erkannten auch Lokalpolitik und Stadtverwaltungen sehr schnell das Potential des neuen Reisephänomens. Mit Blick auf die wirtschaftliche Entwicklung ihrer Städte richteten sich daher gerade Stadtverwaltungen bald am Tourismus aus. Sie gründeten Verkehrsämter und initiierten oder unterstützten die Gründung privater Verkehrs-, Geschichts- und Verschönerungsvereine. Die in den Städten lokalisierten Einzelhändler, von denen sich manche in Verkehrs- oder anderen Vereinen organisierten, versprachen sich ebenfalls viel von der touristischen Entwicklung. Alle dieser Akteure bemühten sich mit Werbung und der Veranstaltung von Festen aktiv um touristische Besucher. Cocks (2001) zeigt dies eindrucksvoll in ihrer materialreichen Untersuchung der Entstehung des Städtetourismus in den USA zwischen 1850 und 1915 am Beispiel von New York, Chicago, Washington D.C. und San Francisco. Das gleiche Zusammenspiel von Tourismus, kommunaler Politik und Verwaltung, Einzelhändlern, Vereinen und Transportgesellschaften (bzw. Reiseveranstaltern) demonstriert Keitz am Beispiel des florierenden Städtetourismus in der Weimarer Republik, der bereits eine breite Palette von Klein- und Mittelstädten umfasste (vgl. Keitz 1997, 21ff.). Keitz sieht in den Bemühungen, den „Fremdenverkehr" von kommunaler Seite zu fördern, sogar ein „konstitutives Merkmal des modernen Tourismus" (ebd., 69). In Deutschland reichen die Wurzeln dieser Entwicklung ins 19. Jahrhundert zurück, als mit der Reichsgründung 1870/71 auch die Gründungsphase der städtischen Verkehrs- und Verschönerungsvereine begann. Für England lässt sich anhand stadtgeschichtlicher Untersuchungen bereits für das 17. und 18. Jahrhundert nachweisen, dass man den Ausbau eines Ortes zum Freizeitort als bewusste Alternative zur Entwicklung als Markt-, Industrie- oder Hafenstadt vorantrieb (vgl. McInnes 1988, McIntyre 1981). In Deutschland brachten die 1920er Jahre tiefgreifende Veränderungen für die Beziehung von Städten und Tourismus. Die Nivellierungen in der sozialen Zusammensetzung und im Verhalten der Reisenden verringerten die Unterschiede zwischen Kurorten und Seebädern, Städten und Sommerfrischen. Ein bis dahin unbekannter Konkurrenzkampf aller gegen alle war ausgelöst. Traditionelle Kurorte wie zum Beispiel Baden-Baden oder Wiesbaden mussten ihre Gäste jetzt gezielt umwerben und abwerben. Das Monopol einiger weniger Kurorte verblasse, stellte im Sommer 1929 die Stadtverwaltung Wiesbaden fest und erklärte: „Der Reisende kann dank des vorzüglichen modernen Verkehrswesens auch die entferntesten Plätze aufsuchen. So konkurrieren heute alle Badeorte untereinander, der Wettbewerb ist damit notwendigermaßen ein viel schärferer als früher" (Löwer 1929; zitiert nach Keitz 1997, 69f.).

Außerdem sah sich – ähnlich wie heute – schon in den 1920er Jahren eine Vielzahl von Kommunen durch Wirtschaftskrise und wirtschaftliche Umstrukturierungen gezwungen, nach neuen Einnahmequellen zu suchen (vgl. Institut für Kommunikationsgeschichte 1995). Insbesondere die Mittel- und Großstädte konnten den Fremdenverkehr als Wirtschaftsfaktor nicht mehr sich selbst überlassen. Denn ihnen hatte die Erzbergersche Finanzreform von 1919/20 in besonderem Maße staatliche Steuergelder entzogen und sie gleichzeitig durch erhöhte Sozialausgaben stärker belastet (vgl. Hansmeyer 1973, 35ff.). „Heute", wurde daher 1929 in den ‚Kommunalpolitischen Blättern' festgestellt, ringe „jeder Chef einer gut geleiteten größeren Kommunalverwaltung um die Hebung des Fremdenverkehrs" (Geßner 1929; zitiert nach Keitz 1997, 70f.). Gezwungen, die Wirtschaftskraft zu verbessern, begann damit eine Phase der Kommunalpolitik, die durch den Übergang zur aktiven Lenkung der Stadtentwicklung gekennzeichnet war, bei der die Kommunalpolitiker die Richtung vorgaben: Industriestandort oder Fremdenverkehrsgemeinde (ebd.).

Freilich hat immer ein Großteil der touristischen Mobilität gerade hinaus aus den Städten der industrialisierten Länder geführt – in die Natur, ans Meer, in die Berge, in den Süden. Dies zeigen so unterschiedliche Beispiele wie die kommerziellen Arbeiter- und Mittelstandsreisen, die Thomas Cook schon in den 1840er und 1850er Jahren nach Schottland und an die Seebadeorte an der englischen Küste organisierte (vgl. Krempien 2000, 109), die Angebote von Arbeiterreiseorganisationen in der Weimarer Republik (vgl. Keitz 1997, 129ff.) oder die Geschichte des Strandurlaubs (vgl. Löfgren 1999, 213ff.). Eines der zentralen Versprechen der modernen Urlaubsreise lag darin, dem belastenden Arbeits- und Lebensalltag der engen, lärmigen und dreckigen Städte zu entkommen und sich in der Natur zu erholen und zu regenerieren. Auch im Hinblick auf den sich seit den 1950er Jahren rasant globalisierenden Massentourismus sprechen viele Beobachtungen dafür, diese Entwicklung als eine Form der ‚Stadtflucht‘ aus den industrialisierten Metropolen des ‚Nordens‘ in die nicht-urbanen Peripherien des ‚Südens‘ zu interpretieren. Nicht selten wird daher das Phänomen des Tourismus letztlich auf die Kombination von Urbanisierung und Industrialisierung zurückgeführt. Nash z.b. sieht in den industrialisierten Großstädten den zentralen Erzeuger des touristischen Impulses und charakterisiert den modernen Massentourismus des 20. Jahrhunderts als eine dem Imperialismus verwandte Zentrum-Peripherie-Struktur (vgl. Nash 1989, 39f.). So erklärungsmächtig diese These für viele Reiseformen auf den ersten Blick zu sein scheint, so einseitig ist sie zugleich. Sie blendet die lange Tradition des Städtetourismus, der spätestens seit Beginn des 20. Jahrhunderts ein bedeutsames Segment der faktischen Reisepraxis ausmacht, und mit ihr die Bedeutung des Städtetourismus für Touristen, Städte und die touristische Entwicklung insgesamt aus. Nach den zitierten historischen Studien hat die (kommunalpolitisch forcierte) touristische Bereisung von Städten ganz wesentlich zur Popularisierung des touristischen Reisens und damit verstärkend zur Entwicklung und Ausdifferenzierung des modernen Tourismus beigetragen.

Im Rahmen des allgemeinen touristischen Wachstums erfährt der Städtetourismus seit den 1970er Jahren – verstärkt seit Beginn der 1980er Jahre – einen unübersehbaren Bedeutungszuwachs. Weltweit, aber insbesondere in Nordamerika und Europa, erfreuen sich Städtereisen als eine Form des Kurzurlaubs zunehmender Popularität (vgl. Anton-Quack/Quack 2003, 197; Page 1995, 6f.; Vetter 1986). Wie im Falle anderer Reiseformen auch wird der größte Teil aller Städtereisen im Rahmen organisierter (Gruppen-)Reisen durchgeführt (vgl. Weber 1996, 51). Anderen europäischen Ländern vergleichbar zeigt das Beispiel Deutschlands, dass städtetouristische Ziele – und zwar sowohl Metropolen als auch Klein- und Mittelstädte – im Gegensatz zu anderen inländischen Urlaubsgebieten teilweise erstaunliche Zuwächse an Übernachtungen und Besuchern verzeichnen (bei einem leichten, zwischenzeitlichen Rückgang des Großstadttourismus Anfang der 1990er Jahre; vgl. Maschke 1999, 85ff.). Während 1986 ca. 6% der Westdeutschen mindestens einmal im Jahr eine deutsche Stadt besuchten, hatte sich der Anteil der Städtetouristen bereits bis 1996 auf 12% verdoppelt (Opaschowski 2002, 257). Bei Reisen in ausländische Städte sind ebenfalls deutliche Zuwächse feststellbar (1986: 4% – 1996: 6%; ebd.). Für Deutschland indizieren die gängigen städtetouristischen Indikatoren (touristische Ankünfte und Übernachtungszahlen, tourismusinduzierte Umsätze und Beschäftigungen u.a.) auch in den vergangenen 10 Jahren einen praktisch durchgängigen Wachstumstrend (vgl. Deutscher Tourismusverband 2006).[4]

Den gleichen Trend dokumentieren die Angebote der Reiseveranstalter, die umfangreiche, eigens für Städtereisen konzipierte und teilweise mehrmals im Jahr aktualisierte Kataloge erstellen und verteilen. Neben klassischen Städtereisezielen wie Paris, Wien, Heidelberg etc. preisen sie eine wachsende und variierende Anzahl in- und ausländischer Destinationen an. Zu dieser dynamischen Entwicklung trägt in jüngster Zeit auch der heftige Konkurrenzkampf der neuen ‚Billigflieger' (Ryan-Air usw.) bei. Er ermöglicht es, erschwingliche Kurzurlaube (auch ohne Urlaubstage) in immer mehr europäischen Städten zu verbringen, die vormals für einen Wochenend-Trip zu weit entfernt (bzw. infolge der höheren Flugpreise zu teuer) waren.[5] Auch außereuropäische Metropolen wie St. Petersburg, Marrakesch, Tokio und Hongkong finden zunehmend Berücksichtigung.

---

4 Diese oder vergleichbare Zahlen veranlassen viele Beobachter, von einem „Boom" des Städtetourismus zu sprechen (z.b. Opaschowski 2002, 258). Dagegen wurde kritisch eingewandt, dass der vermeintliche Boom zu einem nicht unwesentlichen Teil ein statistisches Artefakt sei. Cazes z.b. argumentiert am Beispiel Frankreichs, dass der Städtetourismus lange Zeit schlicht durch die einseitige statistische Datenerhebungspraxis übersehen worden sei. Sie habe zu stark die „Urlaubsreise" (vier oder mehr Tage außerhalb des Hauptwohnsitzes) betont – zu Lasten kurzzeitiger und wiederkehrender Formen von räumlicher Mobilität (Ausflüge, Wochenendaufenthalte, Kurzreisen), die häufig gerade in Städte erfolgt seien. Somit sei das aktuelle Wachstum des Städtetourismus weniger ein Hinweis auf ein verändertes Verhalten als vielmehr ein Zeichen für das Schließen einer Wahrnehmungslücke in der Vergangenheit, die eng mit den nicht verfügbaren statistischen Daten zusammenhinge (vgl. Cazes 2000, 46f.). Außerdem sind im Falle vieler nicht weiter differenzierter Statistiken zu Übernachtungsbesuchern in Städten die reinen Geschäftsreisenden, Messebesucher etc. als nicht im engeren Sinne touristische Besucher abzuziehen. Andererseits werden touristische Tagesbesucher von den gängigen Übernachtungsstatistiken, mit denen sowohl Städte als auch Tourismusforscher arbeiten, nicht erfasst. Dass der Städtetourismus in den letzten Dekaden trotz aller nötigen Korrekturen der statistischen Daten vielerorts in erheblichem Maße gewachsen ist, daran zweifeln jedoch selbst die Kritiker der Rede vom städtetouristischen Boom nicht.

5 Vgl. hierzu den Dumont-Reiseführer (2003): Weekend Lovers. Mit dem Billigflieger in Europas Metropolen. 20 Städtereisen zu Schnäppchenpreisen, Köln.

Auffallend ist neben der enormen Vielfalt der Reiseziele auch die Vielfalt der städtetouristischen Aktivitäten. Es gibt fast nichts, das nicht im Angebot wäre. Schnell werden die neuesten Moden aufgegriffen und städtetouristisch vermarktet. Ob dies die Love Parade in Berlin, Skilanglauf in Düsseldorf, Sandstrände und Strandbars in Paris, Berlin oder Rom oder hochgradig differenzierte und spezialisierte Stadtführungen sind – die Städtetouristen sollen durch ein scheinbar unerschöpfliches und stets dem Zeitgeist angepasstes Erlebnisangebot angezogen werden. Ausdifferenzierung, Professionalisierung und Wandel des Städtetourismus haben in den letzten Jahren sicherlich in quantitativer Hinsicht neue Höchstmarken erreicht. Qualitativ handelt es sich aber um kein neues Phänomen. Schon der Städtetourismus der Zwischenkriegsjahre beschränkte sich nicht mehr auf Besichtigungen und die beliebten traditionellen Ziele, die mehrheitlich in Europa lagen. Syrjämaa zitiert einen hohen italienischen Regierungsbeamten, der 1931 mit Blick auf die Attraktivität der italienischen Städte behauptete, dass der Geschmack und die Bedürfnisse der Touristen sich sehr verändert hätten. Zuvor hätten sie sich fast ausschließlich für Archäologie, Kunst und Literatur interessiert, während sie nun nach Abenteuer und vollkommen neuen Erfahrungen suchten. Zu dieser Zeit genossen der südamerikanische Tango, „schwarze Musik" und „exotische Kulturen" einen hohen Reiz. Und als Antwort auf diese Mode des Exotismus habe sich die Liste der städtetouristischen Ziele (auch dank transporttechnischer und organisatorischer Verbesserungen) prompt um so mysteriös-verheißungsvolle, weit entfernte Städte wie Shanghai oder Manila erweitert (vgl. Syrjämaa 2000, 185f.).

Erst der gegenwärtige Städtetourismus mit seiner neuen Wachstumsdynamik zieht auch in größerem Maße die Aufmerksamkeit der Forschung auf sich. Geleitet von der Annahme, Touristen – zu einem großen Teil selbst Stadtbewohner – würden in Städten keine Erholung erfahren, standen lange Zeit andere Reiseformen im Vordergrund. Ebenso weitgehend, wie die Tourismusforschung die Stadt als touristische Destination ausklammerte, wurde das städtetouristische Phänomen in der Vergangenheit auch von der Stadtforschung vernachlässigt (vgl. Ashworth 1989). Erst seit den späten 1970er Jahren ist ein allmählicher Aufmerksamkeitswandel zu beobachten (vgl. Meier 1994, 104). Auf eine intensive Beschäftigung mit den Bedingungen, Formen und Folgen des Städtetourismus trifft man heute vor allem in der angelsächsischen Forschung.[6] Die jüngere Entwicklung wird auf ein Bündel von Faktoren zu-

---

6   Vgl. exemplarisch: Hoffman/Fainstein/Judd 2003, Judd/Fainstein 1999, Law 1993, Page 1995.

rückgeführt: auf das Wachstum von Tourismus, Reisefreudigkeit und Reisemöglichkeiten insgesamt, auf den anhaltenden Trend zum Mehrfach- und Kurzurlaub, der mit einer zunehmenden Flexibilisierung im Sinne von häufigem Wechsel der Reiseziele einhergeht, auf das Wachstum des Dienstleistungssektors in fortgeschrittenen kapitalistischen Gesellschaften, auf die wachsende Bedeutung von Konsum in der sog. Freizeitgesellschaft (Stichwort: Shopping), auf die allgemeine Bildungszunahme und das damit gewachsene Interesse an städtischen Kulturangeboten, auf den anhaltenden und von den Städten geförderten wie bedienten Trend des Erlebnis- und Eventtourismus, auf den wachsenden Anteil von älteren Reisenden, auf die in den 1980er Jahren noch auf Europa und die USA beschränkte, mittlerweile aber weltweit nachweisbare, Bedeutungszunahme von historischem Erbe (vgl. exemplarisch: Chang et al. 1996) sowie auf die Aktivitäten einer expandierenden Tourismusindustrie, die all diese Veränderungen erkennt, verstärkt bzw. mit hervorbringt.

Ein starker Motor der jüngeren Entwicklung sind erneut städtische Politik und Verwaltung. Zumeist wird das Wachstum des Städtetourismus daher auch als Folge ihrer diesbezüglichen Anstrengungen und Aktivitäten gedeutet (vgl. für viele: Meethan 1996a, 322f.). In Zeiten von De-Industrialisierung und tiefgreifendem ökonomischen Strukturwandel, staatlicher Deregulierung, Verödung der Innenstädte und wachsender Städtekonkurrenz setzen diese im Rahmen ihrer Entwicklungs- und Wirtschaftsförderungsstrategien verstärkt (und häufig mit großem Erfolg) auf den Ausbau des Freizeit-, Konsum- und Tourismusbereichs. Viele Städte unternehmen gezielte Anstrengungen, um Touristen als Besucher anzulocken und am Tourismus durch zusätzliche Einnahmen und die Schaffung von Arbeitsplätzen zu partizipieren: Sie bauen ausgewählte Orte touristisch um, sie bemühen sich um die Wiederbelebung ihrer Zentren, sie investieren in geeignete touristische Infrastruktur, sie initiieren und intensivieren Imagekampagnen, die der stärkeren Profilierung und Vermarktung einer attraktiven lokalen Identität dienen sollen, und sie führen die (Teil-)Privatisierung ehemals kommunaler Fremdenverkehrsämter durch bzw. unterstützen die Gründung und Arbeit von privaten (mit der lokalen Tourismusorganisation und -förderung beauftragten) Tourismus-Gesellschaften. Nicht zuletzt präsentieren sich Städte mit ihrem Internetauftritt als touristisch bereisbare Orte. Man findet heute kaum eine Internet-Homepage einer deutschen Stadt, auf der nicht Informationen zum touristischen Besuch dargeboten werden.

Dass die Zusammenfassung der vorliegenden Literatur zum Städtetourismus eher additiv ausfällt und der Bezug auf gesellschaftliche Hintergründe der städtetouristischen Entwicklung schwach bleibt, ist kein

Zufall. Es ist vielmehr die Folge einer Forschungsrichtung, die primär durch Fallstudien kommuniziert. Statt Städtetourismusforschung zu betreiben, wird Tourismus in Städten untersucht. Im besten Fall wird in vergleichender Perspektive auf einzelne Aspekte des komplexen städtetouristischen Phänomens – wie Marketing, Management, Besucherverhalten, organisatorische und infrastrukturelle Einrichtungen, stadtentwicklungspolitische Maßnahmen oder die Folgen der touristischen Entwicklung für Städte und ihre Bewohner – fokussiert.[7] Der Eindruck einer kleinteiligen, sehr spezialisierten und stark deskriptiven Forschung wird durch die Vielzahl anwendungsorientierter Arbeiten verstärkt, die sich im Auftrag von Städten oder Städtenetzwerken auf die Analyse wirtschaftlicher Gesichtspunkte und entwicklungspolitischer Problemstellungen einzelner oder miteinander kooperierender Destinationen beschränken. Versuche einer gesellschaftstheoretischen Systematisierung und Reflexion des städtetouristischen Gesamtphänomens stellen dagegen die große Ausnahme dar.[8] All dies ist vor dem Hintergrund zu notieren, dass Städte weltweit zu den wichtigsten touristischen Zielen gehören (vgl. Law 1993, 1). Aber weder die Tourismusforschung noch die Stadtforschung hat darauf bisher in angemessener Weise reagiert. Aus sozialwissenschaftlicher Sicht ist das Forschungsdesiderat daher nach wie vor unübersehbar (ähnlich: Page/Hall 2003, 18f.): Gibt es, trotz der Heterogenität und Komplexität des Phänomens, eine gesellschaftsbezogene Erklärung für das, was Touristen in Städten suchen? Was macht Städte aus touristischer Perspektive aus? Worin besteht die Besonderheit des Städtetourismus; gibt es sie überhaupt? Kurzum: Was ist eigentlich Städtetourismus?

Neben der mangelnden gesellschaftlichen Einbettung des Phänomens durch die Städtetourismus-Forschung fällt auch der weitgehende Verzicht auf die Frage nach den strukturgenerierenden Funktionen räumlicher Unterscheidungen auf. Vor diesem Hintergrund folgt die weitere Untersuchung der Annahme, dass die stärkere Berücksichtigung der Raumkategorie nicht nur die gesellschaftstheoretisch angeleitete Bestimmung des Städtetourismus erleichtern, sondern auch dazu beitragen kann, den Aufschwung des Städtetourismus in der jüngeren Vergangenheit besser zu verstehen.

---

7 Vgl. Anton-Quack/Quack 2003, Maschke 1999, Page 1995, Wöber 2002.
8 Vgl. als einen solchen, aus regulationstheoretischer Perspektive durchgeführten, Versuch: Costa/Martinotti 2003.

Raum im Städtetourismus

Zweifellos spielt die Raumkategorie im Städtetourismus eine nicht unerhebliche Rolle. Nicht nur die entsprechende Forschungsliteratur, auch Touristen, Städteführer, Reiseberichte, kommunale Tourismusmanager und Tourismusentwickler, städtetouristische Broschüren oder Prospekte sprechen von Städten, Orten, Plätzen, Räumen, Vierteln, Grenzen, Wegen oder Ähnlichem. Sie kann man – so die entsprechenden Aussagen – aufsuchen und besichtigen, betreten, durchqueren, überschreiten, begehen usw. Angefangen von dem touristischen Grundversprechen der Alltagsdistanz durch *Orts*-Wechsel kommen räumliche Formen und Unterscheidungen offenbar in der gesamten städtetouristischen Praxis vor. Sie kennzeichnen sowohl die touristische Produktion wie den touristischen Konsum, sowohl die touristische Kommunikation wie die touristische Wahrnehmung. Außerdem weisen sie einen in doppelter Weise körperlichen Bezug auf: Sie beziehen sich sowohl auf Touristen und ihre Körper (als die reisenden, wahrnehmenden, Alltagsdistanz suchenden, konsumierenden usw. *Subjekte*) als auch auf die von ihnen aufgesuchten oder aufzusuchenden Städte und ihre (materiell-körperliche) Struktur (als die zu bereisenden, wahrzunehmenden, Alltagsdistanz spendenden, vielfältige Angebote bereit stellenden usw. *Objekte*). Dies lässt bereits an dieser Stelle vermuten, dass eine wesentliche Funktion der Raumkategorie darin besteht, Städtetouristen und Städte des Tourismus zusammen zu bringen. Gleichwohl, so ist anzunehmen, wird sich die städtetouristische Bedeutung des Raums nicht in dieser Kopplungsfunktion erschöpfen.

Die Untersuchung der Raumrelevanz im Städtetourismus hängt entscheidend davon ab, was unter *Raum* verstanden wird. Zur Vorbereitung der weiteren Untersuchung ist es daher erforderlich, zunächst den Begriff des Raums genauer zu fassen. Bisher war von Raum vor allem in nicht weiter geklärten Formulierungen wie „Kategorie des Raums", „räumliche Formen" oder „räumliche Unterscheidungen" die Rede. Implizit wurde mit solchen Formulierungen zwar bereits auf einen mit der Systemtheorie kompatiblen formalen – d.h. nicht substantialistischen – Raumbegriff rekurriert, aber eben nur implizit.

Systemtheoretische Raumkonzeption

In der Luhmann'schen Systemtheorie kommt der Raumbegriff nicht an strategischer Stelle vor. Dennoch – oder eher: gerade deshalb – bietet sie ein großes, bislang kaum genutztes Potential für eine sozial- bzw. gesellschaftstheoretisch fundierte, konstruktivistische Raumforschung. Dies deutet zum ersten Mal die frühe sozialgeographische Untersuchung von Klüter über „Raum als Element sozialer Kommunikation" an (vgl. Klüter 1986, s. Fn. 20). Interdisziplinär sichtbar wird das Potential der Systemtheorie in Sachen „Raumfragen" (Hard 2002) aber erst in den letzten Jahren. So wenden sich im Zuge des fachübergreifenden spatial turn gleich eine ganze Reihe von systemtheoretisch argumentierenden Autoren und Autorinnen der lange vernachlässigten Raumproblematik zu. Sie schlagen mehr oder weniger vielversprechende Konzeptualisierungsmöglichkeiten des Raums vor und erproben die Leistungsfähigkeit ihrer Entwürfe anhand erster Beispiele.[9] In der Gesamtschau erscheinen diese Arbeiten noch als Suchbewegung. Bisher wurde keine umfassende systemtheoretische Raumtheorie ausgearbeitet. Doch die Konturen eines systemtheoretischen Raumsbegriffs und damit auch einer systemtheoretischen Konzeptualisierung des Verhältnisses von Gesellschaft und Raum werden deutlich. Die Aufgabe dieses Kapitels besteht darin, diese Konturen im Rahmen der Darstellung des gegenwärtigen Diskussionsstandes nachzuzeichnen und darauf aufbauend zu der Weiterentwicklung eines Raumverständnisses beizutragen, das nicht nur der vorliegenden Arbeit als Grundlage dienen kann.

Bei der systemtheoretischen Konzeptualisierung des Raums handelt es sich, dies wurde bereits gesagt, um einen Ansatz, der Raum formal und konstruktivistisch fasst. Genauer formuliert, handelt es sich um einen *beobachtungstheoretischen* Ansatz. Als Vorbereitung der weiteren Ausführungen sei nachfolgend knapp benannt, was mit der Kennzeichnung dieses Ansatzes als *beobachtungstheoretisch* gemeint ist und welches epistemologische Programm mit dieser Begrifflichkeit verbunden wird.

Methodologische Vorbemerkung

Der im Verlauf dieser Arbeit in Anlehnung an den erkenntnistheoretischen Konstruktivismus und die operative Systemtheorie Luhmanns wiederholt gebrauchte Begriff der Beobachtung, des Beobachtens oder des Beobachters bezieht sich keineswegs nur auf Bewusstseinsprozesse, psychische Systeme oder das ‚Sehen von Menschen mit ihren Augen. Der Begriff wird vielmehr „hochabstrakt und unabhängig von dem materiellen Substrat, der Infrastruktur oder der spezifischen Operationswei-

---

9   Vgl. Baecker 2004a, Bahrenberg/Kuhm 1999, Bommes 2002, Esposito 2002, Filippov 2000, Hard 2002, Krämer-Badoni/Kuhm 2003, Kuhm 2000a, Miggelbrink 2002a, Nassehi 2002, Redepenning 2006, Stichweh 2000a.

se benutzt, die das Durchführen von Beobachtungen ermöglicht. Beobachten heißt einfach [...]: *Unterscheiden und Bezeichnen*. Mit dem Begriff Beobachten wird darauf aufmerksam gemacht, dass das ‚Unterscheiden und Bezeichnen' eine einzige Operation ist; denn man kann nichts bezeichnen, was man nicht, indem man dies tut, unterscheidet, so wie auch das Unterscheiden seinen Sinn nur darin erfüllt, dass es zur Bezeichnung der einen oder der anderen Seite dient (aber eben nicht: beider Seiten). In der Terminologie der traditionellen Logik formuliert, ist die Unterscheidung im Verhältnis zu den Seiten, die sie unterscheidet, das ausgeschlossene Dritte. Und somit ist auch das Beobachten im Vollzug seines Beobachtens das ausgeschlossene Dritte. Wenn man schließlich mit in Betracht zieht, dass Beobachten immer ein Operieren ist, das durch ein autopoietisches System durchgeführt werden muss, und wenn man den Begriff dieses Systems in dieser Funktion als Beobachter bezeichnet, führt das zu der Aussage: der Beobachter ist das ausgeschlossene Dritte seines Beobachtens. Er kann sich selbst beim Beobachten nicht sehen. Der Beobachter ist das Nicht-Beobachtbare, heißt es kurz und bündig bei Michel Serres. Die Unterscheidung, die er jeweils verwendet, um die eine oder die andere Seite zu bezeichnen, dient als unsichtbare Bedingung des Sehens, als blinder Fleck. Und dies gilt für alles Beobachten, gleichgültig ob die Operation psychisch oder sozial, ob sie als aktueller Bewusstseinsprozess oder als Kommunikation durchgeführt wird." (Luhmann 1998, 69f.; kursiv: AP).

Dieser Beobachtungsbegriff beinhaltet also nicht die Vorstellung einer Abbildung der Realität oder einer Reflexion oder Repräsentation der objektiven, also beobachtungsunabhängigen, Wirklichkeit. Statt mit ontologischen Fragen beschäftigt sich der *erkenntnistheoretische Konstruktivismus* (klassisch: von Foerster 1985, von Glasersfeld 1985, Maturana/Varela 1987) mit den „Bedingungen der Möglichkeit von Erkennen und Handeln" (Luhmann 1990a, 20). Dies gilt für die neurobiologischen und kybernetischen Pionierarbeiten ebenso wie für die daraus entwickelte sozialtheoretische Variante. Hierin unterscheidet sich dieser Ansatz vom sog. *Sozialkonstruktivismus* (klassisch: Berger/Luckmann 1996). Denn trotz seiner Skepsis gegenüber der Möglichkeit der Erfassung der Realität und trotz seines prozessorientierten, vornehmlich an der Genese bzw. der Produktion von sozialen Phänomenen interessierten Blickwinkels (vgl. Sismondo 1993, 547) betont der Sozialkonstruktivismus, dass die (gesellschaftlichen) Dinge nicht das sind, was sie zu sein scheinen (vgl. Hacking 1999, 81). Im Sinne „der klassische(n) akademische(n) Epistemologie" zielt er daher letztlich darauf, die Realität so zu erkennen, wie sie ist, und nicht so, wie sie nicht ist (vgl. Luhmann 1994, 88). Dagegen bezieht der erkenntnistheoretische Konstruktivismus den Standpunkt, dass die objektive Wirklichkeit, deren Existenz keineswegs geleugnet wird, operativ unzugänglich ist und daher auch nicht (richtig) erkannt werden kann. Stattdessen wird davon ausgegangen, dass durch die Operationen erkennender Systeme eine eigene ‚Objektivität' und eine eigene ‚objektive', also beobachtungsabhängige, Wirklichkeit hergestellt wird. Der in diesem „radikal" konstruktivistischen Rahmen konzipierte Beobachtungsbegriff drückt damit die „Bedingung der Möglichkeit des Erkennens der Wirklichkeit *als* Konstruktion der Wirklichkeit" (Redepenning 2006, 7) aus. In einem solchen Ansatz wird die Frage nach dem Was (also der Objektivität) eines Gegenstands unergiebig. Sie ist zu ersetzen durch die Frage nach dem Wie (also der konstruktionsabhängigen ‚Objektivität') des Gegenstandes (ebd., 8). Erst die Beobachtung der Unterscheidungen, die Beobachtungen zu Grunde liegen, also erst eine so genannte Beobachtung zweiter Ordnung, kann reflektieren, wie Beobachter unterscheiden und bezeichnen und auf diese Weise Gegenstände – d.h. Objekte, Eigenschaften, Personen, Handlungen, Räume, Realität(en), (Um-) Welt(en) usw. – herstellen.

Raum als Medium der Wahrnehmung *und* der Kommunikation

Luhmann selbst verzichtet noch weitgehend auf die Ausarbeitung und Verwendung des Raumbegriffs. In seinen Schriften spielt der Raum nur eine untergeordnete Rolle und wird nirgendwo systematisch behandelt. Gleichwohl wird Raum zweimal und zwar in sehr verschiedenen Versionen thematisch.

In einer ersten Version erscheint der Raum als ein der Umwelt der Gesellschaft zuzurechnendes Phänomen. Wie psychische Systeme operieren auch soziale Systeme (per definitionem) nur im Medium Sinn; sie seien folglich nicht im (physischen) Raum begrenzt (vgl. z.B. Luhmann 1998, 76). Soziale Systeme haben der Systemtheorie zufolge keine räumlich-materielle, sondern eine völlig andere, nämlich rein endogen hervorgebrachte Form von Grenze (anders als organische Systeme, deren Grenzen – Zellmembranen, Haut – räumlich-materiell interpretiert werden können). Die Grenze des alle anderen sozialen Teilsysteme umfassenden Kommunikationssystems Gesellschaft, zum Beispiel, werde in jeder einzelnen Kommunikation produziert und reproduziert. Diese operative, systeminterne Grenzziehung geschehe, „indem die Kommunikation sich als Kommunikation im Netzwerk systemeigener Operationen bestimmt", indem sie also mit Hilfe der Unterscheidung Selbstreferenz/Fremdreferenz bzw. System/Umwelt operiert, und „dabei keinerlei physische, chemische, neurophysiologische Komponenten aufnimmt" (ebd.). Als exogene Grenze habe der (physische oder materielle) Raum daher letztlich keinen sozialen Charakter. Er gehöre der (nicht-kommunikativen) Umwelt von Gesellschaft an, mit der letztere operativ nicht verbunden ist. In einer zweiten Hinsicht ist Raum bei Luhmann ein Medium der Wahrnehmung (vgl. Luhmann 1997, 179ff.). Im Rahmen seiner Kunsttheorie fasst Luhmann Raum als ein Medium, mit dessen Hilfe die Wahrnehmung mannigfaltige Objekte an Stellen – im Raum – anordnet und damit Unterschiedliches gleichzeitig handhabbar macht. Wie bei der Zeit handele es sich auch beim Raum um ein „Medium der Messung und Errechnung von Objekten". Die Nähe zu Kant ist unübersehbar. Denn ebenso wie schon Kant besteht Luhmann darauf, dass es sich bei Raum um ein kognitives Schema handelt, genauer: um eine Konstruktion psychischer (Bewusstseins-)Systeme, die operativ keinen Umweltkontakt haben (können).

Auffälligerweise hat Luhmann das Raummedium ausschließlich als Wahrnehmungsmedium konzipiert, das er an die „neurophysiologische Operationsweise des Gehirns" (ebd.) bindet (vgl. dazu auch Nassehi 2003a, 220; sowie Stichweh 2000a, 185f.). Der Beobachtung, dass Raum als spezifisches Schema oder Konzept der „(An)Ordnung" (Löw 2001, Miggelbrink 2002a) offensichtlich auch sozial bzw. kommunikativ relevant ist, ist er nicht weiter gefolgt. Diese Beobachtung hat erst Stichweh (2000a) zum Anlass genommen, Raum auch als Medium der Kommunikation aufzufassen. Dazu integriert er Raum in das Medium Sinn, also in „das allgemeinste Medium, das psychische *und* soziale Systeme ermöglicht und für sie unhintergehbar ist" (Luhmann 1997, 173ff.; *AP*). Neben der von Luhmann ausgearbeiteten Sach-, Zeit- und Sozialdimension des Sinns unterscheidet Stichweh nun auch eine Raumdimension (vgl. Stichweh 2000a, 187).

Andere an Luhmann anschließende Autoren konzipieren Raum ebenfalls als ein Medium der Kommunikation (vgl. z.B. Baecker 2004a, 224ff.; Kuhm 2000a, 332; Kuhm 2003a, 29f.; Ziemann 2003). Nicht alle folgen allerdings Stichwehs Weg. Die Frage, ob die Raumdimension eine eigene Sinndimension ist oder nicht, ist umstritten. Während z.B. Bommes (2002, 94) und Stichweh (2000a, 188) von der Irreduzibilität der Raumdimension sprechen und keine „innere Verwandtschaft" von Sach- und Raumdimension erkennen, erinnert Baecker (ohne Angabe von Fundstellen) daran, dass Luhmann selbst für die Option, Raum als Bestandteil der Sachdimension zu verstehen, plädiert habe (vgl. Baecker 2004a, 225; Luhmann 2002a, 238f.). In deutlicher Abgrenzung von

29

Stichweh (2000a) formuliert auch Hard seine Skepsis gegenüber der „traditionsschwere(n) Parallelschaltung von Zeit- und Raumdimension des Sinns", die kaum den „theoretischen Intentionen Luhmanns" entspreche (Hard 2002, 288). Hard weist außerdem darauf hin, dass die Raumdimension, wenn nicht zur Sachdimension, dann in abgeleitetem Wortgebrauch („Er steht mir nahe"; „nahe bei Mitternacht" usw.) auch zur Sozial- oder Zeitdimension zählen könne (ebd., 283). Die Ableitung der Sach-, Zeit- und Sozialdimension und die Abweisung der Raumdimension als vierter Sinndimension sind bei Luhmann nicht grundständig geklärt (vgl. Drepper 2003, 106). Um die Frage, ob die Raumdimension eine eigene Sinndimension ist, einer Entscheidung näher bringen zu können, müsste man daher genauer in die Diskussion um die Mehrdimensionalität des Sinns und die Interdependenz der einzelnen Sinndimensionen einsteigen.[10] Darauf kann hier verzichtet werden. Für diese Arbeit genügt die Anregung, Raum nicht nur als ein Medium der Wahrnehmung, sondern, in Erweiterung von Luhmanns Begriffsverwendung, auch als ein Medium der Kommunikation zu begreifen. Mit diesem Ausgangspunkt einer systemtheoretischen Raumkonzeption sind verschiedene konzeptionelle Implikationen und Folgeentscheidungen verbunden. Die folgende Darstellung wird sichtbar machen, inwiefern sich der für diese Arbeit entwickelte Vorschlag an anderen Arbeiten orientiert, sich im Einzelnen aber auch von ihnen unterscheidet.

Im Anschluss an Luhmann weisen Kuhm (2000a) und Stichweh (2000a) explizit auf die Dualität des Raums hin. Von einem „gesellschaftsintern", d.h. kommunikativ, erzeugten „sozialen Raum" bzw. von Raum als einem Medium der Kommunikation unterscheiden sie einen (physischen) „externen Raum in der Umwelt der Gesellschaft", der „als etwas Nichtkonstruiertes der Außenwelt der Gesellschaft zugehört" (Kuhm 2000a, 332). Diese Sicht auf Raum ist nicht überzeugend, zumindest erscheint sie missverständlich formuliert. Denn in überraschend realistisch-ontologisierender Weise scheint sie mit der ansonsten streng konstruktivistischen Anlage der Systemtheorie zu brechen: Im Rahmen eines konstruktivistischen Theorierahmens wird sowohl von Konstruiertem wie von Nicht-Konstruiertem gesprochen. Die konstruktivistisch argumentierenden Theoretiker müssten sich – zwar nicht als Alltagsweltler, aber doch als Sozial- und Systemtheoretiker – darüber im Klaren sein, dass auch ein „gesellschaftsexterner", „extrakommunikativer", „unkonstruierter", „materieller" oder „substantieller" Raum

---

10 Einen möglichen Einstieg in diese Diskussion weisen: Baecker 1993; Luhmann 1971, 46ff.; Luhmann 1987, 112ff. und 127ff.; Ziemann 2003, 131, Fn.2.

– ebenso wie das von Luhmann so bezeichnete Materialitätskontinuum als Umweltvoraussetzung aller Kommunikationen (vgl. Luhmann 1998, 100) – stets doch nur ein Kommunikat ist und bleibt, allerdings eines, dem sie intrakommunikativ, in der Gesellschaft, Fremdreferenz zusprechen (vgl. Hard 2002, 285). Auch die „räumlichen Differenzen in der Umwelt der Gesellschaft", die eine von Stichweh geforderte „Ökologie der Gesellschaft" zu ihrem zentralen Untersuchungsgegenstand erheben sollte (vgl. Stichweh 2000a, 191), sind Formen von (mit Hilfe der Unterscheidung von System und Umwelt konstruierten) Beobachtungen, sind Herstellungsleistungen operativ geschlossener Sinnsysteme (z.b. der wissenschaftlichen Kommunikation oder einer wissenschaftlichen Organisation). Statt eine Dualität des Raums zu unterstellen, ist es deshalb für eine systemtheoretische Fundierung des Raumbegriffs vollkommen ausreichend, die Entscheidung, von Raum als einem Medium der Wahrnehmung *und* der Kommunikation auszugehen, auszuarbeiten.

Mit der Bestimmung des Raums als einem spezifischen Medium wird eine für die Systemtheorie konstitutive Unterscheidung relevant: die Unterscheidung zwischen Medium und Form.

Medien bestehen in der systemtheoretischen Diktion aus massenhaft vorhandenen, nur lose verbundenen Elementen, die in strikt gekoppelter Weise Formen ermöglichen. Medien stehen also für Formbildung bereit. Sie sind überhaupt erst anhand der Formen, die in sie eingeprägt werden, erkennbar und operativ anschlussfähig. Man kann dies am Beispiel der Sprache verdeutlichen. Als lose gekoppelten Zusammenhang von Elementen kann man das Kommunikationsmedium Sprache als einen Vorrat von Wörtern verstehen. Beobachtbare Konturen bekommt dieses Medium aber erst dann, wenn einzelne Wörter verbunden und ausgesprochen oder geschrieben werden. Erst die Formung von Wörtern zu Sätzen bildet einen Sinn, der in der Kommunikation prozessiert werden kann (vgl. Luhmann 1997, 172). Beide Seiten der Medium/Form-Unterscheidung sind also aufeinander angewiesen: Ohne Medium keine Form und ohne Form kein Medium. Zu beachten ist, dass jede Formbildung das Medium voraussetzt, seine Möglichkeiten aber nicht verbraucht, sondern reproduziert. Das ist wiederum am Beispiel der Worte, die zur Satzbildung verwendet werden, leicht einzusehen. Formen erfüllen diese Reproduktionsfunktion dadurch, dass sie typisch kurzfristiger existieren als das Medium selbst. „Sie koppeln und entkoppeln das Medium, könnte man sagen" (ebd., 170). Zwar sind Formen durchsetzungsfähiger als das Medium. „Das Medium setzt ihnen keinen Widerstand entgegen – so wie Worte sich nicht gegen Satzbildung [...] sträuben können" (ebd.). Diese Stärke ‚bezahlen‘ Formen aber damit, dass sie vergleichsweise instabil sind, d.h. jederzeit auch wieder aufgelöst oder modifiziert werden können. Medien dagegen sind zeitstabil. Statt mit der Auflösung von Formen zu verschwinden, stehen sie für neue Formbildung bereit.

Die Unterscheidung von Medium und Form wird in der Luhmann'schen Systemtheorie als Ersatz für dingorientierte Ontologien sowie ihre Differenzierungen von Substanz und Akzidenz oder Ding und Eigenschaft eingeführt. Weder Medien noch Formen noch ihre Unterscheidung gibt es „an sich". Medien und Formen werden jeweils von Systemen aus konstruiert. Sie setzen also immer eine Systemreferenz voraus. Sie sind beobachtungsabhängig. Außerdem ist zu beachten, dass, wenn von Medien gesprochen wird, immer die operative Verwendung der *Differenz* von Medium und Form gemeint ist. Kurzum: In ihrer Differenz entstehen Medium und Form als Konstrukt des Systems, das sie verwendet (vgl. Kuhm 2000a, 332; Luhmann 1997, 165f.; Luhmann 1998, 195ff.).

Das Gemeinsame der beiden Seiten der Medium/Form-Unterscheidung, also das, was sie als Unterscheidung von anderen Unterscheidungen (wie z.b. System/Umwelt oder Kommunikation/Bewusstsein) unterscheidet, liegt im Begriff der (lose oder fest gekoppelten) Elemente von Medien und Formen. Der Begriff des Elements soll dabei nicht auf naturale Konstanten oder substanzielle Partikel verweisen, die jeder Beobachter als dieselben vorfinden könnte. „Vielmehr sind immer Einheiten gemeint, die von einem beobachtenden System konstruiert (unterschieden) werden, zum Beispiel die Recheneinheiten des Geldes oder die Töne in der Musik" (Luhmann 1997, 167). Solche Elemente sind damit „ihrerseits immer auch Formen in einem anderen Medium – zum Beispiel Worte und Töne Formen im Medium der Akustik, Schriftzeichen Formen im optischen Medium des Sichtbaren" (ebd., 172).[11]

An dieser Stelle wird die paradoxe Konstruktion der Unterscheidung von Medium und Form deutlich. Die Unterscheidung sieht vor, dass sie in sich selbst wieder vorkommt bzw. in sich selbst wieder eintritt – ein „re-entry" im Sinne des Spencer Brown'schen Formenkalküls (vgl. Spencer Brown 1979, 69ff.). Die Unterscheidung kommt insofern in sich selber vor, als auf beiden Seiten lose bzw. fest gekoppelte Elemente

---

11 „Wollte man das, was in spezifischen Medien als ‚Element' fungiert, weiter auflösen, würde man letztlich ins operativ Ungreifbare durchstoßen – wie in der Physik auf die nur voreingenommen entscheidbare Frage, ob es sich um Teilchen oder um Wellen handelt. Es gibt, anders gesagt, keine Letzteinheiten, deren Identität nicht wieder auf den Beobachter zurückverweist. Keine Bezeichnung also ohne zugängliche (beobachtbare) Operation, die sie vollzieht" (Luhmann 1997, 168).

vorausgesetzt werden, die ihrerseits nur als Formen erkennbar sind, also eine weitere systemabhängige Unterscheidung von Medium und Form voraussetzen. Aus dieser paradoxen Begriffskonstruktion ergibt sich die *Stufenbaufähigkeit* der Unterscheidung. Damit ist gemeint, dass Formen, die sich in einem Medium bilden, wiederum als Medium für weitere Formbildungen zur Verfügung stehen, usw.[12]

Dem ausgeführten Verständnis einer systemtheoretischen Unterscheidung von Medium und Form entsprechend lässt sich nun auch der Raum als Medium konzipieren, genauer: als eine spezifische beobachtungsabhängige Unterscheidung von Medium und Form. In diesem Sinne bestimmt Luhmann den Raum, wie angedeutet, mit Hilfe der Unterscheidung von Stellen und Objekten. Wie die Zeit werde der Raum (als Medium der Wahrnehmung) von (psychischen) Systemen dadurch erzeugt, „dass Stellen unabhängig von den Objekten identifiziert werden können, die sie jeweils besetzen. [...] Stellendifferenzen markieren das Medium, Objektdifferenzen die Formen des Mediums. [...] Und auch hier gilt: das Medium ‚an sich' ist kognitiv unzugänglich" (Luhmann 1997, 180). Nur die Formen, also die Unterscheidung von Objekten anhand der Stellen, die sie besetzen, machen es wahrnehmbar. Die Unterscheidung von Stellen, die im Raum identifizierbar sind, die also die lose gekoppelten Elemente des Mediums bezeichnen, und Objekten, die durch Stellenbesetzung und Stellenrelationierung Formen in das Medium einprägen (bzw. seine Elemente stärker koppeln), schließt die Möglichkeit ein, dass Objekte ihre Stellen wechseln.[13] Außerdem unterstreicht Luhmann mit dieser Unterscheidung das schon von Simmel for-

---

12 Ein von Luhmann angeführtes Beispiel, das die Allgemeinheit eines solchen evolutionären Stufenbaus illustriert, lautet: „Im Medium der Geräusche werden durch starke Einschränkung auf kondensierbare (wiederholbare) Formen Worte gebildet, die im Medium der Sprache zur Satzbildung (und nur so: zur Kommunikation) verwendet werden können. Die Möglichkeit der Satzbildung kann ihrerseits wieder als Medium dienen – zum Beispiel für Formen, die man als Mythen, Erzählungen oder später, wenn das Ganze sich im optischen Medium der Schrift duplizieren lässt, auch als Textgattungen und als Theorien kennt. Theorien wiederum können im Medium des Wahrheitscodes zu untereinander konsistenten Wahrheiten gekoppelt werden" (Luhmann 1997, 172).

13 An dieser Eigenschaft lässt sich der Unterschied zum Zeitmedium verdeutlichen. Denn folgt man Luhmann, stimmen Raum und Zeit in allen genannten Hinsichten überein. Als Medien werden sie von Beobachtern auf gleiche Weise erzeugt, „nämlich durch die Unterscheidung von Medium und Form, oder genauer: Stelle und Objekt" (Luhmann 1997, 180). Der Unterschied liegt dann in der Handhabung der Varianz, des Formenwechsels: „Der Raum macht es möglich, dass Objekte ihre Stellen verlassen. Die Zeit macht es notwendig, dass die Stellen ihre Objekte verlassen." (ebd., 181).

mulierte Prinzip der „Ausschließlichkeit" des Raums (vgl. Simmel 1995, insb. 134): Eine Stelle im Raum kann zur gleichen Zeit nicht zweimal besetzt werden (vgl. Luhmann 1987, 525, Fn. 54; Stichweh 2000a, 187f.). Übernimmt man diese Vorlage Luhmanns auch für die Konzeption des Raums als Medium der Kommunikation, sind mit „Objekten" immer semantische Einheiten der Kommunikation gemeint, „also nie in der Außenwelt gegebene Dinge, sondern strukturelle Einheiten der Autopoiesis des Systems, das heißt Bedingungen der Fortsetzung von Kommunikation" (Luhmann 1998, 99). Stichweh nennt diese Semanteme oder Kommunikate „soziale Objekte", womit (wie bei Luhmann) nichts Ontologisches und schon gar nicht Substanzen oder etwas Physisch-Materielles gemeint ist bzw. sind, sondern „alle Objekte, die einem über Kommunikation laufenden Prozess der Bestimmung unterliegen. In diesem Sinn hat es auch die Physik mit sozialen Objekten zu tun" (Stichweh 2000a, 186). Geht man entsprechend auch für „Stellen" davon aus, dass sie ebenfalls nur als Konstruktionen von Beobachtern zu verstehen sind, sieht man, dass die Unterscheidung Stellen/Objekte keineswegs „nur den physischen Raum extensiver Gegenstände bezeichnen" kann, wie dies Nassehi anmerkt (vgl. Nassehi 2003a, 222, Fn. 17).

Auch der „virtuelle Cyberspace" entsteht (für Beobachter) durch die Unterscheidung verschiedener Stellen (den http-Adressen). Ihre Besetzung durch – miteinander durch Links verbundene – Objekte (die Websites) lässt anschlussfähige Formen entstehen, an denen der Cyberspace – beim ‚Surfen', beim ‚Weiterklicken', bei der Mitteilung von Linkverknüpfungen – als kommunikativer Raum erfahrbar ist (vgl. Niedermaier/Schroer 2004). Könnte man den dreidimensionalen euklidischen Raum der Geometrie, in den Punkte, Linien (bzw. Strecken), Ebenen (bzw. Flächen) und andere Figuren (wie z.B. „Behälter") ‚eingezeichnet' werden können, noch als Beispiel für die Konstruktion eines „physischen Raumes" deuten, so ist dies im Falle von Bourdieus „sozialem Raum", mit dem der Soziologe die Gesellschaft als „mehrdimensionalen Raum von Positionen" und Beziehungen entwirft, oder besser: (an)ordnet (vgl. Bourdieu 1985, 9ff.), nicht mehr möglich. In diesem relationalen Raum verteilen sich die Akteure entsprechend dem Gesamtumfang an (ökonomischem, kulturellem und sozialem) Kapital, über das sie verfügen, und der Kapitalzusammensetzung auf die verschiedenen, jedoch aufeinander verweisenden gesellschaftlichen Positionen. Diese können sie zwar verlassen und wechseln, dies aber, wie im „geographische(n)" Raum, „nur um den Preis von Arbeit, Anstrengungen und vor allem Zeit" (ebd., 13).

Mit „geographischem Raum" meint Bourdieu offenbar das, was von anderen Autoren auch „Erdoberfläche", „Boden", „Natur", „Naturraum" oder (physisch-materielle) „Umwelt" genannt wird. Auch die *Erdoberfläche* – dieser Begriff wird im weiteren Verlauf der Arbeit präferiert – ist als Formbildung im Medium des Raums bestimmbar, also genauer: als beobachtungsabhängige und daher je nach Beobachtungskontext durchaus variierende Ausarbeitung der Stellen/Objekte-Unterscheidung. Denn die Konstruktion Erdoberfläche resultiert (wie immer sie im Einzelnen ausfällt) aus einer Spezifizierung des externalisierenden Bezugs auf die von psychischen und sozialen Systemen vorausgesetzte physisch-materielle Umwelt. Diese Spezifizierung ist eine Formbildung im dreidimensionalen euklidischen Raum. Es ist die Konstruktion einer (Erdoberfläche genannten) *Fläche* als einer geometrischen Form (entweder als zweidimensionale Fläche oder als dreidimensionale Kugelober- bzw. unebene Fläche), die ein ‚unterhalb der Fläche' (das Erdinnere) von einem ‚oberhalb der Fläche' (die Gegenstände, die auf der Erdoberfläche platziert werden; die Atmosphäre usw.) unterscheidet.

Am Beispiel der Formbildung *Erdoberfläche* sei kurz die oben für die Medium/Form-Unterscheidung im Allgemeinen angesprochene Stufenbaufähigkeit illustriert. So kann die Formbildung Erdoberfläche – als Fläche – ihrerseits als Medium dienen, das aus Stellen besteht (den Punkten der Fläche), die durch Objektbesetzung bzw. Bezeichnung zu weiteren räumlichen Formen gekoppelt werden können. Derart lassen sich zum Beispiel „Wege" (als Punktverbindungen) oder „Gebiete", „Bezirke" oder „Territorien" (als durch Grenzlinien hervorgebrachte Einheiten) formen, die erneut als Medien zu weiterer Formbildung zur Verfügung stehen. Wie für alle genannten Beispiele gilt auch hier: Auch die Formbildungen im Medium der Erdoberfläche verweisen auf ihre Herstellungskontexte, auf die (psychischen und/oder sozialen) Systeme, die diese Formen unter den ihnen eigenen Bedingungen erst als solche herstellen. So gibt es z.B. ein *Territorium* – als begrenzten Ausschnitt der Erdoberfläche – nicht an sich, sondern nur als spezifische Herstellungsleistung, etwa als Hoheitsgebiet eines Staates. In diesem Fall wären die Konstitutionsbedingungen des Territoriums mithin im politischen System zu suchen.

Auch *Orte* können mit der vorgestellten Begrifflichkeit als spezifische, im Medium des Raums gebildete Formen verstanden werden. Zunächst lassen sich Orte schlicht als Formen der *Beobachtung* im Raummedium auffassen, d.h. als Unterscheidungen und Bezeichnungen von Stellen (z.B. „http://www.geographie.de"). Nach dem ausgeführten semantischen Verständnis von „Objekten" ist die *Bezeichnung* von Stellen zugleich eine Form der *Besetzung* von Stellen durch Objekte. In diesem

Sinne entstehen Orte durch *Verortung* oder *Lokalisierung*, also durch Stellenbesetzung bzw. Stellenbezeichnung. Dass einmal markierte Stellen, also Orte, von anderen Beobachtern wiederum als Raumstellen mit anderen Stellen relationiert, durch neue Objekte weiter geformt oder mit anderen Bedeutungen aufgeladen werden können, liegt auf der Hand. Entscheidend für das Verständnis von Orten als räumlichen Formen ist, dass mit der Stellenbesetzung oder -bezeichnung immer auch eine Stellenunterscheidung einhergeht. Erst das macht die Stelle zum Ort. Der Begriff „Stadt XY" wird erst dadurch zu einer räumlichen Form, zu einem Ort, weil er eine stellenbezogene Unterscheidung impliziert – „Stadt XY" im Unterschied zu „ihrem Umland", „Stadt XY" im Unterschied zu anderen Städten. Mit diesem Beispiel eines so genannten Toponyms ist eine besondere, sehr prominente Form der Verortung angesprochen: die erdoberflächliche bzw. territoriale Bezugnahme (oder Projektion). Nach den vorangegangenen Ausführungen ist diese Form der Ortsbildung als eine Beobachtung im Medium der Erdoberfläche (bzw. des Territoriums) zu deuten, die Punkte oder Ausschnitte der Erdoberfläche unterscheidet, mit Objekten besetzt und derart als spezifische, geographisch indizierte Orte bezeichnet.

Jenseits aller Unterschiede machen die genannten Beispiele räumlicher Formbildung auf folgende Gemeinsamkeit aufmerksam. Die mit der Verwendung des Raummediums sowohl vorausgesetzten als auch konstituierten und reproduzierten Stellen sind einander nie identisch. Diese vorausgesetzte Verschiedenheit oder Nicht-Identität der Stellen, die den jeweiligen Raum konstituieren, basiert auf einer Vorstellung von *Extension.* Dies verdeutlichen nicht nur räumliche Formbildungen wie „Erdoberfläche". Auch „metaphorische Räume", also Raumformen, die nichts Erdoberflächlich-Materielles bezeichnen und nicht auf physische Markierungen zurückgreifen (vgl. Stichweh 2000a, 194), setzen Extension voraus. Man denke z.B. an die „plurilokalen, transnationalen Räume" der Migrationsforschung (vgl. Pries 1997), an den „Markt" der Wirtschaft (vgl. Stichweh 2000a, 193f.), an die durch die oben/unten-Unterscheidung strukturierten Organigramme, die in Organisationen durch Ortungsangaben für Ordnungseffekte sorgen (vgl. Drepper 2003, 109ff.), oder an den schon erwähnten „sozialen Raum" der Bourdieu'schen Gesellschaftstheorie. Selbst die abstrakten, n-dimensionalen Räume der Mathematik, deren Stellen als n-Tupel (x1, x2, ..., xn) reeller Zahlen definiert werden, führen noch den Begriff der Dimension und damit eine Anspielung auf Ausdehnung oder Ausmaß im Titel. Da Extension selbst ein räumlicher Begriff ist, setzt die räumliche Medium/Form-Unterscheidung letztlich Raum immer bereits voraus. Der paradoxe Befund lautet daher, dass „der *Raum* nur *im Raum* vorkommen kann wie die Zeit nur in der Zeit" (Nassehi 2003a, 220).

Die Vermutung liegt nahe, dass dieser Zusammenhang zwischen Raummedium und Extension auf die Erfahrung zurückführbar ist, dass Menschen (ausgedehnte) Körper haben, die von (ausgedehnten) Um-Welten umgeben sind. Gerade weil das Raummedium auch Medium der Wahrnehmung ist, scheint es an der menschlichen Alltagserfahrung, am alltäglichen Erleben von Körperlichkeit und Ausgedehntheit der Welt orientiert zu sein. Auf diesen Zusammenhang deuten neben phänomenologischen Arbeiten auch Analysen der historischen Entwicklung von Raumvorstellungen. Sturm z.b. weist auf die Verwandtschaft des alltäglichen Anschauungsraums mit dem dreidimensionalen (Höhe, Breite, Tiefe) euklidischen Raum der Geometrie hin, die sie als Ausdruck eines platonischen, auf Anschauung und Körperlichkeit beruhenden, über zweitausend Jahre hin entwickelten und evolutionär bewährten Raummodells interpretiert (vgl. Sturm 2000a, 85). Die enge Verknüpfung der Raumkategorie mit menschlichem Leben, Handeln sowie der Leibgebundenheit der Wahrnehmung und des Erlebens schlägt sich auch in der Sprache, dem zentralen Medium der Kommunikation, nieder (vgl. neben Sturm 2000, 9, ausführlich: Schlottmann 2005). Gerade in der Alltagssprache finden sich zahlreiche Hinweise auf eine ursprünglich anthropozentrische Raumkonstitution, bei der, von der eigenen Leiblichkeit ausgehend, räumliche Formen konstruiert werden.[14] Sprachlich lassen sich aber natürlich auch die formalen Raumkonzepte der Mathematik und Physik kommunizieren, die gerade durch Abstraktion von menschlicher Anschauung und Leiblichkeit zustande kommen (vgl. Läpple 1991, 201ff.). Wie ist also der Zusammenhang zwischen Raummedium und menschlicher Körper-, Umgebungs- und Extensionserfahrung genau zu interpretieren? Wie die Paradoxie, dass Raum nur im Raum vorkommen kann? Diese Fragen können hier nicht weiterverfolgt werden. Sie könnten angemessen wohl nur im Rahmen einer weit ausholenden Analyse beurteilt werden. Eine solche Analyse hätte sowohl die gesellschaftliche Evolution der Raumsemantik als auch – im Rahmen einer operationalen Theorieanlage – die Beziehungen zwischen operativ geschlossenen Systemen, also insbesondere das Phänomen der strukturellen Kopplung zwischen Bewusstseins- und Sozialsystemen, zu berücksichtigen (vgl. erste Ansätze dazu bei Kuhm 2003a).

---

14 Man denke an indexikalische Begriffe wie „hier", „dort", „drüben" usw. oder an Richtungsangaben (z.B. „rechts", „links", „vorne" usw.) sowie Orientierungskonzepte und -metaphern (z.B. „innen/außen", „nah/fern"). Vgl. neben Schlottmann 2005 auch: Lakoff 1990, 272ff.; Lakoff/Johnson 1998, 22ff.

Nach diesem Exkurs zum Extensionsbezug des Raummediums sollte noch einmal ausdrücklich betont werden, dass der Raum im hier verstandenen Sinne selbst *keinen* extensiven Charakter hat, weder als Medium der Wahrnehmung noch als Medium der Kommunikation. Mit einem systemtheoretischen, auf der Medium/Form-Unterscheidung basierenden Begriff des Raums wird das ontologische, auf den Begriff der Materie und der Substanz gegründete Raumverständnis gerade ersetzt (vgl. Kuhm 2000a, 332). Räume sind nun keine ausgedehnten Gegenstände mehr, keine Dinge, Substanzen, physisch-materiellen Phänomene, aber auch keine relationalen Ordnungsstrukturen der physisch-materiellen „Existenzen" (Leibniz 1966, 134; original 1715/16). Ebenso radikal unterscheidet sich die systemtheoretische Raumkonzeption von der bereits aus der Antike stammenden Vorstellung eines endlichen, abgeschlossenen Raumes, der alle Dinge, Lebewesen und Sphären wie ein Gefäß oder ein Behälter umschließt. Auch die damit verwandte absolutistische Raumkonzeption (vgl. Löw 2001, 24ff.), in der Raum als selbständige ausgedehnte Realität, als „absoluter Raum" vorgestellt wird, „der aufgrund seiner Natur ohne Beziehung zu irgendetwas außer ihm existiert" und der „sich immer gleich und unbeweglich" bleibt (Newton 1988, 44; original 1687), hat mit dem dargelegten Verständnis von Raum nichts gemein.

Den Prämissen des erkenntnistheoretischen Konstruktivismus folgend, verzichtet der systemtheoretische Vorschlag darauf, hinter den im Raummedium gebildeten Formen einen objektiv existierenden, wie auch immer gearteten, Gegenstand Raum zu vermuten. Ebenso wenig, wie es für die Medium/Form-Differenz eine Umweltkorrespondenz gibt, repräsentieren räumliche Formbildungen im Kommunikations- und Wahrnehmungsmedium Raum irgendwelche Strukturen in der Umwelt des Systems. Vielmehr sind Räume ausschließlich als Formen zu verstehen, die von Beobachtern hergestellt werden.[15] Sie sind nichts als system*interne* Produkte. Ihre einzige empirische Basis haben sie in den Operationen selbstreferenzieller Systeme. Für den Fall sozialer Systeme bzw. der im *Kommunikations*-Medium Raum konstruierten Formen bedeutet dies: Der sozialwissenschaftliche Blick ist auf ihre kommunikativ-operative Erzeugung zu richten.

---

15 Hierin ähnelt der hier entwickelte Vorschlag den bekannten Entwürfen von Werlen (1995 u. 1997) und Löw (2001). Sieht man einmal von dem (theoretisch und methodologisch folgenreichen) Unterschied ab, dass beide AutorInnen nicht von Kommunikation, sondern von Handlung als der basalen sozialen Operation ausgehen, ist Raum in allen Versionen Element und Ergebnis von (sozialen und psychischen) Herstellungsleistungen und damit immer kontingent bzw. beobachtungs- und handlungsabhängig.

Fokussiert man daher genauer auf die kommunikativ-operative Herstellung räumlicher Formen, d.h. auf die Besetzung und Verknüpfung von Raumstellen (vgl. Baecker 2004a, 228), wird eine (weitere) konzeptionelle Lücke deutlich, die noch zu schließen ist. Sie resultiert aus der Entscheidung, sich bei dem Entwurf von Raum als einem Medium der Kommunikation an Luhmanns Bestimmung des Raums als einem Medium der Wahrnehmung zu orientieren. Wie ausgeführt, spricht Luhmann davon, dass Raum von (psychischen) Systemen als Medium (der Wahrnehmung) dadurch erzeugt werde, dass „Stellen unabhängig von den Objekten identifiziert werden können, die sie jeweils besetzen. [...] Stellendifferenzen markieren das Medium, Objektdifferenzen die Formen des Mediums" (Luhmann 1997, 180; AP). Die Unterscheidung von Stellen und Objekten (jeweils Plural!) mag für psychische Systeme ausreichen, um – in Gedanken – Raum als Wahrnehmungsmedium zu konstituieren und räumliche Formen zu bilden. Für soziale Systeme hingegen stellt sich die Frage, wie es ihnen kommunikativ gelingt, verschiedene Raumstellen (und mit ihrer Hilfe auch verschiedene Objekte, die diese Stellen besetzen) zu „identifizieren", d.h. voneinander zu unterscheiden und damit stets auch in eine Beziehung zueinander zu setzen. Die die Wahrnehmung bestimmende Unterscheidung von Stellen und Objekten reicht nicht aus, um Stellen- bzw. Objektdifferenzen im Raum als solche zu artikulieren. Offensichtlich löst die Kommunikation dieses Problem durch den Gebrauch weiterer Unterscheidungen oder Schemata. Bekannte kommunikative Formen dieser Art sind nah und fern (bzw. Nähe und Ferne), innen und außen, hier und dort, hier und woanders, dort und woanders, rechts und links, oben und unten, vor und hinter, vorne und hinten, vertikal und horizontal, geschlossen und offen, aber z.B. auch neben oder zwischen oder andere aus den genannten Schemata ableitbare Formen.[16]

Auch derartige räumliche Unterscheidungen oder Schemata sind letztlich paradox konstruiert. Sie sind Unterscheidungen (d.h. Beobachtungen!) im Medium des Raums, sie setzen also ebenfalls Stellendifferenzen bzw. Extension (zumindest eine Vorstellung von Extension) voraus. Zugleich bringen sie (bzw. bringt ihre kommunikative Verwendung) den Raum als Medium (d.h. die Unterscheidung seiner Stellen) und die in diesem Medium konstruierten Formen erst hervor. Im weite-

---

16 Linguistisch ließen sich diese Unterscheidungen in mehrfacher Weise differenzieren und systematisieren, z.B. nach indexikalischen Unterscheidungen (hier/dort, hier/woanders), Richtungs- und Orientierungskonzepten (rechts/links, oben/unten, vorne/hinten, innen/außen, nah/fern) und sonstigen raumbezogenen Begriffen (z.B. nirgendwo, neben, zwischen). Vgl. Lakoff/Johnson 1998; Schlottmann 2005, 187.

ren Verlauf der Arbeit wird nur dieser letzte Punkt interessieren, dass also mit Hilfe der genannten oder vergleichbarer Unterscheidungen – in der Kommunikation – räumliche Formen gebildet werden. Dies geschieht z.b. in dem Satz: „Dort, zwischen den zwei Bäumen, steht ein Haus, in das man hinein gehen und durch dessen Fenster man (von innen) hinaus auf den Fluss blicken kann". Das kleine Beispiel zeigt, wie durch die Verwendung räumlicher Unterscheidungen Grenzen konstruiert (die Grenze, die das Innere vom Äußeren des Hauses trennt) und wie Objekte (Bäume, Haus, Fenster, Fluss) anhand der Raumstellen, die ihnen mittels räumlicher Unterscheidungen unterlegt werden, unterschieden und in eine (räumliche) Ordnung oder Struktur gebracht werden können. Da die räumlichen Unterscheidungen oder Schemata sich – im Gegensatz zu anderen – auf das Medium Raum, auf Raumstellen oder auf schon im Raummedium gebildete Formen beziehen, könnte man, präziser, auch von *raumbezogenen* Unterscheidungen oder von Sinnschemata mit *räumlichem Bezug* sprechen. Der Einfachheit halber wird im Folgenden aber hauptsächlich der Terminus *räumliche Unterscheidungen* Verwendung finden.

Betrachtet man die obige Liste räumlicher Unterscheidungen, stellt sich die Frage, ob sie voneinander unabhängig oder inwieweit sie aufeinander abbildbar sind. Sprachanalytische Untersuchungen lassen kategoriale Unterschiede zwischen indexikalischen, orientierenden, richtungsweisenden und anderen räumlichen Unterscheidungen vermuten. Dagegen spricht Stichweh in seinem ersten Aufsatz, den er der systemtheoretischen Bestimmung des Raums widmet, davon, dass, um Raum auch als Medium der Kommunikation zu konzipieren, die die Wahrnehmung bestimmende Unterscheidung von Objekten und Stellen nur durch die „Leitunterscheidung von Ferne und Nähe" zu ergänzen sei (vgl. Stichweh 2000a, 187). Warum er jedoch der Unterscheidung *Nähe/Ferne* den Status einer räumlichen *Leit*unterscheidung zuweist, bleibt unklar. Weder der Hinweis auf die „Figur des Fremden, die als Einheit von Ferne und Nähe [...] eines der wirkmächtigsten Symbole der sozialen Relevanz des Raumes" gewesen sei (ebd., 190), noch derjenige auf den Umstand, dass es für die soziale Relevanz einer Sache oder einer anderen Person einen erheblichen Unterschied machen könne, „ob diese nah oder fern sind" (ebd., 187), überzeugen als Begründung. Gleiches gilt für den Text von Kuhm, der neben *nah/fern* – ganz ohne Begründung – auch die räumlichen „Leitunterscheidungen" *hier/woanders* bzw. *dieses hier/anderes dort* anführt (vgl. Kuhm 2000a, 332f.). Zu dem Vorschlag *dieses hier/anderes dort* ist anzumerken, dass in diesem Fall die Differenzierung *hier/dort* bereits mit einem Sachschema (dieses/anderes) gekreuzt ist. Es handelt sich daher nicht um eine grundlegende räumliche Unterscheidung, sondern bereits um eine Besetzung der durch *hier/dort* unterschiedenen Stellen, mithin um das, was bisher räumliche Form genannt wurde.

Für Nassehi kommen als grundlegende räumliche Unterscheidungen nur die beiden Unterscheidungen *Nähe/Ferne* sowie *hier/dort* in Frage (vgl. Nassehi 2003a, 222f.). Warum jedoch diese und nicht z.b. auch *innen/außen*? Man erfährt nur, dass die Unterscheidungen Nähe/Ferne und hier/dort ähnlich gebaut seien wie die temporalen Unterscheidungen Vergangenheit/Zukunft und früher/später. Der Unterschied bestehe in der jeweiligen operativen Perspektive. Während eine mit der Unterscheidung Nähe/Ferne operierende Beobachtung Raumstellen gewissermaßen wie von außen beobachte, mache die hier/dort-Unterscheidung auf die konkrete operative Perspektive eines Beobachters aufmerksam. Nassehi vermutet, dass die Unterscheidung nah/fern letztlich auf die Unterscheidung hier/dort abbildbar sei – so wie auch die Unterscheidung Vergangenheit/Zukunft auf die Unterscheidung vorher/nachher zurückführbar ist (vgl. dazu: Nassehi 1993). Er räumt aber zugleich ein, dass diese Vermutung „erst noch ausführlich zu prüfen" sei (vgl. Nassehi 2003a, 223, Fn. 18).

Wie bei Stichweh, Kuhm und Nassehi bleibt auch bei Redepenning, der im Anschluss an Morin (1986, 50) für die Basalunterscheidung *hier/dort* plädiert, offen, wie aus dieser Unterscheidung andere räumliche Unterscheidungen erarbeitet werden können (vgl. Redepenning 2006, 128ff.). Lassen sich körper- bzw. beobachterzentrierte Unterscheidungen wie vorne/hinten, rechts/links oder oben/unten noch vergleichsweise anschaulich als Spezifikation des *dort* der hier/dort-Unterscheidung vorstellen, entfällt diese direkte Form der Ableitung im Falle von Unterscheidungen wie *innen/außen* oder *geschlossen/offen*. Wie relevant die beiden letztgenannten Unterscheidungen aber für die kommunikative Strukturbildung sein können, zeigt ironischerweise das Beispiel der Luhmann'schen Systemtheorie: Auch wenn Luhmann den Raum *nicht* als Grundbegriff der Theoriebildung verwendet und auch wenn er sich mit einem operativ konstruierten Systembegriff wiederholt von der ontologisch dominierten Behältermetaphorik des Teil/Ganzes-Schemas als Systemmodell distanziert hat, fällt doch auf, dass die räumlichen Unterscheidungen innen/außen, geschlossen/offen sowie marked space/unmarked space in höchstem Maße theorie- und in diesem Sinne strukturgenerierend sind (vgl. Fuchs 2001; Lippuner 2005, 138ff.).

Insgesamt erscheint es fraglich, ob die Suche nach *einer* die Unterscheidung von Stellen und Objekten ergänzenden *Leit*-Unterscheidung überhaupt sinnvoll ist. Zweifel dieser Art scheint mittlerweile auch Stichweh zu hegen. In einem zweiten, jüngeren, Aufsatz zur systemtheoretischen Raumkonzeption konstatiert er schlicht die „Pluridimensionalität des Raums", die es ausschließe, dass das Raummedium „in vertretbarer Weise" auf *eine* beobachtungsleitende Unterscheidung reduziert werden kann (vgl. Stichweh 2003a, 96). Auch dies bleibt bei Stichweh jedoch eine These, die erst noch systematisch zu untersuchen und zu bestätigen wäre.

Für diese Arbeit kann die Frage nach der oder den das Raummedium konstituierenden Basalunterscheidung(en) offen gelassen werden. Ausgehend von der Annahme einer beobachtungs- bzw. systembedingten Differenz der Konstruktion des Raums, lauten die entscheidenden Fragen vielmehr, *ob* und, wenn ja, *welche* räumlichen Unterscheidungen im interessierenden Zusammenhang relevant gemacht werden, *wie* und *warum* diese Unterscheidungen im Rahmen von räumlichen Formbildungen mit anderen Unterscheidungen oder Objekten verknüpft werden und welche strukturbildenden *Folgen* all dies hat.

Forschungspraktische Konsequenzen

Aus der theoretisch begründeten Forderung, dass die im Raummedium mittels räumlicher Unterscheidungen gebildeten räumlichen Formen ausschließlich als systeminterne, sinnhafte Konstruktionen aufzufassen sind, folgen drei eng miteinander verbundene (und teilweise schon angedeutete) forschungspraktische Konsequenzen.

Erstens ist für die Untersuchung der Relevanz, die räumlichen Formen bei der Strukturierung sozialer Phänomene zukommt, der Analysemodus der Beobachtung zweiter Ordnung einzunehmen. Denn jede Beobachtung erster Ordnung ist sachbezogen und kann – im Vollzug ihrer Beobachtung – nicht gleichzeitig die für die Beobachtung relevanten Unterscheidungen (z.b. die räumliche hier/dort-Unterscheidung) mitbeobachten. Sie beobachtet, d.h. sie unterscheidet und bezeichnet, ein Was. Sie bringt im Zuge ihrer Beobachtung Gegenstände oder Objekte, also auch gegenstandsbezogene Räume und räumliche Formen hervor. Dagegen kann die Beobachtung zweiter Ordnung das Wie der Konstruktion räumlicher Formen beobachten und die sozialen Folgen dieser Konstruktion sichtbar machen. Auf diese Weise können die Fragen behandelt werden, unter welchen Bedingungen das Raummedium durch wen, warum und wozu verwendet wird bzw. wie Raum als „Konzept der Ordnung" (Miggelbrink 2002a) fungiert.[17] Fragen wie diese gewinnen über-

---

17 Beobachtete die sozialwissenschaftliche Beobachtung das, was man in der
    Alltagssprache als Raumkonstruktionen bzw. als (gesellschaftlich konstru-
    ierte) Räume oder Raumstrukturen bezeichnet, also Stadtviertel, Gebäude,

haupt erst dann an Gewicht, wenn man nicht bereits davon ausgeht, dass Raum immer von Bedeutung ist (wie dies z.B. Kant oder Löw für die Wahrnehmung unterstellen). Im Gegensatz zur funktionalen Differenzierung als der primären Differenzierungsform der modernen Gesellschaft handelt es sich aus systemtheoretischer Perspektive bei Raum (nur) um eine sekundäre Differenzierungsform von geringerer gesellschaftlicher Reichweite. Ob und inwiefern diese Differenzierungsform im Rahmen sozialer Strukturbildungen in und zwischen Systemen bedeutsam ist,[18] ist damit jedoch gerade nicht geklärt, sondern wird zur offenen Frage. Die im Raummedium gebildeten räumlichen Unterscheidungen und Formen sind also als spezifische Beobachtungen (oder Herstellungsleistungen) zu beobachten bzw. zu untersuchen, die für die Anschlussfähigkeit von Ereignissen einen Unterschied machen können, aber keineswegs müssen.

Zweitens ist zu beachten, dass die sozialwissenschaftliche Beobachtung von Raumkonstruktionen genau genommen nur Kommunikationen bzw. sprachlich (oder auch bildlich) kommunizierte räumliche Formen beobachten kann. Theoretisch lässt sich Raum zwar, wie gesehen, auch als Medium der Wahrnehmung konzipieren. Empirisch können Wahrnehmung und Bewusstsein mit sozialwissenschaftlichem Instrumentarium jedoch nicht beobachtet werden. Die sozialwissenschaftliche Beobachtung, die sich für die Relevanz des Wahrnehmungs- und Kommunikationsmediums Raum interessiert, kann forschungspraktisch nur soziale Systeme bzw. Kommunikationszusammenhänge daraufhin beobachten, wie und wozu räumliche Unterscheidungen verwendet, räumliche Formen konstruiert oder Räume beobachtet werden. Auch Kom-

---

Plätze, akustische Räume oder Ähnliches, würde sie nicht mehr im Beobachtungsmodus zweiter Ordnung beobachten. Sie würde vielmehr selbst zu einer Beobachterin erster Ordnung werden. Denn ihre Aussagen über „real vorhandene" Stadtviertel, Gebäude, Plätze usw. basierten auf der Verwendung und Formung des Raummediums – und nicht auf der Beobachtung, wie andere Beobachter dieses Medium verwenden.

18 Auch die Unterscheidung von Nationalstaaten lässt sich als eine durch das Raummedium ermöglichte Form der Strukturbildung in einem sozialen System deuten: Es handelt sich um die durch die Konstruktion von Staatsterritorien und Staatsbevölkerungen hervorgebrachte Binnendifferenzierung des politischen Systems. Diese räumliche Form der (Binnen-)Grenzziehung sollte nicht mit der Grenze, die das Funktionssystem der Politik von anderen Systemen unterscheidet, verwechselt werden. Wie im Falle anderer sozialer Systeme wird auch die Grenze des politischen Systems nicht durch Raum, sondern durch andere Unterscheidungen gezogen, d.h. in diesem Fall durch Macht (das symbolisch generalisierte Kommunikationsmedium der Politik) und den Kommunikationscode mächtig/ohnmächtig (vgl. Luhmann 2000).

munikationen über Wahrnehmungen (z.b. im Falle von Interviews mit Touristen oder mit Mitarbeitern touristischer Organisationen, die über die Motive und Wahrnehmungen von Touristen sprechen; aber auch im Falle von sog. mental maps) bleiben Kommunikationen. Sie sind daher ausschließlich als Eigenleistungen operativ geschlossener sozialer Systeme (z.b. der Interviewinteraktionen) zu deuten, die keinen direkten operativen Kontakt zu ihrer Umwelt haben, zu der Bewusstseinssysteme ebenso wie Körper (d.h. organische Systeme) gehören.

Gleichwohl lassen sich auch in diesem Theorierahmen Hypothesen darüber formulieren, inwiefern das Bewusstsein bzw. die Wahrnehmung daran beteiligt ist, Räume in der Kommunikation so zu konstruieren, wie sie konstruiert werden (vgl. dazu Kuhm 2003a). Dies ist möglich, weil auch eine auf dem Axiom der operativen Geschlossenheit von Bewusstseins- und Kommunikationssystemen aufbauende Systemtheorie davon ausgeht, dass jedes System in eine Umwelt anderer Systeme (ebenso wie in eine materielle Umwelt) eingebettet und von ihr abhängig bleibt, wenn es seine Operationen fortsetzen will. In Ergänzung zur operativen Geschlossenheit wird daher eine so genannte strukturelle Kopplung von sozialen Systemen, Bewusstseinssystemen und organischen Systemen (Zellen, Immunsystemen, Nervensystemen, Gehirnen) angenommen. Doch auch die Annahme, dass die kommunikative Konstruktion von Raumformen auf neuronale und bewusste Aktivitäten des Errechnens und Vorstellens von Raum angewiesen ist und von ihnen „irritiert" wird, ändert nichts daran, dass dieser „Umweltreiz" nur autonom unter systemeigenen Vorgaben weiter verarbeitet werden kann. Aus systemtheoretischer Perspektive sind es daher immer die kommunikationseigenen Unterscheidungen und Bezeichnungen, die „Raum zu dem machen, was er sozial ist" (Kuhm 2003a, 25). Denn nur hier wird – vorgängige Extension und menschliche Körpererfahrung hin, physischer Raum oder materielle Umwelt her – Raum sozial relevant.[19]

Drittens bekommt mit der vorgeschlagenen Konzeption, die Raum als abhängig von den systemspezifisch variierenden Modi und Bedingungen seiner Konstruktion fasst, die Kontextualisierung der beobachteten Raumformen ein besonderes Gewicht. So ist im Hinblick auf die angemessene Interpretation der beobachteten Raumkonstruktionen stets das Kommunikationssystem bzw. der kommunikative Zusammenhang

---

19 „Nicht die Tür oder die Mauer [...] machen die soziale Räumlichkeit aus, sondern die kommunikative Herstellung eines räumlichen Unterschieds, der einen Unterschied macht [...]. Die Räumlichkeit des Raums – etwa einer Tür – kommt nur dann sozial zum Tragen, wenn diese Tür Kommunikation strukturiert – letztlich ist dann die Tür ein Erzeugnis der Kommunikation selbst, nicht umgekehrt" (Nassehi 2003a, 222).

zu berücksichtigen, in dessen Rahmen räumliche Formen hervorgebracht oder (als Aktualisierung bereits bestehender räumlicher Sinntypisierungen) übernommen werden und Bedeutung entfalten.[20] Räumliche Unterscheidungen und Formen gewinnen erst durch kontextuelle Zuordnungen überhaupt Prägnanz: „Eigennamen mit räumlicher Sinndimension (wie ‚Hamburg' oder ‚Disneyland') oder entsprechende Appellativa (wie ‚Region' oder ‚Stadt') bekommen erst dann Bedeutungsschärfe, wenn man durch den kommunikativen Kontext weiß, ob man sie z.b. im Medium Geld, Macht, Recht, Kunst oder Liebe (oder sonst wie) lesen soll" (Hard 2002, 289).

Bezogen auf den Städtetourismus folgt daraus die vorrangige Aufgabe, die Besonderheit dieses Kommunikationszusammenhangs und seiner Konstruktionsbedingungen herauszuarbeiten. Denn geht man davon aus, dass räumliche Unterscheidungen und Formbildungen (wie z.b.

---

20 Klüter betont schon 1986, dass die gesellschaftsintern erzeugten Raumformen an die einzelnen Systemtypen (Interaktion, Organisation, Gesellschaft) sowie an die symbolisch generalisierten Kommunikationsmedien und gesellschaftlichen Funktionssysteme anzuschließen seien. In seinem frühen sozialgeographischen Versuch, Raum im Rahmen der Luhmann'schen Systemtheorie zu konzipieren, bestimmt Klüter Raum allerdings nicht mit Hilfe der Medium/Form-Unterscheidung. Er spricht daher auch nicht von Unterscheidungen im Raummedium oder von Formen, die ins Kommunikationsmedium Raum eingeprägt werden. Statt für eine solche, sehr allgemein gehaltene systemtheoretische Raumkonzeption interessiert sich Klüter nur für den Spezialfall standardisierter Sinnkondensate (oder Sinntypisierungen) mit Raumbezug. Derartige Konstrukte nennt er „Raumabstraktionen". Nach seinen Versuchen der Systematisierung von Raumabstraktionen bilden Interaktionssysteme „Kulissen", Organisationen „Programmräume" und Gesellschaften „Sprachräume". Und je nach (vorwiegenden) medialen Bezügen werden Raumabstraktionen wie z.b. Administrations- und Staatsräume (Politik/Recht), Eigentums-, Ergänzungs- und Adressatenräume (Ökonomie) oder Ökoidyllen und Ökotope (Umweltschutzbewegung) produziert (vgl. Klüter 1986, 1994; sowie Hard 2002, 288f.).
An späterer Stelle werden auch im Rahmen dieser Arbeit raumbezogene Vorräte von aktualisierbaren Sinnkondensaten oder Sinntypisierungen interessieren – als spezifische, situationsüberdauernde Sinn- und Themenvorräte des Städtetourismus, auf die in der (städtetouristischen) Kommunikation zurückgegriffen werden kann. In Übernahme des von der Systemtheorie für solche Sinnkondensate im Allgemeinen bereit gehaltenen Semantik-Begriffs werden sie „raumbezogene Semantiken" genannt werden. Da sich dieser Begriff problemlos als Ableitung aus der vorgeschlagenen systemtheoretischen Raumkonzeption entwickeln lässt und erst ab dem Unterkapitel *Städte des Tourismus als kultur- und raumbezogene Semantiken* (im Kapitel *Die Form des Städtetourismus*) in den Vordergrund der Analyse treten wird, wurde darauf verzichtet, ihn bereits in die voranstehende Ausarbeitung des Raumbegriffs zu integrieren.

Stadt) aus der Perspektive des Städtetourismus etwas anderes bedeuten als aus der Perspektive etwa der geographischen oder soziologischen Stadtforschung, des Sports, der Kunst oder der Politik, dann ist es unumgänglich, das Phänomen des Städtetourismus genauer zu bestimmen. Bei dieser Aufgabe hilft der Verweis auf die Vielzahl räumlicher Formen, durch die der Städtetourismus gekennzeichnet ist, kaum weiter. Zwar kann man vermuten, dass räumliche Formen für die (Re-) Produktion des Städtetourismus von Bedeutung sind – was mit der Leitfrage nach der strukturbildenden Funktion des Raums im Städtetourismus ja auch unterstellt wird. Allein, das Merkmal der Präsenz und der Relevanz räumlicher Formen sagt nichts über die Spezifik dieses Zusammenhangs aus. Es unterscheidet den Städtetourismus weder von vielen anderen sozialen Zusammenhängen noch von anderen touristischen Erscheinungsformen. Gerade weil das Kommunikations- und Wahrnehmungsmedium Raum im Tourismus omnipräsent ist, kann Raum kein spezifisches Unterscheidungsmerkmal des Städtetourismus sein. Der Städtetourismus mag zwar auch auf räumlichen Formen beruhen, aber als kontextspezifische Charakterisierung wäre auch ihr detaillierter Nachweis nicht hinreichend.

Betrachtet man dagegen die obige Annäherung an den Untersuchungsgegenstand, fällt ein erster Anhaltspunkt einer einzelfallübergreifenden Bestimmung auf: die zusammenfassende und allgemein übliche Bezeichnung Städtetourismus. Mit dieser Formulierung ist gesagt, dass es sich bei dem betreffenden Phänomen um eine Form des Tourismus handelt. Diese Begriffsimplikation, die auch die bisherige Darstellung durchzieht, ist aber keineswegs evident: Inwiefern handelt es sich beim Städtetourismus überhaupt um Tourismus? Befriedigend wird diese Frage erst zu beantworten sein, wenn auch geklärt ist, was eigentlich unter Tourismus zu verstehen ist.

Damit liegt folgende Gliederung der weiteren Untersuchung auf der Hand. Zunächst wird eine brauchbare strukturtheoretische Bestimmung des Tourismus zu erarbeiten sein (s. Kapitel *Der Tourismus der Gesellschaft*). Vor diesem Hintergrund kann der Frage nachgegangen werden, worin genau die Besonderheit des Städtetourismus – als einer spezifischen Form des modernen Tourismus – besteht (s. Kapitel *Die Form des Städtetourismus*). Erst in diesem Rahmen wird die Frage nach der strukturbildenden Relevanz des Raums im Städtetourismus in einer Weise behandelbar sein, die der hier entwickelten Raumkonzeption angemessen ist.

DER TOURISMUS DER GESELLSCHAFT

Tourismus und moderne Gesellschaft

Die einfache Frage danach, „was eigentlich unter Tourismus zu verstehen ist", führt zu dem Problem des theoretisch bisher nur unzureichend durchdrungenen Verhältnisses von Tourismus und Gesellschaft. Dass die moderne Gesellschaft ein im Einzelnen und regional stark differenziertes Bedürfnis nach Erholung und Alltagsdistanz hervorbringt und darauf durch verschiedene Formen von Urlaubsreisen reagiert, ist empirisch evident. Wie dieses Phänomen als soziale Strukturbildung jedoch zu deuten ist, kann keineswegs als geklärt gelten.

Schon bei der historischen und begrifflichen Einordnung besteht Klärungsbedarf. So sieht die Mehrheit der Autoren im Tourismus eine moderne Erscheinung, die das Reisen zum Selbstzweck erhebt und sich seit etwa Mitte des 19. Jahrhunderts mit zunehmender Dynamik entwickelt. Eine Minderheit jedoch argumentiert, dass auch frühere Reiseformen wie die Vergnügungsreisen im Römischen Reich, die mittelalterliche Pilgerreise oder die Bäderreise des europäischen Adels als touristische Reisen zu verstehen sind oder zumindest schon eindeutig touristische Elemente aufweisen (vgl. z.B. Krempien 2000). Andere Autoren erkennen erst in der schichtübergreifenden Massenhaftigkeit von Urlaubsreisen das charakteristische Merkmal und behandeln Tourismus folglich mehr oder weniger synonym mit dem organisierten Massentourismus des 20. Jahrhunderts. Ebenso offensichtlich ist die Unterschiedlichkeit von Tourismusdefinitionen und die dahinter stehende Schwierigkeit einer geeigneten Festlegung, wer ab welcher Reisedauer und bei welcher Reisetätigkeit als Tourist gelten soll (vgl. Mundt 2001,

1ff.). Mit alledem verbunden ist, dass auch über die gesellschaftlichen Bezüge und Ursachen des Tourismus kein Konsens besteht.

In diesem Zusammenhang fällt auf, dass die sehr stark empirisch ausgerichtete interdisziplinäre Tourismusforschung[21] trotz vereinzelter gegenteiliger Forderungen einen ausgesprochen sparsamen Bezug zur allgemeinen gesellschaftstheoretischen Diskussion in der Soziologie aufweist. Seit dem starken Anwachsen von Freizeit und Tourismus in den 1950er Jahren wurden zwar verschiedene tourismustheoretische Ansätze entwickelt.[22] Auf die Frage „Wie wird der Tourismus gesellschaftlich möglich?" (Gleichmann 1973, 27) hat die Tourismusforschung allerdings bis heute keine überzeugende Antwort geben können. Außerhalb der im engeren Sinne tourismusbezogenen Forschung fällt diese Theorieabstinenz kaum auf, da die Soziologie – zumindest die deutschsprachige – den modernen Tourismus überraschenderweise bis heute kaum als gesellschaftsrelevante Thematik beachtet (vgl. Schimany 1999, 275).[23] Ebenso unbefriedigend wie das geringe soziologische Interesse ist die vorschnelle Aufgabe theoretischer Ansprüche ihrer benachbarten Disziplinen. So wird zum Beispiel aus tourismusgeographischer Perspektive konstatiert, eine „umfassende Theorie" scheitere daran, „dass unüberwindliche Hindernisse bestehen, die Motivation der Urlauber differenziert zu erfassen" – weshalb sich die Geographie des Tourismus mit Theorien mittlerer Reichweite begnüge, die nur auf bestimmte Problemfelder oder die Anwendung spezifischer Methoden fokussierten (Becker 2002, 4). Tatsächlich erschweren die sehr unterschiedlichen, teilweise einander entgegensetzten Motive der Touristen,[24] die große Formenvielfalt des heutigen Tourismus und die unübersichtliche Forschungslandschaft die Suche nach einer einzelfallübergreifenden Erklärung. Sie scheint aber keineswegs aussichtslos oder gar sinnlos, wie bisweilen suggeriert. Unterstellt man, dass die angedeuteten Schwierigkeiten tourismusbezogener Arbeiten nicht daraus resultieren, dass der Tourismus als gesellschaftliches Phänomen nicht theoriefähig ist, lassen sie sich als Hinweis darauf verstehen, dass eine entsprechende Bestimmung offenbar abstrakter ansetzen muss als üblich.

---

21 Bzw. die bis vor kurzem so genannte Fremdenverkehrswissenschaft.

22 Vgl. neben Burmeister 1998 und Hennig 1999 die Übersicht bei Storbeck 1988; zur englischsprachigen Theoriebildung: Cohen 1984, 373ff., Urry 1990, 7ff.

23 Vgl. als Ausnahmen: Armanski 1986 (1978), Gleichmann 1969, Keller 1973, Knebel 1960, Scheuch 1969, Vester 1999.

24 Zum Beispiel Suche nach „Ruhe" und „Natur" vs. Suche nach „Aktivität", „Vergnügen" oder den „künstlichen" Attraktionen eines Freizeitparks.

Ziel einer gesellschaftstheoretischen Charakterisierung des Tourismus kann es daher nicht sein, die „Motive" der Touristen, ihre „Triebstrukturen" bzw. ihre „Wander-", „Reise-" oder „Entdeckungslust" zu ergründen und aussagekräftige Motivations- oder Aktionstypologien zu entwickeln (klassisch: Cohen 1979). Natürlich geht es beim Tourismus (immer auch) um Individuen und ihre Bedürfnisse. Doch die entscheidende Frage lautet: Welche *gesellschaftlichen* Bedingungen und Veränderungen verbergen sich hinter den vielfältigen Reisemotiven der Touristen? Deshalb führen auch Ansätze nicht weiter, die sich mit der Auflistung tourismusbegünstigender Faktoren und infrastruktureller Voraussetzungen begnügen. Dazu werden üblicherweise gezählt: neue Verkehrsmittel (Eisenbahn, Kfz, Flugzeug), zunehmende Verstädterung, Zunahme an Freizeit seit Ende des 19. Jahrhunderts, Wohlstands- und Kaufkraftsteigerung, Vergünstigung der Urlaubsreisen durch Massenproduktion, größere Sicherheit, verstärkte Reisewerbung u.a. (vgl. z.B. Mäder 1988, 60). Sicherlich gäbe es die empirisch beobachtbaren Formen des Tourismus nicht ohne diese und andere Voraussetzungen. Die genannten Faktoren schaffen Gelegenheiten und beschaffen Ressourcen, die für die (Re-)Produktion, das Wachstum und die Ausdifferenzierung des Tourismus von großer Bedeutung sind. Und doch lassen sie sich kaum als ursächliche Strukturbedingung des Tourismus interpretieren. Denn sie erklären nicht, oder nicht hinreichend, warum es in der modernen Gesellschaft überhaupt zum Tourismus kommt.[25]

Es liegt nahe, Tourismus als Phänomen hochentwickelter kapitalistischer Gesellschaften zu deuten, in denen die arbeitsfreie Zeit und das hohe wirtschaftliche Niveau es möglich machen, den Ortswechsel warenförmig als Urlaubsreise durchzukapitalisieren. Zweifellos sind touristische und wirtschaftliche Fragen eng verknüpft. Ohne das Angebot und die nachfrageorientierte Entwicklung und Vermarktung von Urlaubsreisen und ohne die Bereitstellung von Verkehrsmitteln, Übernachtungs-, Vergnügungs- oder anderen Erholungsmöglichkeiten wäre Tourismus ebenso wenig denkbar wie ohne den Erwerb und Konsum der entsprechenden Angebote und Leistungen durch zahlungsfähige Touristen.

---

25 Spode weist zum Beispiel darauf hin, dass der Aufschwung des frühen touristischen Reisens um 1800 (dazu genauer unten) der Entwicklung der Transporttechnik (Straßenausbau und Einführung von „Eil- und Schnellposten") *voraus*ging – und nicht umgekehrt (vgl. Spode 1988, 51). Entsprechend dürfte der Tourismus auch in anderen Fällen den (ihn dann wiederum fördernden) Ausbau des Transportwesens entscheidend motiviert haben; dafür ist der Ausbau des Düsseldorfer Flughafens in den 1960er/70er Jahren, also in der „Wirtschaftswunder"-Zeit des boomenden Massen- und Pauschaltourismus, ein ebenso beredtes Beispiel wie die gegenwärtige Expansion europäischer *low cost*-Airlines.

Umgekehrt würde dem Wirtschaftssystem ohne Tourismus eine der wichtigsten und umsatzstärksten Branchen fehlen. Statistische Messungen belegen die enorme ökonomische Bedeutung des Tourismus (für einzelne Städte, Regionen, Länder, Volkswirtschaften bzw. die Weltwirtschaft). Sie zeigen, dass der Tourismus insgesamt zu einem der weltweit größten Wirtschaftszweige (neben der Mikroelektronik, der Automobil- und der Mineralölindustrie) herangewachsen ist.[26] Betrachtet man den Tourismus als Dienstleistungsbranche, erscheinen neben Verkehrsmitteln, Übernachtungs- und Erholungsmöglichkeiten auch die Urlaubsreisen, Reiserouten, Destinationen oder viele Sehenswürdigkeiten als Güter mit spezifischen Gebrauchs- und Marktwerten. Als solche werden sie nach Kosten-Nutzen-Kalkülen produziert, vermarktet und konsumiert.[27] Produktion, Vermarktung und Konsum der touristischen Waren (z.b. des „Produkts Städtereisen") orientieren sich als ökonomische Entscheidungen, Handlungen oder Kommunikationen am ökonomischen Code des Zahlens/Nicht-Zahlens (vgl. Watson/Kopachevsky 1994).

Gleichwohl scheint sich das Phänomen Tourismus nicht in wirtschaftlichen Aspekten zu erschöpfen. So betont etwa Wenzel: „Das Wirtschaftsgeschehen ist alltäglich und profan; der Tourismus hingegen begründet sich auf einer außeralltäglichen Erfahrung und [...] quasi-sakralen Handlungen und Ritualen" (Wenzel 2001, 133). „Statt um Geld geht es im Tourismus um Symbole, Markierungen, Bilder des Fremden und Fernen, um die Chance der Realisierung spezieller Werte" (ebd., 151). Weder lege die Ökonomie fest, ob und in welcher Weise Tourismus erfolgen soll oder welche Dinge als Attraktionen gelten (ebd.; anders Wöhler/Saretzki 1996, 5ff.). Noch sei „die Realisierung touristischer Imaginationen [...] wirtschaftlichen Kriterien [...] untergeordnet; hier bestehen vielmehr komplexe, unter Umständen konfliktreiche

---

26 „Rund 25-30% des Welthandels im Dienstleistungsbereich entfallen auf grenzüberschreitende Reisen. Bereits heute schafft kein anderer Wirtschaftszweig so viele Arbeitsplätze wie die Tourismusunternehmen mit ihren weltweit mehr als 100 Millionen Beschäftigten. 11% der Konsumausgaben in westlichen Industriestaaten dienen den Reisen – nur für Lebensmittel und Wohnen wird von Privathaushalten mehr Geld aufgewendet. Die Wachstumsrate der Ausgaben für den Tourismus betrug zwischen 1980 und 1990 – inflationsbereinigt – jährlich knapp 8%. Nach Schätzungen der Welt-Tourismus-Organisation sind in jedem Jahr etwa 800 Millionen Menschen – davon 500 Millionen grenzüberschreitend – auf Urlaubsreisen unterwegs" (Hennig 1999, 149).

27 Vgl. z.B. von Böventer 1991, Eadington/Redman 1991, Fontanari/Scherhag 2000, Meethan 2001, Ryan 1991, Smith 1994, Urry 1990, Wöhler 1998, Wöhler/Saretzki 1996.

Wechselbeziehungen. Wenn Landschaften von Touristen massenhaft überlaufen werden (man kann den Strand vor lauter Menschen nicht mehr sehen), kann sich dadurch ihr Charakter bis zu dem Punkt ändern, an dem ihre Anziehungskraft für die Touristen" wieder rapide abnimmt (Wenzel 2001, 151). Man kann diese oder ähnliche Einwände dahingehend zusammenfassen, dass eine Beschränkung der Analyse auf Ereignisse, die dem wirtschaftlichen Code des Zahlens/Nicht-Zahlens folgen bzw. sich über ihre Orientierung an ihm erklären lassen, eine zu einseitige und sachlich unangemessene Reduzierung des Tourismusphänomens darstellt. Leistungen und Ressourcen wie Transport, Unterkunft oder Freizeiteinrichtungen lassen sich mit dem herkömmlichen Instrumentarium der Wirtschaftswissenschaften problemlos analysieren. Aber die von Touristen ebenfalls nachgefragten Dinge wie Urlaubsglück, Alltagskontrast oder Erholung entziehen sich den Kategorien der Marktökonomie. „Vielfach sind die nachgefragten Phänomene nicht einmal materieller Natur – wie das ‚Ambiente', das zu einem Urlaubsort gehört und wesentlich zu seiner Marktposition beitragen kann" (Hennig 1999, 160). Eine genauere Bestimmung des Tourismus müsste also gerade auch die nicht-warenförmigen Voraussetzungen, auf die die Warenform nach Marx stets rekurriert, bzw. den touristischen Gebrauchswert der Urlaubsreise, der nicht in ihrem Tauschwert aufgeht, analysieren. Eine Perspektive hingegen, die Tourismus nur als Teil des Wirtschaftssystems behandelt, die touristisches Reisen auf ein bloßes Konsumgut reduziert, kann zwar verdeutlichen, dass und in welcher Weise die Ökonomie die für die Reproduktion des Tourismus notwendigen Ressourcen beschafft. Doch der Zusammenhang von Tourismus und Gesellschaft ist damit nicht zufriedenstellend bestimmt.

Die nachfolgenden Teilkapitel stellen daher die Frage ins Zentrum, wie der Tourismus als gesellschaftliche Strukturbildung zu deuten ist – ohne untheoretisch vorauszusetzen, dass bereits klar sei, wovon Tourismus handelt. Sie orientieren sich dazu an den Teilfragen, was Tourismus ist, wie er entsteht, auf welche gesellschaftlichen Bedingungen seine Entstehung reagiert, wie er sich in Abhängigkeit gesellschaftlicher Veränderungen entwickelt und welche gesellschaftliche(n) Funktion(en) er erfüllt. Einschränkend sollte an dieser Stelle darauf hingewiesen werden, dass hier keine Soziologie des Tourismus angestrebt wird. Dies kann und soll im Rahmen dieses Kapitels nicht geleistet werden. Die nachfolgenden Schritte können im besten Fall als weitere Bausteine einer solchen (längst überfälligen) Theorie gelesen werden.[28]

---

28 Die im Folgenden schrittweise zu entwickelnde strukturtheoretische Bestimmung des Tourismus verdankt den Gesprächen mit Michael Bommes

Um der empirischen Vielfalt touristischer Formen entsprechen zu können, ist, dies wurde bereits erwähnt, ein relativ abstrakter Zuschnitt der Analyse erforderlich. Dabei ist eine zugrunde liegende Annahme, dass man Tourismus sozialwissenschaftlich nicht als theoretisch interessantes Problem formulieren kann, wenn man ihn zu direkt als konkretes, quasi „physisches Phänomen" behandelt. Angesichts der räumlichen Mobilität der Touristen und der unbestreitbaren Relevanz von Ortsbezügen im Tourismus (Urlaubsorte usw.) liegt eine solche Vorgehensweise nahe. Sie kennzeichnet daher auch die gängigen Tourismusdefinitionen (s. z.B. Hömberg 1978, Mundt 2001) und jene geographischen und sozialwissenschaftlichen Deutungsangebote, die Tourismus vor allem anderen als „Raumphänomen" interpretieren (vgl. Wöhler 1997, 10). Vor dem Hintergrund der obigen Raumkonzeption und mit Blick auf die für dieses Kapitel formulierten Leitfragen erscheint dagegen der Versuch vielversprechender, Tourismus theoretisch nicht über Raum, Orte, Ortswechsel oder physisch-materielle Merkmale einzuführen, sondern über abstrakte, auf die Struktur von Gesellschaft beziehbare Begriffe.

Will man für ein solches Vorhaben einen Ausgangspunkt gewinnen, von dem her sich die theoretische Bestimmung des Tourismus entwickeln lässt, dann kann man an eine Beobachtung anknüpfen, die in den meisten Untersuchungen zur Struktur des Tourismus formuliert wird: Sowohl die mit Urlaubsreisen verbundenen Wünsche und Erwartungen der Touristen als auch die touristischen Angebote zielen auf die Gewinnung und Herstellung von *Distanz zum Alltag*. Touristen wollen sich physisch und psychisch erholen, entspannen, vergnügen, persönlich bilden usw. Sie wollen aus ihrem „Alltag herauskommen" (Mäder 1988, 64), sie suchen den zeitlich begrenzten Kontrast zu ihren „normalen Lebensbedingungen" (Scheuch 1969, 824, Fn. 78), zu alltäglichen Hierarchien, Regeln, Normen, Rollen und Ansprüchen. Der Tourismus verspricht und organisiert ihnen einen vorübergehenden „Ausstieg" aus dem Alltag, die „Suspendierung (nicht Aufhebung!) der normalen Rollenbeziehungen" (Scheuch 1969, 806) und damit die Möglichkeit, „Erholung" vom Alltag zu finden, Alltägliches „auszugleichen" oder zu „kompensieren" und in einer „Gegenwelt" Differenzen, Anderes, Fremdes zu erleben (vgl. Kresta 1998), Zeit anders als alltäglich üblich zu gestalten, Normen und Regeln zu variieren oder zu brechen (vgl. Shields 1991) und auf diese Weisen nicht-alltägliche „Differenzerfahrungen" zu machen (vgl. Hennig 1998, 55). Weil jede touristische Distanzierung

---

sehr viel. Seine theoretischen Anstöße und die gemeinsam im Gespräch entwickelten Ideen erwiesen sich als ausgesprochen anregend und nachhaltig. Ohne sie sähe das Kapitel *Der Tourismus der Gesellschaft* sicherlich anders aus.

vom Alltag im Akt des Distanzierens auf ebendiesen Alltag verweist, sind die unterschiedlich ausgeformten und organisierten touristischen Reisearten immer auch durch den nicht-touristischen Alltag der Touristen (vor-)strukturiert. Insofern wirkt das Prinzip der Alltagsdistanz in hohem Maße strukturbildend und lässt sich der Tourismus als eine gesellschaftliche Anti-Struktur bezeichnen (vgl. Boissevain 1989).

Sieht man von dem mit touristischer Mobilität verbundenen Ortswechsel ab, ähnelt der Tourismus als „Anti-Struktur des Außeralltäglichen" (Wenzel 2001, 133) mit seiner zeitlich klar begrenzten Aufhebung bzw. Modifikation alltäglicher Verhaltensweisen, Regeln und Normen vielen Ritualen, Spielen und Festen (vgl. Hennig 1999, 72). Diese kollektiven, regelmäßig wiederkehrenden Ereignisse eröffnen vorübergehend „liminale Sphären" der Nicht-Alltäglichkeit. Wegen ihrer Relevanz in allen, auch vergangenen Gesellschaftsformen werden sie von Anthropologen als universell verbreitete Phänomene beschrieben (klassisch: Turner 1989/1969). Diese Strukturähnlichkeit zwischen Tourismus und Spielen, Festen usw. verdeutlicht, dass das Merkmal der Alltagsdistanz keine ausreichende Charakterisierung des Tourismus darstellt, sondern eine solche nur einleiten kann. Aus der Strukturähnlichkeit abzuleiten, der Tourismus sei ein „funktionales Äquivalent der Feste in vormodernen Gesellschaften", das sich zwar nur unter den seit dem 18. Jahrhundert allmählich entstandenen sozialen und ökonomischen Bedingungen – „ausreichender Wohlstand und Freizeit breiter Bevölkerungskreise, gute Verkehrsverbindungen, relative Sicherheit auch in fremden Ländern" – in der bekannten Form habe entfalten können, dessen „zugrundeliegenden Triebkräfte" sich aber nicht erst in den letzten Jahrhunderten gebildet hätten (vgl. Hennig 1998, 64f.), ist aus der hier verfolgten Perspektive problematisch. Sucht man nach einer strukturtheoretischen Bestimmung des Tourismus, die Tourismus als *gesellschaftliches* Phänomen fasst, ist der Rekurs auf universelle, in „allen bekannten Gesellschaften" verbreitete „Phasen der Regelaufhebung" (ebd.) oder gar auf „menschliche Grundbedürfnisse" (Hennig 1999, 11) nicht hilfreich. Er unterläuft den Versuch, Tourismus als eine Strukturbildung zu rekonstruieren, die als gesellschaftliche Strukturbildung auch historisch bedingt ist, die also an eine bestimmte Form (oder Entwicklungsstufe) der Gesellschaft gebunden ist.

Die Mehrheit der tourismustheoretischen Arbeiten unterscheidet hingegen, zumindest implizit, zwischen vormodernen Reiseformen (z.B. der mittelalterlichen Pilgerreise) und den erst in der modernen Gesellschaft entstehenden touristischen Reisen. Auch die nachfolgenden Untersuchungsschritte gehen davon aus, dass der Tourismus ein *modernes* Phänomen ist, also ein Phänomen, das eng mit den strukturellen Merkmalen der modernen Gesellschaft zusammenhängt und sich daher grundlegend von vormodernen Reiseformen unterscheidet. Um als Argument für die theoretische Bestimmung des Tourismus zu überzeugen, ist die Berechtigung dieser Annahme im Laufe der Analyse freilich erst noch zu erweisen. An dieser Stelle dient die Hypothese der Modernität des Tourismus dem Einstieg in die Untersuchung. Folgt man ihr, dann deutet das touristische Merkmal der Alltagsdistanz darauf hin, dass der Tourismus eine Form der Reaktion auf den *modernen Alltag* der Menschen darstellt.

Tourismus als Folge entfremdeter Arbeit?

Eine große Bedeutung für den Alltag in der modernen Gesellschaft kommt der entlohnten *Arbeit* zu. Daher entwickeln viele Erklärungen des Tourismus ihre Argumentation, indem sie von den modernen Arbeitsbedingungen ausgehen. In besonderem Maße gilt dies für die deutschsprachigen, bis heute einflussreichen kulturkritischen, (neo-) marxistischen und herrschaftssoziologischen Arbeiten, die vor dem Hintergrund des Nachkriegs-Massentourismus in den 1960er und 1970er Jahren entstanden.[29] Die modernen Arbeitsbedingungen werden hier typischerweise als am Prototyp der *Industriearbeit* orientiert beschrieben. Sie seien gekennzeichnet durch die rationale Organisation der Arbeit, ihre „eigentümliche Abstraktheit", die hohen und zunehmenden Leistungsansprüche und psychischen Belastungen, die geringe Chance der persönlichen Identifizierung mit dieser „entfremdeten Arbeit" und den „Verlust der Bestimmung (der Individuen; AP) über sich selbst" (vgl. Habermas 1958). „Die herrschende Produktionsform" der modernen (Industrie-) Gesellschaft unterwerfe die „Arbeiter und Angestellten in den Betrieben und Verwaltungen fremdbestimmten kapitalistischen Zwängen. Ihre Arbeit [...] ist ihnen auferlegte Notwendigkeit, sie können sich kaum in ihr verwirklichen. [...] Auch die Mittelklassen arbeiten entfremdet" (Armanski 1986, 35). In diesem „Arbeitsleid" liege ein „wesentlicher Antrieb" des Tourismus, dem Arbeitsalltag „wenigstens zeitweise" durch „neue Fluchtformen" zu „entkommen" (ebd.).

Im Anschluss an ein Freizeitverständnis, das von einem komplementären Verhältnis von Berufsarbeit und Freizeitverhalten ausgeht (vgl. Habermas 1958), gilt der Tourismus in dieser Perspektive als eine Form der Regeneration von Körper und Geist. Er dient damit der Reproduk-

---

29 Vgl. z.B. Adorno 1969, Armanski 1986 (1978), Enzensberger 1962 (1958), Hesse 1978, Hömberg 1977, Kentler 1965, Krippendorf 1984, Prahl/Steinecke 1981 (1979), Rieger 1978.

tion der Arbeitskraft und -fähigkeit für den ökonomischen Verwertungsprozess. „Der moderne Tourismus soll die Zwänge und Belastungen der Industriegesellschaft ausgleichen" (Armanski 1986, 34). Die zunehmenden Belastungen des Arbeitsalltags erforderten auch erweiterte Ausgleichs- und Reproduktionsmöglichkeiten: „Objektiv verlangt der (beschleunigte) Verschleiß der Arbeitskraft im kapitalistischen Produktionsprozess und in der gesamten Sphäre der sozialen und ideologischen Reproduktion die (erweiterte) Wiederherstellung des Arbeitsvermögens, damit sich der ganze Vorgang erneuern kann" (ebd., 37). In diesem Sinne seien das subjektiv auftretende Urlaubs- und Erholungsbedürfnis und die darauf reagierenden Urlaubsreisen (als Erweiterung des Freizeitangebots) funktional für die Strukturreproduktion der kapitalistischen Gesellschaft. Einige Autoren sehen im Tourismus sogar ein herrschaftssicherndes Instrument, da die durch die „touristische Flucht" aus dem Alltag eröffnete Möglichkeit der Kompensation alltäglicher Zwänge revolutionäre Bestrebungen oder auch nur Aggressionen gegen die Repressionen der Gesellschaft wie ein Ventil verhindere und Veränderungswünsche systemstabilisierend kanalisieren helfe (vgl. Kentler 1965; zitiert nach Storbeck 1988, 249). Hierauf und auf die mit funktionalistischen Theorien verbundenen grundsätzlichen Probleme braucht an dieser Stelle aber ebenso wenig eingegangen zu werden wie auf die Entlarvung der touristischen Flucht als Illusion.[30] Entscheidend im hier interessierenden Zusammenhang ist vielmehr, dass die zusammengefassten Deutungsangebote von der Arbeit bzw. der Industriegesellschaft als der zentralen strukturellen Bedingung des modernen Alltags her konstruiert sind.

In diesem Punkt gleichen sie einem ähnlich prominenten und einflussreichen Erklärungsansatz aus der englischsprachigen Tourismusforschung, der ebenfalls von den fremdbestimmten und entfremdeten Arbeits- und Lebensbedingungen in der kapitalistischen Gesellschaft aus-

---

30 Der touristische Versuch, vor den Zwängen des Alltagslebens und der beruflichen Fremdbestimmung zu fliehen, sei in Zeiten des Massentourismus zum Scheitern verurteilt. Bei ihrem Fluchtversuch gerieten die Touristen doch wieder nur in die Fänge einer Industrie, der Tourismusindustrie. Denn der organisierte Tourismus mache den Urlaub als schichtübergreifenden Massenvorgang zwar erst möglich, schließe ihn jedoch zugleich wieder in eine entfremdende Warenform ein (vgl. Armanski 1986, 9). Durch seine Produktionsweise der „Normung, Montage und Serienfertigung" gleiche sich der Tourismus zunehmend den allgemeinen industriellen Prinzipien an und pervertiere daher letztlich das dem Tourismus zugrunde liegende (ursprünglich bürgerliche) „Verlangen nach dem Glück der Freiheit" (vgl. Enzensberger 1962). Vgl. zur Freiheits- und Fluchtillusion des Tourismus auch Adorno 1969, Krippendorf 1984, Prahl/Steinecke 1981; und zur Kritik an dieser Form der Kulturkritik exemplarisch: Hennig 1999, 23ff.

geht.[31] Das touristische Phänomen wird in diesem Ansatz als die säkularisierte Form der Pilgerreise gedeutet, auf der Touristen primär nach authentischen Erfahrungen suchen. Als Ursache für das säkularisierte Pilgern werden die strukturellen Bedingungen ausgemacht, die den modernen Arbeits- und darüber vermittelt auch den sonstigen Alltag prägen:[32] Fragmentierung, Differenzierung, Diskontinuität, Instabilität sowie die daraus resultierenden Unsicherheiten; Rationalisierung, Mechanisierung, Spezialisierung und Sinnentleerung („deculturization") der Arbeit; die rollenspezifische Schematisierung von Arbeitsabläufen und sozialen Beziehungen usw. Diesen Rahmenbedingungen könne sich in der modernen Gesellschaft praktisch niemand entziehen. Der moderne Mensch müsse sich ihnen (wenn auch oft widerwillig) fügen, er werde dadurch von seiner Werkbank, Nachbarschaft, Stadt und Familie entfremdet und verliere im alltäglichen Leben die Erfahrung von Authentizität, „Realität" und seiner „Integration in die Gesellschaft". Auf diese Weise, so MacCannell (1999), bringe die Modernisierung der Gesellschaft das Verlangen nach im Alltag abhanden gekommenen authentischen Erfahrungen, Wahrnehmungen und Einsichten in die Strukturiertheit der (sozialen) Welt hervor. Und auf genau dieses Bedürfnis reagiere der Tourismus, gerade mit der Einrichtung des Sightseeings. Denn im Ritual des touristischen Besichtigens und Erlebens versuche der Tourist, am „wirklichen Leben der besuchten Orte" teilzunehmen oder zumindest die „Wirklichkeit" und das „Typische" des fremden Alltagslebens zu erfahren.

Nach diesem Ansatz zielt der Tourismus auf die vorübergehende Überwindung der modernen Differenzierungs- und Entfremdungserfahrungen zugunsten der Erfahrung von Einheit, Vollständigkeit und Totalität. Ihm komme damit die Funktion der (im nichttouristischen Alltag nicht erfahrbaren) Integration des Einzelnen in die Gesellschaft zu (ebd., 56). Als Beleg dieser Deutung stützt MacCannell sich auf Beobachtungen, die er am Beispiel von Paris an der Wende zum 20. Jahrhundert und den zu dieser Zeit einschlägigen Paris-Reiseführern (Baedeker, Guide Bleu, Michelin usw.) darlegt: Zu den regelmäßigen und herausragenden Attraktionen touristischen Sightseeings gehörten Arbeitsabläufe in fremden Alltagswelten.[33] Indem der Tourist auf seiner Reise die (mo-

---

31 Vgl. z.B. Graburn 1989 (1977), MacCannell 1999 (1976), Moore 1980.
32 Vgl. im Folgenden MacCannell 1999, vor allem 11, 14, 35f., 46, 55, 91, 93, 96, 105.
33 Verhandlungen vor dem Obersten Gerichtshof, das Spektakel der Börse, die Maschinerie der Münze, die Arbeit in einer Gobelin-Weberei und in einer Tabakfabrik, Märkte, die Abwasserkanäle, die im Leichenschauhaus

dernen und vormodernen) Arbeitsverhältnisse besichtigt, werde die Realität in einer leichter verständlichen Form verdoppelt und darüber die Repräsentation der „wahren Gesellschaft formuliert und kultiviert" (ebd., 158). Im Akt des touristischen Sightseeings, das als Freizeitaktivität „fun" und nicht Infragestellung des zu Sehenden bedeute, nehme der Tourist daher letztlich das moderne Verhältnis von Individuum und Arbeitswelt bzw. Individuum und Industriegesellschaft an und bestätige es (ebd., 55f.).[34]

Problemlos lässt sich die skizzierte Argumentation auch in den Kontext aktuellerer Postfordismus-, Postmodernismus- oder Globalisierungsdebatten überführen. Die globalisierten Arbeits- und Lebensbedingungen scheinen die Entfremdungserfahrungen und die daraus resultierenden Urlaubs- und Authentizitätssehnsüchte nur noch zu steigern. In der Ferne wird gesucht, was man im Alltag nicht (mehr) findet: Natürlichkeit, Körperlichkeit, Ursprünglichkeit (von Kulturen wie Räumen), Ganzheit, Gemeinsamkeit, Echtheit, kulturelles Erbe usw.[35]

Die Stärke der vorgestellten Theorieangebote liegt darin, den Tourismus als eine soziale Strukturbildung zu interpretieren, die an die Besonderheiten der modernen Gesellschaft gebunden ist und nur aus ihnen heraus verstanden werden kann. Genau genommen beziehen sie sich nur auf eine bestimmte moderne Gesellschaftsformation – den Fordismus – und nicht auf die Moderne insgesamt. Für diese Gesellschaftsformation machen sie einsichtig, dass der Tourismus auf die fordistischen Arbeits-, Produktions- und Lebensbedingungen reagiert, die die moderne Gesellschaft seit der Industrialisierung bestimmen.

Infolge ihrer theoretischen Zentralstellung des Verhältnisses von Lohnarbeit und Kapital vernachlässigen die zusammengefassten Arbei-

---

aufgebahrten unidentifizierten Toten und ähnliches mehr (vgl. MacCannell 1999, 62ff.; Übersetzung nach Wenzel 2001, 135).

34 Wie die Flucht vor fremdbestimmten Zwängen im deutschsprachigen Erklärungsmuster wird auch die Suche der touristischen Pilger nach Erlösung durch authentische Attraktionen als letztlich vergeblich interpretiert. Die touristische Authentizitätssuche führe nur in eine an den Bedürfnissen der Touristen orientierte inszenierte Welt. Das, was der Tourist als authentische fremde Alltagswelt oder gar als Partizipation an ihr wahrnehme, sei das Ergebnis einer hochgradig strukturierten und differenzierten Darstellungs-Arbeit, sei aufgeführte Authentizität („staged authenticity"). Im Falle der touristischen Besichtigung von Arbeitsabläufen spricht MacCannell von Arbeitsaufführungen („work displays"), weil die jeweiligen „Attraktionen" auf und für den Besuch von Touristen eingerichtet seien – mit Führungen, speziellem Betreuungspersonal, vor allem aber mit einer theaterähnlichen Stilisierung der alltäglichen Arbeitsabläufe (vgl. MacCannell 1999, 91ff.).

35 Vgl. Meethan 2001, Selwyn 1994, Urry 1990.

ten die Tatsache der ebenso ungleichen wie heterogenen Partizipation am Tourismus. So weisen neben den Landwirten, den kleinen Selbständigen und den Arbeitslosen gerade die Arbeiter und die Personen mit formal niedrigerer Bildung lange Zeit eine weit unterdurchschnittliche Reisebeteiligung auf (vgl. Storbeck 1988, 245). Während sich die Urlaubsreise im Durchschnitt der deutschen Bevölkerung bereits Mitte der 1960er Jahre fast mehrheitlich durchgesetzt hatte (44%), wurde dieser Wert in der Arbeiterschaft erst zehn Jahre später erreicht (Keitz 1997, 287). Ebenso erklärungsbedürftig ist die große Tourismusbeteiligung der nicht-erwerbstätigen Bevölkerung (Rentner, Kinder, Schüler und Studenten), deren Urlaubs- und Ferienreisen mit dem Deutungsschema „Reproduktion von Arbeitskraft" offensichtlich nicht oder nur sehr ungenau beschrieben werden. Stärker zu berücksichtigen in der Theoriebildung wäre daher zumindest zweierlei: erstens die große Bedeutung, die Organisationen bei der Herstellung und Verbreitung von Urlaubsreisen als einer schichtübergreifenden Praxis mit Leitbildcharakter zukommt,[36] und zweitens die touristische Bedeutung des modernen Wohlfahrtsstaates, der durch die sukzessive Einrichtung von bezahltem Erholungsurlaub für eine wesentliche Wachstumsbedingung des modernen Tourismus gesorgt hat.[37]

Bei allen Erklärungspotentialen, die Ansätze haben, die Tourismus als Funktion der modernen Lohnarbeit in der industrialisierten Gesellschaft interpretieren, sind sie als Angebote für eine allgemeine Tourismustheorie zwangsläufig beschränkt. Da sie sich nur auf die fordistische Gesellschaftsformation beziehen, können sie insbesondere nicht erklären, warum das Verlangen nach zweckfreiem Reisen in die Natur und die Vergangenheit bereits *vor* der Industrialisierung im absolutistischen Territorialstaat in Europa erwachte. Folgt man tourismushistorischen Arbeiten, waren die ersten Touristen nicht Fabrikarbeiter oder Angestellte, die unter ihrem mechanisierten und sinnentleerten Arbeitsalltag litten, sondern Menschen, die wenig zu tun hatten: junge Adelige und Bürgersöhne.

So entwickelte sich seit etwa Mitte des 18. Jahrhunderts die vor allem an Gefühlsbildung interessierte „sentimentale" bzw. „romantische" Reise (vgl. Spode 1993, 4; Urry 1990, 1ff.). Die erwartete Gefühlsbildung war oft nur vage vermittelt; man meinte zu reisen um des Reisens willen. Dies hervorzuheben ist wichtig, denn auch ältere Reiseformen wie die Pilger-, die Bäder- oder die Bildungsreise enthielten bereits

---

36 Siehe das Unterkapitel *Tourismus als organisierte Strukturlockerung durch Ortswechsel.*
37 Siehe das Unterkapitel *Zur Entwicklungsgeschichte des Tourismus.*

Elemente (z.B. Alltagsdistanz, Vergnügen, hoher Organisationsgrad), die touristisch genannt werden könnten. Sie dienten jedoch im Vergleich zu der sich aus der bürgerlichen Bildungsreise entwickelnden romantischen Reise dem klar umrissenen *Erwerb* von (immateriellen) Gütern (Seligkeit, Gesundheit, Wissen). In diesem Erwerbszweck waren sie mittelalterlichen Reiseformen wie der Wanderschaft junger Handwerksgesellen, der Handels- oder der Entdeckungsreise vergleichbar (vgl. Ohler 1988). Der Zweck der (aus adeliger Grand Tour und Gelehrtenreise hervorgegangenen) bürgerlichen Bildungsreise (der Petit Grand Tour) war noch „Humanität" im Dienste des Fortschritts, im Dienste der „Perfektibilität" des Menschen, gewesen. Von diesem humanistischen Bildungszweck war die romantische Reise entlastet und erst dieses „entlastete Reisen wandelte sich zum Tourismus" (Stagl 1980, 379). Hintergrund dieses Wandels war das Unbehagen, das man zunehmend an dem „Fortschritt" der Gesellschaft zu empfinden begann.

Um dieses Unbehagen zu verstehen, muss man sich vor Augen führen, dass die Welt im 18. Jahrhundert ihr Antlitz grundlegend veränderte (vgl. im Folgenden: Spode 1988, 43f.). Die Schaffung des absolutistischen Territorialstaats bewirkte einen enormen Schub der Befriedung, aber auch der Reglementierung des Alltagslebens. Steuer- und Finanzhoheit, stehendes Heer, Ausdehnung der Märkte und der Geldwirtschaft, Verbesserung der Infrastruktur, Akkumulation von Menschen und Kapital in den Städten und die Erweiterung der polizeylich-bürokratischen Lenkungs- und Steuerungskapazitäten sind einige der ‚äußeren' Momente dieses Modernisierungsprozesses. Sie finden eine ‚innere' Entsprechung ‚in den Köpfen der Menschen'. Die neuen Anforderungen der „rationalen Lebensführung" (Weber 1972) erzwingen – zunächst bei den Eliten – auch neue psychische Strukturen. Für den höfischen Adel und bald auch für das Bildungs- und Besitzbürgertum wird es notwendig, spontane Gefühle stärker zu kontrollieren als vorangegangene Generationen (vgl. Elias 1978). Alles Körperliche und Impulsive wird zugunsten einer vornehmen Zurückhaltung, einer zugleich individuellen und sozialen Distanzierung zurückgedrängt. Der gesellschaftliche Verkehr wird nun durch einen enormen Apparat subtiler Verhaltensvorschriften geregelt (z.B. Essen mit Messer und Gabel), der mühsam erlernt werden muss. Die Enkulturationsphase verlängert sich. In der zweiten Hälfte des 18. Jahrhunderts werden deutliche Trends zur Ausdifferenzierung eines besonderen Funktionssystems für Erziehung sichtbar – zum Beispiel unter dem Schlagwort der „nationalen Erziehung" und mit der Absicht, ein Schulsystem für die gesamte Bevölkerung einzurichten und häusliche Erziehung zu privatisieren (vgl. Luhmann 2002b, 112). In diesem Zusammenhang entsteht die Jugend als eigener Lebensbereich. So sind, wie Braudel formulierte, die Menschen des 18. Jahrhunderts – genauer: die gebildeten Oberschichten – bereits „unsere Zeitgenossen": „Ihre Art zu denken und zu fühlen entspricht der unseren oder ist ihr zumindest sehr ähnlich" (Braudel 1971, 12). Die neue Disziplinierung und Verregelung des Denkens, Fühlens und Handelns tritt diesen Menschen erstmals als künstliche und unmenschliche Folge des Fortschritts gegenüber. Vor diesem Hintergrund ist die radikale Neubewertung von Natur und Geschichte im 18. Jahrhundert zu sehen. Seit den 60er Jahren des 18. Jahrhunderts finden bis dato als „wüst" und „schrecklich" empfundene Landschaften das große Interesse der jungen Adeligen und Bürgersöhne (zunächst aus England, bald auch aus Deutschland): die (schweizer) Alpen und die Meeresküsten; in Deutschland später der Rhein (vgl. Groh/Groh 1991, Spode 1988, 41ff.). Häufig sind es romantische Landschaftsbeschreibungen, die einer neuen Landschaftsbewertung und darüber der romantischen Reise zum Durchbruch verhelfen. Die Rousseau zugeschriebene Maxime „zurück zur Natur" wird zum Leitmotiv dieser neuen Reiseart. Die Sehnsucht nach dem „Naturzustand" lässt die Reisenden in den Alpen eine ursprüngliche Menschheit suchen. „Das archaisch-einfache Leben der dortigen Bewohner war ihnen das krasse Gegenbild zur gespreizten Etikette des höfischen Rokoko und der rationalen Geschäftigkeit der Väter. Es war ihnen die wie in einem Museum anschaubare eigene Vergangenheit, der Grundstoff für ihre Utopie von Freiheit und Glück. Der Älpler wurde quasi zum europäischen Indianer, zum ‚edlen Wilden', dem sich die romantische Jugend innerlich verbunden fühlte" (Spode 1988, 44). Wagemutige besteigen erstmals die Gipfel; ihnen folgen von Bergführern sicher geleitete Touristen.

Dem selben Impuls entspringt die Reise ans Meer, das zur „Zuflucht vor den Unbilden der Zivilisation" wird (Corbin 1990, 80). Sie wird sowohl literarisch als auch medizinisch legitimiert. 1751 badet das englische Königshaus erstmals im Meer und demonstriert die Gesundheit des Meerwassers. Zu jener Zeit entstehen die ersten *seaside resorts*, deren Zahl um 1800 an vielen Küsten sprunghaft zunimmt. Schon der Rostocker Medizinalprofessor Vogel, auf dessen Initiative Herzog Franz I. 1793 das erste deutsche Seebad in Doberan-Heiligendamm errichten ließ, wollte den Nutzen des dortigen Aufenthalts nicht mehr auf den Kontakt mit Meerwasser reduzieren. Er betonte bereits die psychische Erholung, die der Aufenthalt durch die weniger verregelten Beziehungen und Verhaltensweisen ermögliche: Es gelte, „in eine ungebundenere, angenehmere und ruhigere Lage zu kommen, um anstrengenden Geschäften, Sorgen und verdrießlichen Verhältnissen aus dem Wege zu gehen, und Ergötzungen und Zerstreuungen zu finden, welche zu Hause oft nicht möglich sind" (Spode 1988, 50, zit. nach Saison 1986). Mehr noch als die Alpenreise war die (mehrwöchige, teilweise mehrmonatige) Reise ins Seebad – die Sommerfrische – ein Privileg für hoch Begüterte; auch das Reisebedürfnis war noch überwiegend auf Adelige, wohlhabende Gebildete und Kaufleute beschränkt (vgl. Spode 1993, 4). Die Bäder-, aber auch andere touristische Reisen gewinnen in den ersten Jahrzehnten des 19. Jahrhunderts weiter an Beliebtheit. Obwohl es noch keinen bezahlten Urlaub gibt (Finanzierung weiterhin durch Besitz), setzt sich im gehobenen Bürgertum zunehmend die verkürzte, dafür häufigere Ferienreise durch (ebd.). Indikator und zugleich Mittel hierfür werden seit den 1830er Jahren die beiden heutigen Klassiker unter den Reiseführern – „Murray's" und „Baedeker" (vgl. Lauterbach 1989). Sie straffen und standardisieren die bis dahin existierenden Reiseführer für ein oft reiseungewohntes Publikum, das zudem weniger Zeit hat als der Bildungsreisende. Auch das Auftauchen des Begriffs *Tourist* im Englischen um 1800, im Französischen im Jahre 1818 sowie im Deutschen ab 1830 ist Indiz für die Ausbreitung dieses längst vorhandenen neuen Reisephänomens (vgl. Opaschowski 2002, 17).

Folgt man der voran stehenden Skizze und damit auch Spode (1988, 1993, 1995), reicht die Entstehungsphase des Tourismus von der Mitte des 18. Jahrhunderts bis ins erste Drittel des 19. Jahrhunderts. Entgegen verbreiteten tourismustheoretischen (An-)Deutungen ist der Tourismus somit keine Folge der Industrialisierung, schon gar nicht der „entfremdeten Arbeit". Wohl aber hat erst die im 19. Jahrhundert entstehende Industriegesellschaft das Bedürfnis und die Mittel geschaffen, dass allmählich immer breitere Schichten am Tourismus teilhatten. Bevor hierauf eingegangen wird, soll nun versucht werden, eine Deutung des Tourismus zu formulieren, die nicht nur den Urlaubsreisen im 20. Jahrhundert bzw. seit Mitte des 19. Jahrhunderts, sondern auch den beschriebenen elitären Frühformen gerecht wird.

Die tourismustheoretische Erklärung, die Spode im Rahmen seiner historischen Arbeiten anbietet, überzeugt nicht in diesem Sinne. So bestimmt er „die touristische Reise idealtypisch als freiwillige, scheinbar zweckfreie Reise vom Zentrum in die Peripherie [...], also als Reise in die Vergangenheit [zur alten Freiheit, zur unberührten Natur; AP]: Grundlage des Tourismus ist das sozio-kulturelle Gefälle, das sich im 18. Jahrhundert in Europa herausbildete und heute auch besteht, vor allem aber – als Gegensatz von Alltags- und Urlaubswelt – kommerziell produziert und genutzt wird" (Spode 1988, 74). Zwar mag diese Deutung einiges für sich haben und auch verschiedene gegenwärtige Reiseformen plausibel erklären, z.B. touristische Reisen in die „Natur", die „Peripherie" (ländliche Gegenden und/oder Entwicklungsländer) oder in vergangene (Alt-)Stadtwelten. Doch zugleich ist sie einseitig konstruiert;

z.B. erklärt sie weder die starke Körperorientierung im Tourismus (vgl. Wang 2003) noch den „Globalitäts-Tourismus" der jugendlichen Backpacker (vgl. Binder 2005) noch die städtetouristische Orientierung an (Post-)Modernität oder artifiziellen Objekten. Offensichtlich resultiert die Einseitigkeit der Deutung aus ihrem Entstehungskontext, i.e. der historisch-anthropologischen Untersuchung der Genese des modernen Tourismus.

Allerdings bestätigen und präzisieren Spodes Arbeiten (ebenso wie andere reise- und tourismushistorische Texte, vgl. z.b. Leed 1993) die oben gewählte Eingangshypothese: Der Tourismus ist gut 200 Jahre alt und damit etwa genauso alt wie die gesellschaftliche Epoche der Moderne, die, unbeschadet der so genannten Postmoderne (vgl. Luhmann 1998, 1143ff.), bis heute andauert. An diese empirische Beobachtung kann die nachfolgende Charakterisierung anknüpfen. Um die strukturellen Bedingungen des Alltags von Individuen in der modernen Gesellschaft möglichst allgemeingültig zu beschreiben, macht sie sich die theoretischen und begrifflichen Mittel der soziologischen Systemtheorie zunutze. Das dabei verfolgte Ziel ist ein Interpretationsrahmen, der die verschiedenen Entwicklungsphasen und Reiseformen des Tourismus umfasst, also – unter anderem – sowohl das romantische Unbehagen am gesellschaftlichen Fortschritt als auch die sich wandelnden modernen Arbeitsbedingungen und die darauf rekurrierende Deutung der Reproduktion der Arbeitskraft.

Das gesellschaftliche Bezugsproblem des Tourismus

Die systemtheoretische Beschreibung der modernen Gesellschaft als differenziert in autonome Funktionssysteme steht in der – in sich heterogenen – differenzierungstheoretischen Tradition der Soziologie seit Marx, Weber, Durkheim und Simmel (vgl. Schimank 2000). Verschiedene, historisch vorkommende Gesellschaftstypen werden in dieser Tradition wesentlich anhand ihrer jeweiligen Differenzierungsform unterschieden, also anhand der verschiedenen Weisen, in denen Gesellschaften in gleichartige bzw. verschiedenartige Teile differenziert sind. Luhmann unterscheidet die moderne Gesellschaft von vormodernen Gesellschaftstypen, deren Differenzierungsformen in der *segmentären* Differenzierung in gleichrangige Familien und Stämme, der *stratifikatorischen* Differenzierung in rangförmig unterschiedene Stände, Schichten oder Kasten und der Differenzierung auf der Basis von Ungleichheit in *Zentren und Peripherien* bestehen (vgl. Luhmann 1998, 609ff.). Im Unterschied zu diesen

Differenzierungsformen bezeichnet die *funktionale* Differenzierung die Differenzierung der modernen Gesellschaft in autonome, auf die Wahrnehmung von gesellschaftlichen Funktionen spezialisierte Teilsysteme der Ökonomie, des Rechts, der Politik, der Wissenschaft, der Kunst, der Erziehung, der Gesundheit, der Religion, des Sports, der Massenmedien und der Familien.[38] Neben der funktionalen als der *primären* Differenzierungsform kommen in der modernen Gesellschaft viele andere relevante Unterscheidungen vor, ihnen kommt aber nicht die gleiche gesellschaftsübergreifende Strukturierungsfunktion zu.[39] Wie in anderen Differenzierungstheorien strukturiert die Identifikation der charakteristischen Differenzierungsform auch in Luhmanns Gesellschaftstheorie sowohl die Analyse der gesellschaftlichen Binnenstrukturen und ihrer Entwicklung als auch der Beziehung von Gesellschaft und Individuum.

Um das Verhältnis zwischen Gesellschaft und Individuum – und damit auch die gesellschaftlichen Bedingungen des modernen Alltags von Individuen – zu analysieren, arbeitet die Systemtheorie mit der präzisierenden Unterscheidung Inklusion/Exklusion. Mit dieser Unterscheidung wird die Art und Weise der kommunikativen Inanspruchnahme (oder des Absehens davon) von Individuen als Personen durch soziale Systeme (i.e. Interaktionen, Organisationen, Funktionssysteme) beschrieben (vgl. Stichweh 1988a, Luhmann 1989, Luhmann 1995a). Die Art und Weise, in der Individuen kommunikativ berücksichtigt und für relevant gehalten werden, in der sie also an Gesellschaft bzw. an sozialen Systemen als Personen teilnehmen, variiert je nach Differenzierungstyp von Gesellschaft. Auch mit der sich seit dem 18. Jahrhundert welt-

---

38 Familien sind keine Funktionssysteme, sie stehen aber in einem Verhältnis der Komplementarität zu den Funktionssystemen. Die Form der familiären Intimkommunikation richtet sich auf die Verfassung der Individuen und offeriert Strukturen der Selbstthematisierung im Hinblick auf Inklusionserfahrungen in den Funktionssystemen (vgl. Bommes 1999, 69).

39 Soziale Ungleichheiten, zum Beispiel, werden wesentlich durch den modernen Systemtyp der Organisation, ihre Teilnahmeform der Mitgliedschaft, den darüber strukturierten Zugang zu materiellen und symbolischen Gütern sowie ihre Verteilung von Ressourcen durch die Inklusion von Individuen in Publikumsrollen bestimmt. Organisationen orientieren sich in ihren Entscheidungen ihrerseits an der funktionalen Differenzierung als gesellschaftlicher Leitdifferenz. So ordnen sie sich typischerweise einem oder mehreren Funktionssystemen zu (z.B. Unternehmen der Wirtschaft, Universitäten der Wissenschaft und der Erziehung, vgl. Tacke 2001). Daher werden soziale Verteilungs- bzw. Ungleichheitsverhältnisse in der funktional differenzierten Gesellschaft aus systemtheoretischer Perspektive als Resultat aus dem Zusammenspiel der Inklusions- und Exklusionsmodi von Funktionssystemen und ihren Organisationen sowie dem auf die daraus resultierenden Verteilungsordnungen reagierenden Wohlfahrtsstaat rekonstruiert (vgl. Bommes 1999, 175ff.).

weit durchsetzenden funktionalen Differenzierung als primärer Differenzierungsform ist eine grundlegende Veränderung des Verhältnisses von
Gesellschaft und Individuum verbunden. In diesem Zusammenhang lautet eine der Kernthesen Luhmanns über die moderne Gesellschaft: „Die
Einzelperson kann nicht mehr einem und nur einem gesellschaftlichen
Teilsystem angehören. [...] Da die Gesellschaft [...] nichts anderes ist als
die Gesamtheit ihrer internen System/Umwelt-Verhältnisse [...], bietet
sie dem Einzelnen keinen Ort mehr, wo er als ‚gesellschaftliches Wesen'
existieren kann. Er kann nur außerhalb der Gesellschaft leben, nur als
System eigener Art in der Umwelt der Gesellschaft sich reproduzieren,
wobei für ihn Gesellschaft eine dazu notwendige Umwelt ist" (Luhmann
1989, 158).

Die funktionale Differenzierung der modernen Gesellschaft hat daher zur Folge, dass „gesellschaftliche Struktur und Individualität *quer*
zueinander stehen" (Nassehi 1997, 123); es besteht eine grundsätzliche
Distanz zwischen Individuen und sozialen Systemen. Mit der Auflösung
von Kontexten, an die „die ganze Person qua Position" gebunden war,[40]
nehmen „die Individuen der modernen Gesellschaft im Laufe ihres Lebens, aber auch zu verschiedenen Tageszeiten oder manchmal sogar zum
gleichen Zeitpunkt an verschiedenen Kontexten teil [...], ohne ihnen je
ganz anzugehören" (Halfmann 1996, 59f.). Auf der Basis ihrer Exklusion als Ganze werden Individuen zu Teilnehmern an *verschiedenen* sozialen Systemen. Ihr Alltag ist durch eine mehrfache, aber nur partielle
Inklusion geprägt. Denn die gesellschaftlichen Teilsysteme inkludieren
nicht ganze Individuen, sondern lediglich rollen- bzw. inklusionsspezifische Teilaspekte von Personen (vgl. Nassehi 1997, 125). Weil die
moderne Gesellschaft Personen nicht mehr nur einem gesellschaftlichen
Teilsystem zuordnen kann, bringt sie eine *selektive Multiinklusion* hervor, und dies ohne gesamtgesellschaftliche Festlegung von Positionen
(vgl. Luhmann 1995a, 259). Hieraus resultieren die oben erwähnten Alltagserfahrungen von Fragmentierung und erhöhter Unsicherheit: Waren,
wie z.B. in der mittelalterlich-ständischen Schichtungsgesellschaft Europas, vormoderne Grenzziehungen zwischen Teilsystemen „auch Grenzen zwischen Personen, zwischen typisierten Individuallagen, zwischen
mehr oder weniger festgelegten Lebensformen, gehen die Teilsystem-
grenzen in der funktional differenzierten Gesellschaft durch Individuen
hindurch" (ebd., vgl. auch Beck 1986, 218).

Ihre mehrfache, aber nur systemspezifische, Teilnahme an Gesellschaft bearbeiten Individuen im Exklusionsbereich der Gesellschaft

---

40 Wie zum Beispiel in ständischen Gesellschaften, in denen Zugehörigkeit
   vermittels Abstammung definiert war (vgl. Bloch 1982, Wehler 1987).

(bzw. in ihrer Umwelt), indem sie diese multiplen Bezüge als ein Problem der Identität reflektieren (vgl. Halfmann 1996, 60) und durch eine entsprechende Identitätskonstruktion eine „subjektiv-sinnhafte Integration verschiedener Lebensbereiche" hervorbringen (vgl. Scherr 1995, 60). Als Folge der Umstellung auf eine gesellschaftliche Differenzierungsform, die sich von individuellen Lebenslagen weitgehend abgekoppelt hat, spielen „Selbstbeobachtung und Selbstbeschreibung von Individuen eine [...] zunehmend wichtige Rolle" (Nassehi 1997, 123). Da es viele Fremderwartungen gibt, die in die Rollen eingeschrieben sind, die man im Laufe seines Lebens einzunehmen hat, aber keine, die nur auf eine einzelne Person zugeschnitten ist, und da die Fremderwartungen sich stets nur auf inklusionsspezifische Teilaspekte der Person beziehen, wird für das Individuum die Herstellung, Reproduktion und Stabilisierung einer *Identität* zu einem zentralen Folgeproblem der funktionalen Differenzierung der modernen Gesellschaft (vgl. Halfmann 1996, 63).

Es ist zu beachten, dass sich die systemspezifischen Inklusionen und die von Individuen gefundenen Formen, mit denen sie sich als individuelle Person (nicht nur als Rollenträger) mit spezifischer Biographie – eine moderne Erfindung (Kohli 1985, 1986) – selbst thematisieren, wechselseitig bedingen. Auf der einen Seite steht die Form der Selbstadressierung von Individuen in der modernen Gesellschaft in engem Zusammenhang mit ihren Inklusionserfahrungen und -bedingungen, ohne jedoch von ihnen determiniert zu sein. Auf der anderen Seite ist die „gesamte Sozialordnung der Moderne darauf angewiesen, dass sich Persönlichkeitsstrukturen entwickeln, die eine partielle, nämlich funktional differenzierte, Inklusion des Individuums ermöglichen" (Nassehi 1997, 133). Der Bestand sozialer Systeme ist ebenso ungesichert, wie die moderne Gesellschaft riskant für Individuen ist. Er hängt letztlich davon ab, „ob und wie Individuen erfolgreich Anschluss an die systemspezifischen (Kommunikations-)Anforderungen gewinnen" (Halfmann 1996, 63). Im Folgenden soll genauer dargelegt werden, wie voraussetzungsvoll und folgenreich dieser Anschluss für Individuen ist.

Der durch die Umstellung von stratifikatorischer auf funktionale Differenzierung ermöglichte enorme Komplexitätszuwachs basiert auf starken Abstraktionen. Mit der Entstehung und Ausdifferenzierung der verschiedenen, an binären Codes (wie Zahlen/Nicht-Zahlen, Recht/Unrecht, Macht/Ohnmacht, wahr/falsch etc.) orientierten Funktionssysteme und der ihnen zugeordneten Organisationen hat die moderne Gesellschaft eine Menge von abstrakten und scharfen Einschränkungen hervorgebracht. Ihre strikte Unterscheidung von wirtschaftlichen, politischen, religiösen usw. Aspekten, denen die jeweiligen hochspezifischen Kommunikationen der Systeme folgen, ist lebensweltlich häufig unplausibel (vgl. Habermas 1995/1981, 267ff.). Die Logiken der Systeme widersprechen alltäglichen Erfahrungen von Redundanz, Kontingenz und Hybridität. Außerdem sehen sie weitgehend von Körperlichkeit, seelischem Befinden und individuellen Motivlagen ab. Doch von nun an bestimmen sie den Alltag der Menschen. Denn niemand ist selbstverständlich Teilnehmer an funktionssystemspezifischer oder organisatorischer Kommunikation. Teilnehmen kann nur, wer die durch die Systeme bestimmten Voraussetzungen zur Teilnahme erfüllt. Zwar sind soziale Systeme in der modernen Gesellschaft von der Teilnahme von Individuen abhängig, aber nicht von der Teilnahme je konkreter einzelner Individuen. Organisationen und Funktionssysteme bilden spezifische Inklusionsmodi aus, welche die Teilnahme der Einzelnen an den Leistungen des Systems und Bedingungen des Ausschlusses regeln. „Sie setzen eine bestimmte Selbstdisziplinierung der Individuen zu erwartungsstabilen Personen voraus, muten ihnen entsprechende Formen der Selbstpräsentation und Selbstbeschreibung zu und sehen Möglichkeiten der Exklusion von Individuen vor" (Bommes 1999, 47). Eine zentrale alltägliche Zumutung der modernen Gesellschaft besteht daher für Individuen darin, sich auf die eingerichteten Abstraktionen und Spezialisierungen der Systeme einzulassen. Von den Individuen wird verlangt, sich an den Erwartungen der Systeme auszurichten und ihre Einschränkungen auf sich zu spezifizieren. Dazu einige Beispiele:

Wer eine Ware erhalten will, muss dafür Geld anbieten. Um das abstrakte, symbolisch generalisierte Kommunikationsmedium Geld zu erhalten, muss man üblicherweise arbeiten. Erwerbsarbeit, das wirtschaftlich konstituierte Inklusionsmedium von Organisationen (vgl. Bommes/Tacke 2001), bedeutet, sich den Programmen und den (rationalen, mechanisierten, spezialisierten usw.) Anforderungen von Organisationen zu unterwerfen. Neben der dazu nötigen „methodischen Lebensführung" und „zuverlässigen Selbstinstrumentalisierung" (vgl. Treiber/ Steinert 1980) sind weitere Inklusionsbedingungen zu erfüllen. So besteht eine wichtige Voraussetzung für das Zustandekommen moderner Arbeitsverhältnisse darin, dass Individuen (neben der Vorlage von formalen Voraussetzungen wie Zertifikaten) sich selbst in der Form der Karriere (als Geschichte ihrer Inklusionen in die Funktionssysteme und ihre Organisationen) präsentieren können. Auch in Zusammenhängen außerhalb ihrer Arbeit müssen sich Individuen als spezifische Personen erkennbar machen, um sozial anschlussfähig zu sein. Jeder muss für sich eine jeweils situations- und kontextadäquate Version präsentieren können, für die er Abnahmebereitschaft findet. Um medizinisch behandelt zu werden, muss man die Patientenrolle einnehmen, um in Geschäften bedient zu werden, die Kundenrolle. In der Schule müssen Kinder lernen, etwas zu machen, was qua Schülerrolle von ihnen verlangt wird – und nicht, weil sie dafür (wie in der Familie) geliebt werden. Und so weiter. Als kompetentes Individuum muss man in der modernen Gesellschaft folglich in der Lage sein, eine anschlussfähige Identität zu konstruieren und eine solche situationsadäquat zu mobilisieren. Man muss aber auch bereit und fähig sein, regelmäßig von individuellen Motiven abzusehen und sich körperlich wie emotional unter Kontrolle zu bringen und zu halten. Dies gilt nicht nur, aber insbesondere für die Teilnahme an Organisationen, eine der ‚Zentralerfindungen' der modernen Gesellschaft. Dass diese Bedingungen und Anpassungserfordernisse den Individuen im Alltag oft gar nicht bewusst sind, ist kein Einwand gegen die theoretische Beschreibung.

Wie die ersten zwei Beispiele andeuten, sind mehrere der alltäglichen Inklusionsformen miteinander gekoppelt. Zum Beispiel besteht ein ausgeprägter Zusammenhang zwischen Dauer der Inklusion ins Erziehungssystem, den darüber erreichten Schulabschlüssen, dem Zugang zu Wissen und Informationen, der arbeitsbasierten Inklusion in Organisationen bzw. das System der Wirtschaft usw. Ähnlich präformieren die Inklusionsweisen von Individuen in Zusammenhänge etwa der Politik, des Erziehungssystems, des Gesundheitssystems oder des Sports die Art und Weise, wie sie über diese Teilnahmeerfahrungen im Rahmen persönlich-intimer Kommunikation bzw. in ihren Familien berichten. Die teilweise enge Kopplung der alltäglichen Erwartungsstrukturen wird im Falle nicht-alltäglichen und nicht-regelkonformen Verhaltens besonders sichtbar. Taucht ein Schüler nicht im Schulunterricht auf, wird dies als Abweichung beobachtet und macht Erklärungen erforderlich. Diese werden dann zum Beispiel in der Form elterlicher Entschuldigungen oder ärztlicher Atteste geleistet, was entsprechend motivierte Selbstbeschreibungen im Zusammenhang von sowie Teilnahmen an den Kommunikationssystemen Familie und Gesundheit voraussetzt. Wiederholte und längere Abwesenheit vom Unterricht – als Teilexklusion aus dem Leistungsbereich des Erziehungssystems – kann sich auf die Qualität oder gar den Erwerb/Nichterwerb schulischer Zertifikate auswirken, was wiederum spätere Möglichkeiten der Fortbildung, des Arbeitens, des Geldeinkommens, des Konsums, des Rechtszugangs oder der Politikbeeinflussung beeinträchtigt. Vergleichbares gilt für das nicht entschuldigte Nichterscheinen am Arbeitsplatz jenseits der dafür vorgesehenen Auszeiten (Feierabend, Freizeit, Wochenende, Urlaub). Auch hier droht Exklusion mit ihren bekannten kumulativen Folgen für andere gesellschaftliche Bereiche (vgl. Kuhm 2000b, 65).

Neben der Beobachtung, dass der moderne Alltag von Individuen durch die mehrfache, häufig mehr oder weniger eng miteinander gekoppelte, aber immer nur partielle und jeweils nur unter hochspezifischen Bedingungen zustande kommende Inklusion bestimmt wird, ist ein weiteres Merkmal der modernen Inklusionsstruktur hervorzuheben. Soziale Systeme tendieren dazu, Individuen, die ihren Inklusionsmodi entsprechen, übermäßig und dauerhaft in Anspruch zu nehmen. Dies gilt vor allem für Organisationen und die durch *Leistungsrollen* strukturierten Verhältnisse zu ihren Mitgliedern.[41] In der Art und Weise der Inanspruchnahme ihrer Mitglieder beschränken sich Organisationen zwar auf deren inklusionsrelevanten Aspekte. Für diese jedoch bringen sie ein nicht nur auf Intensität, sondern auch ein auf Extensität zielendes Interesse auf, das dem Alltag trotz aller Möglichkeiten der Veränderung einen vergleichsweise monotonen Grundrhythmus oktroyiert. So honorieren Orchester Musiker, die ihr Leben nach den Bedürfnissen des Orchesters richten und ihr Spiel durch kontinuierliche Übung perfektionieren. Gleiches trifft auf Sportlerinnen zu, die immer noch mehr trainieren könnten (und sei es mental), oder Wissenschaftler, die nie fertig geforscht und publiziert haben (können). So wie Patienten (und Krankenhäuser) sich Ärzte wünschen, die immer ansprechbar und im Dienst sind, wünschen sich Universitäten Studierende, die alles lernen wollen, und Unternehmen Mitarbeiter, denen die Firma die Familie ist. Dass Familien in der modernen Gesellschaft unter der Überinanspruchnahme bzw. der Tendenz zur dauerhaften Inanspruchnahme von Individuen durch Systeme nicht selten leiden, ist bekannt und ein empirischer Beleg für das skizzierte Problem (vgl. Peukert 1996).

Beeinträchtigt die systemische Überinanspruchnahme von Individuen den familiären Zusammenhalt, ist auch die Funktion, die der Familie in der modernen Gesellschaft zufällt, nicht mehr ohne weiteres zu erbringen.[42] So besteht die Besonderheit der modernen, durch den Modus

---

41 Zur Unterscheidung von Leistungs- und Publikumsrollen vgl. Stichweh 1988a.

42 In vormodernen, segmentären und/oder geschichteten, Gesellschaften sind die Zugehörigkeit zu einem Stand oder einer Schicht sowie die damit gegebenen ökonomischen, politischen und rechtlichen Möglichkeiten, d.h. auch die Zukunft von Individuen, noch über Familien und die segmentäre Differenzierung in Familien vermittelt (vgl. Bommes 1999, 52; Gellner 1991). Demgegenüber verlieren Familien mit der gesellschaftlichen Umstellung auf funktionale Differenzierung und der Durchsetzung des für die moderne Gesellschaft gültigen „Inklusionsuniversalismus" strukturell an Bedeutung. Für die Inanspruchnahme von Individuen im Recht, in der Ökonomie, der Politik, der Erziehung usw. wird ihre familiäre Herkunft und Zugehörigkeit prinzipiell (nicht immer empirisch) bedeutungslos. Dies bezeichnet einen Aspekt des in der Familiensoziologie vielfach thematisierten so genannten Funktionsverlustes der Familie (vgl. Peukert

der Intimkommunikation regulierten Familie darin, dass sie als soziales System komplementär zu den Funktionssystemen eingerichtet ist. Während es in Funktionssystemen und Organisationen auf den Einzelnen nur unter dem Gesichtspunkt seiner Relevanz für die Gewährleistung des Fortgangs des dortigen Geschehens ankommt und von allem anderen abgesehen wird, ist der oder die Einzelne in der Familie dem Prinzip nach als Ganze(r), als Vollperson, Thema, und zwar unter dem Gesichtspunkt, wie es ihm oder ihr als Individuum bei den alltäglichen In- und Exklusionen geht (vgl. Halfmann 1996; Luhmann 1990b, 196ff.).

Die im Falle organisierter Lohnarbeitsverhältnisse übliche Tendenz zur systemspezifisch scharfen und zeitlich dauerhaften Inanspruchnahme moderner Individuen wird auch durch die wohlfahrtsstaatlich motivierten und historisch sukzessiv durchgesetzten Arbeitszeitverkürzungen sowie den damit einhergehenden Ausbau der Frei- und Urlaubszeit nicht außer Kraft gesetzt.[43] Zwar profitieren die Funktionssysteme und ihre Organisationen von Arbeitskräften, die durch regelmäßige Auszeiten (physisch und psychisch) regeneriert und insofern bereit sind, sich wieder den Inklusionsmodi der sie inkludierenden Systeme zu unterwerfen. Auch werden deshalb in viele organisationsspezifische Programme zusätzlich zu gesetzlichen oder betrieblich vereinbarten Urlaubsansprüchen Mechanismen der regelmäßigen temporären Exklusion (Pausen, Freischichten, Überstundenausgleich) eingebaut. Doch wie der lange gewerkschaftliche Kampf seit der zweiten Hälfte des 19. Jahrhunderts gegen Ausbeutung durch zu lange Arbeitstage, der regelmäßige Ruf der Arbeitgeberverbände nach Arbeitszeitverlängerung oder die Karriereschritte derjenigen, die ihren Urlaub zur Fortsetzung der Arbeit (oder zumindest zur beruflichen Fortbildung) nutzen, exemplarisch zeigen, werden derartige Modifikationen der Inklusionsstruktur nur gegen die Ur-Logik der an der Wirtschaft orientierten Organisationen erreicht. Das, was für Organisationen und moderne Arbeitsverhältnisse offensichtlich erscheint, gilt in vergleichbarer Form auch für (nicht entlohnte) Leistungsrollen in anderen Systemen, z.B. für die Reproduktionsarbeit der Hausfrau in der Familie (vgl. Niehuss 1999), den Schüler im Erziehungssystem oder den ehrenamtlichen Politiker.

Die voran stehende Skizze des spezifisch modernen Verhältnisses von Gesellschaft und Individuum ist noch recht grobschnittig und lückenhaft. Eine genauere Analyse sollte die unterschiedlichen Inklusionsmodi der Systeme detaillierter rekonstruieren, die daraus resultieren-

---

1996). In der modernen Gesellschaft fällt der Familie aber eine andere Funktion zu (s.o.).

43 Siehe dazu das unten folgende Unterkapitel *Zur Entwicklungsgeschichte des Tourismus.*

den sozialen Ungleichheiten berücksichtigen und darüber hinaus die einzelnen Entwicklungsphasen, die die moderne Gesellschaft in den letzten zwei Jahrhunderten durchlaufen hat, voneinander unterscheiden. Auf eine solche Detaillierung kann an dieser Stelle aber verzichtet werden. Für den hier verfolgten Zweck reicht die bisherige Darstellung aus. Sie beschreibt zentrale Merkmale der modernen, durch funktionale und organisatorische Differenzierung bedingten alltäglichen Inklusions- und Erwartungsstruktur und damit das gesellschaftliche Bezugsproblem des Tourismus. Denn folgt man der bisherigen Darstellung, lässt sich der Tourismus als eine soziale Strukturbildung deuten, die auf die historisch neue Problemkonstellation reagiert, die mit der Durchsetzung der modernen Gesellschaft entsteht. Genau genommen reagiert der Tourismus auf die *Folgen*, die die moderne Inklusionsstruktur für *Individuen* mit sich bringt – auf die selektive Multiinklusion, die eng miteinander gekoppelten Erwartungsstrukturen des Alltags, die alltäglichen Abstraktions- und Selbstdisziplinierungsanforderungen (zu denen auch das weitgehende Absehen von Körperlichkeit gehört), das moderne Identitätsproblem und die Überinanspruchnahme durch Leistungsrollen. Der Tourismus reagiert damit, in systemtheoretischer Terminologie, auf ein Umweltproblem der Gesellschaft. Die touristische Kernsemantik der *Erholung* bestätigt diesen Befund. Mit ihr wird kommuniziert, dass es im Tourismus – ähnlich wie in der Familie – in erster Linie um Individuen als Ganze geht, um ihr persönliches, auch körperliches, Erleben und ihre Wahrnehmung, und nicht um die Rollenträger, von denen im Alltag verlangt wird, von dieser ‚Ganzheitlichkeit' des Individuums zu abstrahieren. Stärker im Vordergrund als in der Familie stehen im Tourismus die physische und psychische Regeneration von Individuen sowie Identitätsreflexion, Körperbezug, Selbstvergewisserung und Selbstfindung (vgl. Galani-Moutafi 2000).

Diese Erfahrungen von Alltagsdistanz basieren auf der *Lockerung*, *Variation* bzw. *Varianz* der alltäglich erfahrenen Inklusions- und Rollenverhältnisse (ähnlich: Scheuch 1969, 808). Der Tourismus bietet modernen Individuen (auch wenn sie in Gruppen reisen) die zeitlich befristete „Erholung" von den Verpflichtungszusammenhängen der alltäglichen Lebensführung in den Funktionssystemen und ihren Organisationen an. Dazu gehört, dass auch die Kopplung der alltäglichen Erwartungsstrukturen gelockert wird: Das, was Individuen während der Urlaubsreise tun oder gerade nicht tun, bleibt in der Regel weitgehend folgenlos für die systemspezifischen Erwartungen, mit denen sie im Alltag konfrontiert werden. Bedeutsam sind ferner die selbstbestimmte oder zumindest im Vergleich zum Alltag variierte Zeiteinteilung, die entdifferenzierenden „Ganzheitserfahrungen jenseits der Aufsplitterung in unterschiedliche

Rollen" (Hennig 1999, 89) sowie die oft beschriebenen Erfahrungen von Gegenwelten zum zweck- und systemrationalen Alltag im Betrieb, in der Schule, ja selbst in der Familie.

Das Beispiel Familie zeigt exemplarisch die vielgestaltigen Möglichkeiten der Ausformung dessen, was hier und im Folgenden mit Lockerung alltäglicher Inklusionsstrukturen, mit Strukturvariation, Strukturvarianz bzw. mit Lockerung durch Veränderung oder Abweichung bezeichnet wird. So kann die alltägliche Inklusionsstruktur der Familie etwa durch zeitlich befristete Variation der Rollenmuster gelockert werden (durch Hotelverpflegung statt täglichem Kochen der Mutter, durch organisierte Kinderbetreuung usw.). Einzelne Familienmitglieder können sich durch zeitlich befristete Exklusion von der Alltäglichkeit familiärer Strukturen erholen (z.b. durch die touristische Teilnahme der Kinder an Jugendreisen ohne Eltern, durch Elternreisen, Väterreisen oder Mutter-Kind-Reisen mit dem Mütter-Genesungswerk). Umgekehrt kann touristische Lockerung alltäglicher Inklusionsstrukturen ebenso bedeuten, dass durch die gemeinsame Teilnahme am Tourismus der familiäre Zusammenhalt deutlich verstärkt wird – ein Beispiel für Strukturlockerung durch Inklusionssteigerung. Wie Umfragen zeigen, ist diese Form des Familienurlaubs, der also die Familienmitglieder in den Mittelpunkt des touristischen Erlebens stellt und entsprechend viel Wert auf einen entspannten Umgangston und eine stärkere gegenseitige Rücksichtnahme legt, als sie im Alltag möglich ist, das stärkste Reisemotiv für Familien mit Kindern (vgl. Opaschowski 2002, 73ff.).

Wesentlich für die durch Tourismus ermöglichte Lockerung der alltäglichen Inklusionsstruktur ist der gegenüber der Alltagserfahrung verstärkte und diese oft kontrastierende Erlebnis-, Wahrnehmungs- und Körperbezug. Als zentraler Bestandteil davon lässt sich der intensivierte, oft auch experimentelle, Selbstbezug im Tourismus interpretieren. So ist die touristische Praxis regelmäßig durch (physisch-körperliche, geistig-seelische und soziale) „Identitätsarbeit" gekennzeichnet (Elsrud 2001). In diesem Sinne betonen einschlägige Untersuchungen gerade die identitätsmobilisierenden sowie die körper- und geistbezogenen Effekte touristischer Aktivitäten. Häufig beschrieben wird: der durch die Herauslösung aus der gewohnten Umgebung ermöglichte vorübergehende Wechsel sozialer Rollen und Identitäten (vgl. z.B. Günther 1997); das „identity switching", d.h. das unverbindliche Ausprobieren neuer Selbstdarstellungsweisen (vgl. Hennig 1999, 93) oder anderer Inklusions- und Rollenkombinationen (vgl. Scheuch 1969, 807); die „Verwirklichung von Wünschen oder Lebensweisen, die der eigene Alltag nicht möglich werden lässt" (ebd.); die (dem Funktionssystem des Sports nicht unähnliche) nicht-alltägliche Inanspruchnahme und Betonung von

Körperlichkeit und körperlich-sinnlichen Welterfahrungen (vgl. Crouch 2000, Urry 1999, Veijola/Jokinen 1994, Wang 2003); die touristische Orientierung an ganzheitlichem (d.h. körperlichem und seelischem) Wohlbefinden (vgl. Becker/Brittner 2003) sowie an Natur- und Körpererfahrungen, „die im Alltag verdrängt werden oder zu kurz kommen" (Richter 2003, 9); die mit der romantischen Reise junger Adeliger und Bürgersöhne um 1800 (vgl. Spode 1988, 41ff.) ebenso wie mit den heutigen „Esoterikreisen" (vgl. Romeiß-Stracke 1998, 53) angestrebte Verwandlung oder spirituelle Erweiterung des eigenen Ichs, die auf vergangene Naturzustände sowie auf Erlösung und Heilung (z.T. auch durch die Natur) zielt. Auch wenn die von der touristischen Werbung angepriesene Transformation oder Erneuerung der eigenen Identität praktisch ausbleibt (vgl. Bruner 1991), sind doch Identitätssuche und Identitätsbestätigungen bestimmende Motive für die Urlaubsreise (vgl. Cohen 1979). Identitätsstiftend – und dabei stets sozial distinguierend (vgl. Urry 1995) – fungiert sowohl die touristische Praxis der Camping-Touristen, die ihre ‚eigene Welt' (einschließlich Tageszeitung und Fernsehprogramm) vor der Kontrastfolie des Urlaubsortes *(er-) leben*, als auch diejenige der klassischen Städtetouristen, die auf ihr Bildungsbedürfnis mit Kulturbesichtigung und -aneignung reagieren und sich auf diese Weise *persönlich (weiter-) bilden*.

An den im Einzelfall sehr verschiedenen (hier nur angedeuteten) Möglichkeiten der Regeneration, des Erlebnisses, des Körperbezugs sowie der Familien- und Identitätserfahrung im und durch den Tourismus sind nicht nur moderne Individuen interessiert. Sie ‚nützt' auch den unterschiedlichen sozialen Systemen der modernen Gesellschaft, in die sie alltäglich inkludiert sind. ‚Gestärkt' durch ihre zeitlich befristete Teilnahme am Tourismus können sich Individuen wieder auf die alltäglichen Ansprüche der für sie relevanten Funktionssysteme und Organisationen einlassen. Zusammenfassend kann man daher die gesellschaftliche Aufgabe des Tourismus in der vorübergehenden *Lockerung* der modernen Inklusionsstruktur erkennen, in der Ausstattung von Individuen mit nicht-alltäglichen bzw. im Alltag nicht zugelassenen Möglichkeiten der *Strukturvarianz* und *Identitätskonstruktion*. Damit ermöglicht der Tourismus die Reproduktion und Aufrechterhaltung – nicht nur der Arbeitskraft, sondern allgemeiner – der körperlichen und psychischen Voraussetzungen für die alltägliche Inanspruchnahme von Individuen durch die verschiedenen, ihren Alltag bestimmenden Systeme. In diesem Sinne hat der Tourismus eine gesellschaftliche Relevanz, die nicht davon abhängt und nicht mit dem variiert, ob und was im Einzelfall als Erholung erfahren wird.

Die Bezugnahme auf die moderne Inklusionsstruktur unterscheidet den Tourismus grundlegend von früheren Reiseformen. Zwar konnten auch manche antike Reisen (vgl. Casson 1976, Krempien 2000), die mittelalterliche Pilgerreise, die Entdeckungsreise, die Bäderreise oder die verschiedenen Formen der Bildungsreise i.w.s. (als im Lebensrhythmus vieler Stände und Berufsgruppen – Adel, Bürger, Studenten, Gesellen – fest integrierte Zeit des Wissenserwerbs in der Fremde) für ihre Teilnehmer Alltagsdistanz, Strukturlockerung, Variation oder Vergnügen bedeuten (vgl. Leed 1993, Ohler 1988). Doch im Gegensatz zum vordergründig zweckfreien, modernen touristischen Reisen waren sie zum einen deutlicher auf Erwerb (von Gesundheit, Wissen, Seelenheil) gerichtet (s. oben). Zum anderen waren sie durch *einzelne* soziale Systeme (z.b. Religion, Gesundheit oder Wissenschaft) und Schichten (z.b. Adel oder Handwerker) induziert, legitimiert und definiert – und nicht durch die Folgen der radikalen Veränderung des Verhältnisses von Gesellschaft und Individuum in der sich seit dem 18. Jahrhundert weltweit durchsetzenden *funktional differenzierten* Gesellschaft.

Tourismus als organisierte Strukturlockerung durch Ortswechsel

Mit den voran stehenden Ausführungen ist die strukturtheoretische Bestimmung des Tourismus schon weit gediehen. Um sie noch weiter zu führen und zu präzisieren, ist folgende Eigenschaft des systemtheoretischen Interpretationsrahmens zu betonen. Die Theorie der funktionalen Differenzierung erlaubt es, Tourismus in der vorgeführten Weise mit Bezug auf die Differenzierungsstruktur der modernen Gesellschaft zu begreifen. Damit wird das touristische Phänomen in seiner ganzen Breite fassbar als eines, das nicht ausschließlich ökonomisch motiviert ist, sondern z.b. auch durch das Recht, die Politik, die Erziehung, durch die Anforderungen moderner Organisationen oder durch die Struktur und Dynamik von Familien. Zu den modernen Abstraktions- und Selbstdisziplinierungszumutungen, die soziale Systeme für ihre Teilnehmer bedeuten, gehört, dass sie weitgehend von Individualität und vor allem von Körperlichkeit absehen. Dies können Individuen ‚naturgemäß' nur schwer. Im Hinblick auf ihre gelingende alltägliche Multiinklusion sind sie – und mit ihnen auch die sie inkludierenden Systeme – geradezu auf Identitätsarbeit und Körperbezug angewiesen. Neben dem Sport, dem Gesundheitssystem oder anderen Kommunikationszusammenhängen (wie z.b. der jüngeren Selbstfindungsliteratur) eröffnet nun auch der Tourismus verschiedene Möglichkeiten der Inanspruchnahme der in der modernen Gesellschaft „nirgendwo sonst mehr so recht in Anspruch genommenen Körper" (Luhmann 1987, 337). In der gewählten Perspektive stellt der Tourismus daher insgesamt eine Form der *Reaktion* auf die Folgeprobleme der funktional differenzierten Gesellschaft dar, die auf Lockerung und Variation der alltäglichen Inklusions- und Erwartungsstrukturen zielt. Allerdings kann der Tourismus nicht – ebenso wenig wie die Funktionssysteme der Politik, der Wirtschaft, des Rechts, der Kunst usw. – geradlinig aus der Differenzierungsstruktur der modernen Gesellschaft hergeleitet werden. Tourismus ist keine strukturell alternativlose Reaktionsweise auf Folgeprobleme der modernen Gesellschaft. Um Alltagsdistanz zu gewinnen und Freizeit zu verbringen,[44] kann man auch virtuelle Reisen tätigen oder Romane lesen (vgl. Kreisel 2003, 81f.). Erholung und Strukturvarianz kann auch ein Saunaabend oder ein Wochenende bei Freunden stiften. Will man eine funktionalistische Argumentation vermeiden, ist daher die Frage zu beantworten, wie der Tourismus durch die Art und Weise seiner Angebote und ‚Problemlösungen' die Zuständigkeit für die ihn definierenden bzw. die durch ihn definierten Problemstellungen gewinnt. Wie wird einsichtig, dass man als Einzelne(r) am Tourismus partizipieren soll?

An dieser Stelle wird die Bedeutung sichtbar, die Organisationen im Tourismus zukommt. Ihre strukturbildende Bedeutung kann kaum überschätzt werden (vgl. Pearce 1992).[45] Wie frühere Reiseformen (vgl. Krempien 2000, Ohler 1988) nehmen seit den romantischen Reisen junger europäischer Adeliger und Bürgersöhne um 1800 auch touristische Reisen die Leistungen und Produkte einer Vielzahl von Organisationen (z.B. Transportunternehmen, Reiseführer, Herbergen) in Anspruch – und dies in historisch zunehmendem Maße (s. das Unterkapitel *Zur Entwicklungsgeschichte des Tourismus*). So evident eine solche Diagnose ist, so missverständlich, da noch zu schwach, ist sie formuliert. Der Tourismus kann angemessen *nur* als ein *organisiertes* Phänomen begriffen werden (ähnlich: Bærenholdt et al. 2004, 26). Wohlgemerkt sind mit dieser Aussage nicht nur die massentouristischen Entwicklungen im 20. Jahrhundert gemeint, und auch nicht nur organisierte Reisen großen Stils, wie sie seit Mitte des 19. Jahrhunderts vermehrt zu beobachten sind. Statt-

---

44 Auf die große wachstums- und damit letztlich auch strukturgenerierende Bedeutung, die die moderne ‚Frei-Zeit' für den Tourismus hat, wird im nachfolgenden Unterkapitel *Zur Entwicklungsgeschichte des Tourismus* eingegangen.

45 Auch die zitierten kulturkritischen Analysen des Tourismus aus den 1960er und 1970er Jahren wiesen schon auf die fundamentale Relevanz von Organisationen für das touristische Geschehen hin – allerdings nur indirekt in Form ihrer Kritik an der „Tourismusindustrie" (vgl. exemplarisch: Armanski 1986, Enzensberger 1962).

dessen bezieht sie sich auf den Tourismus als eine gesellschaftliche Strukturbildung der Moderne insgesamt. Selbst der sog. Individualtourismus, der seine Identität gerade durch Abgrenzung von (massen-)touristischen Organisationen bezieht, stützt sich auf Produkte und Leistungen, die Organisationen – oftmals durch explizite Orientierung an den Bedürfnissen von Individualtouristen – hervorbringen. Dazu zählen ‚alternative' Reiseliteratur, Karten und Informationsbroschüren, Transport- und Übernachtungsmöglichkeiten, (Outdoor-)Kleidung sowie, in zunehmendem Maße, eigens auf den individualtouristischen Geschmack zugeschnittene Angebots-Baukästen von Reiseveranstaltern.

Die fundamentale Bedeutung von Organisationen für die Entstehung und das Wachstum des touristischen Phänomens wird daran ersichtlich, dass Tourismus nicht ‚automatisch' aus den gesellschaftlichen Folgen der Umstellung auf funktionale Differenzierung resultiert. Vielmehr müssen die Folgeprobleme der modernen Inklusionsstruktur als solche erkannt, kommuniziert und mit darauf reagierenden Lösungsangeboten beantwortet werden. Genau dies leisten Organisationen. Ob primär ökonomisch motivierte Transport-, Reise- oder Gastronomieunternehmen, ob politisch-ideologisch motivierte Arbeiterverbände oder Wandervereine, ob kommunal- und planungspolitisch orientierte städtische (Fremden-)Verkehrsvereine oder andere tourismusrelevante Organisationen: Sie alle erkennen auf ihre je eigene Weise das oben beschriebene historisch neue Umweltproblem der modernen Gesellschaft, oder zumindest Teilaspekte davon, und richten sich daran aus. Mit ihren jeweiligen Angeboten und Werbeaktionen reagieren sie auch auf bereits existente touristische Mobilität, die sie als Ausdruck eines entsprechenden Bedürfnisses nach Alltagsdistanz interpretieren. Auf diese Weise definieren, stabilisieren und stimulieren Organisationen zugleich die Nachfrage, auf die sie reagieren. Zwischen modernen Bedürfnissen nach Strukturlockung und touristischen Organisationen besteht ein wechselseitiges Steigerungsverhältnis.

Häufig entstehen tourismusrelevante Organisationen überhaupt erst durch systematische Bezugnahme auf die Folgeprobleme der modernen Inklusions- und Erwartungsstrukturen. Organisationen kristallisieren an der mit diesen Strukturen entstehenden Frage der Strukturlockerung bzw. – seit der Ausbildung und Verbreitung einer Semantik der Erholung im 19. Jahrhundert (s. das Unterkapitel *Zur Entwicklungsgeschichte des Tourismus*) – an der Frage der Erholung. Ein Musterbeispiel dafür sind die ersten Cook'schen Unternehmen. Thomas Cook eröffnete 1841 in Manchester das erste Reisebüro; seine Aktivitäten waren anfangs deutlich von dem philanthropisch-sozialpolitischen Motiv getragen, Tourismus auch für die unteren Schichten zu ermöglichen. So organisierte Cook die sonntäglichen Ausflüge in die Natur, die er in den 1840er Jahren per Eisenbahn zum verbilligten Sammeltarif veranstaltete, als Mittel *gegen* die ungesunden Lebensverhältnisse in den Industriegroßstädten und die Flucht vor dem Elend des Manchester-Kapitalismus in den Alkohol.

Cooks Unternehmen demonstrieren zugleich eindrucksvoll die innovative und wachstumsgenerierende Kraft mancher touristischer Organisationen. Es gibt „kaum etwas im Reisebürogewerbe, was nicht Cook auch schon – in vielen Fällen erstmalig – tat und unternahm" (Fuss 1960, 29). Er stellte erste Pauschal- und Gesellschaftsreisen – seit 1855 auch ins Ausland – zusammen, erfand das Reisesparen, den Hotelgutschein und entwickelte komplette Arrangements, die vom Frühstück bis zur Rundfahrt alles umfassten. Außerdem ermöglichte die mit seiner Organisation des Reisens verbundene Erwartungssicherheit, dass erstmals in der bis dato ausschließlich männlich geprägten Geschichte des Reisens auch Frauen verreisten (vgl. Leed 1993, 304). Die von Cook initiierten Maßnahmen wurden bald von anderen Reiseanbietern übernommen und weiterentwickelt, z.B. von den 1854 und 1863 gegründeten deutschen Reisebüros Riesel bzw. Stangen (vgl. Spode 1988, 56). Dazu gehörten: die konsumentennahe Einrichtung von Reisebüros; Tickets, die von verschiedenen Unternehmen anerkannt wurden, für unterschiedliche Transportarten galten und vorab bezahlt werden konnten; Verteilung von Reiseführern, in denen die herausragenden Sehenswürdigkeiten mit Sternchen markiert waren (Typ Baedeker); Blockbuchungen für Fahrt und Übernachtung, Hotelcoupons und Circular Notes, die in Hotels, Banken und Agenturen eingetauscht werden konnten (Vorläufer der Traveler's Cheques); neue Organisationsformen für den Gepäcktransport durch Europa und die Welt; sowie: professionelle Expertisen über potentielle touristische Zielgebiete und die organisierte Produktion und Weiterentwicklung von Orts-Mythen (vgl. Krempien 2000, 108ff.).

Diese Liste organisationsbasierter Erfindungen und Verbreitungen deutet an, dass Kapitalisierung, Rationalisierung, „Normung", „Montage" (Enzensberger 1962) sowie Planbarkeit den Tourismus schon lange vor seiner so genannten Industrialisierung im Zeitalter des Nachkriegs-Massentourismus kennzeichneten. Außerdem verdeutlicht sie exemplarisch, dass und wie Organisationen die Folgen der modernen Inklusionsstruktur für Individuen aufgreifen und in einen spezifischen Lösungsrahmen überführen: Sie mobilisieren das Wahrnehmungs- und Kommunikationsmedium *Raum* und etablieren mit seiner Hilfe den *Ortswechsel* als Antwort auf das Lockerungs- bzw. Erholungsproblem. So besteht eine der zentralen Leistungen von Organisationen im und für den Tourismus darin, touristische *Reisen* zu organisieren oder – etwa im Falle von Transport, Reiseführerliteratur, Versicherungen oder der Hotelbranche – zu ihrer strukturierten, organisierten, verlässlichen, planbaren usw. Durchführung beizutragen. Mit anderen Worten: Die vorrangig durch Organisationen angebotene und durch vielfache Wiederholung gefestigte erste Antwort auf die Frage, welche Aktivität Individuen die erwünschte Alltagsdistanz verspricht, lautet: der zeitlich befristete Ortswechsel. Diese organisierte Erwartung gibt den Rahmen vor, der durch die Verknüpfung mit weiteren Unterscheidungen semantisch ganz unterschiedlich ausgeformt oder auch überformt werden kann.

Um diese Vielfalt in typologischer Hinsicht zu systematisieren, könnte man touristische Ortswechsel zunächst nach den Herkunftsorten der Touristen und/oder den Zielorten der Reise unterscheiden. Das semantische Resultat der Verknüpfung von räumlichen und anderen Unterscheidungen – also das, was man im Anschluss an das Kapitel *Städtetourismus und Raum* räumliche Formbildung (i.e. Besetzung von Stellen durch Objekte) nennen kann – wird in der Tourismuswissenschaft „Destination" genannt (vgl. Fontanari/Scherhag 2000). Man könnte folglich auch verschiedene Destinationen (‚Ruhrgebiet', ‚Düsseldorf', ‚Nordsee' usw.) oder Destinationstypen (‚Stadt', ‚Land', ‚Küste', ‚Berge', aber z.B. auch ‚Vergnügungspark') differenzieren. Ebenfalls ließen sich touristische Reisen, die zu *einem* Ort oder *einer* Region – und wieder zurück – führen, von *Rundreisen* unterscheiden sowie von Reisen, die eine *Kombination* dieser unidirektionalen bzw. zirkulären Reisetypen darstellen. Auch die Unterscheidung touristischer Reisen in verschiedene „Tourismusarten" – gängigerweise entweder nach Merkmalen der beteiligten Touristen (z.B. Seniorenreisen, Jugendreisen, Familienreisen usw.) oder nach ihren vorrangigen Aktivitäten und Erlebnissen (z.b. Bade-, Wander-, Wintersport-, Abenteuer-, Event-, Besichtigungs-, Industrietourismus und viele andere Formen) – ist eine naheliegende und entsprechend häufig anzutreffende Beobachtungsform.[46]

Diesen Ausprägungen des Tourismus ist gemeinsam, dass sie auf dem Prinzip des Ortswechsels basieren und dass sie sich in hohem Maße Organisationen und ihren Leistungen verdanken. Mit Hilfe räumlicher Unterscheidungen beobachten und definieren Organisationen zum einen, wer Tourist ist bzw. wen sie als Touristen ansprechen und in Publikumsrollen inkludieren (Individuen, die sich räumlich von A nach B bewegen, um dort dies und das zu tun). Zum anderen konstruieren sie derart auch Profile und gegenseitige Abgrenzungen von Destinationen und damit das, was Touristen an bestimmten Orten oder von ihrer Reise er-

---

46 Vgl. z.B. Becker/Hopfinger/Steinecke 2003, insb. Kap. 2.2 und Kap. 4.

warten können (in A ist dieses sehenswert, in B jenes erlebenswert usw.). Dies schließt auch den in jüngerer Zeit häufig zitierten Fall der „enträumlichten", „entterritorialisierten" und nur auf „künstliche Erlebnisse" ausgerichteten Destination (z.b. ‚Vergnügungspark', ‚Skihalle' oder ‚Wellnesshotel') ein, bei dem also die räumlich-territoriale Unterscheidung (hier/dort bzw. Herkunftsorte der Touristen/Destination) durch andere Formen (z.b. Fun, Fitness oder Wellness) semantisch überlagert wird (vgl. Wöhler 2000, 112).

Zumeist sind an der Herstellung des touristischen Geschehens mehrere, mehr oder weniger eng miteinander verbundene, Organisationen beteiligt (vgl. Bærenholdt et al. 2004, 19ff., Selin/Beason 1991). Würde man sie ihrerseits mit einem räumlichen Schema beobachten, fiele der triviale Sachverhalt auf, dass viele dieser Organisationen bzw. große Teile der Organisationsnetzwerke nicht ‚in' den touristischen Destinationen, an deren Herstellung sie beteiligt sind, lokalisiert sind. Typischerweise handelt es sich um translokale bzw. „transterritoriale Beziehungen" (Glückler/Berndt 2005, 314).

Die Bestimmung des modernen Tourismus als organisierte Strukturlockerung durch Ortswechsel kann man durch den Vergleich mit der zweiten großen räumlichen Mobilitätsform der Moderne – Migration – weiter plausibilisieren. Auch die verschiedenen Wanderungsformen im 19. und 20. Jahrhundert (Arbeitswanderungen; Bildungswanderungen; Wanderung von Kranken, Sportlern, Familienangehörigen; Fluchtwanderungen) sind organisiert. Auch sie machen die Strukturbedingungen der sozialen Inanspruchnahme von Individuen sichtbar und lassen sich als Reaktion auf die Inklusions- und Exklusionsbedingungen sozialer Systeme interpretieren (vgl. Bommes 1999, 50ff.). Anders als Tourismus ist Migration allerdings durch den Versuch der Wahrnehmung von Inklusionschancen gekennzeichnet. Sieht man von dem Sonderfall, dass Individuen als Organisationsmitglieder wandern, ab, suchen Migranten Zugang zu Organisationen und Funktionssystemen. In diesem Sinne sind Touristen bereits inkludiert. Die von Migranten angestrebte Inklusion ist für den Tourismus Strukturvoraussetzung. Touristen wollen sich von der alltäglichen Lebensführung in den Funktionssystemen und ihren Organisationen gerade distanzieren. Dazu lassen sie sich nun auch von den tourismusrelevanten Organisationen inkludieren. Die bereitgestellte Leistung der Organisation zeitlich befristeter symbolischer Exklusion nehmen sie als „Erholung" von den Verpflichtungszusammenhängen und Inklusionsbedingungen des modernen Alltags ab.

Die Ausführungen zu Tourismus als organisierte *räumliche* Mobilität und Destinationsproduktion verweisen auf die enge Verbindung von Raum und touristischer Strukturbildung. Vor dem Hintergrund der Deutung, dass der Tourismus auf die modernen Inklusionsstrukturen und das durch sie hervorgerufene Umweltproblem reagiert, geht es im Tourismus allerdings *nicht primär* um räumliche Mobilität oder Destinationen. Das Kommunikations- und Wahrnehmungsmedium Raum wird vielmehr *sekundär* relevant: Der Ortswechsel strukturiert die Antwort auf die den Tourismus induzierende Frage ‚*Was erholt?'*. Raum wird, anders formuliert, relevant als *Medium der touristischen Erwartungsbildung*, als Medium der Strukturlockerung und Strukturvarianz, auf die der Tourismus zielt.

Der genaueren Untersuchung der Bedeutung räumlicher Formen für die touristische Strukturbildung widmen sich – am Beispiel des Städtetourismus – die weiteren Abschnitte der Arbeit. An dieser Stelle sei deshalb nur auf einen Aspekt eingegangen, der für die strukturtheoretische Bestimmung des Tourismus im Allgemeinen von Bedeutung ist. Die sich aufdrängende Frage, *warum* im touristischen Zusammenhang gerade räumliche Unterscheidungen eine so große Rolle spielen und warum gerade der Ortswechsel verspricht, das Erholungsproblem zu lösen, wird in dieser Direktheit kaum zu beantworten sein. Doch lassen sich, ausgehend von der empirischen Beobachtung, *dass* dies so ist, leicht verschiedene Thesen formulieren:

Indem der sich seit dem 18. Jahrhundert herausbildende und schrittweise ausdifferenzierende Tourismus als eine Form der räumlichen Mobilität organisiert wurde, konnte er an die lange Tradition des Reisens anknüpfen. Hieran hatten stets auch die nach ökonomischem Kalkül operierenden Verkehrs- und Transportunternehmen (Postkutschen, Eisenbahn-, Schifffahrts-, Bus- und Fluggesellschaften) Interesse. Sie konnten durch die touristische Entwicklung selbst expandieren; durch die von ihnen angebotenen Reisemöglichkeiten schürten sie ihrerseits die weitere Nachfrage; derart transformierten sie das Reisen erfolgreich in ein modernes Konsumgut und wirkten insgesamt stark wachstumsfördernd (vgl. exemplarisch Cocks 2001, Keitz 1997). Wesentlich erscheint ferner: Gerade durch die Mobilisierung des Raummediums in der Form des Ortswechsels bzw. der ‚Ortsbereisung' gelingt es dem Tourismus, Wahrnehmung und Körperlichkeit von Individuen – also den Umweltbereich der Gesellschaft, auf den sich der Tourismus spezialisiert – in Anspruch zu nehmen (s. dazu das Kapitel *Städte des Tourismus und Städtetouristen*). Touristen nehmen – insbesondere wenn sie sich physisch bewegen – wahr, dass sie Orte wechseln und auf ihrer Reise alltagsfremde Orte besichtigen und erleben. Genau darin, so könnte man zuspitzen, besteht die Teilnahme am Tourismus. Touristen ‚er-fahren' Alltagsdistanz durch ihren Ortswechsel und durch ihre körperlich-sinnliche Wahrnehmung. In diesem Sinne *symbolisiert* der Ortswechsel (bzw. die semanti-

sche Ausarbeitung der hier/dort-Unterscheidung) die Lockerung, Aufhebung oder Variation alltäglicher Inklusions- und Erwartungsstrukturen –
und wird damit selbst zu einer Erwartungsstruktur. Er symbolisiert die
vom Tourismus versprochene und durch Teilnahme an ihm erhoffte Alltagsdistanz, Exklusion oder Freisetzung aus alltäglichen Zusammenhängen, Freiheit und Ausstieg, Kontrasterfahrung, Begegnung mit dem
Fremden, Andersartigen, Unbekannten, Unwahrscheinlichen, Unerwar-
teten, Überraschenden usw. Hierin scheint auch die Attraktivität von
Fernem (gegenüber Nahem) und Fernreisen begründet zu liegen. Der
touristische Drang in die Ferne, der die kilometrische und den Globus
umspannende Expansion touristischer Reisen im 20. Jahrhundert stark
vorantrieb, scheint der einfachen Gleichung zu folgen: Je größer die
Orts-Distanz, also die (physisch-erdräumliche), Entfern-ung' vom alltäglichen Wohn- und Arbeitsort, desto plausibler die Erwartung von All-
tags-Distanz. Die Beobachtung, dass in der jüngeren Vergangenheit
auch die andere Seite der nah/fern-Unterscheidung (in Form von ‚Nah-
erholungs'-Tourismus im eigenen Land, in der eigenen Region usw.)
wieder stärker betont, organisiert und beworben wird, widerspricht dem
nicht. Sie ist vielmehr ein Beleg für die historisch erfolgreich durchgesetzte Identifikation von Ferne mit Variation (Kontrast, Fremde usw.),
die Voraussetzung dafür ist, nun auch die Nähe (als die nur vertraut ge-
glaubte, aber doch fremde und daher auch noch zu entdeckende Welt)
touristisch ‚in Wert zu setzen'.

Dieses Unterkapitel hat auf die strukturgenerierende Bedeutung
aufmerksam gemacht, die *Organisationen* und *Raum* für den Tourismus
haben. Wie unschwer – insbesondere in historischer Perspektive – ersichtlich, ist diese Bedeutung auch eine *wachstumsgenerierende*. Mit
dem Hinweis auf das wechselseitige Steigerungsverhältnis von *Organisationen* und Tourismus wurde dieser Aspekt bereits angedeutet: Organisationen kristallisieren an den Folgeproblemen der modernen Inklusionsstrukturen, aber auch an schon beobachtbaren touristischen Reisen.
Durch die Organisation des Reisens und die damit verbundene (Erwar-
tungs-)Sicherheit und Planbarkeit tragen sie seit Cooks Zeiten dazu bei,
dass (in historisch zunehmendem Maße) Hemmschwellen für Reiseuner-
fahrene abgebaut werden. Als kommerzielle Unternehmen der Fremden-
verkehrs- bzw. Tourismusindustrie entdecken Organisationen neue
Gruppen (z.B. die Arbeiter in der Weimarer Republik, s. unten) und beginnen, sie gezielt zu umwerben. Als tourismusrelevante Einrichtungen
differenzieren Organisationen sich durch spezielle Erwartungsbildung
(Organisationen für Transport, Übernachtung, Reiseführung usw. sowie
organisatorische Spezialisierung auf Jugendreisen, Familienreisen, Ar-
beiterreisen, Seniorenreisen usw.) aus und fördern die Professionalisie-

rung des Tourismus. Auf diese Weise beteiligen sich verschiedene Organisationen an der Herstellung und Reproduktion touristischer Reisen und Destinationen bzw. der mit beiden verbundenen symbolischen Exklusion der Touristen aus ihren Alltagszusammenhängen. Damit wiederum perpetuieren und schaffen sie zugleich das von ihnen bediente Bedürfnis nach Alltagsdistanz. Noch deutlicher wird die wachstumsgenerierende Bedeutung von Organisationen unter ökonomischen Vorzeichen (vgl. von Böventer 1991, Smith 1994). Denn wie alle anderen ökonomischen Teilmärkte tendiert auch die organisierte Produktion touristischer Waren zur Expansion.

Mit der touristischen Mobilisierung und Etablierung des *Raum*-Mediums kommt ein zweiter Wachstumsgenerator zum Tragen. Durch die Indizierung touristischer Kommunikation vermittels räumlicher Unterscheidungen gewinnt der Tourismus eine sehr markante und zugleich hinreichend offene Form. Ortswechsel und Destinationen werden zu plausiblen und gehaltvollen Symbolen, die Alltagsdistanz und Strukturlockerung versprechen. Außerdem sind räumliche Unterscheidungen infolge ihrer Abstraktion kommunikativ extrem einfach zu handhaben, semantisch fast beliebig codierbar und vielseitig modifizierbar (‚nicht hierhin, sondern dorthin sollte man blicken, fahren ...‘). Dies erleichtert nicht nur die globale Expansion des Tourismus (‚es gibt immer Orte, an denen man noch nicht war‘, ‚immer weiter weg‘)[47] und trägt derart zu seinen modernisierenden und globalisierungsfördernden Effekten bei, sondern auch die permanente Erfindung neuer Reisearten und -ziele (bis hin zu virtuellen Reisen zu virtuellen Zielen im Internet; vgl. Krüger 2001, 368ff.).

Für das starke Wachstum und die enorme Ausdifferenzierung des Tourismus seit dem Ende des 19. Jahrhunderts sind freilich nicht nur Organisationen und Raum verantwortlich. Man könnte noch eine ganze Reihe anderer gesellschaftlicher Veränderungen, Faktoren oder Formen in den Blick nehmen (z.B. Erfindungen in der Transport- und Kommunikationstechnologie, die Industrialisierung, Veränderungen der Geschlechterrollen, der Wandel der Bewertung des Reisens in einer zunehmend mobilen Gesellschaft u.a.). Da die leitende Frage dieses Teils der Arbeit aber nicht die des touristischen Wachstums ist, sei im Folgenden nur noch auf *einen* weiteren Zusammenhang eingegangen, der ebenso wachstumsfördernd wie zentral für die strukturtheoretische Bestimmung erscheint. Es ist dies der bisher nur gestreifte oder implizit

---

47 Die touristische Expansion überschreitet sogar die globale Sphäre, wie in der jüngsten Vergangenheit die ersten Einzelbeispiele eines neuen „Weltraumtourismus" demonstrieren (vgl. Smith 2001).

angesprochene Zusammenhang von Tourismus, *Erholung, Urlaub, Freizeit* und modernem *Wohlfahrtsstaat.* Auf diesen Zusammenhang wird man spätestens dann aufmerksam, wenn man sich um die Beantwortung der Frage bemüht, wie es gelang, das adelige bzw. bürgerliche Reisemodell des frühen Tourismus um 1800 schrittweise zu einem schichtübergreifenden Modell zu verallgemeinern. Diese Frage führt nicht nur zur Industrialisierung, sondern auch zur touristischen Kernsemantik von Erholung und Urlaub. Sie führt damit zu Formen, die als touristische Strukturbedingungen – ebenso wie die eng mit ihnen verknüpfte Freizeit – nicht ohne ihren wohlfahrtsstaatlich organisierten Entstehungs- und Durchsetzungskontext verstanden werden können. Dies legt eine entwicklungsgeschichtliche Perspektive nahe, die Mitte des 19. Jahrhunderts ansetzt, also *nach* der im Unterkapitel *Tourismus als Folge entfremdeter Arbeit?* dargestellten Entstehungsphase des Tourismus. Für den hier verfolgten Zweck genügt eine exemplarische Überblicksdarstellung am Beispiel Deutschlands.

Zur Entwicklungsgeschichte des Tourismus

Bereits um die Mitte des 19. Jahrhunderts waren auch in Deutschland die technisch-organisatorischen Grundlagen für die Herausbildung eines modernen Massentourismus gelegt. Doch die quantitativen Veränderungen des neuen Reisephänomens blieben noch gering. Erst mit der Hochindustrialisierung während des Kaiserreiches nahm der Tourismus einen gewaltigen Aufschwung, der – unterbrochen durch Kriege und Krisen – das gesamte 20. Jahrhundert hindurch anhalten sollte. Nun erst entfalteten die schon in der ersten Hälfte des 19. Jahrhunderts entstandenen Neuerungen – Baedeker, Reiseveranstalter und Reisevermittler, Eisenbahn – ihr Potential (vgl. Spode 1988, 58). Zwischen 1872 und 1913 verfünffachte sich die Zahl der „Fremdenübernachtungen"; die Reiseintensität nahm ähnlich stark zu; auch der Auslandstourismus verzeichnete hohe Zuwachsraten (vgl. Hoffmann 1965, 687).

Der im letzten Drittel des 19. Jahrhunderts einsetzende Aufwärtstrend beendete die Exklusivität der touristischen Reise. Überall weitete sich die Teilhabe am Tourismus von den Eliten auf bürgerliche Mittelschichten aus: Akademiker, Gewerbetreibende, Beamte, Lehrer und Angestellte. Dagegen blieb der Arbeitertourismus lange noch sehr marginal; erst kurz vor dem Ersten Weltkrieg unternahmen junge Arbeiter touristische Ausflüge an die See, z.B. nach Ahlbeck, der „Badewanne Berlins" (Spode 1999, 122).

Hintergrund dieser Entwicklung war, dass die modernen Anforderungen „rationaler Lebensführung" nun nicht mehr allein für die Eliten galten, sondern für die Mehrheit der Bevölkerung. Auch der neue Mittelstand und das Wirtschaftsbürgertum wurde in das bürokratisch-technische Beziehungsgeflecht der Industriegesellschaft eingebunden, in das „stahlharte Gehäuse der Hörigkeit" (Weber 1972). Arbeit wird zum überragenden Faktor der Rationalisierung des Alltagslebens. Dies ist folgenreich. Wie die Privatheit zur Öffentlichkeit tritt die Freizeit in einen scharfen Gegensatz zur Arbeit. Arbeit – zunächst allein die ‚geistige Arbeit' – wird als so belastend angesehen, dass sie Zeiten, auch längere und zusammenhängende, zur Regeneration der Arbeitskraft notwendig macht. Der rasch an Bedeutung gewinnende Regenerationsgedanke findet in dem (ebenfalls zunächst nur auf die ‚geistige Arbeit' bezogenen) Begriff der Erholung seine äußerst erfolgreiche, kommunikative Form: „Der moderne Mensch, angestrengter, wie er wird, bedarf auch größerer Erholung" (Theodor Fontane 1972; zitiert nach: Spode 1988, 59).[48]

Der Entstehungs- und Verfestigungszusammenhang dieser strukturellen und semantischen Veränderungen im letzten Drittel des 19. Jahrhunderts war der junge Wohlfahrtsstaat. 1873 wurde erstmals die jährliche Freistellung von der Arbeit institutionalisiert – in Form einer reichsweiten Regelung eines bezahlten Urlaubs für Staatsbedienstete. Vergleichbare Bestimmungen wurden bald auch betrieblichen Angestellten (Privatbeamten) gewährt. Bis 1914 erhielten ca. zwei Drittel der Angestellten und fast alle Beamten einen Jahresurlaub von ein bis zwei Wochen, in Leitungsfunktionen waren sechs Wochen nicht ungewöhnlich (vgl. Reulecke 1976, Spode 1988, 60).

Mit der festen Grenzziehung zwischen Arbeit und Freizeit bzw. Arbeit und Urlaub werden Arbeitszeit, Freizeit und Urlaubszeit zu begrenzten und dadurch knappen Zeitmengen (vgl. Luhmann 1987, 527). Im Gegensatz zum Geld- und Geburtsadel, der im letzten Drittel des 19. Jahrhunderts immer entferntere Ziele ansteuerte – Nizza, Madeira u.a. –, verfügten die (potentiellen) neuen Touristenschichen, die mit den neu-eingeführten Urlaubsregelungen entstanden, über ein viel begrenzteres Zeit- und Geldbudget. „An- und Abfahrt, Unterkunft, Besichtigungen – alles will nun exakt geplant sein, um die knappen Ressourcen optimal zu nutzen" (Spode 1999, 122). An diesen Veränderungen setzten tourismusbezogene Organisationen an. Sie veranstalteten, vermittelten, insze-

---

48 Auch die bürgerliche Vorstellung von Freizeit und Erholung als „Zeit der Freiheit", als „Freiheit zur Ruhe, zur Sammlung" sowie als Ausgleich zur Berufstätigkeit war vorgeprägt. Erholung, Genuss und Bildung sind bereits gegen Ende des 18. Jahrhunderts – zuerst von Schiller – als die Hauptinhalte der Freizeit bestimmt worden (vgl. Nahrstedt 1972, 187).

nierten und bewarben den Ortswechsel (ins Mittelgebirge, in die Alpen, an die See) als Antwort auf das nun auch von Beamten, Angestellten und bürgerlichen Gewerbetreibenden deutlich empfundene Problem des belastenden Alltags. Sie boten Leistungen an, die einzelne Touristen gar nicht selbst zu Stande bringen konnten (was bis heute den Erfolg und die Unabdingbarkeit touristischer Organisationen begründet). Aus der „Rentenreise" der Adeligen und Bürgersöhne wurde derart die individuell planbare, moderne Urlaubs-Reise. Ihr Angebot, ihre Durchführung und ihre Verbreitung reproduzierten das Erholungsbedürfnis der bürgerlichen Mittelschicht. Während das Wort Urlaub in der frühen Neuzeit noch die ‚Erlaubnis' sich als Bediensteter von der Residenz der Herrschaft entfernen zu dürfen, bezeichnete hatte, meinte es nun „Zeit der Erholung und des Reisens" (Prahl 2002, 239). Und dass die Urlaubsreise der Erholung dient, galt im bürgerlichen Diskurs als ausgemacht: „Was der Schlaf im engen Kreise der vierundzwanzig Stunden ist, das ist das Reisen in dem weiten Kreise der 365 Tage" (Theodor Fontane 1972; zitiert nach: Spode 1988, 59). In diesem Sinne sind Erholung, bezahlter Urlaub und die Organisation der Urlaubsreise seit dem letzten Drittel des 19. Jahrhunderts eng miteinander verknüpft. Sie werden zum Motor und zugleich zur Voraussetzung des wachsenden Tourismus.

Die Teilnahme an ihm war freilich noch extrem ungleich verteilt. Die Vorstellung, dass auch Arbeiter und ‚körperlich tätige' Menschen längere Erholungszeiten bzw. Urlaubsreisen nötig hätten, dass folglich aus einem allgemeinen Prinzip wohlfahrtsstaatlicher bzw. betrieblicher Fürsorgepflicht heraus auch Arbeitern (und Arbeiterinnen) bezahlter Erholungsurlaub zugestanden werden sollte, fand bis zum Ersten Weltkrieg kaum Zustimmung.[49] Im Gegenteil: Nach der Abschaffung der meisten Feiertage enthielt selbst das erst 1895 in Kraft getretene Verbot, Arbeiter an Sonn- und Feiertagen zur Arbeit zu zwingen, noch zahlreiche Ausnahmebestimmungen (vgl. Spode 1988, 60). Stimmen, wie die des Sozialmediziners Hahn, der 1912 einen 6- bis 14tägigen Urlaub für Arbeiter forderte, verhallten noch ungehört. Die agrarische und die gewerbliche Arbeiterschaft blieb mehrheitlich auf die gesetzlich als ar-

---

49 So erklärte z.B. die Chemnitzer Handelskammer im Jahr 1906: „Es geht viel zu weit, einen Erholungsurlaub für Leute einzuführen, die nur körperlich tätig sind und unter der Gesundheit nicht schädigenden Verhältnissen arbeiten. Für Beamte, die geistig tätig sind (und häufig Überstunden arbeiten müssen; die auch keine körperliche Ausarbeitung bei ihrer Tätigkeit haben) erscheint die Erteilung von Erholungsurlaub gerechtfertigt. Für Arbeiter ist ein solcher Urlaub in der Regel nicht erforderlich. Die Beschäftigung dieser Personen ist eine gesunde. Eine geistige Anstrengung kommt nicht vor, auch von körperlicher Überarbeitung kann man nicht reden." (zit. n. Reulecke 1976, 226).

beitsfrei bestimmten Tage und das „Blaumachen" angewiesen – oder aber auf unbezahlten Zwangsurlaub bei schlechter Auftragslage. Von Ausnahmen abgesehen – wie den Jenaer Zeiss-Werken – galt bezahlter Urlaub als eine Gratifikation für Industriearbeiter mit jahrelanger Betriebszugehörigkeit. Wenn überhaupt, fand Arbeitertourismus daher als Ausflugsverkehr statt. Vor dem Ersten Weltkrieg erhielten in Deutschland neunzig Prozent der Arbeiter keinen Urlaub.

Diese Ungleichbehandlung hatte Gründe. Wie die meisten Unternehmen hatte auch der Staat kein Interesse an einer „Demokratisierung des Reisens" (ebd.). Das hohe Sozialprestige der touristischen Reise sollte vielmehr die Loyalität des neuen Mittelstandes sichern helfen. Die Gewährung von regelmäßigem, bezahltem Urlaub blieb daher ein Privileg, das das „Distanzbewusstsein gegenüber den Arbeitern" förderte (Reulecke 1976, 224). Diesem Interesse entsprach auch die Herausbildung des bürgerlichen Familienurlaubs. Die gemeinsam verbrachte Urlaubsreise wurde zu einem konstitutiven Element der modernen bürgerlichen Kleinfamilie. Die abgeschlossene Privatheit der Familie, die Kinder und Eltern zusammenbringt, ihre gesellschaftliche Funktion als Refugium der Gefühle, als Gegenbild zur Rationalität der Arbeitswelt, sollte in der gemeinsam verbrachten Freizeit während der Urlaubsreise in idealer Weise praktiziert werden und zum Ausdruck kommen (vgl. Spode 1988, 61). In der Nichtgewährung von Erholungsurlaub und der nur sehr geringen Beteiligung der Arbeiter bzw. Arbeiterfamilien am Tourismus einen sozialen Missstand zu sehen, war den bürgerlichen Sozialreformern zumeist noch fremd. Auch in den Arbeiterbewegungen und Gewerkschaften genoss der Urlaubsgedanke noch keinerlei Priorität. Vordringlicher waren hier die Kämpfe um Löhne, bessere Arbeitsbedingungen, Arbeitszeitverkürzungen und politische Rechte (vgl. Spode 1999, 123). Deshalb blieb auch die Breitenwirkung von Organisationen, die erstmals explizit auf die Förderung des Arbeitertourismus zielten – wie etwa der 1895 als Gegenstück zum bürgerlich-völkischen Alpenverein gegründete proletarisch-sozialistische Touristenverein „Die Naturfreunde" –, zunächst bescheiden (vgl. Wunderer 1977).

Trotz der ungleichen Partizipation am Tourismus war mit der Entwicklung zwischen 1871 und 1918 eine entscheidende Voraussetzung dafür geschaffen worden, dass der Tourismus später schichtübergreifend anwachsen konnte: Gerahmt und institutionalisiert durch die ersten staatlichen Urlaubsregelungen entwickelte sich Erholung zu einer mächtigen Semantik. Mit dieser Semantik wurden die für die moderne Gesellschaft schon längere Zeit gültigen Inklusions- und Erwartungsstrukturen und ihre Folgeprobleme reflexiv gewendet und bewusst gemacht. Wenn auch zunächst nur auf ‚geistige Arbeit' bezogen, ist mit der durch Urlaubsregelungen abgesicherten Semantik der Erholung die kommunikative Form gefunden, die das aus der funktionalen und organisatorischen Ausdifferenzierung der modernen Gesellschaft resultierende Umweltproblem sowie seine Bearbeitung in Form der Urlaubsreise in einer sehr plausiblen und anschlussfähigen Weise beschreibbar macht: Die moderne (Arbeits-)Welt macht die Menschen erholungsbedürftig – und die (organisierte) Urlaubsreise dient ihrer Erholung. Das neue Axiom, Reisen diene der Erholung und sei daher kein Luxus, sondern eine Notwendigkeit – ein „Mittel gegen die Last der Zivilisation" (Spode 1999, 123) – erweist sich als langlebig. In der Zwischenkriegszeit wird es auf alle Menschen bzw. auf Erholung auch von körperlicher Arbeit ausgedehnt; ein universeller Anspruch auf Erholung und Urlaubsreisen rückte in den Horizont des Denk- und Kommunizierbaren (s.u.). 1948 wird der Urlaub in die Charta der Menschenrechte aufgenommen. Bis heute prägt die Vorstellung von Erholung durch Urlaub bzw. von Urlaub zur Erholung sowohl die arbeitsrechtliche Sicht auf die Fürsorgepflicht von Staat und Arbeitgebern (vgl. Ihmels 1981, 57ff.) als auch das Selbstbild der Touristen (vgl. Opaschowski 2002, 91ff.). Die erstaunlichen Strukturbildungen, die die wohlfahrtsstaatlichen ,Erfindungen' Erholung, (bezahlter) Urlaub und Urlaubsreise auslösten, werden im Fortgang der entwicklungsgeschichtlichen Rekonstruktion immer deutlicher werden.

In der Weimarer Republik setzte sich der touristische Aufwärtstrend der Vorkriegszeit bis zur Weltwirtschaftskrise fort. Mit der Anerkennung der Gewerkschaften 1918 wurden Urlaubsregelungen in fast alle Tarifverträge aufgenommen (1929 enthielten 98% der Tarifverträge Urlaubsklauseln; vgl. Spode 1988, 65). Kommerzialisierung, Professionalisierung und politische Förderung des Tourismus verstärkten sich; so wurde 1918 das Mitteleuropäische Reisebüro (MER) gegründet, 1920 bzw. 1928 die Reichsbahnzentrale für den Deutschen Reiseverkehr (Auslandswerbung). Die Folge war ein deutlicher Anstieg der Reiseintensität (bis 1929 um mehr als 24%), bei Abnahme der Übernachtungsdauer. Einen bereits vor dem Krieg eingeleiteten Trend fortsetzend wurde der Übergang zwischen Ausflug und kurzer Urlaubsreise fließend (vgl. Spode 1993, 5f.).

Sozial breitete sich die Urlaubsreise weiter in mittlere Einkommensgruppen aus. Lehrer und Angestellte prägten vielerorts das Bild. Auch Facharbeiter reisten vermehrt (vgl. Spode 1999, 131). Selbst Arbeiter nahmen nun in signifikantem Umfang an der touristischen Mobilität teil; in einzelnen Fremdenverkehrsorten stellten sie bis zu 10% der Übernachtungsgäste (vgl. Keitz 1997, 48f.). Insgesamt blieb die Arbeiterschaft (ca. 50% der Erwerbsbevölkerung) allerdings deutlich unterrepräsentiert. Hauptgründe waren die mangelhafte Ausstattung ihrer Urlaubsklauseln, das schwache Verhältnis der Löhne zu den Preisen im Fremdenverkehr sowie die Mentalität der Arbeiter, die Urlaubsreisen immer noch als Privileg und Praxis höherer Schichten empfanden (vgl. Keitz 1997, 173ff., Spode 1993, 5). Auf die Defizite des jungen Wohlfahrtsstaates reagierend und gegen die für Arbeiter nach wie vor prohibitiven Preise im Fremdenverkehr und ihr habituelles Zögern, am touristischen Reisephänomen teilzunehmen, entwickelte die Arbeiterbewegung verschiedene Strategien. So wurde versucht, durch den Aufbau eigener Reiseorganisationen (Reisebüros der „Naturfreunde" und des Allgemeinen Deutschen Gewerkschaftsbundes, Jenaer Ferienheimgenossenschaft u.a.) und durch entsprechende Werbung einen „Volks-" bzw. „Sozialtourismus" aufzubauen (vgl. Keitz 1997, 129ff.). Die Urlaubsreise für Arbeiter wurde derart nicht nur mit „politischen Ansprüchen" verbunden. Sie wurde auch billiger. Auch andere, oft branchenfremde Veranstalter (Kirchen, Zeitungen, Gebirgsvereine, Verbände, Volkshochschulen etc.) boten auf gemeinnütziger oder kommerzieller Basis bezahlbare Ferienheim- und Gesellschaftsreisen an (vgl. ebd., 119). Die bereits vor dem Krieg entstandene Wanderbewegung, die sich bewusst vom bequemen ‚bürgerlichen' Urlaub absetzte, trug auf ihre Weise dazu bei, dass das Reisen billiger und beliebter wurde. Die verschiedenen Anstrengungen führten dazu, dass nun vermehrt auch Arbeiter als Übernachtungsgäste der Fremdenverkehrsorte auftauchten (vgl. ebd., 13f., 41ff. u. 173ff.).

Insgesamt erweiterte und differenzierte sich in der Weimarer Republik die tourismusbezogene Organisation und Infrastruktur (Transport, Beherbergung, Reiseveranstaltung, Reisevermittlung, Reisebewerbung) stark. Sie war Ausdruck und Antrieb eines gestiegenen Bedürfnisses nach touristischem Erleben, und wenn es nur für ein oder zwei Tage war. Die touristische Reise wurde zeitlich und finanziell noch besser planbar als im Kaiserreich und auch dadurch breiteren Schichten zugänglich. Mit dem wachsenden Organisationsgrad und der Weiterentwicklung der touristischen Infrastruktur änderten sich auch die Zusammensetzung der Altersgruppen und das Geschlechterverhältnis. Zum einen „erblühte [...] das ins 19. Jahrhundert zurückreichende Jugendwandern mit plötzlicher Macht, zum anderen waren daran auch Mädchen beteiligt". Generell fuhren Frauen „nun auch allein in den Urlaub; in einigen deutschen Ferienorten stellten alleinreisende weibliche Gäste sogar die größte Gruppe – die heutige Überrepräsentanz von Jugendlichen und Frauen im Tourismus kündigte sich in den 20er Jahren an" (Spode 1999, 132). Auf diese Weise wurde die Urlaubsreise allmählich zum „modernen Massenkonsumgut" (Keitz 1997, 113). Zwar konnten Reisebüros und Urlaubsreisen den Makel der „Einrichtung für Bessergestellte" noch nicht gänzlich ablegen. Doch die vormals scharfen Trennlinien verwischten (ebd., 120). Nach einem Rückgang während der Weltwirtschaftskrise nahm der Tourismus im Nationalsozialismus einen weiteren Aufschwung. In der NS-Zeit erlebte insbesondere der Veranstaltertourismus einen Durchbruch. Auch dies hatte strukturell-politische Gründe: Aufrüstung und Krieg waren gegen den Widerstand der Arbeiterschaft nicht denkbar. Da die Löhne nicht steigen sollten, sollte stattdessen im Rahmen der „Volksgemeinschafts"-Ideologie die Verbilligung von prestigeträchtigen Konsumgütern (Radios, Autos, Urlaubsreisen) die soziale Aufwertung des „Arbeitsmenschen" demonstrieren („Sozialismus der Tat"). Mit der Urlaubsreise ließ sich die von den neuen Machthabern verkündete „Brechung bürgerlicher Privilegien" am wirkungsvollsten darstellen. Die halbstaatliche „NS-Gemeinschaft ,Kraft durch Freude'" (KdF) – ein multifunktionales Instrument der „Freizeitgestaltung" – griff die Ansätze zum „Volkstourismus" aus der Weimarer Zeit im großen Stil auf und konnte, den terroristischen Staatsapparat im Rücken, eine bis dahin undenkbare Niedrigpreispolitik betreiben. Mit ihrer Hilfe wurde das Reisen unvergleichlich populär. Wer mit KdF auf Reisen ging, konnte nicht nur von erheblichen Preisvorteilen profitieren, sondern teilweise sogar finanzielle Zuwendungen und Zusatz-Urlaub erhalten. Dies galt vor allem für die „Beteiligung" von Arbeitern und Jugendlichen (vgl. Keitz 1997, 216ff.). Bereits 1934 organisierte KdF 0,5 Millionen ein- bis zweiwöchige Urlaubsreisen. KdF war in eine Bedarfslücke gestoßen und wurde schlagartig zum weltweit größten Reiseveranstalter (vgl. Spode 1999, 132). Flankiert wurde dies durch beachtliche Verbesserungen bei den Urlaubsregelungen. Arbeiter erhielten nun 6 bis 12 Tage bezahlten Urlaub im Jahr. Auch die Urlaubsregelungen für Jugendliche wurden verbessert. Diese Bestimmungen waren international führend und setzten den Gedanken der geistig-körperlichen Regeneration durch Urlaub erstmals konsequent juristisch um („Erholungsanspruch und -pflicht"; vgl. Ihmels 1981, 40ff., Spode 1993, 6). Das Versprechen, die Arbeiterschaft gleichberechtigt am Tourismus teilhaben zu lassen, konnte trotz einer deutlichen Steigerung nur in Ansätzen eingelöst werden. Zwar stieg die Reiseintensität der Arbeiterschaft und wurden Hemmschwellen weiter abgebaut, doch blieb Tourismus noch eine Domäne mittlerer und höherer Schichten, die selbst bei den „KdF"-Reisen die Mehrheit stellten (ebd.).

Auch in anderen Industrieländern – also in wohlfahrtsstaatlich organisierten Nationalstaaten (vgl. Stichweh 1998) – wurde die Freizeitpolitik in den 1930er Jahren zu einem Markenzeichen. Man versuchte, das bürgerliche Reiseprivileg aufzuheben, blickte dabei nicht ohne Bewunderung auf KdF in Deutschland, setzte jedoch – wie etwa in England, der Schweiz, Frankreich oder den USA – stärker auf gemeinnützige und private Organisationen. Derart begann sich in den 30er Jahren eine mittlere Ebene touristischen Verhaltens zwischen Proletarierausflug und Bürgerreise zu festigen. Die Urlaubsreise wurde zu einem industriell produzierten Massenkonsumgut – eine Entwicklung, die nur vom Zweiten Weltkrieg unterbrochen wurde.

Wie für andere westliche Industrieländer lässt sich die Nachkriegsentwicklung des Tourismus auch für Deutschland als ein stetiger Ausbau der schon zuvor angelegten Strukturen rekonstruieren. Bereits Mitte der 1950 Jahre wurde die Reiseintensität der Vorkriegszeit wieder erreicht. Der Anspruch auf eine Urlaubsreise war selbstverständlich geworden. Das „Recht auf Urlaub" (Ihmels 1981) wurde durch die Einführung von gesetzlichem Mindesturlaub weiter verfestigt. In beiden Teilen Deutschlands wuchsen Umfang des und Teilnahme am Tourismus fast ungebrochen.

In der DDR entstand 1947 erneut ein semistaatlicher Anbieter: der Feriendienst des Freien Deutschen Gewerkschaftsbundes (vgl. im Folgenden: Spode 1993, 7). Nachdem 1951 ein gesetzlicher Mindesturlaub von 12 (später 18) Tagen eingeführt worden war, erlangte der FDGB in den 50er Jahren eine beherrschende Stellung, die die von KdF noch übertraf. Das betrieblich-gewerkschaftliche Ferienheimwesen wurde stark ausgebaut. Besonders in der Arbeiterschaft stieg die Reisetätigkeit rasch an. Die Urlaubsreise war billig und wurde zum Allgemeingut. Nach dem Mauerbau 1961 konnte die Bevölkerung an dem in jener Zeit weltweit einsetzenden Auslandstourismus nur beschränkt teilhaben. Angetrieben von der Systemkonkurrenz (Nato bzw. Kapitalismus vs. Ostblock bzw. Sozialismus/Kommunismus) wuchs der staatlich geförderte und hoch subventionierte Inlands- und Comecon-Tourismus umso stärker. Anfang der 1980er Jahre glich die Reiseintensität der von Westdeutschland. Die durchschnittliche Urlaubsdauer war mittlerweile auf vier (BRD: fünf bis sechs) Wochen gestiegen. Die erwünschte Funktion, das Regime durch Sozialleistungen zu legitimieren, vermochte die DDR-Urlaubspolitik jedoch nicht zu erfüllen. Im Gegenteil war es gerade die vorenthaltene ‚Reisefreiheit', die wesentlich zum Ende der DDR beigetragen haben dürfte.

In der BRD scheiterte die Wiederbelebung eines (gewerkschaftlichen) „Sozialtourismus" weitgehend (vgl. Keitz 1997, 272ff.); hier waren es die erfolgreiche soziale Marktwirtschaft und der wohlfahrtsstaatliche Ausbau des Freizeitbereichs, die zum Motor des touristischen Wachstums wurden. Nachdem die neugebildeten Bundesländer zwischen 1946 und 1952 Urlaubsgesetze über eine Mindestdauer von 12

Tagen erlassen hatten, entwickelte sich der in den 50er Jahren einsetzende Auslandstourismus (Österreich, Italien, Spanien) sehr dynamisch. 1963 folgte das Bundesurlaubsgesetz, das für alle Arbeitnehmer einen Mindesturlaub von 15 Tagen verfügte. Es blieb damit jedoch bereits in weiten Teilen hinter der tatsächlichen Entwicklung zurück (vgl. Ihmels 1981, 57ff.). Der durchschnittliche Jahresurlaub für Industriearbeiter lag 1960 schon bei rund 17 Tagen und stieg bis Mitte der 80er Jahre kontinuierlich auf rund 30 Tage an (vgl. Keitz 1997, 263). Abgeleitet wurde der Urlaubsanspruch in der Bundesrepublik – wie in der NS-Zeit – aus der Fürsorgepflicht des Unternehmers (ebd.). Hinzu kamen allgemeine Prinzipien des sozialen Rechtsstaats und ein bislang außerhalb jeder Diskussion stehender Zweck: Das Bundesarbeitsgericht ordnete dem Urlaub neben der Regenerationsfunktion auch die Aufgabe zu, „dem Arbeitnehmer eine Sphäre der Selbstbestimmung und der persönlichen Freiheit zu sichern" (Ihmels 1981, 58). Damit war ein neuer, von der Arbeit erstmals unabhängiger, Vergleichsmaßstab geschaffen und Freizeit auch rechtlich zu einem eigenständigen Lebensbereich geworden (vgl. Keitz 1997, 264).

Sichtbarer Ausdruck des ‚Wirtschaftswunders' der 50er und 60er Jahre war der Durchbruch des schichtübergreifenden so genannten Massentourismus. Auch wenn der Anteil der Arbeiterschaft und der selbständigen Berufsgruppen sich in dieser Entwicklungsphase noch einmal deutlich vergrößert hatte, nehmen Arbeiter und Selbständige bis heute weniger stark am touristischen Geschehen teil als Beamte und insbesondere Angestellte. Mit Blick auf das gesamte 20. Jahrhundert wird deutlich, dass sich die touristische Mobilität stets in dem Maße und dem Tempo ausgebreitet und gewandelt hat, wie sich auch der Anteil der Angestellten (und Beamten) an der erwerbstätigen Bevölkerung vermehrte (vgl. ebd., 309). So wie es in der Weimarer Republik einen engen Zusammenhang zwischen dem touristischen Strukturwandel und der Vermehrung der Angestelltenberufe gab, vollzog sich auch der touristische Wandel der 1960er Jahre parallel zu einem raschen Wachstum eben dieser Erwerbstätigengruppe bzw. zu einer Abnahme arbeitertypischer Berufe. Mit dieser Expansion touristischer Mobilität auf dem Höhepunkt der wohlfahrtsstaatlichen Leistungsfähigkeit in den 60er und 70er Jahren verlor der Gedanke, weniger begüterten Schichten den Zugang zum Tourismus zu erleichtern, seine politische Relevanz (ebd., 308).

Für die Entstehung des Massentourismus spielten Pkw und Flugzeug eine ähnliche Rolle wie einst die Eisenbahn: Ihre touristische Nutzung hob das Reisephänomen auf eine neue quantitative Stufe; mehr Menschen waren über immer größere Distanzen und immer häufiger als Touristen unterwegs. 1968 verreisten erstmals mehr Bundesbürger ins Ausals im Inland (vgl. Spode 1993, 7). Dieser Prozess wurde durch den an Bedeutung gewinnenden Veranstaltertourismus verstärkt. Mit der Chartertouristik und der Verbilligung von Fernreisen seit den 60er Jahren traten kapitalkräftige branchenfremde Unternehmen (Versandhäuser) auf den touristischen Markt, die zu einer weiteren Konzentration und Rationalisierung in der Organisation von Urlaubsreisen führten. Auch der starke Wohlstands- und Kaufkraftzuwachs war ein deutlich begünstigender, aber keineswegs konstitutiver Faktor des touristischen Wachstums. So weist Keitz nach, dass sich der Wachstumstrend in der gesamten Periode zwischen den 1920er und 1950er Jahren bei den Gästezahlen nach oben entwickelte, während er bei der Massenkaufkraft grosso modo stagnierte (vgl. Keitz, 306).

Entscheidend für die Herausbildung und Verbreitung des modernen Massentourismus sei daher nicht die ökonomische Lage der „neuen Mittelständler" gewesen, sondern ihr Habitus, also jene sich historisch schrittweise herausbildende Verhaltensdisposition, in die auch persönliche Werthaltungen, und damit weit mehr als nur marktspezifische Faktoren wie Einkommen und Berufsstellung, einfließen (ebd., 310). In diesem Zusammenhang ist Spodes Beobachtung aufschlussreich: Seit Mitte des 20. Jahrhunderts habe sich der Tourismus quantitativ zwar enorm ausgeweitet und ausdifferenziert, grundlegende qualitative Veränderungen im touristischen Verhalten seien aber – mit wenigen Ausnahmen wie z.b. dem Cluburlaub – nicht zu erkennen (vgl. Spode 1999, 137).[50] Die touristische Verhaltenskonstanz lasse sich bis mindestens an den Anfang des 20. Jahrhunderts zurückverfolgen, als in Europa und Amerika ein touristischer Typus entstanden sei, der sich vom heutigen nur wenig unterscheide. Die „Palette seiner Erwartungen, Verhaltensformen, Begründungs- und Distinktionsstrategien" sei bereits zu dieser Zeit weitgehend vollständig gewesen (ebd., 129). Die massentouristische, schichtübergreifende, auf dem gestiegenen Umfang an Freizeit beruhende Verbreitung dieses touristischen Habitus' in der Nachkriegsentwicklung führte dazu, dass die Urlaubsreise seit den 1960er Jahren zu einem Leitbild des modernen Lebensstils werden konnte:[51] Erholung und Ur-

---

50 Dies bestätigt die obige Deutung, dass der Tourismus auf Folgeprobleme der modernen Gesellschaft reagiert, deren Kommunikationsformen und Teilsysteme sich zwar stetig verändern und weiterentwickeln (weshalb sich auch der Tourismus kontinuierlich modifiziert), deren grundlegende Differenzierungsform (funktionale Differenzierung) und deren daraus resultierenden (oben dargestellten) Inklusions- und Erwartungsstrukturen aber, bei aller Veränderung im Einzelnen, bis in die Gegenwart gültig sind.
51 Vgl. Baumann 1995; Feifer 1985, 224; Keitz 1997; Leed 1993, 301ff.; Meethan 2001; Urry 1990, 4.

laub werden immer enger mit touristischen Reisen verknüpft; es wird immer häufiger (auch mehrmals im Jahr) gereist; Urlaubsreisen haben einen hohen symbolischen und statusrelevanten Charakter; „Urlaub auf Balkonien", also ohne zu verreisen, hat ein schlechtes Image und gilt als Notlösung (vgl. Opaschowski 2002, 292). Die touristische Reise wird zum festen, regelmäßigen, selbstverständlichen (und nicht nur vom Arbeitsalltag abgeleiteten) Bestandteil der Lebensgestaltung großer Teile der Bevölkerung.[52] Auch scheint die touristische Reise sich zunehmend von der Entwicklung der Realeinkommen zu entkoppeln (vgl. Spode 1999, 135). Verglichen mit anderen Ausdrucksformen moderner Lebensführung, mit denen die vielfältigen Anforderungen des modernen Alltagslebens ausbalanciert werden (z.b. die Gestaltung des Wohnens, der Ernährung, der Kleidung oder der Freizeit), besitzt die Teilnahme am touristischen Reisen für viele Menschen den höchsten Prestigewert. Historisch hat sich die Bereitschaft, Geld für die Suche nach Alltagsdistanz und Erholung durch Ortswechsel auszugeben, gesteigert. Nötigen die wirtschaftlichen Verhältnisse zum Sparen, wird auf die Urlaubsreise zuletzt verzichtet (vgl. Keitz 1997, 16).

Bei allen aktuellen Tendenzen zur Verbilligung des touristischen Reisens und zur globalen Teilnahme am Tourismus bleiben wohlfahrtsstaatlich vermittelte Zahlungsfähigkeit und wohlfahrtsstaatlich durchgesetzte oder moderierte Urlaubs- und Freizeitregelungen doch wesentliche Voraussetzungen der touristischen Entwicklung. Die weltweit extrem unterschiedliche Verteilung touristischer Quellgebiete und touristischer Reiseströme illustriert diesen Zusammenhang überdeutlich (vgl. Vorlaufer 2003, 5). Die wohlfahrtsstaatliche Rahmung des Tourismus als eine seiner zentralen Struktur- und Wachstumsvoraussetzungen wird im Tourismus typischerweise ebenso wie die Tatsache, dass viele Menschen nicht über die finanziellen Mittel verfügen, um als Touristen zu verreisen, verschleiert. Dies gelingt beispielsweise dadurch, dass die touristische Kommunikation die bereisten Menschen ‚ärmerer Regionen' – wie schon zu Zeiten der romantischen Reise um 1800 – als „natürlicher", „ursprünglicher", „unberührter" oder „traditioneller" erscheinen lässt.[53]

Mit der sozialen Ausweitung der Teilnahme am Tourismus und dem Wandel des Reisens zur schichtübergreifenden Norm wächst die Bedeutung der Distinktion, die freilich auch im Tourismus immer schon rele-

---

52 1997 haben 72% aller Bundesbürger eine Urlausreise mit einer Dauer von fünf Tagen oder länger unternommen; an Kurzurlaubsreisen (zwei bis vier Tage Dauer) nahm 45% der Bevölkerung teil (vgl. Lohmann 1999, 58).
53 Vgl. z.B. Günther 1996, 105ff.; Köstlin 1995, 8f.; Mäder 1988, 30ff.; Popp 1994, 125ff.

vant war.[54] Jede Adaption ehemals elitärer oder alternativer touristischer Formen durch den organisierten Massentourismus, initiiert die Suche nach neuer touristischer Exklusivität. Aber auch in der breiten Mittelschicht lassen sich nicht nur durch das ‚Wie‘, sondern auch durch das ‚Wohin‘ des touristischen Reisens Distinktionsgewinne erzielen. Dies wiederum verstärkt die ohnehin große Dynamik der sozial-räumlichen Ausdifferenzierung des Tourismus. Immer neue Reiseformen und Reiseziele werden kreiert und nachgefragt.

Deutlicher denn je ist das moderne Erholungs-, Urlaubs- und Reisebedürfnis eine Funktion touristischer Organisationen. Indem sie ihre Inklusionsvoraussetzungen tendenziell universalisieren – (fast) jede(r) kann/soll Tourist(in) sein –, indem sie also mit ihren Angeboten und Werbeformen Individuen – z.b. über viel Freizeit verfügende Senioren oder Singles – als (potentielle) Kunden entdecken bzw. als (potentielle) Touristen ansprechen, wecken sie erst viele der Reisemotive, die sie dann zu befriedigen versprechen. In diesem Sinne ist die starke Expansion des Tourismus seit Mitte der 1960er Jahre zu einem großen Teil als Folge selbsterzeugter Anspruchsinflation zu deuten – und nicht als Folge der Vervielfältigung von Erholungsbedürftigkeit. So, wie sich das, was als Urlaubsreise oder als touristische Reise gilt, verändert und mit zunehmender Expansion des Tourismus ausdifferenziert, so ist auch die Semantik der Erholung historisch kontingent. Vom letzten Drittel des 19. bis in die 60er Jahre des 20. Jahrhunderts hinein dominierte die Vorstellung der physischen und mentalen Regeneration – zur Wiederherstellung bzw. zum Erhalt der Arbeitskraft. Seit den 1970er Jahren, also im Kontext gesellschaftlicher Entwicklungen und Bedeutungsverschiebungen, die schlagwortartig als Übergang von einer primär durch Erwerbsarbeit geprägten Gesellschaft zur Konsum-, Freizeit- oder Erlebnisgesellschaft apostrophiert werden, sind verschiedene Ergänzungen, Veränderungen und damit Relativierungen dieser ursprünglichen Bedeutung erkennbar. Als *erholsam* – im Sinne von erstrebter Alltagsdistanz, Kontrasterfahrung bzw. Lockerung und Variation alltäglicher Inklusions- und Erwartungsstrukturen – gelten heute neben Ruhe, Ausspannen, Sonne, Natur, Kultur, Zeitautonomie oder gemeinsam verbrachten Familienzeiten zum Beispiel auch Abenteuer, Aktivität, Events, Sport, Wellness, Shopping, Freizeitparkangebote oder Urlaubsbekanntschaften (vgl. Opaschowski 2002, 91ff.).

---

54 Für die Bedeutung der ‚feinen Unterschiede‘ in der touristischen Praxis um 1900 und das Bestreben der damaligen bürgerlichen Touristen, durch Wahl ihres Urlaubsorts und Reiseform ihren schichtspezifischen Habitus herauszustellen und sich von ‚einfachen‘ Touristen abzusetzen: vgl. Spode 1999, 129f.

Die Grenzziehung zwischen Arbeit und Freizeit, die den Aufschwung des Tourismus seit Ende des 19. Jahrhunderts ermöglicht und begleitet hat, ist in den letzten Jahrzehnten ebenfalls uneindeutiger geworden. Unter postfordistischen, flexibilisierten Arbeits- und Lebensverhältnissen sind Arbeit und Freizeit für viele Menschen keine klar getrennten Zeitblöcke mehr (vgl. z.b. Gottschall/Voß 2003, Hirsch 2001, Sennett 1998). Auch für Touristen können sich Freizeit und Arbeit in vielfacher Weise überlappen: In der Ferienwohnung wird gearbeitet oder beruflich telefoniert; der Messebesuch soll mit der touristischen Stadtbesichtung verbunden werden; die globalen Reiseerfahrungen der Backpacker werden von späteren Arbeitgebern geschätzt und tauchen daher als „Projekte", „Sprachnachweise" oder „interkulturelle Kompetenzen" in ihren Lebensläufen und Bewerbungen auf (vgl. Binder 2005); und so weiter. Würde man die strukturtheoretische Bestimmung des Tourismus zentral auf der Unterscheidung von Freizeit und Arbeit aufbauen, könnte man angesichts dieser Tendenzen zu der Diagnose kommen, der Tourismus sei im Auflösen begriffen oder zumindest von postmoderner Entdifferenzierung betroffen (vgl. Lash 1996). Geht man dagegen von dem gesellschaftlichen Bezugsproblem der Lockerung und Variation moderner Inklusionsstrukturen, auf das sich der Tourismus als Kommunikationszusammenhang spezialisiert, aus, dann wird deutlich, dass touristische Organisationen auch auf die Entgrenzung von Arbeit und Freizeit längst mit weiteren Differenzierungen und Strukturbildungen reagiert haben – eben mit spezifischen Definitionen der (neuen) Touristentypen und entsprechend entwickelten Angeboten (z.B. mit Internetcafés und -anschlüsse in der Clubanlage oder Stadtführungen und anderen „Incentives" für „Kongresstouristen").

Die voran stehenden Ausführungen zur Entwicklung des Tourismus seit Mitte des 20. Jahrhunderts zusammenfassend, bleibt festzuhalten, dass touristische Erholungs- und Lockerungsformen angesichts der Vielfalt möglicher Erholungsanlässe und Ortswechsel immer erst als solche festzulegen sind. Sie sind gesellschaftlich nicht determiniert. Dies begründet die Expansionsmöglichkeiten des Tourismus. Der touristischen Expansion und Ausdifferenzierung sind keine gesellschaftsstrukturellen Grenzen gesetzt.

Ist der Tourismus ein Funktionssystem?

Nach der hier entwickelten strukturtheoretischen Bestimmung ist der Tourismus eine moderne Strukturbildung, die auf die Folgeprobleme der gesellschaftlichen Differenzierung in Funktionssysteme und Organisa-

tionen reagiert. Der Tourismus bezieht sich auf die alltäglichen In-
klusions- und Erwartungsstrukturen in der modernen Gesellschaft und
die damit verbundenen Konsequenzen für Individuen[55] als Problem der
Erholungsbedürftigkeit. Dies geschieht, indem Urlaubsreisen bzw. touristische Aktivitäten als Erholungs- und Alltagsdistanzierungsangebote
bzw. als Möglichkeiten der (symbolischen) Exklusion, der Inklusions-
lockerung und/oder der Inklusionsvariation offeriert werden. Die Art
und Weise, in der Tourismus dies tut, macht zugleich den Grad der Ausdifferenzierung des Problems der Erholungsbedürftigkeit in der modernen Gesellschaft sowie der touristischen Mobilität als darauf bezogene
Lösungsform ('Erholung durch Ortswechsel') sichtbar.

Unterscheidet man verschiedene Ebenen der Ausdifferenzierung wie
Situation, Interaktion, Rolle, Organisation und Funktionssystem (vgl.
Stichweh 1988b, 51ff.), stellt sich die Frage, inwiefern Erholungsbedürftigkeit, das Verlangen nach nicht-alltäglichen Differenzerfahrungen sowie die touristischen Formen der Strukturlockerung und -variation einen
gegen andere Gesichtspunkte abgegrenzten und eigenständigen Sinn in
der modernen Gesellschaft gewinnen. Zweifellos sind touristische
Kommunikationen, Verhaltensweisen und Wahrnehmungen nicht nur
auf Situationen, Interaktionen oder Rollen beschränkt. Vielmehr kommt
es zu vielfältigen Formen der Organisationsbildung für Problemstellungen der Erholung und des Reisens: Eigenständige touristische Organisationen (wie z.B. Touristikunternehmen oder die Welttourismusorgani-
sation der Vereinten Nationen, UNWTO); andere Organisationen (z.B.
Transportgesellschaften) richten sich am touristischen Geschehen aus;
mit beidem verbunden ist die Verberuflichung und Verwissenschaftli-
chung des Tourismus. Die Folge ist die beschriebene hohe Ausdifferenzierung touristischer Kommunikations- und Mobilitätsformen. Geht man
somit davon aus, dass Tourismus in der modernen Gesellschaft (mindestens) organisationsförmig strukturiert ist, dann wirft dies die weiterführende Frage auf, ob es sich beim Tourismus sogar um ein eigenes ausdif-
ferenziertes Funktionssystem handelt.

Neben dem hohen Organisationsgrad und dem großen Strukturreich-
tum deuten auch die dargestellte, weltumfassende Wachstumsdynamik
und die mit ihr verbundene Tendenz zum Inklusionsuniversalismus in
diese Richtung. Für die Teilnahme am Tourismus spielen Kriterien wie
Abstammung, nationale und soziale Herkunft, Rasse, Ethnizität oder

---

55 I.e.: Selektive Multiinklusion, die eng miteinander gekoppelten Erwartungsstrukturen des Alltags, die alltäglichen Anforderungen der (auch
körperlichen) Abstraktion und Selbstdisziplinierung, das moderne Identitätsproblem, die Überinanspruchnahme durch Leistungsrollen (s. das Unterkapitel *Das gesellschaftliche Bezugsproblem des Tourismus*).

Freundschaft im Prinzip – solange Voraussetzungen wie Zahlungsfähigkeit und Reisefreiheit erfüllt sind – keine Rolle. Auch von finanziellen und urlaubsregulativen Voraussetzungen macht sich der Tourismus tendenziell unabhängig: So kann man heute selbst mit sehr wenig Geld touristisch verreisen (z.b. als jugendlicher Rucksackreisender oder durch Wahrnehmung organisierter ‚Billigreiseangebote') oder auf Kurzurlaubsreise gehen (z.b. eine Städtereise unternehmen), ohne Urlaub nehmen zu müssen.[56] Zudem scheint sich der Tourismus von den Ansprüchen anderer Funktionssysteme – mit Ausnahme der Wirtschaft – zu emanzipieren. So wäre die Ausdifferenzierung von vielfältigen Erholungs- und Reiseformen ohne die Entbindung des touristischen Ortswechsels aus der religiösen, der naturwissenschaftlichen, der medizinischen, der ausbildungs-, handels- und erziehungsbezogenen Interpretation der Reiseproblematik undenkbar gewesen. Erst durch die Herauslösung des Reisens aus dem Zusammenhang einzelner Funktionssysteme konnte die Reise bzw. das Besichtigen, Erholen oder Erleben auf Reisen zum vielzitierten „Selbstzweck" (Keitz 1997, 13) werden. Zwar fördern die an den Tourismus adressierten Fremdinteressen – wie z.b. das Interesse des modernen Wohlfahrtsstaates am touristischen Erholungsurlaub, der Kirchen am Pilgern, der Reiseunternehmen am Gewinn, der medizinischen Behandlung an der Kurreise der Patienten oder der Schulen an Bildungs- und Schülerreisen – bis heute die Eigeninteressiertheit des Tourismus und motivieren zu weiterer Strukturbildung. Doch scheint sich der Tourismus, entwicklungsgeschichtlich betrachtet, zunehmend aus den normativen Vorgaben von Politik, Religion, Gesundheit und Erziehung/Bildung zu befreien und Anlässe wie Formen des touristischen Reisens immer stärker selbst zu bestimmen.

Diese (und andere) Beobachtungen bestärken die Vermutung, dass sich über der touristischen Lösung des modernen Lockerungsproblems ein eigenes Funktionssystem ausgebildet hat. Interessiert man sich für diese Fragestellung, fällt zunächst auf, dass in der tourismusbezogenen Literatur zwar wiederholt von der Systemeigenschaft des Tourismus die Rede ist (vgl. z.b. Leiper 1990; Mill/Morrison 2002; Vester 1999, 82ff.; Wenzel 2001, 132f. u. 151). In diesen Fällen wird aber nicht mit einem

---

56 Sicherlich könnte man an dieser Stelle auch die Gegenposition vertreten: Die wirtschaftliche, politische und zeitliche Ressourcenabhängigkeit touristischer Formen der Strukturlockerung und Strukturvariation ist sehr stark. Dies illustriert die immer noch sehr eingeschränkte touristische Partizipation von arbeitslosen Menschen, von Menschen aus Ländern, die – wie China – die internationale Reisefreiheit ihrer Bürger kaum oder nur allmählich zulassen, und von z.b. Selbständigen. Hier werden jedoch zunächst Hinweise gesammelt, die für die These eines Funktionssystems Tourismus sprechen.

hier vertretenen kommunikationsbasierten Systembegriff argumentiert, für den die System/Umwelt-Unterscheidung, Selbstreferenzialität und operative Geschlossenheit zentral sind. Vielmehr wird der Systembegriff vergleichsweise locker gehandhabt. So wird mit ihm auf umwelt*offene* Systeme, auf die Kombination bzw. Vernetzung sozialer *und* physischer Komponenten (menschliche Körper, Gebäude etc.) oder auf Handlungs- (und gerade nicht auf Kommunikations-)Systeme referiert (ebd.). Dagegen üben sich Autoren, die dezidiert aus der Perspektive der Luhmann'schen Systemtheorie argumentieren, bisher in weitgehender Zurückhaltung. Einzig Stichweh erkennt im Tourismus einen den anderen Funktionssystemen der modernen Gesellschaft strukturlogisch vergleichbaren „sachthematisch spezialisierten [globalen] Zusammenhang" (Stichweh 2003b, 8). Wie beim Sport und bei den Massenmedien handele es sich auch beim Tourismus um ein „neues" Funktionssystem des 20. Jahrhunderts (ebd. sowie mündlich). Eine genauere Prüfung dieser Behauptung ist allerdings bisher weder von Stichweh noch von anderen Autoren vorgelegt worden. Auch hier wird dies nicht angestrebt. Mit der nachfolgenden Nennung der für die Systemtheorie wichtigen ‚Kriterien' für das Vorliegen eines Funktionssystems sei lediglich zweierlei angedeutet: die Systematik, der eine solche Prüfung folgen könnte, sowie die im Rahmen einer solchen Systematik aufscheinenden Konturen einer Gegenposition zu Stichwehs Behauptung.

Auf die erste ‚Prüffrage' nach der *Funktion* eines (möglichen) Funktionssystems Tourismus gibt die obige strukturtheoretische Bestimmung eine deutliche Auskunft: Die gesellschaftliche Funktion des Tourismus besteht in der zeitlich befristeten Lockerung bzw. Variation der für moderne Individuen gültigen alltäglichen Inklusions- und Erwartungsstrukturen. Erste Zweifel an der Funktionssystem-These stellen sich hingegen vor dem Hintergrund ein, dass Funktionssysteme für die Erfüllung ihrer jeweiligen Funktionen üblicherweise die gesellschaftlich *ausschließliche* und *alternativlose* Zuständigkeit beanspruchen (vgl. Bommes/Scherr 2000, 106). Folge dieses Verzichts auf Redundanz, auf Mehrfachabsicherung, ist die enorme Leistungssteigerung der Funktionssysteme. So erfolgt zum Beispiel die systematische Herstellung von neuem Wissen als Erkenntnis ausschließlich im Wissenschaftssystem und seinen Organisationen (vgl. Luhmann 1994). Im Falle des Tourismus wird zwar regelmäßig Anspruch auf Erfüllung der Erholungs- bzw. der Alltagsdistanzierungs- und Freizeitfunktion erhoben. Doch dies kann angesichts eines ausdifferenzierten nicht-touristischen Freizeitbereichs, der auf dem gleichen Anspruch beharrt (vgl. Prahl 2002, 144), nicht in der Weise gelingen, dass Tourismus dafür überzeugend exklusive und nicht zu substituierende Zuständigkeit reklamieren kann.

Vergleichbare Schwierigkeiten deuten sich bei der Suche nach der *Codierung* und dem *symbolisch generalisierten Kommunikationsmedium* eines (möglichen) Funktionssystems Tourismus an. Da die Konstituierung eines Bezugsproblems und die Alternativlosigkeit seiner Bearbeitungsformen immer Resultate der Kommunikationsweise der verschiedenen Funktionssysteme sind, gelingen sie nicht für alle in gleichem Ausmaß. Leuchtet für Wissenschaft, Wirtschaft, Politik oder Recht die Alternativlosigkeit der Problemstellungen und Bearbeitungsformen unmittelbar ein, so zeigt sich z.b. für das Funktionssystem des Sports an diesem Punkt ein Problem. Denn die Kommunikation körperlicher Leistungsfähigkeit kann auch als Bestandteil des Gesundheitssystems gedacht werden (vgl. Bommes/Scherr 2000, 101; Schimank 1988). Gleiches ließe sich für körperliche und psychische Regeneration und Inanspruchnahme bzw. für auf Körper, Psyche und Identität bezogene Strukturbildungsangebote anführen, mit denen nicht nur der Tourismus, sondern neben dem Sport z.b. auch die Familie oder die Kunst operieren. Geht man daher davon aus, dass der Tourismus die Alternativlosigkeit seiner Zuständigkeit für das Bezugsproblem der Strukturlockerung und -variation nicht vollkommen durchsetzen konnte, er aber trotzdem ein Funktionssystem ist, dann wäre nun mindestens seine *operative* Autonomie nachzuweisen. *Wie* gelingt es dem Tourismus, sich als eigenständiger, gegen andere Funktionssysteme abgegrenzter Kommunikationsbereich zu etablieren und die Kommunikation in diesem Bereich aufrecht zu erhalten? Dieses ‚Wie' der Ausdifferenzierung wird in der Systemtheorie wesentlich als Codierung beschrieben, die in den zentralen Funktionssystemen der Wirtschaft, Politik, Wissenschaft und des Rechts auf der Herausbildung so genannter *symbolisch generalisierter Kommunikationsmedien* (Geld, Macht, Wahrheit, Recht) beruht (vgl. Luhmann 1998, 316ff.).[57]

Als aussichtsreichster Kandidat für ein symbolisch generalisiertes Kommunikationsmedium, das die Selektionen und damit die Erfolgswahrscheinlichkeit und die Autopoiesis der touristischen Kommunikation sichert, kommt nach obiger Analyse die *Urlaubsreise* (bzw. die *Erholungsreise*, die *touristische Reise* oder einfach die *Reise*) in Frage. Wie formbar dieses Medium ist, wurde wiederholt mit Bezug auf die

---

57 Solche Medien werden insofern als symbolisch generalisiert bezeichnet, als ihr Sinn weitgehend situationsübergreifend und personenunabhängig besteht. Ein Geldschein wird z.B. (fast) immer als Zahlungsmittel anerkannt und nicht als wertloses Stück Papier, ein Gesetz als bindende Vorschrift und nicht als situativ gültige Regelung und Wahrheit nicht als zeit- und personengebundene Meinungsäußerung (vgl. Bommes/Scherr 2000, 102).

Ausdifferenzierung verschiedener Reiseformen und Tourismusarten herausgestellt. Das Kommunikationsmedium *Urlaubsreise* hat sich, wie dargelegt, historisch durch die Verknüpfung zweier Kommunikationsmedien herausgebildet, die beide auf das gesellschaftliche Bezugsproblem des Tourismus (Lockerung, Variation, Alltagsdistanz) Bezug nehmen: *Erholung* (bzw. Urlaub) und *Ortswechsel* (bzw. Raum). Wären *Urlaubsreise* bzw. *Erholung* und *Reise* die symbolisch generalisierten Kommunikationsmedien eines Funktionssystems Tourismus, dann müsste seine Codierung durch Unterscheidungen wie *erholsam/nicht erholsam*, *reisen/nicht reisen* oder *bereisenswert/nicht bereisenswert* erfolgen (oder durch ähnliche oder abgeleitete Unterscheidungen wie etwa erholt/nicht erholt, lockernd/nicht lockernd, alltäglich/nicht alltäglich, bekannt/fremd, sehenswert/nicht sehenswert usw.). Denn die wichtigste strukturelle Eigenschaft symbolisch generalisierter Kommunikationsmedien ist das Vorliegen eines binär schematisierenden *Codes* (vgl. Luhmann 1998, 359ff.).[58]

Vor diesem Hintergrund sieht man, dass im Tourismus *kein* Code durchgesetzt ist, der die Kommunikation ebenso scharf einschränkt und dirigiert wie im Falle der Funktionssysteme. Weder ist die Kommunikation mit der Unterscheidung erholsam/nicht erholsam eindeutig auf Tourismus festgelegt; erholsam kann auch gerade der Verzicht auf touristische Reisen sein, auch nichttouristische Freizeitangebote versprechen Erholung. Noch geht es nur dann um Tourismus, wenn unter den Gesichtspunkten erholsam/nicht erholsam kommuniziert wird. Hinzu kommt, dass sich, wie ausgeführt, gerade die Semantik der Erholung beträchtlich ausdifferenziert und weiterentwickelt hat. Touristische Kommunikation kann heute zum Beispiel auch unter den Gesichtspunkten abenteuerlich/nicht abenteuerlich, erlebnisreich/erlebnisarm oder aktiv/passiv stattfinden. Diese Beobachtung wird durch Untersuchungen zum sog. postmodernen Tourismus und zur Universalisierung des touristischen Blick bestätigt (vgl. Hennig 1999, 179ff.; Urry 1990, 82ff.). Sie betonen, dass die Grenzen des Tourismus nicht klar zu ziehen sind. Mehr denn je scheinen sich andere Bereiche wie Kunst, Bildung, Photographie, Architektur, Sport oder Konsum mit dem Tourismus zu überlagern. Ebenso wenig wie die Unterscheidung *erholsam/nicht erholsam* schränken die Unterscheidungen *reisen/nicht reisen* oder *bereisenswert/nicht bereisenswert* die Kommunikation in der Weise von Codes ein. Wie im Falle von *Erholung* gibt es auch im Falle von *Reisen* zu viele andere (nicht-touristische) Semantiken, die nicht eingedämmt sind.

---

58 Zum Beispiel zahlen/nicht zahlen (im Falle der Wirtschaft), recht/unrecht (Rechtssystem) oder wahr/falsch (Wissenschaft).

Dies festgestellt, lassen sich in der entwicklungsgeschichtlichen Perspektive gleichwohl auch Hinweise auf den zunehmenden Erfolg einer solchen Eindämmung von Semantiken ausmachen: Die Diagnose, dass die (Urlaubs-)Reise zur sozialen Norm geworden ist, zu einem Leitbild des modernen Lebensstils (vgl. Keitz 1997), weist ebenso in diese Richtung wie die Tendenz zur Gleichsetzung von Erholung (bzw. Urlaub) mit Ortswechsel (bzw. Reisen). Diese Gleichsetzung trägt zur Verfestigung der Erwartung, dass Probleme der Erholung (der Strukturlockerung) nur im und durch den Tourismus gelöst werden können, bei. Es gibt damit auch Gründe für die Vermutung, dass es sich bei Tourismus zwar nicht um ein bereits vollständig etabliertes (und damit operativ abgeschlossenes) Funktionssystem, aber unter Umständen um ein gerade im Entstehen begriffenes handelt.

Darauf deutet schließlich auch der für Funktionssysteme relevante Aspekt der *Programmierung* hin. Die für Funktionssysteme typische operative Autonomie basiert darauf, dass sie ihre Strukturen und kommunikativen Anschlussmöglichkeiten selbst festlegen. Drittes Element des funktionalen Differenzierungsprozesses auf der Basis von Medien und Codierungen ist daher die Herausbildung von so genannten medien- und funktionssystemspezifischen Programmen. Diese spezifizieren die Kriterien, unter denen Kommunikationen jeweils den Werten des Codes zugeordnet werden. Im Falle des Tourismus legten sie folglich fest, was als erholsam, als Form des touristischen Reisens, als sehens-, erlebens- oder als bereisenswert gilt.

In der Wissenschaft zum Beispiel sind solche Programme Theorien und Methoden. Denn die Formulierung von theoretischen Zusammenhängen und ihre methodisch-empirische Überprüfung erlaubt eine Zuordnung von Aussagen entweder zu dem Wert *wahr* oder zu dem Wert *falsch*. In der Wirtschaft wird auf der Basis von Investitions- und Konsumprogrammen entschieden, ob gezahlt wird oder nicht, usw. Wenn Codes durch die Einfachheit und Schärfe des binären Schemas und seine Invarianz gekennzeichnet sind, dann sind umgekehrt Programme durch die Komplexität einer entsprechenden wissenschaftlichen, politischen, rechtlichen oder ökonomischen Semantik und ihre Veränderbarkeit gekennzeichnet. Auf der Grundlage der durch ihren Code ermöglichten Schließung sind die Funktionssysteme auf der Ebene ihrer Programme offen. Unter den kennzeichnenden Leitgesichtspunkten kann alles zum Thema werden und für relevant oder irrelevant befunden werden. Programme organisieren, was zum System gehört und was nicht. Indem sie kommunikative Ereignisse für rechts-, wahrheits-, wirtschafts- oder politikrelevant befinden und je einer Seite der Codewerte zuordbar machen, organisieren sie die Selbst- und die Fremdreferenz der Funktionssysteme (vgl. Bommes/Scherr 2000, 104f.).

Im Falle des Tourismus könnte der Programmstatus den verschiedenen Reiseformen und Tourismusarten zukommen. Die entscheidende Frage wäre dann, inwiefern der Tourismus seine Programme *selbst* entwirft und mittels dieser Programme selbst definiert, was z.b. als Städtetourismus oder als Attraktivität einer Stadt gilt, oder welches die Kriterien für Erholung, Alltagsdistanz, Sehenswürdigkeit sind. Die Tendenz in der touristischen Entwicklungsgeschichte zur zunehmenden Selbstprogrammierung und Unabhängigkeit von anderen Bereichen der Gesellschaft wurde bereits erwähnt (vgl. auch Wöhler/Saretzki 1996, 5ff.). Häufig sind es die tourismusbezogenen Organisationen, die Anlässe wie Formen des touristischen Reisens selbst bestimmen – man denke an die hinter Freizeitparks stehenden Unternehmen, an Reisegesellschaften, städtische Tourismusbüros oder Handbücher für Rucksackreisende. Allerdings scheint sich auch hier die operative Autonomie des Tourismus (noch) nicht vollständig durchgesetzt zu haben. So wird nach wie vor von den Medien und der Kulturindustrie, teilweise auch durch Literatur und Filme (vgl. Zimmermann 2003), formuliert, was ‚in' und touristisch bereisenswert ist. Von Ärzten oder Gesundheitsberatern wird festgelegt, was im körperlichen Sinne erholenswert ist. Vom (Breiten-)Sport werden die Formate für große Teile der sog. Aktivurlaube definiert. Außerdem nehmen Politik und Planung in vielen Ländern nach wie vor einen großen Einfluss auf Ermöglichung und Programmierung des Tourismus: Ob in Form der „Festivalisierung der Stadtpolitik" (Häußermann/Siebel 1993), des griechischen Tourismusministeriums, der Initiativen der Europäischen Union zur Förderung des Kulturtourismus (z.B. Programm „Kulturhauptstadt Europas"; vgl. Thomas 1998, 86ff.), des UNESCO-Welterbe-Programms oder in Form von regional- und entwicklungspolitischen Initiativen in Entwicklungsländern,[59] die touristische Zielgebiete und erwünschte Reiseformen festlegen – in vielen Fällen vollzieht sich touristische Programmierung gerade durch Überlappung und Vernetzung touristischer und politisch-planerischer Kommunikationskontexte.

Wie für die vorangehenden Diskussionspunkte gilt auch für diese letzte Beispielkette, dass sie auf Felder und Fragenkomplexe aufmerksam macht, die noch genauer zu untersuchen wären. Der Analyseaufriss verdeutlicht aber immerhin, dass die These eines Funktionssystems Tourismus nicht ohne Weiteres zu bestätigen sein dürfte und dass ein solcher Nachweis, wenn er denn gelänge, einen weit größeren Analyse- und

---

59 Vgl. z.B. Job/Metzler 2003; Spehs 1990; Vorlaufer 1996, 175ff.

Argumentationsaufwand erforderlich machte, als im Rahmen dieses Kapitels leistbar ist. Nach dem Ausgeführten überwiegen jedoch die Zweifel. Somit kann insgesamt folgendes *Fazit* gezogen werden. Nach der erfolgten strukturtheoretischen Bestimmung ist der Tourismus ein hochgradig strukturierter und organisationsförmig ausdifferenzierter Kommunikationsbereich, aber kein eigenständiges – oder höchstens ein sehr junges – Funktionssystem. Wie die Analyse zeigt, entsteht Tourismus im 18. und 19. Jahrhundert als gesellschaftliche Form der Reaktion auf die Inklusionsfolgen funktionaler und organisatorischer Differenzierung, mit denen er sich seitdem befasst. Seine Entstehungs- und Wachstumsgeschichte lässt sich als Bestandteil der Herausbildung des modernen Wohlfahrtsstaates (bezahlter Urlaub, Freizeit) rekonstruieren, als Resultat des Reflexivwerdens der sozialen Folgen der Inklusionsverhältnisse in der modernen Gesellschaft. Als spezifischer Sinnzusammenhang kommt Tourismus sozial zustande durch die Kommunikation von Erholungs- bzw. Alltagsdistanzierungs- und Freizeitgestaltungsbedürftigkeit und die daran anschließende Organisation von zeitlich befristeten touristischen (Urlaubs-)Reisen. In diesem Sinne lässt sich Tourismus als organisierte Erholung (bzw. Strukturlockerung/-variation) durch Ortswechsel begreifen. Ob sich aus dieser sozialen Strukturbildung ein Funktionssystem entwickelt, bleibt eine offene Frage.

DIE FORM DES STÄDTETOURISMUS

Städtetourismus als eine Form des Tourismus

Vor dem Hintergrund der allgemeinen strukturtheoretischen Bestimmung des Tourismus beschäftigen sich die folgenden Teile der Arbeit mit dem Städtetourismus. Anhand des Städtetourismus soll die Leitfrage, welche Rolle räumliche Unterscheidungen und Formen für den Aufbau und die Stabilisierung touristischer Strukturen spielen, genauer untersucht werden. Struktur heißt in dem gewählten Theorierahmen zunächst immer Struktur in der (städte-)touristischen Kommunikation. In diesem Sinne wurde bisher eine erste Ebene der Raumrelevanz deutlich: Tourismus kommt sozial zustande als Alltagsdistanz *durch Ortswechsel*, genauer: als die Kommunikation von Erholungsbedürftigkeit und Erholungs- bzw. Alltagsdistanzierungsangeboten sowie die daran anschließende Organisation von (Urlaubs-)Reisen, die auf die Lockerung und Variation alltäglicher Inklusionsstrukturen zielen. Das Raummedium dient mithin der Ausdifferenzierung des Kommunikationsmediums *(Urlaubs-)Reise* in einzelne, voneinander unterscheidbare Formen, mit denen touristische Organisationen arbeiten und die touristische Reisepraxen strukturieren – die touristische Reise ans Meer, auf die Insel, in den Süden, in die Berge, in die Stadt, aufs Land usw. Ebenso, wie Städtereisen einen Typus touristischer Reisen bilden, bilden Städte einen Destinationstypus, ein mögliches Ziel von Urlaubsreisen. Damit ist noch nicht viel gesagt, aber doch eine erste Rahmenstrukturierung städtetouristischen Geschehens benannt.

Folgt man der Einschätzung, dass der moderne Tourismus (noch) kein operativ geschlossenes Funktionssystem darstellt, kann der Städtetourismus nicht einfach als ein funktionssystemspezifisches Programm aufgefasst werden. Man ist daher gezwungen, von einer vergleichsweise vagen Setzung auszugehen: Beim Städtetourismus handelt es sich um einen, in sich heterogenen, *Teilbereich* des touristischen Kommunikations- und Handlungszusammenhangs, an dessen Ausgestaltung und ‚Programmierung' sich auch nicht-touristische Akteure und Organisationen (z.b. die Kommunalpolitik und -planung) beteiligen. Worin aber besteht die Besonderheit dieses Teilbereichs?

Zur Erinnerung: Eine zentrale Folgerung aus der systemtheoretischen Raumkonzeption bestand in der Unumgänglichkeit der *Kontextualisierung* der jeweils beobachtbaren räumlichen Formen (s. Kapitel *Städtetourismus und Raum*). Die Beantwortung der Frage nach der strukturbildenden Relevanz von Raum im Städtetourismus macht daher auch die Klärung der Spezifik des Beispielphänomens erforderlich.

Dass es sich bei dem in Frage stehenden Phänomen um einen Teilbereich des *Tourismus* handelt, wird bereits mit dem Begriff Städte*tourismus* unterstellt.[60] Der Begriff impliziert außerdem, dass es trotz der sehr vielgestaltigen touristischen Bereisung von Städten gerechtfertigt ist, zusammenfassend von einer spezifischen *Form* des Tourismus zu sprechen. Beide Implikationen des Begriffs verweisen aufeinander. So ist die Frage, inwiefern es sich beim Städtetourismus überhaupt um Tourismus handelt, eng mit der Frage nach der gemeinsamen Klammer der historisch wie gegenwärtig unterschiedlichen Ausprägungen des Städtetourismus verknüpft. Von besonderer Bedeutung ist hier offensichtlich die Stadt. Doch was macht *Stadt* im touristischen Zusammenhang aus? Erst wenn man weiß, wie Stadt im Tourismus konstituiert wird, lässt sich ihre strukturgenerierende Bedeutung genauer bestimmen. Wie andere räumliche Formen gibt aber auch der räumlich konnotierte Begriff *Stadt* (bzw. *Städte*) selbst keinen Aufschluss über die Art und Weise der Ausdifferenzierung des Städtetourismus als einer spezifischen Form des Tourismus. Die weiterführende Frage lautet daher: Lässt sich – trotz aller Vielfalt des Phänomens – ein charakteristischer Modus städtetouristischer Strukturbildung identifizieren?

Ohne einen derartigen einzelfallübergreifenden Strukturbildungsmodus zu kennen, lässt sich die mit der anderen Begriffsimplikation aufgeworfene Frage, also die Frage nach dem *Tourismus*-Spezifischem am Städtetourismus, nur in erster Näherung beantworten. Im Anschluss an die strukturtheoretischen Ausführungen zum Tourismus im Allgemeinen könnte eine solche Antwort folgendermaßen aussehen.

---

60 Diese Annahme motivierte die Untersuchung des Verhältnisses von Tourismus und Gesellschaft, dessen Klärung als notwendige Voraussetzung einer angemessenen Deutung des Städtetourismus als eines touristischen Teilbereichs erkannt wurde.

Zunächst zeigt sich auch am Beispiel des Städtetourismus die Schwierigkeit der Objektbestimmung. Auch die Grenzen des städtetouristischen Phänomens sind abhängig von der jeweiligen Beobachtungsweise. So wird der Begriff Städtetourismus aus Sicht der Städte, ihrer Verkehrs- oder Tourismusämter, aber auch in weiten Teilen der tourismusbezogenen Literatur häufig in einer sehr umfassenden Bedeutung verwendet: Neben „privat motivierten" umfasst er dann auch „beruflich motivierte" Städtereisen, also den sog. Geschäfts-, Kongress-, Tagungs- oder Messetourismus.[61] Bei letzteren Formen der Bereisung einer Stadt handelt es sich allerdings um räumliche Mobilität zur Fortsetzung oder Ermöglichung einer berufsbezogenen Inklusionsweise. Folgt man der Bestimmung des Tourismus als einer organisierten räumlichen Mobilität, die auf temporäre Lockerung und Variation der alltäglichen Inklusionsordnungen zielt, fallen „beruflich motivierte" Städtereisen gerade nicht unter Tourismus. Vergleichbares gilt für den Besuch von Städten zu Forschungszwecken, zur Teilnahme an sportlichen Wettkämpfen, zur medizinischen Behandlung oder aus anderen Gründen, die auf eine vorübergehende Inklusion in städtische Organisationen und ihre Angebote zielen – und eben nicht auf Alltagsdistanz bzw. symbolische ‚Selbstexklusion' aus den Verpflichtungszusammenhängen der alltäglichen Lebensführung in den Funktionssystemen und ihren Organisationen. Andererseits schließen derartige Bereisungsformen von Städten nicht aus, dass Messebesucher, Sportler, Patienten usw. vor oder nach dem Messebesuch, dem Wettkampf, der Behandlung usw. die Stadt besichtigen oder andere Dinge in einer Haltung tun, die man deshalb städtetouristisch nennen könnte, weil sie Freizeit und Stadt verbindet.

Als Kriterium für Städtetourismus soll daher vorläufig die Verbindung aus dem Besuch bzw. der Bereisung einer Stadt und der Herstellung von Alltagsdistanz durch Lockerung oder Variation alltäglicher Inklusionsstrukturen gelten. Diese Definition ist einerseits enger gefasst als ein Begriff von Städtetourismus, der auch „Geschäftstourismus" usw. beinhaltet. Andererseits ermöglicht sie es, auch statistisch schwerer erfassbare Phänomene wie Tagestourismus oder die angesprochenen touristischen Verhaltensweisen von Messebesuchern u.a. jenseits ihres primären Reisegrundes wenigstens theoretisch zu behandeln.

In einem so verstandenen Städtetourismus *symbolisiert* schon der mit Städtereisen verbundene Ortswechsel (vor aller semantischen Aufladung) Lockerung, Variation oder gar Aufhebung alltäglicher Inklusionsstrukturen, ‚Selbstexklusion' aus Alltagszusammenhängen, Kontrasterfahrung oder Fremdheit. Diese städtetouristische Erwartungsstruktur

---

61 Vgl. z.B. Knoll 1988, 22ff.; Michaelis 1982, 19; Schreiber 1990, 16ff.

wird vor allem durch die Mobilisierung der Unterscheidungen hier/dort, nah/fern und innen/außen ermöglicht.[62] Sie ist symbolisch zu nennen, da Städtetouristen und Städtetouristinnen auf ihrer Städtereise tatsächlich in eine Vielzahl sozialer Kontexte inkludiert sind. Als *Lockerung* alltäglicher Bezüge durch *Inklusionsvariation* lässt sich der Städtetourismus daher in dreifacher Weise deuten. Erstens ist auch der Städtetourismus, wie andere touristische Formen, in hohem Maße durch eigenständige Organisationen strukturiert. So sind Städtetouristen typischerweise für die gesamte Zeit oder für bestimmte Phasen ihrer Stadtreise als Reisende in Busreiseunternehmen, als Mitglieder einer Reisegruppe oder als Teilnehmer von Stadtführungen in touristische Organisationen inkludiert. Zweitens sind Städtetouristen während ihrer Stadtbereisung vorübergehend auch in eine Vielzahl anderer Kontexte und Organisationen inkludiert, die nicht oder nicht ausschließlich touristisch ausgelegt sind: als Übernachtungsgäste in Hotels, als Besucher und/oder Kunden in Museen, Märkte, Festivals, Geschäfte usw. Das auf Stadtreisen so populäre Shopping und sonstige Konsumieren (vgl. z.B. Steinbach 2000) kann derart als eine Form der tourismustypischen Inklusionsvariation charakterisiert werden. Und drittens vermittelt der Städtetourismus so etwas wie eine symbolische Inklusion in die bereiste Stadt. Die Touristen werden durch ihr temporäres ‚Eintauchen' in die Stadt, ihre körperliche Bewegung in der Stadt, ihre Besichtigungen von Sehenswürdigkeiten, ihre Teilnahme an verschiedenen Organisationen, ihre Gespräche mit Stadtbewohnern und Stadtnutzerinnen, ihre Nutzung städtischer Einrichtungen und Infrastrukturen vorübergehend ebenfalls Stadtnutzer und insofern Teil der Stadt. Von symbolischer Inklusion in die Stadt ist deshalb die Rede, da es sich bei der Stadt aus systemtheoretischer Sicht nicht um ein soziales System, in das inkludiert werden könnte, handelt.

Bei einer solchen, recht formalen Bestimmung des Städtetourismus bleibt jedoch offen, ob und in welcher Weise städtetouristische Lockerungen und Variationen der alltäglichen Inklusionsstrukturen auch Alltagsdistanz bzw. *Erholung* versprechen und erlauben. Als zentrale, die Genese des Tourismus ermöglichende Kommunikationsform ist Erholung eng mit Körperentspannung, Natur- und Fremdheitserfahrung außerhalb von Städten, ja geradezu mit ‚Erholung von der Stadt' verbunden. Inwiefern finden Touristen also im Städtetourismus Erholung? Eine befriedigende Antwort hierauf ist erst im Anschluss an die Klärung der *Form* des Städtetourismus möglich.

---

62 Dazu genauer unten: Unterkapitel *Städtetourismus, Kultur und Raum.*

Städtetourismus als Kulturtourismus?

Fragt man nach der charakteristischen Form des Städtetourismus, nach einem Modus, der das Spezifische an städtetouristischen Strukturbildungen ausdrückt, der bezeichnet, was Städte aus touristischer Perspektive bedeuten, so lautet nicht nur die erste Vermutung: *Kultur*. Werden Touristen nach ihren Reisemotiven befragt, verbinden sie den Besuch von Städten regelmäßig mit der Erfahrung von Kultur, persönlicher Bildung durch Kulturerlebnisse oder Freizeitkonsum.[63] Ähnlich kategorisieren Reiseveranstalter, die Städtereisen gängigerweise unter der Rubrik Kultur-, Bildungs-, Shopping- oder Eventreisen anpreisen. Von der europäischen Tourismuspolitik, die sich in den 1990er Jahren stark der Förderung des Kulturtourismus als Mittel zur Stärkung einer europäischen Identität verschrieben hat, werden Projekte in Städten besonders gefördert. Bekanntestes Beispiel ist das Programm „Kulturhauptstadt Europas" (vgl. Thomas 1998, 86ff.). Stadtverwaltungen, die sich um Touristen und die Verbesserung des städtischen Images bemühen, investieren mehr denn je in das „Kulturerbe" der Stadt und ein attraktives kulturelles Angebot, in Kunst, Museen, die Restauration historischer Gebäude oder Kulturveranstaltungen.[64] Auch die Tourismusforschung erkennt, dass die Kategorie der Kultur ein wichtiges, wenn nicht das zentrale Element des Städtetourismus ist. Sie beobachtet, dass räumliche Formen im Städtetourismus (Orte, Viertel, Plätze, Gebäude, Wege) sehr häufig mit kultureller Bedeutung versehen bzw. als kulturelle Formen, Repräsentanten oder Ausdrucksweisen interpretiert werden. Außerdem wird konstatiert, dass das dynamische, schichtübergreifende Wachstum des Städtetourismus in der jüngeren Vergangenheit eng mit der Aufwertung und Popularisierung von Kultur zusammenhängt.[65]

Derartige Beobachtungen deuten darauf hin, dass im Städtetourismus *Kultur* eine wesentliche Rolle spielt – im Gegensatz etwa zur Erfahrung der *Natur* und/oder des *Körpers* im Strand-, Wander-, Berg-, Winter- oder Wellnessurlaub. Doch so problemlos man derart den Städtetourismus als eine Art des Kulturtourismus klassifizieren kann, so ungenau bleibt diese Antwort. Als strukturtheoretische Charakterisierung ist sie noch zu grob. Sie klärt weder, in welchem Sinne der in den Sozialwissenschaften keineswegs einheitlich verwendete Kulturbegriff zu verstehen ist, noch, inwiefern man mit Hilfe des Kulturbegriffs angemessen

---

63 Vgl. Lohmann 1999, 63f.; Maschke 1999, 97; Opaschowski 2002, 252.
64 Vgl. van den Berg et al. 1995, Hamnett/Shoval 2003, Wolber 1999.
65 Vgl. Becker 1993, Maschke 1999, Wöhler 2003.

die Funktionsweise des Städtetourismus und damit auch das Verhältnis von Kultur und Raum beschreiben kann. Hält man sich an die Forschungsliteratur zum Städtetourismus, fällt die Dominanz eines gegenstandsbezogenen Kulturbegriffs auf. Ein solcher Kulturbegriff kann auf zweierlei Weise zum Erklärungsproblem werden: Entweder er erklärt zu wenig oder zu viel. Indem er auf bestimmte Gegenstände, Verhaltensweisen und Normen einer durch Touristen besichtigten oder bereisten „Städtekultur" angewendet wird, findet man stets Gegenstände, Verhaltensweisen und Normen, die von einem so definierten Kulturbegriff nicht erfasst werden, die für den Städtetourismus aber dennoch relevant sind. Ebenso erklärt der Kulturbegriff nur einen Teil des städtetouristischen Phänomens, wenn man ihn auf das traditionelle Verständnis von Kultur als Eliten- oder Hochkultur beschränkt. Schon die bildungsbürgerlichen Besucher amerikanischer und europäischer Großstädte um 1900 interessierten sich nicht nur für Stadtgeschichte, Architektur, Kunst, Theater- oder Museumsbesuche, sondern vergnügten sich auch auf Straßenfesten oder in Nachtclubs (vgl. Cocks 2001, 106ff.; Syrjämaa 2000, 187). Neben die lange, bis in die Gegenwart reichende und an kultureller Bildung orientierte Traditionslinie des bildungsbürgerlichen Städtetourismus traten schon früh populärkulturelle Elemente. Diese erfahren gerade in der jüngeren Entwicklung einen großen Bedeutungszuwachs. Festivals, Musicals oder interaktive Museen sind bekannte Beispiele einer Popularisierung der Kultur im Städtetourismus. Erweitert man daher den Kulturbegriff entsprechend, steht man von der Frage, ob nun auch die jüngst viel gepriesene und geförderte Eventorientierung des Städtetourismus unter das Label Kultur fällt. Städte und Reiseveranstalter würden die Frage bejahen. Sie vermarkten Events wie die Berliner Reichstagsverhüllung 1995 als „kulturelle" Großveranstaltungen (vgl. Schlinke 1999). Was aber ist dann mit dem für den aktuellen Städtetourismus wichtigen Aspekt des Shoppings? Gewiss, wie die angesprochenen städtetouristischen Vergnügungen im frühen 20. Jahrhundert, wie das heutige Candlelight-Dinner oder andere konsumorientierte städtetouristische Aktivitäten könnte man auch das Shopping als kulturelle Praxis auffassen, als Partizipation an einer urbanen Konsumkultur.

Schreitet man auf diese Weise fort, landet man schnell bei einem zwar weithin üblichen, aber theoretisch wenig gehaltvollen Kulturbegriff, der gegenstandsbezogen ist und alles Sinn- und Zeichenhafte umfasst (vgl. Pott 2005). Er ist problematisch, da sich die Spannweite, die er ausfüllen soll, als zu groß erweist. Sie reicht von der Gesamtheit menschlicher Artefakte bis zu den symbolischen Grundlagen des Handelns. Da alles Handeln in kognitive und symbolische Sinnhorizonte oder Signifikationsstrukturen eingebettet ist, gibt es ohne sie weder Handeln noch Sozialität. Letztlich fällt also in dieser Konzeptionsweise Kultur mit Gesellschaft oder zumindest mit Sozialem schlechthin zusammen (vgl. Nassehi 2003a, 234). Der Kulturbegriff verliert damit wissenschaftliche Prägnanz und analytisches Potential. Unklar bleibt daher auch der Unterschied zwischen Städtetourismus und anderen Formen des Tourismus, zum Beispiel dem Kulturtourismus im sog. ländlichen Raum oder dem Badeurlaub (auch das Schwimmen und Sonnenbaden kann in dieser Sichtweise Kultur sein – Körperkultur).

Für die Forschungspraxis sind diese Schwierigkeiten solange folgenlos, solange sie sich, wie dies meistens der Fall ist, auf Einzelfallanalysen konzentriert, in denen andere Fragestellungen – wie z.b. die des Verhältnisses zwischen Städtetourismus und Stadtentwicklung – Vorrang haben. Anders sieht es dagegen aus, wenn man sich um eine den Einzelfall übergreifende Bestimmung des Städtetourismus bemüht.

Die vergleichende Perspektive des Beobachtungsschemas Kultur

Einen Ausweg aus dieser Situation deutet ein Vorschlag von Luhmann (1995b) an. Luhmann nimmt die skizzierte Problematik eines gegenstands- und sachbezogenen Kulturbegriffs zum Anlass, den Kulturbegriff aus dem Operationsbereich der Beobachtung erster Ordnung – in dem mit Kultur ein Gegenstandsfeld unterschieden und bezeichnet wird – in den Operationsbereich der Beobachtung zweiter Ordnung zu verlagern. Es geht dann nicht mehr um die Einteilung der Gegenstandswelt, sondern um das Beobachten von Beobachtern oder Beobachtungen (also z.b. um die touristische Beobachtung von Großstädtern oder von Künstlern und ihren Kunstwerken) und die Frage, um was für eine Form der Beobachtung zweiter Ordnung es sich im Falle von Kultur handelt.[66]

Zur Untersuchung dieser Frage wählt Luhmann den Weg der historischen Analyse. Ähnlich wie die Kultursoziologie im Allgemeinen (vgl. exemplarisch: Luckmann 1989, Soeffner 1988) bestimmt auch Luhmann Kultur als „Gedächtnis sozialer Systeme", als die „Sinnform der Rekursivität sozialer Kommunikation" (Luhmann 1995b, 47), die als universalistisches Phänomen allen, auch den einfachsten Sozialsystemen eigen ist. Dass diese Sinnformen allerdings als Kultur erscheinen, sei erst das Ergebnis moderner Beobachtungsverhältnisse. Erst seit gegen Ende des

---

66 Zum Beobachtungsbegriff siehe das Unterkapitel *Methodologische Vorbemerkung* im Kapitel *Städtetourismus und Raum*.

18. Jahrhunderts mit der Erweiterung der regionalen und historischen Beobachtungshorizonte die gesellschaftliche Erfahrung auch anders möglicher Lebens- und Sozialformen um sich zu greifen begann, habe der Kulturbegriff seine moderne Prägung erhalten. Luhmann beobachtet für diese Zeit eine Verbreiterung und Vertiefung des Interesses an einer reflexiv-vergleichenden, vor allem an einer historisierenden Perspektive. Die Folie dieses Vergleichsinteresses bilde das Beobachtungsschema Kultur, das alles und jeden „in ein Zeichen für Kultur" umforme: „Selbst Religionen können jetzt als Kulturerscheinungen verglichen und dabei implizit oder explizit (Lessings Nathan) als gleichberechtigt behandelt werden. Damit kann gerade auch den Unterschieden der Religionen Rechnung getragen werden, ohne dass der Begriff der Religion in Frage gestellt wird. Aber die alte Höchstrelevanz der Religion wird damit relativiert" (Luhmann 1995b, 36). Mit der Verfügbarkeit eines Begriffs von Kultur beginne auch die Kommunikation und Reflexion über Kultur. Sie erzeuge neuartige Phänomenzusammenfassungen und damit wieder neuartige Vergleichsmöglichkeiten (vgl. ebd., 49).

Entstanden im Europa des späten 18. Jahrhunderts, habe sich das Beobachtungsschema Kultur von da aus universalisiert. Kultur sei heute eine Form der Reflexion, die „alles, was nicht Natur ist, als Kultur reflektiert" (Luhmann 1997, 398). Kultur sei eine „Sphäre der Realität, auf der alle Zeugnisse menschlicher Tätigkeit ein zweites Mal registriert werden – nicht im Hinblick auf ihren Gebrauchssinn, sondern im Hinblick auf Vergleiche mit anderen Zeugnissen der Kultur" (ebd., 341). „Kultur ist, so gefasst, ein Weltprojekt, das sowohl Geschichte als auch regionale (‚nationale') Unterschiede als Vergleichsmaterial einbezieht. Mit dem Begriff der Kultur wird der Begriff der Nation aufgewertet, ja in seiner modernen Emphase überhaupt erst erzeugt. Und erst von diesem Standort aus erscheint Kultur als etwas, was immer schon gewesen ist, und löst damit die alten ontologisch-kategorialen Weltinvarianten, die für Vergangenheit und Zukunft gleichermaßen galten, auf – und ab. Kultur ist nach all dem ein Doppel, sie dupliziert alles, was ist" (Luhmann 1995b, 41). Daher formuliere Kultur immer auch ein Problem der Identität (ebd., 42).

Folgt man dieser Begriffsanalyse, ist Kultur also kein Gegenstandsfeld, Deutungsmuster, Wissens-, Sinn- oder Zeichensystem, keine Lebenswelt, Bedeutungsstruktur o.Ä., sondern ein spezifisches, durch seine *reflexiv-vergleichende* Perspektive gekennzeichnetes modernes Beobachtungsschema. Dieses Schema verwendet ein Beobachter (d.h. ein psychisches oder ein soziales System) immer dann, wenn er in seiner Beobachtung *per Vergleich*, also durch Registrierung *beobachteter Differenzen*, dazu kommt, bestimmte Objekte oder Handlungsmuster *als*

Kultur zu beschreiben (vgl. Nassehi 2003a, 234f.). Kultur ist ein Beobachtungsschema zur Beobachtung von Unterschieden als kulturelle
Unterschiede.

Mit dieser abstrakten und formalen Fassung des Kulturbegriffs steht
ein geeigneter Ausgangspunkt für die theoretische Bestimmung des
Städtetourismus zur Verfügung. Denn eine vergleichende, auf Kultur re-
flektierende Perspektive ist für den Städtetourismus in *mehrfacher* Hinsicht konstitutiv. Um dies zu zeigen, werden in den folgenden Argumen-
tationsschritten neben sozialwissenschaftlichen Analysen zum Städtetourismus auch städtetouristische Texte aus Werbebroschüren und Reisekatalogen verwendet.[67]

Städtetourismus, Kultur und Raum

Regionalisierung

In einer *ersten* Hinsicht basiert der Städtetourismus auf der für alle Formen des Tourismus typischen Differenzierung von alltäglichem Wohn-
oder Arbeitsort der Touristen und touristischem Zielort. Der auch mit
Städtereisen verbundene Ortswechsel begründet einen, wie Luhmann
sagen würde, regionalen oder regionalisierenden Kulturvergleich: Im
kontrastierenden Vergleich mit dem Alltag der Touristen wird im Städtetourismus das Fremde und Andere bereist, besichtigt und erfahren.[68] In
dieser Allgemeinheit kann sich der Vergleich auf Verschiedenstes beziehen – von Gebäuden, Bauformen oder Kunst (als materialisiertem
Ausdruck von Handlungs- und Sinnsystemen) über Lebens-, Wohn-,
Arbeits- und Verhaltensweisen der Stadtbewohner bis zu städtischen
Konsummöglichkeiten und populärkulturellen Freizeitangeboten wie
Musicals, Straßenfesten oder Zoos.

---

67 Bei den Prospekten, Broschüren und Reiseführern, aus denen im Folgenden (ohne weitere Angaben) zitiert wird, handelt es sich um: Deutsche
Städte erleben (Prospekt der Deutschen Zentrale für Tourismus e.V.,
2003/2004); Europa entdecken! Neon-Reise-Tipps von Budapest bis Barcelona (Beilage der Zeitschrift Neon 2004/06); Marco Polo: Frankfurt
(2003, 6. Auflage); Städte erleben. Spannende Metropolen individuell erleben (TUI-Prospekt, April-Oktober 2004); Städtereisen (DERTOUR-
Prospekt, April-Oktober 2003).
68 Hierin gleicht der Städtetourismus anderen touristischen Formen. Denn im
Unterschied zu früheren Reiseformen gilt für den Tourismus ganz allgemein: „Das Bewusstsein des modernen Reisenden ist relativistisch [...]. Es
ist eine ‚komparative' Mentalität – sie gründet und stützt sich auf Vergleiche" (Leed 1993, 303).

Zur Illustration mögen zwei historische Beispiele dienen: Cocks beschreibt die gängige Praxis im amerikanischen Städtetourismus des frühen 20. Jahrhunderts, großstädtische Einwandererviertel und -kulturen zu besichtigen (vgl. Cocks 2001, 174ff.). Von Reiseveranstaltern ebenso wie von städtischen Werbe- und Selbstdarstellungskampagnen tatkräftig unterstützt, war das *ethnic slumming*, also die Besichtigung von ethnischen Kolonien wie China Town oder Little Italy, insbesondere in New York und San Francisco bereits 1915 ein fester Bestandteil des städtetouristischen Programms. Die im (politischen) Alltag der bildungsbürgerlichen Besucher zu dieser Zeit überwiegend vertretene Ideologie der Assimilation der Einwanderer bzw. des US-amerikanischen Melting Pot wurde im Städtetourismus zugunsten einer Romantisierung scheinbar zeitloser und unabänderlicher ethnischer Differenzen aufgegeben. In anderen Zusammenhängen eher negativ konnotiert und als Integrationsproblem, Gefährdung der städtischen Gemeinschaft usw. dargestellt, waren Einwanderer und ihre *Kulturen* im Städtetourismus „bunte" Attraktionen, die exemplarisch kulturelle Differenz und damit die Andersartigkeit der besuchten Stadt vor Augen führten. Diese Tradition der Bereisung ethnisch-kultureller Differenzen reicht bis in die Gegenwart. Sie wird heute in Metropolen wie New York, Paris oder Amsterdam als städtetouristische Praxis im Rahmen von Konzepten wie „marketing multiculturalism" oder „celebrating diversity" gefordert und gefördert (vgl. Dahles 1998).[69]

Das zweite Beispiel bezieht sich auf Paris als städtetouristisches Ziel der neuen US-amerikanischen und britischen Mittelschicht an der Wende zum 20. Jahrhundert. Anhand von Paris-Reiseführern (Baedeker, Guide Bleu, Michelin) rekonstruiert MacCannell die damals übliche Besichtigungspraxis (vgl. MacCannell 1999, 57ff.). Zu den herausragenden Attraktionen touristischen Sightseeings gehörten nicht nur Museen, Baudenkmäler usw., sondern auch alltägliche Arbeitsabläufe – so die Verhandlungen vor dem Obersten Gerichtshof, das Spektakel der Börse, die Maschinerie der Münze, die Arbeit in einer Gobelin-Weberei und in einer Tabakfabrik, Märkte und Ähnliches mehr. Durch die Besichtigung dieser Arbeitsabläufe lernten die Touristen fremde Arbeitswelten kennen. Paris repräsentierte eine alternative, wenn auch nicht gänzlich unbekannte Welt. Der durch diese Form des Sightseeings hervorgerufene Vergleich mit ihrer eigenen alltäglichen Arbeitswelt ermöglichte ihnen,

---

69 Als touristisch ‚attraktiv' im Sinne von Alltagsdistanz oder nicht-alltäglichen Kontrasterfahrungen gilt freilich auch die gegenteilige Deutung ethnisch-kultureller Differenzen: Das „gefährliche Ghetto", der „Slum" oder die „negative Sensation" werden ebenfalls touristisch organisiert und gesucht (vgl. Conforti 1996, Welz 1993).

so MacCannells Interpretation, die Reflexion der Universalität des modernen, rollenspezifischen Verhältnisses von Individuum und Gesellschaft. Dadurch habe er letztlich zur Affirmation dieses Verhältnisses beigetragen.

Als eine Form des touristischen Kulturvergleichs ist die regionalisierende Perspektive auch eine räumliche Formbildung. Schon die im Anschluss an Luhmann gewählte Bezeichnung dieser Vergleichsperspektive ist eine räumliche.[70] Es wird ein *Hier* mit einem *Dort* verglichen; ein *Ort* mit einem anderen. Diese grundlegende Differenzierung zwischen zwei oder mehr Orten stellt die semantische Erstrahmung des touristischen Geschehens dar. Wie gesehen, etabliert und entwickelt sich der Tourismus gerade dadurch, dass sich als Antwort auf das Erholungsproblem der organisierte Ortswechsel – die Urlaubsreise – durchsetzt (s. Kapitel *Der Tourismus der Gesellschaft*). Die Wahrnehmung, Kommunikation und Praxis dieser (durch regionale Tourismusplanung und -politik weiter verstärkten) Form der räumlichen Mobilität muss notwendig ein Hier von einem Dort unterscheiden. Auf dieser räumlich markierten Grunddifferenzierung beruht die Tatsache, dass Städte in touristischer Perspektive zu bereisbaren Orten, d.h. zu Destinationen werden, die Alltagsdistanz, Kontrast, Erlebnis des Fremden, Erholung u.ä. versprechen. Diese für den Städtetourismus grundlegende Erwartung kann durch die Anreicherung mit der nah/fern-Unterscheidung weiter modifiziert und verstärkt werden. Für deutsche Städtetouristen, zum Beispiel, können ‚ferne' Städte wie Shanghai oder Hongkong eine größere Fremdheit und Alltagskontrastivität verheißen als Städte in Deutschland.

Betrachtet man die Form der im Städtetourismus als *Stadt* bezeichneten Orte genauer, fällt auf, dass neben der Mobilisierung der Unterscheidungen hier/dort und nah/fern auch die innen/außen-Unterscheidung sehr bedeutsam ist. Das Dort (i.e.: die Stadt) ist ein Ort, *in* den *hinein* bzw. *in* dem sich Touristen bewegen (bzw. bewegen können oder sollen) und *in* dem sich die bereisenswerten Sehenswürdigkeiten befinden. Mit der Anwendung der innen/außen-Unterscheidung wird die hier/dort-Unterscheidung spezifiziert. Das *Innere* der Stadt unterscheidet

---

70 Die Schwierigkeit der theoretischen Unterscheidung von Kultur und Raum interessierte Luhmann selbst nicht. Bei seiner Bestimmung des Kulturbegriffs als ein Schema der Beobachtung verzichtet er auf die systemtheoretische Ausarbeitung des Raumbegriff (vgl. Luhmann 1995b) – so wie in den meisten seiner Arbeiten (mit der schon diskutierten Ausnahme: Luhmann 1997, 179ff.). Stattdessen verwendet er räumliche Begrifflichkeiten in alltagsontologischer Manier, die Raum als ausgedehnte, materielle oder physische Größe in der Umwelt der Gesellschaft behandelt.

sie von ihrem Äußeren und begründet derart den regionalisierenden Vergleich. In diesem Sinne bezeichnet der Begriff der Regionalisierung die oben ausgeführte Stufenbaueigenschaft des Raummediums:[71] Das Dort der hier/dort-Unterscheidung, d.h. die räumliche Form Stadt, wird als Ort seinerseits (ihrerseits) zu einem aus Stellen bestehenden Medium, das vielfach formbar ist. Mit der Beobachtung einer Raumstelle als Stadt wird der so unterschiedene und bezeichnete Ort zu einer ausgedehnten, *intern* differenzierten und strukturierten Region. Anschaulich gesprochen: Die Stelle bzw. der Ort wird zum Raum (zur Region) ‚vergrößert', um in ‚kleinere' Untereinheiten ‚geteilt' werden zu können. Wie in anderen Fällen ist die Form dieser Regionalisierung auch im Städtetourismus durch die erdoberflächliche bzw. territoriale Bezugnahme gekennzeichnet. So werden im Medium der Erdoberfläche (bzw. im Medium des Territoriums) Punkte oder Ausschnitte der Erdoberfläche unterschieden, mit Objekten besetzt und derart als spezifische, bereisenswerte Orte kommuniziert. Mit Werlen könnte man von einer „signifikativen Regionalisierung" sprechen (vgl. Werlen 1997, 272).

Die in städtetouristischen Prospekten und Reiseführern mit Hilfe der hier/dort- und der innen/außen-Unterscheidung von ihrem Umland und anderen Orten (z.B. den Herkunftsorten der Touristen) unterschiedenen Städte erscheinen daher insgesamt als räumlich geformte und begrenzte, zwei- oder dreidimensionale Einheiten. Je nach untersuchtem sprachlichen und bildlichen Material (Texte, Stadtpläne, Collagen, Fotographien) lassen sich flächenräumliche oder behälterförmige Darstellungsformen erkennen. Wie sprachanalytische Untersuchungen zeigen, sind beide Interpretationen (bzw. die ihnen zugrunde liegenden Darstellungsformen) eng miteinander verwandt. Sie resultieren aus der Projektion der eigenen (menschlichen) Innen/Außen-Orientierung auf physische Objekte (z.B. Erdoberfläche, erdoberflächliche Ausschnitte, Gebäude), die damit die Form von Gebieten oder Gefäßen mit einem Innenraum, einer Grenze und einem Äußeren erhalten (vgl. Lakoff/Johnson 1998, 39; Schlottmann 2005, 172). Aufgrund ihrer strukturlogischen Verwandtschaft werden die mit der innen/außen-Unterscheidung markierten Formen (z.B. ‚*in* der Stadt') in der Literatur gängigerweise als Behälterkonzepte oder Container-Metaphern zusammengefasst, auch wenn damit der Fall der zweidimensionalen, flächenräumlichen Darstellung – wie z.B. der eines Stadtviertels in Kartenform – nur ungenau bezeichnet wird. Wie alle „Metaphern der Entität und der Materie" (Lakoff/Johnson 1998, 35) dient das flächenräumliche bzw. behälterförmige Schema im

---

71 Siehe das Unterkapitel *Systemtheoretische Raumkonzeption* im Kapitel *Städtetourismus und Raum*.

Städtetourismus der Identifizierung, Ordnung und Zusammenfassung von (semantischen) Objekten. Durch die Verknüpfung der hier/dort- mit der innen/außen-Unterscheidung erhalten auch so komplexe und vieldimensionale Gebilde wie Städte Konturen, an denen sich Touristen wie touristische Organisationen orientieren können.

Selbst der untypische Grenzfall, dass Personen zu Touristen (nicht zu Touristenführern) in ihrer 'eigenen' Stadt werden, etwa wenn sie zusammen mit den sie besuchenden Gästen ihre Stadt touristisch besichtigen, setzt die hier/dort- und die innen/außen-Unterscheidung voraus. Das Hier des Wohnsitzes bzw. das Innere der Stadt wird in diesem Fall als teilweise noch unbekanntes oder genauer zu entdeckendes Dort kommuniziert und wahrgenommen. Die Befremdung des vermeintlich Eigenen gelingt, indem die hier/dort-Unterscheidung in das Hier, d.h. in das Innere der 'eigenen' Stadt, eingeführt wird. Als Touristen ihrer 'eigenen' Stadt suchen die Stadtbewohner dann gerade diejenigen städtischen Orte und Teilgebiete auf und besichtigen sie oder erkunden sie genauer, die *nicht* in ihrem Alltag vorkommen oder *hier* zumindest eine *andere* Bedeutung haben.

Die regionalisierende Perspektive basiert also ganz wesentlich auf der *räumlichen* Unterscheidung von Alltagsorten und touristischen Orten oder Regionen. Trotzdem lässt sie sich als *kulturelles* Beobachtungsschema interpretieren. Denn ihr entscheidendes Merkmal ist ihr *vergleichendes* Moment. Dieses zeigt sich auch darin, dass die touristischen Attraktionen einer Stadt immer auch im Vergleich mit denjenigen anderer Destinationen hergestellt werden (vgl. Wöhler 2005, 1). Man könnte daher zusammenfassend so formulieren: Als kulturelles Vergleichsschema nimmt die regionalisierende Perspektive die *Form* des räumlichen Vergleichs an. Raum stellt insofern das Medium dar, in dem das auf Vergleich zielende Beobachtungsschema Kultur ausgedrückt wird.[72]

Wird die regionalisierende Perspektive auch explizit als Kulturvergleich thematisiert, was nicht immer der Fall ist, dann ist von zu erlebender „städtischer Kultur", von der „Stadt und ihrer Kultur" o.Ä. die Rede. Für Touristen aus ländlichen oder nicht-urbanen Räumen ist der Vergleich in die Differenz Land/Stadt bzw. Peripherie/Zentrum eingebettet, für Touristen aus Städten in die Differenz eigene Stadt/fremde (bzw. zu besichtigende) Stadt. Mit Hilfe der innen/außen- und der Stadt/Umland-Unterscheidung wird die Stadt in der regionalisierenden Sichtweise außerdem häufig als Zentrum einer sie umgebenden Region

---

72 Diese Funktion des Raums wird bei den beiden anderen Vergleichsperspektiven des Städtetourismus (s. das nachfolgende Unterkapitel) noch deutlicher werden, weil bei ihnen das Beobachtungsschema Kultur und das Raummedium nicht schon begrifflich zusammenfallen.

präsentiert. Im Falle des Hauptstadt- und des internationalen Städtetourismus, zum Beispiel, gilt die Stadt als Repräsentation eines Nationalstaates, einer nationalstaatlichen Region oder einer nationalen Kultur (vgl. Spring 2002, 225f.). Auch die geteilte Grenzstadt (z.b. West-/Ost-Berlin vor der Wiedervereinigung oder Frankfurt/Oder/Slubice) repräsentiert explizit die sie teilenden Nationalstaaten.

Bei alledem betont die regionalisierende Vergleichsperspektive, wie erwähnt, die *Einheit* der Stadt. So werden Städte im Tourismus als kultur-räumliche Einheiten oder Ganzheiten dargestellt und besichtigt. Als solche, vom Alltag der Touristen verschiedene *andere Orte* erscheinen Städte im Städtetourismus nicht nur in Differenz zu den Herkunftsorten der Touristen, sondern auch zu anderen möglichen Stadtreisezielen. Denn als städtetouristische Ziele sind sie eingebunden in ein flexibles, um Touristen konkurrierendes Netzwerk von Städten (vgl. Shields 1998, 54).

Historisierung

Die *zweite* wichtige Vergleichsperspektive des Städtetourismus ist zeitlich, d.h. vor allem historisierend, orientiert. Die in der je aktuellen Gegenwart stattfindende touristische Reise in die Stadt zielt fast immer auch in die Vergangenheit.[73] Deutlich wird dies nicht nur an der großen Bedeutung, die gerade ‚alte' europäische Städte als städtetouristische Ziele stets hatten, also einer Tradition, die bis zu den Bildungsreisen des gehobenen Bürgertums im 18. und 19. Jahrhundert zurückreicht (vgl. Feifer 1985, 137ff.). Ganz allgemein lässt sich feststellen, dass historische Gebäude und Viertel, städtische Kunst- und Kulturgeschichte zu den zentralen städtetouristischen Merkmalen gehören. Während die historisierende Perspektive beim Konsum klassischer Kulturgüter (Malerei, Bildhauerei, klassische Musik etc.) meist implizit bleibt, ist dies für die touristische Fokussierung stadthistorischer Aspekte schon immer anders gewesen.

Erneut sei hierzu aus Cocks' Studie zitiert (2001, 174ff.). Cocks beschreibt, wie im entstehenden US-amerikanischen Städtetourismus die touristische Aneignung der Stadtgeschichte bereits um 1900 zum Hauptbestandteil des Sightseeings geworden war, die dann um die schon erwähnte Besichtigung ethnisch-kultureller Differenzen als der zweiten zentralen Komponente der Bereisung von Großstädten ergänzt wurde.

---

73 Vgl. dazu Spodes Interpretation der touristischen Reise als „Zeit-Reise": Spode 1988, 73ff.

Galten die amerikanischen Städte bis dahin als zu jung und historisch uninteressant und zog es die wohlhabenden amerikanischen Touristen deshalb lange Zeit fast ausschließlich in die europäischen Städte, änderte sich die Situation um die Jahrhundertwende. Es kam zu einer vielfältigen Historisierung der amerikanischen Städte, die entscheidend zur Steigerung ihrer Attraktivität für den noch jungen Städtetourismus beitrug. Hintergrund dieser Entwicklung war nach Cocks' Untersuchung ein Bündel von Faktoren und Anstrengungen, die Bestandteil der Entdeckung bzw. Erfindung einer nationalen amerikanischen Geschichte waren. Nachdem die in den Städten abgehaltenen Veranstaltungen und errichteten Mahnmale zum Gedenken an die Opfer und Folgen des Bürgerkriegs (1861-1865) die erste Grundlage für ein national orientiertes, historisches Bewusstsein geschaffen hatten, wurden in den letzten Jahrzehnten des 19. Jahrhunderts eine ganze Reihe von 100jährigen Nations- und Stadtgründungsgeburtstagen gefeiert. Neben publikumswirksamen Paraden und Ansprachen wurden vielerorts Denkmäler errichtet sowie historische Plätze und Fassaden vor dem drohenden Abriss erhalten.

Zu der auf diese Weise betriebenen und lokalpolitisch unterstützten Thematisierung, Romantisierung und auch Glorifizierung der Geschichte der Nation und ihrer Städte trugen ganz wesentlich die historischen Vereine und Gesellschaften bei. Sie entstanden in allen größeren Städten zur Förderung des lokalen Geschichtsbewusstseins. Sie setzten sich für die Bewahrung historischer Gebäude ein, brachten an ausgewählten Orten Gedenkplaketten zur Erinnerung an historische Ereignisse oder bedeutende Persönlichkeiten an, dokumentierten und publizierten die lokale Stadtgeschichte, konzipierten und veranstalteten historische Stadtführungen usw. Auch die Geschäftsleute und Wirtschaftsunternehmen, die die sehr populären und oftmals historisch ausgerichteten Stadtfeste organisierten, waren ein starker Motor der „cultivation of history" in den amerikanischen Städten. Zwar zielte diese Hinwendung zur Geschichte der Städte nicht nur auf die Gewinnung von touristischen Besuchern. Sie sollte auch eine identitäts- und Gemeinschaft stiftende Wirkung auf die lokale Bevölkerung haben. Doch die Wertschätzung und Erfahrung des historischen Erbes blieb überwiegend den gebildeten, gerade durch ihr „kulturelles Kapital" privilegierten Touristen vorbehalten. Durch das „Eintauchen" *in* die „historische Stadtlandschaft" – vor allem mittels vorbereitender Lektüre sowie der neuartigen Stadtführungen und Besichtigungen – konnten diese einen *Kontrast* zur urbanen Gegenwart „genießen", der der lokalen Bevölkerung häufig verborgen blieb (vgl. ebd., 185f.).

Wie dieses Beispiel exemplarisch zeigt, kommt auch die historisierende Sichtweise im Städtetourismus nicht ohne räumliche Formbildung aus. Sie basiert ebenfalls auf der territorialisierenden Ausarbeitung der hier/dort- und der innen/außen-Unterscheidung. Historische Ereignisse oder Phasen werden verräumlicht bzw. verdinglicht und verortet – *in* Städten, Stadtvierteln, *auf* Plätzen, anhand von *in* der Stadt lokalisierbaren Gebäuden, Mauern, Plaketten oder Denkmälern. Umgekehrt werden die im städtischen Raum lokalisierten Artefakte, Fassaden oder Straßenverläufe als historische Zeugen behandelt und gedeutet, als Spuren, Repräsentationen oder als materialisierter Ausdruck von Geschichte, Baustilen, vergangenen Herrschaftsverhältnissen usw. Zur Veranschaulichung und Verdeutlichung historischer Differenzen wird entweder auf *verschiedene* städtische Orte bzw. auf an verschiedenen Orten lokalisierte Gegenstände verwiesen, die dann ihrerseits verschiedene Ereignisse oder Epochen repräsentieren (sollen). Oder historische Differenzen und Entwicklungen werden an der sich wandelnden Bedeutung *eines* Ortes festgemacht, z.b. in Form der Genealogie eines Platzes. Auf diese Weise konstruieren und reproduzieren historisch orientierte Stadtführungen mit ihren Narrationen über einzelne Orte, städtische Teilräume oder die Gesamtstadt verschiedene, sich in ihrem territorialen Bezug oftmals überlappende historische Kultur-Räume (vgl. Cocks 2001, 182ff.; Spring 2002, 231).

Gängigerweise fungiert die historisierende Vergleichsperspektive im Städtetourismus als inhaltliche ‚Füllung' der regionalisierenden Perspektive, als Spezifizierung des *Dort* bzw. des Stadt-*Inneren* („Heidelberg: Stadt der Romantik", „Rothenburg ob der Tauber: Stadt des Mittelalters" etc.). Durch die Perspektivenverknüpfung können aber auch explizit zwei unterschiedliche Qualitäten der Destination bezeichnet werden. Dies verdeutlicht Shields (1998) in seiner Untersuchung der Reklamebilder, die von der Canadian Pacific Railway Company in den Zwischenkriegsjahren zur Werbung für Reisen nach Quebec City hergestellt wurden. Alt-Quebec wird hier für englischsprachige Touristen in einer bis heute reproduzierten Form als ein touristisches Ziel konstruiert, das in doppelter Weise different und damit fremd und bereisenswert ist: *historisch* – als „Ort der Erinnerung an vor-moderne Zeiten" und bedeutsame Schlachten – ebenso wie *regional* – als „nicht-nordamerikanische" Destination, als ein „anheimelndes Stück Europa" (ebd., 63).

Als eine Stadt des Tourismus, für die jedoch die historisierende Perspektive insgesamt dominant ist, stellt Quebec City außerdem den Prototyp für eine jüngere Entwicklung im Städtetourismus dar. Seit den 1980er Jahren lässt sich weltweit ein enormes Wachstum des historisch orientierten Städtetourismus beobachten (vgl. Chang et al. 1996). An diesem Trend partizipieren sowohl Städte mit langer und ausgeprägter Tourismustradition (wie z.B. Weimar, Florenz, Salzburg, Venedig oder

Heidelberg) als auch Städte, für die Tourismus bzw. der historisch betonte Tourismus lange keine oder nur eine sehr periphere Rolle gespielt hat (z.B. Boston, Havanna, Prag, das englische York oder Wetzlar). Als Repräsentanten der Stadtgeschichte kommt den alten Stadtkernen oder anderen baulich-historischen Elementen stets eine herausragende Bedeutung zu.

Die angloamerikanische Tourismusforschung hat mit der Konstruktion eines eigenen Typs städtetouristischer Destinationen früh auf den quantitativen Bedeutungszuwachs von Geschichte im Städtetourismus reagiert: Die sog. *heritage cities* (oder auch *tourist-historic cities*) werden als besondere Ausprägung des städtetouristischen Phänomens untersucht (vgl. Ashworth/Tunbridge 2000, van der Borg et al. 1996). Sie werden unterschieden von den *resort cities*, also Städten wie Brighton, Cancun oder Las Vegas, die für den Tourismus geschaffen wurden und durch ihn gewachsen sind (Stichwort: „tourism urbanisation", vgl. Mullins 1991), und den *converted cities*, also Städten wie Glasgow oder Liverpool, in denen ausgewiesene, ehemals industriell oder anders genutzte Bereiche (z.B. Hafenviertel) gezielt zu touristischen Vergnügungs- und Konsumbereichen umgebaut wurden (vgl. Judd/Fainstein 1999).

Die einschlägigen Studien verdeutlichen, dass das Wachstum des historisch orientierten Städtetourismus in eine allgemeine, politisch geförderte Aufwertung und Pflege von Historizität eingebettet ist. Durch De-Industrialisierung und wachsende internationale Städtekonkurrenz zusätzlich motiviert, bemühten sich viele Städte ganz bewusst um Investitionen in ihr geschichtliches Erbe. Sanierung oder gar Erneuerung, Sichtbarmachung und Popularisierung ihres geschichtlichen Erbes (z.B. durch Führungen, Broschüren, Museen oder historische Festivals) ermöglichten nicht nur eine kommerzielle Vermarktung. Sie trügen auch zur städtischen Identitätsbildung und damit zur Verfestigung (oder Schaffung) eines unverwechselbaren Profils bei, das im sich verschärfenden Standortwettbewerb zunehmend an Bedeutung gewinne. Auf der anderen Seite träfen die Anstrengungen der Städte und ein historisierender Städtetourismus auf das Bedürfnis der Menschen nach Entschleunigung, historischer Identifikation und lokaler Verankerung. Dieser Wunsch habe in den letzten Jahrzehnten angesichts des ökonomischen Strukturwandels und seiner Folgen (z.B. steigende biographische Unsicherheiten) und einer zunehmenden Bewusstwerdung der sich beschleunigenden Globalisierungsprozesse deutlich zugenommen (vgl. exemplarisch: Ashworth/Tunbridge 2000, 60ff.).

So plausibel der gängige Verweis auf die Zwänge und Folgen von ökonomischem Strukturwandel und Globalisierung scheint, so pauschal und dürftig bleibt er als Erklärung. Insbesondere erklärt er nicht, in welchem Verhältnis das wachsende Stabilisierungs- und Orientierungsbedürfnis der Menschen und die Konjunktur der historisierenden Perspektive im Städtetourismus zu entsprechenden räumlichen Formen und Veränderungen (im Alltag wie im Städtetourismus) stehen. Auf diesen Zusammenhang soll weiter unten genauer eingegangen werden.[74]

Ihr vergleichendes Moment entfaltet die historisierende Perspektive nicht nur im Vergleich mit dem Herkunftsort der Touristen oder mit anderen möglichen Reisezielen („Heidelberg: Stadt der Romantik", „Fulda: Stadt des Barocks" etc.), sondern insbesondere im zeitlichen Kontrast. Neben dem Vergleich zweier oder mehrerer Vergangenheiten (z.b. Mittelalter versus Barock in Fulda) ist hier vor allem der Kontrast von Vergangenheit und Gegenwart zu nennen. Dies ist ein Aspekt, der bei der üblichen Konzentration der Forschung auf historische bzw. historisierende Komponenten im Städtetourismus (Altstadt, Stadterneuerung, historische Artefakte, Denkmäler, Wohn- und Wirkungsstätten historischer Persönlichkeiten, historischer Konsum) leicht übersehen wird. Schon die amerikanischen Städtetouristen um 1900 wurden, wie Cocks aus Reiseberichten rekonstruiert, während der populären historischen Stadtführungen mit Vielem (z.b. mit Gebäuden, Baustellen, Passanten, Gerüchen oder Geräuschen) konfrontiert, was nicht ins vermittelte historische Bild passte (vgl. Cocks 2001, 174ff.). Kreierten die *historical walking tours* einen von der städtischen Gegenwart strikt separierten Raum, so war es genau diese Spannung, die den Reiz ausmachte, der z.b. in der anschließenden Besichtigung der Einwandererkolonien (*ethnic slumming*) als gegenwärtiger, aber unbekannter großstädtischer Lebenswelten lag (vgl. ebd., 186).

Die Kontrastivität von Vergangenem und städtischer Alltagsgegenwart ist im heutigen Städtetourismus von mindestens ebenso großer Bedeutung. Am Beispiel touristischer Aktivitäten in York, einem Musterbeispiel einer *heritage city*, betont Meethan (1996a) die Relevanz des Shoppings, das die übliche historische Bereisung der Stadt ergänzt und das seit Mitte der 1980er Jahre zu einem immer wichtigeren Bestandteil des York-Tourismus wurde. Auch viele in Reisekatalogen publizierten Stadtporträts werben mit dem zeitlichen Gegensatz: „Heidelberg – die Stadt zwischen Mythos und Moderne [...], die junge Stadt mit langer Geschichte [...], geschichtsträchtig, romantisch und idyllisch [ebenso wie] kosmopolitisch, dynamisch und topaktuell"; „Wetzlar, [dessen] unverwechselbare Atmosphäre der malerischen Altstadt, des Domes und

---

74 Siehe das Unterkapitel *Alltagsdistanz durch Flächenräume* im Kapitel *Städte des Tourismus und Städtetouristen.*

der Goetheerinnerungsstätten [...] im reizvollen Gegensatz zum geschäftigen Leben der Stadt steht" usw. ([Klammer]-Ergänzung: AP).

"Reizvoll" ist dieser zeitliche Kontrast zwischen Alt und Neu, zwischen Vergangenheit und Moderne, weil er den Städtetouristen die Erfahrung der Gleichzeitigkeit des Ungleichzeitigen ermöglicht. Er kann deshalb auch als eine Konkretisierung einer weiteren, für den Städtetourismus relevanten Vergleichsperspektive gedeutet werden, die nun vorgestellt werden soll.

Heterogenisierung

In einer *dritten* Hinsicht basiert der Städtetourismus typischerweise auf einer vergleichenden Perspektive, die die Gleichzeitigkeit des Unterschiedlichen thematisiert, also auch die Gleichzeitigkeit des Ungleichzeitigen. In dieser Hinsicht orientiert sich der Städtetourismus nicht an der Stadt *als* (regionaler und/oder historischer) Differenz, sondern umgekehrt an sozialen, sachlichen und zeitlichen Differenzen *in* der Stadt. Die *Einheit* der Stadt tritt zugunsten ihrer *Differenziertheit* zurück.

In dieser Perspektive wird die *Heterogenität* und *Vielfalt* der Stadt thematisiert. Am stärksten wird urbane Komplexität und Heterogenität im Falle des Großstadt- und Metropolentourismus betont: "Kommen Sie nach London. Erleben Sie eine City voller Kontraste. Auf der einen Seite britische Tradition mit dem Buckingham-Palast, den Parks und Museen. Auf der anderen Seite ist London Geburtsstadt der aufregendsten Trends". Auch Berlin sei "voller Gegensätze und Superlative. [...] Besucher erwartet ein einmaliges Spektrum". Die "bis zu 1.500 Veranstaltungen", die "300 Szenelokale", "7.000 Kneipen und Restaurants", "40 Theater" und "über 170 Museen" "bereiten Besuchern und Kulturfreunden die Qual der Wahl". Doch auch viel kleinere und thematisch einseitiger codierte Städte werben zwecks Anlockung möglichst vieler, auch unterschiedlich motivierter Touristen, die zudem möglichst lange (und nicht nur visuell) konsumieren sollen, mit ihrem vielfältigen Angebot. Rothenburg ob der Tauber z.B. wirbt auf seiner Internet-Homepage nicht nur mit seinem mittelalterlichen Erbe, sondern auch mit seiner breiten gastronomischen Palette, seinen zahlreichen Museen, der Möglichkeit von Tagungstourismus wie von Wellness- und Beauty-Urlaub oder seiner "hervorragenden geographischen, vor allem aber landschaftlich schönen Lage" als Ausgangspunkt für vielfältige "Fahrradurlaube".

Die Thematisierung von Heterogenität erfolgt im Modus der *Kontrastivität* und/oder im Modus der *Additivität*. So können etwa Historizität und Aktualität einer Stadt einen "reizvollen Gegensatz" bilden, wie in Wetzlar, oder sie können „Genuss" versprechend „vereinigt" sein, wie in Strassburg, das „pittoreskes Mittelalter und elsässische Lebensart kombiniert". Auch der Reiz von Frankfurt am Main liege „in den Kontrasten: Wolkenkratzer und Dörfliches, Kultur und Kommerz. Die Mischung ist einzigartig". Der additiven Präsentation von Heterogenität im Städtetourismus sind inhaltlich letztlich keine Grenzen gesetzt: „Frankfurt ist ein Querschnitt durch *alles*, was Städte zu bieten haben. Großstadt-Skyline einerseits, deutsche Gemütlichkeit im Fachwerkstil andererseits. Futuristische Bankgebäude *neben* geschichtsträchtigen Bauwerken. Frankfurts Architektur ist so vielschichtig wie der Menschenschlag, der diese vibrierende Stadt bevölkert". Wie der „berühmte Rhein-Main-Flughafen" habe „auch das Banken- und Börsenviertel Weltruf, *und* die Frankfurter Kulturbetriebe locken mit hochaktuellen Inszenierungen. [...] *Und* für Museen hat Frankfurt sogar ein ganzes Mainufer reserviert. Wollen Sie [*noch*] mehr erleben? Dann begeben Sie sich ins Nachtleben. Nightlife gibt es satt, von urigen ‚Äppelwoi-Kneipen' bis hin zum angesagtesten Club" (Betonung und Ergänzung: AP).

Wie unschwer ersichtlich, ist die heterogenisierende Perspektive im Städtetourismus ebenfalls grundlegend räumlich indiziert. So werden urbane Vielfalt und Heterogenität – die Gleichzeitigkeit des Unterschiedlichen – üblicherweise in der Form des zeitgleichen *Nebeneinanders* des Unterschiedlichen *in* der Stadt geordnet und artikuliert.[75] Aus diesem Grund könnte man die heterogenisierende Perspektive auch als eine besondere Ausprägung der oben diskutierten regionalisierenden Perspektive bezeichnen, nämlich als eine Vergleichsperspektive, die eine territorialisierende *Binnenregionalisierung* vornimmt. Formal kommt diese Perspektive zustande, indem die hier/dort-Unterscheidung in das territorialisierte Dort (i.e. die Stadt) eingeführt wird (indem also, differenzierungstheoretisch gesprochen, ein re-entry der Unterscheidung in die Unterscheidung vollzogen wird). Qua territorialer Binnendifferenzierung des städtischen Raums wird der vergleichende touristische Blick dann z.B. auf (post-)moderne Hochhäuser gerichtet, die *neben* oder *hinter* geschichtsträchtigen Bauwerken stehen; unterschiedliche gesellschaftliche Gruppen mit ihren unterschiedlichen Lebensstilen lassen sich *auf* Straßen, Plätzen oder Märkten gleichzeitig, da *nebeneinander* beobachten; *in* der Gesamtstadt werden ihnen verschiedene Stadt*viertel*

---

75 Auch das weit seltener vorkommende gleichzeitige Übereinander – z.b. von Besucher-, Büro-, Einkaufs- und Wohnungsebenen in Hochhäusern oder von Verkehrstrassen (U-Bahn, Eisenbahn, Autostraßen), Museum, Philharmonie und Dom im Bereich des Kölner Doms und Hauptbahnhofs – ist eine räumliche (oben/unten) Differenzierung des Unterschiedlichen in der Stadt.

zugewiesen; diese wiederum erhalten im Städtetourismus häufig eine auffallend eindeutige sozioökonomische und kulturelle Färbung: das Einwandererviertel *neben* dem Bankenviertel *neben* der Museumsmeile *neben* der Shoppingzone *neben* der Parkanlage *neben* dem Ausgehviertel; *in, zwischen* oder *neben* alledem Straßen und Plätze als exemplarische öffentliche *Räume*, intakte und authentische Stadt*viertel*kulturen, uninteressante oder gefährliche *Orte* usw. Zwar sind urbane Vielfalt und Heterogenität in der touristischen Praxis nicht immer gleichzeitig, sondern oft nur nacheinander mit eigenen Augen wahrnehmbar. Die kommunikative und bildliche *Verortung im* städtischen Gesamtraum vermittelt jedoch die beobachtungsleitende Vorstellung des gleichzeitigen Nebeneinanders des Unterschiedlichen.[76]

Die heterogenisierende Perspektive ist nicht nur wegen ihres Differenzierungs- und Vergleichsmoments als Ausprägung des Beobachtungsschemas Kultur zu verstehen.[77] Wie einige der voran stehenden Zitate verdeutlichen, wird unter Verwendung dieses Schemas auch explizit auf Kultur reflektiert. So wird sehr häufig auf den erlebenswerten und immer auch Unbekanntes bergenden „kulturellen Reichtum" einer Stadt verwiesen. Die „Theater, Museen, Konzertsäle und Kunstsammlungen" der „Kulturstadt Bremen", zum Beispiel, „bieten unerschöpfliche Vielfalt". Auch städtische Parkanlagen können, wie das obige London-Zitat andeutet, als Form der städtisch-(national)kulturellen Gestaltung der Natur einen Kulturgenuss verheißen. Gleiches gilt für aktuelle Trends (z.B. in Mode, Musik, Design oder Architektur) als Ausdruck von Gegenwartskultur.

Ein eigenes kulturelles Erlebnis, das im Städtetourismus insbesondere – aber nicht nur – die Großstadt verspricht, ist *Urbanität*. In Reiseführern und Reisebroschüren wird urbanes Leben als pulsierend, vibrierend, dynamisch, abwechslungsreich, öffentlich usw. dargestellt. Die (Groß-)Stadt sei voller Lebendigkeit, Trubel und Getümmel. Urbane Heterogenität und urbane Atmosphären lassen sich besonders anschaulich kommunizieren und erfahren, wenn neben der Größe der Stadt und ihres Angebots vor allem die räumliche *Nähe* des gleichzeitigen Nebeneinanders beobachtet oder betont wird, wenn also (im- oder explizit) räumliche

---

76 Auf diese Synchronisationsfunktion des Raum, die Komplexität koordinieren hilft, macht auch Klüter (1986) aufmerksam.

77 Luhmann (1995b) hatte, wie gesehen, Kultur als vergleichendes Beobachtungsschema nur auf den „regionalen" und den „historischen" Vergleich beschränkt. Insofern ist die hier vorgenommene Deutung, dass die die städtische Gleichzeitigkeit des Unterschiedlichen beobachtende Perspektive des Städtetourismus eine weitere Ausprägung des kulturellen Vergleichsschemas darstellt, eine Weiterentwicklung des Luhmann'schen Begriffsverständnisses.

Dichte und *Kompaktheit* der Stadt thematisch werden: Verschiedene Gruppen leben *in* der Stadt „dicht" zusammen bzw. nebeneinander; Vergangenheit(en) und Gegenwart(en) „treffen" oder „prallen" hier „aufeinander"; Großstädte bieten eine „Fülle" von (verschiedenartigen) Einkaufsmöglichkeiten und kulturellen Angeboten. Auch oder gerade im Falle der Thematisierung der räumlichen Dichte urbanen Lebens kommt der gleichzeitigen Erfahrbarkeit von *sozialer* Unterschiedlichkeit, von Bekanntem und Unbekanntem, von unterschiedlichen, teils fremden sozialen Lebensformen und unterschiedlichen gesellschaftlichen Gruppen eine herausragende Bedeutung zu. Als Ausdruck und Bestandteil urbanen Lebens spielen daher die Stadtbewohner bzw. die Stadtbenutzer und ihre Verhaltensweisen eine wichtige Rolle. Wurden von amerikanischen Touristen in amerikanischen Großstädten um 1900 die Lebens- und Arbeitsweisen der unterschiedlichen Einwandererminderheiten in ihren ethnischen Kolonien besichtigt,[78] galt für bundesdeutsche Touristen in den 1980er Jahren z.b. das italienische Leben auf den Plätzen und Straßen der toskanischen Städte als bereisenswert (vgl. Fendl/Löffler 1992) – so wie heute die „elsässische Lebensart" in Strassburg oder die Mischung aus „Weltoffenheit und Lokalpatriotismus" in Frankfurt am Main mit seinem „vielschichtigen Menschenschlag" angepriesen werden. Ähnlich wie der Urbanitätsbegriff im soziologischen Diskurs (vgl. z.b. Siebel 2000) konstruiert der Städtetourismus mithin einen Zusammenhang zwischen städtischer Heterogenität, Größe, Dichte, Fremdheit und spezifisch städtischen (d.h. vom ländlichen Raum unterschiedenen) Lebensweisen, Öffentlichkeiten und Atmosphären.

Wie im soziologischen ist Urbanität auch im touristischen Kontext eng mit dem Thema *Modernität* verknüpft – und damit auch wieder mit der oben dargestellten zeitlichen Vergleichsperspektive. Das klassische Beispiel hierfür sind die ersten Industrie- und Weltausstellungen in London (1851), Philadelphia (1876), Paris (1889 u. 1900) und New York (1939). Sie waren zwar nicht für den Tourismus geplant, sondern primär, um großartige industrielle Leistungen auszustellen und den Fortschritt der Menschheit und die glänzende Zukunft der modernen, industrialisierten urbanen Welt unter Beweis zu stellen. Doch genau deshalb wurden sie schnell auch zu touristischen Attraktionen, die Millionen Besucher anzogen. In riesigen provisorischen Gebäudekomplexen bestaunten neben Handels- und Industriereisenden auch Touristen die „Wunder der Städte": Rolltreppen, Fahrstühle, lange Lichterketten aus elektrischen Glühbirnen oder beeindruckende architektonische Konstruktionen

---

78 Siehe das Unterkapitel *Regionalisierung* im Kapitel *Die Form des Städtetourismus.*

wie den für die Pariser Weltausstellung von 1889 errichteten Eiffelturm (vgl. Allwood 1977). Bis heute üben technologieorientierte „Leistungsschauen" und naturwissenschaftliche Museen (klassisch: das Deutsche Museum in München) große städtetouristische Anziehungskraft aus. Das Gleiche trifft weltweit auf (post-)moderne Architektur und Stadtgestaltung zu (von der Glaspyramide des Pariser Louvre, der neuen Pariser Nationalbibliothek, La Defense in Paris oder dem Potsdamer Platz in Berlin als Städten in der Stadt, über die Londoner Docklands, neue Museumsarchitektur, z.b. in Bilbao oder Glasgow, bis zu den Hochhäusern in Frankfurt am Main, Shanghai oder Hongkong; vgl. Gaebe 1993).

Die Artikulation der Modernität und Vorreiterrolle von Städten wird seit den 1970er Jahren verstärkt durch gezielte (und immer wieder aktualisierte und modifizierte) Indienstnahme der Kultur zu erreichen versucht. In vielen Städten ziehen Kulturzentren in aufgegebene Fabriken, Hafenanlagen oder brachliegende Territorien des städtischen Verkehrs und Versorgungswesens ein. Zum Symbol der kulturellen Neudefinition des Urbanen, das bis heute höchste touristische Attraktivität genießt, wurde das 1976 fertiggestellte Centre Pompidou in Paris. Mit dieser „Ausstellungs- und Veranstaltungsmaschine [...] hat sich die Kultur direkt in den ‚Bauch von Paris' gesetzt, in jenes alte Markthallenviertel, das in ungezählten Romanen, Reiseberichten und Filmen zum Inbegriff des städtischen Stoffwechsels wurde. Sich morgens um fünf Uhr zwischen Huren, Ganoven und rüde Herkulesse zu begeben, die halbe Kälber auf ihren nackten Rücken schleppten, galt jahrzehntelang als das Städteerlebnis schlechthin. So symbolisch der Abriss der Hallen für den Strukturwandel der Städte steht, so symbolkräftig ist das Kulturzentrum, das an ihre Stelle trat. [...] Das demonstrativ Maschinenhafte des Gebäudes verrät die Kompensationsfunktionen städtischer Kultur: Sie hat die sinnliche und ästhetische Qualität zu ersetzen, die der Stadt als handwerkliches und industrielles Zentrum verloren geht" (Jähner 1988, 236). Ein anderes herausragendes Beispiel ist die Neugestaltung des Potsdamer Platzes in Berlin in den 1990er Jahren. Der Potsdamer Platz verdankt seine große städtetouristische Relevanz nicht nur seiner „architektonischen Leistungsschau", der Integration (populär-)kultureller Einrichtungen wie Multiplex-Kinos oder seiner Shopping-Mall, sondern auch der mit ihm verbundenen Erfahrbarkeit von Dichte, Urbanität und Öffentlichkeit. Im städtetouristischen Kontext steht er für ein „neues Berlin", für das mit dem Versprechen eines urban-kulturellen „Betriebsklimas wie in den ‚Goldenen Zwanzigern'" geworben wird.[79]

---

[79] Vgl. Fischer/Makropoulos 2004, Häußermann/Colomb 2003, Resch/Steinert 2004.

Als touristische Attraktionen versinnbildlichen die genannten Beispiele Aktualität und (post-) moderne Entwicklungen. Sie versprechen dem Städtetouristen, „am Puls der Zeit" (Berlin) zu sein. Sie tun dies umso mehr, als sie in den Städten zumeist im direkten Kontrast zu den ebenfalls zu besichtigenden Zeugen der Vergangenheit stehen. Gerade Großstädte werden auf diese Weise im Tourismus als Orte stilisiert, in denen die Gesellschaft ihr Zentrum, ihren Motor hat. Städte erscheinen als Verdichtungen des Sozialen, in denen sich und an denen sich gesellschaftlicher Wandel und evolutionäre Prozesse niederschlagen. Hierin ähnelt die touristische Bereisung der Stadt der sozialwissenschaftlichen Tradition ihrer Untersuchung als „Laboratorium" der Moderne (vgl. Park 1967/1925, 46).

Konzipiert man die Moderne als die Ausdifferenzierung der Gesellschaft in unterschiedliche, je eigene Logiken und Codierungen ausbildende Funktionen, so erscheint die Stadt als „der Ort, an dem diese Funktionen unmittelbar aufeinander bezogen erscheinen. In Städten kulminieren sowohl ökonomische wie politische, rechtliche wie wissenschaftliche, künstlerische wie erzieherische Kommunikationsformen, und nur in Städten lassen sie sich *gleichzeitig* und in dieser geballten Form aufeinander bezogen beobachten" (Nassehi 2002, 214). Was hier der Soziologe beobachtet und beschreibt, entspricht der touristischen Beobachtung und Beschreibung von Städten als nicht nur zeitlich und sozial, sondern auch sachlich-funktional heterogenen Orten. Denn auch der Städtetourismus behandelt Städte als Manifestation von Modernität und gesellschaftlicher Differenzierung. Parallelen lassen sich ferner in der Geschichte von Soziologie und Städtetourismus finden. Steht am Beginn der soziologischen Semantik moderner Lebensformen eine Differenzierungstheorie, die auf der Idee der Arbeitsteilung aufbaut und ihr sinnfälligstes Bild darin findet, dass in den Städten diese Teilung der Arbeit und vor allem die Organisation des Verschiedenen zu einer funktionierenden Gestalt sichtbar wird (vgl. Durkheim 1988/1893; Nassehi 2002, 214), so ist die Sichtbarmachung von gesellschaftlicher Arbeitsteilung auch für die frühe touristische Bereisung von (Groß-)Städten zentral. Dies belegen erneut die schon zitierten Beispiele des Städtetourismus um 1900 in US-amerikanischen Großstädten oder in Paris, d.h. die Besichtigung der Arbeits- und Lebensformen von Einwandererminderheiten (*ethnic slumming*) bzw. von unterschiedlichen, alltäglichen Arbeitsabläufen (Pariser Börse, Gericht, Weberei, Tabakfabrik, Märkte etc.). Beide Reiseformen lassen sich daher als „Tour in die Moderne" (Jähner 1988) charakterisieren. Mit entsprechenden Modifikationen können viele heutige Städtereisen ebenfalls als Reisen in die Moderne interpretiert werden: Einerseits werden Städte in historisierender Perspektive als Entstehungsorte der modernen, funktional differenzierten Gesellschaft thematisiert – z.b. mittels ehemaliger Industrieanlagen, alter Kanalisationsnetze, Relikten aus den Kindertagen des Massenverkehrs, alter Universitäten, Kirchen, Gerichte oder Marktplätze. Andererseits werden Städte in zeitgenössischer Perspektive in ihrer hochgradigen Differenziertheit und ihrer architektonischen, wirtschaftlichen, modischen, lebensstilbezogenen, künstlerischen oder kulturellen (Post-) Modernität bereist.

Ebenso deutlich sind freilich die Differenzen zwischen sozialwissenschaftlicher Stadtforschung und der touristischen Perspektive auf Städte. Auch ihre Vergegenwärtigung kann helfen, die Besonderheit des Städtetourismus weiter zu konturieren. Sie berühren das Thema der heterogenisierenden Perspektive jedoch nur noch sehr peripher. Deshalb werden sie nicht an dieser Stelle, sondern weiter unten behandelt.

Kultur als Modus sowie Raum und Stadt als Medien städtetouristischer Strukturbildung

Die bisherige Untersuchung der Form des Städtetourismus hat die Ausgangsvermutung bestätigt, dass *Stadt* bzw. *Raum* notwendige, aber keine hinreichenden Bestandteile einer Antwort auf die Frage nach der Art und Weise städtetouristischer Strukturbildungen sind. Erst der Begriff der *Kultur* liefert den Schlüssel zur Bestimmung der Besonderheit des Städtetourismus.

Die Ausführungen in den vorstehenden Kapiteln zeigen, dass der Städtetourismus mit Hilfe des Kulturbegriffs charakterisiert und von anderen Formen des Tourismus unterschieden werden kann. Fasst man Kultur im vorgestellten Sinne als ein modernes, vergleichendes Beobachtungsschema, wird sichtbar, dass der Städtetourismus in dreifacher Hinsicht durch dieses Schema konstituiert wird. Die drei auf Kultur reflektierenden Differenzierungs- bzw. Vergleichsperspektiven – die *regionalisierende*, die *historisierende* und die *heterogenisierende* Perspektive – lassen sich für alle Beispiele des Städtetourismus nachweisen. Im Einzelfall fällt ihre Gewichtung und Kombination jedoch sehr unterschiedlich aus. Dies verdeutlichen schon die Kontrasttypen der heritage city (Dominanz der historisierenden Perspektive) und des Metropolentourismus (Dominanz der heterogenisierenden Perspektive).

Durch die Thematisierung urbaner Vielfalt unterscheidet sich der Städtetourismus auch vom Kulturtourismus im weiteren Sinne, also zum Beispiel vom Schlachtfeldtourismus in Verdun, vom modernen Pilgertourismus auf dem Jakobsweg, vom europäischen Maghreb-Tourismus oder von der Bereisung dörflich-ländlich geprägter Kulturlandschaften im Bayerischen Wald. Denn der Kulturtourismus im weiteren Sinne beruht ebenfalls auf einer Verknüpfung von regionalisierender und historisierender Perspektive. Demgegenüber gewinnt der Städtetourismus seine Besonderheit durch die Betonung der Gleichzeitigkeit des Unterschiedlichen in der Stadt. Insofern ist die Beobachtung städtischer Heterogenität die für den Städtetourismus *zentrale* Differenzierungsperspektive.

Identifiziert man auf diese Weise Kultur als den charakteristischen Modus städtetouristischer Strukturbildung, ist nicht nur besser verständlich, was Städtetourismus von anderen Tourismusformen unterscheidet. Vielmehr ist die Bestimmung des städtetouristischen Kommunikations- und Handlungszusammenhangs nun an einem Punkt angelangt, an dem die Frage nach der Relevanz des Raums wieder sinnvoll aufgegriffen werden kann: Welche Rolle spielen räumliche Unterscheidungen und die mit ihrer Hilfe gebildeten Formen beim ordnenden Aufbau und bei der Stabilisierung von städtetouristischen Strukturen, wenn diese sich im beschriebenen Sinne dem Kulturschema verdanken?

Die obige Rekonstruktion der einzelnen Vergleichsperspektiven, die auf der Untersuchung ausgewählter städtetouristischer Prospekte und einschlägiger sozialwissenschaftlicher Arbeiten basiert, verdeutlicht insgesamt, wie eng Kultur und Raummedium im Städtetourismus verbunden sind. Ähnlich wie im sozialwissenschaftlichen *cultural turn* ein *spatial turn* eingebettet ist,[80] ist das Beobachtungs- und Vergleichsschema Kultur im Städtetourismus praktisch immer räumlich codiert. Die wichtigsten räumlichen Unterscheidungen, die dabei verwendet und aus denen (durch Verknüpfung mit weiteren Unterscheidungen bzw. durch verschiedenartige Bedeutungsaufladungen) räumliche Formen gebildet werden, sind: *hier/dort, nah/fern, innen/außen* sowie *in, zwischen, neben, vor/hinter*. Auf diese Unterscheidungen wird gerade dann zurückgegriffen, wenn es um die Artikulation und Symbolisierung von Vergleichsaspekten oder, näher an der touristischen Wahrnehmung formuliert, um die Ordnung und Veranschaulichung von sachlichen, sozialen und zeitlichen Differenzen geht.

Die drei rekonstruierten Vergleichsperspektiven sind in der städtetouristischen Praxis zumeist eng miteinander verwoben. Sie lassen sich nur analytisch unterscheiden. Sinnfälliger Ausdruck ihrer praktischen Kombination und der sich daraus ergebenden mehrfachen Kultur-Raum-Verknüpfungen sind *touristische Stadtpläne*.[81] Sie beschreiben die Stadt

---

80 Vgl. statt vieler: Bhabha 2000.
81 Siehe die Abb. 12 und 13 im Kapitel *Ortssemantik und städtetouristische Entwicklung*.

oder Teile der Stadt als – in Abgrenzung zu anderen Orten oder Städten – kultur-räumlich differenzierte *Fläche(n)*. Touristische Kartierungen von Städten entstehen durch die zweidimensionale erdoberflächliche Projektion, durch die territoriale Bezugnahme (vgl. Hanna/Del Casino Jr. 2003). Der touristische Stadtplan verweist damit – wie das Darstellungsmedium der Karte im Allgemeinen – auf die lang tradierte Universalperspektive, die sich der Tourismus zunutze macht (vgl. Gugerli/Speich 2002; Schlottmann 2005, 173). Ihre Reproduktion ermöglicht es dem touristischen Beobachter, die Stadt als flächenräumliche Gestalt, als Entität mit einem Innen und einem Außen zu erfassen. Im Falle fotographischer oder sprachlicher Darstellungen, die eine dritte Dimension (Höhe/Tiefe) betonen, könnte man von einer behälterförmigen Gestalt der Stadt sprechen, die gleichwohl auf dem (städtischen) Territorium ‚aufruht‘.[82] Insgesamt erinnert daher das Raumkonzept, mit dem Städtetourismus operiert, sehr an die aus der sozialwissenschaftlichen Diskussion bekannte Kombination von absolutem Behälterraum und relationalem Ordnungsraum: „Der Raum wird in der Regel als zwei- oder dreidimensionaler metrischer Ordnungsrahmen erdoberflächlich lokalisierter Objekte aufgefasst" (Blotevogel 1995, 734). Im Hinblick auf die herausragende Bedeutung der Territorialisierung im Städtetourismus und um der sprachlichen Einfachheit willen wird dieses Raumkonzept im weiteren Verlauf der Arbeit mit Pries schlicht als *Flächenraum* bezeichnet (vgl. Pries 1997, 22).

Wie prominent die *Territorialisierung* im Städtetourismus ist, deutet der Durchgang durch die drei Vergleichsperspektiven des Beobachtungsschemas Kultur an. Gerahmt von der Territorialisierung der Gesamtstadt als einem bereisbaren, alltagsfremden Ort auf der Erdoberfläche, erhält im Städtetourismus alles – Historizität, Modernität, Urbanität, aber auch gesellschaftliche Differenzierung und Ungleichheiten, kulturelle Lebensstile, Atmosphären oder verschiedene Kunstrichtungen – einen territorialen Index, einen Ort in der Stadt zugewiesen. Damit sind alle bezeichneten Orte zugleich mit spezifischen Bedeutungen versehen. Die Stadt wird also *topographisiert*. Als ein aus territorialen Stellen bzw. Orten bestehender Flächenraum wird sie derart ihrerseits zu einem formbaren Medium der touristischen Kommunikation.

Mit der territorialisierenden Verortung geht eine deutliche Komplexitätsreduktion einher: Die vieldimensionale Komplexität von Stadt und kulturellem Beobachtungsschema wird zu einer flächenräumlich ge-

---

82 Zum engen Zusammenhang zwischen der innen/außen-Unterscheidung und Flächen- bzw. Behälterkonzeptionen (oder -metaphern) siehe auch die Ausführungen im Unterkapitel *Regionalisierung*.

formten, zwei- oder dreidimensionalen Einheit, die nach außen wie nach innen (Stadtteile, Orte) scharf durch Grenzlinien begrenzt erscheint. Anders formuliert: Mit der skizzierten Kartierung oder Topographisierung von Stadt bzw. Kultur reproduziert der Städtetourismus das alltäglich weit verbreitete *segmentäre* Beobachtungsprinzip.

So werden Städte im Tourismus einerseits als Einheiten kommuniziert (bzw. geplant, organisiert, vermarktet, bereist, beobachtet), die als ganze für etwas stehen, z.b. für Kunst, vergangene Epochen wie das Mittelalter, für Nationalstaaten und ihre Kulturen, gesellschaftliche Zentralität oder Modernität. Andererseits sind Städte auch im Tourismus durch ihre ‚innere‘ Struktur – i.e. durch ihre Binnendifferenzierung in Ausschnitte, Segmente, Teilräume, Orte usw. – gekennzeichnet. Sie bestehen dann aus Orten der Kultur und der Erinnerung, aus Straßen, die urbane Dynamik oder urbanen Konsum symbolisieren und ermöglichen (sollen), aus Denkmälern, Museen und Museumsufern, Gebäuden, Bauweisen oder Stadtvierteln, die bestimmte Lebensformen oder Kulturen repräsentieren und erfahrbar machen (sollen).

Bei genauerer Betrachtung dominieren auch *in* der Stadt flächenförmige Einheiten (z.b. städtische Teilräume wie Plätze, Parks oder Stadtviertel). Selbst diejenigen städtetouristischen Raumformen, die aus topologisch-geometrischer Sicht nicht als Flächen (bzw. Behälter) erscheinen, sondern die sich eher als Punkte (z.b. Gebäude) oder Linien (z.b. Straßen) typisieren ließen, werden mit der innen/außen-Unterscheidung flächen- und behälterförmig modifiziert oder ergänzt. Punkte (z.b. Gebäude und Artefakte) werden entweder zu Minibehältern, die man betreten und damit ‚von innen‘ besichtigen kann. Oder sie werden in einem sie umgebenden Gebiet platziert und als solche adressiert (z.b. das „Hochhaus im Bankenviertel“ oder das „Denkmal im Park“). Ähnliches gilt für Linien (z.b. Straßen), deren touristische Funktion entweder in der Verbindung (bzw. Trennung) städtischer Teilräume liegt oder die selbst solche darstellen (z.b. als eher streifen-, denn linienförmige „Einkaufsstraßen“ oder „Prachtboulevards“).

Statt von Territorialisierung oder (territorialisierender) Verortung als dem zentralen Verräumlichungsprinzip des Städtetourismus könnte man als wissenschaftlicher Beobachter touristischer Kultur-Raum-Verknüpfungen natürlich auch vom Territorium einer Stadt ausgehen. Man könnte die Analyse mit der Beobachtung von bestimmten Ausschnitten, Orten oder Stellen der Erdoberfläche beginnen, auf oder an denen wiederum physisch-materielle Gegenstände gelagert sind. Man würde dann feststellen, dass Organisationen im Städtetourismus ausgewählten (physisch-materiellen) Orten spezifische Bedeutungen zuschreiben, dass Orte – als Bedeutungsträger – kulturalisiert, historisiert, semantisch aufgeladen bzw. touristisch geformt, überformt oder (re-)interpretiert werden (vgl. z.b. Wöhler 2000). Bei dieser Art der Rekonstruktion ist allerdings zu beachten, dass auch die Rede oder Beobachtung von einem Territorium, das semantisiert und touristifiziert wird, immer einen Beobachter voraussetzt. Auch die räumlich-territoriale Unterscheidung und Bezeichnung (z.b.: „dieser Ort hier", „jenes Territorium dort") ist nur eine immer auch anders mögliche Form der Beobachtung der Welt, d.h. eine auf dem Raummedium basierende soziale Konstruktion (s. dazu das Unterkapitel *Systemtheoretische Raumkonzeption*). Leicht wird diese Perspektivenabhängigkeit, der auch Orte und physisch-materielle Gegenstände unterliegen und die sie im konstruktivistischen Sinne stets zu „sozialen Objekten" macht, unterschlagen. Dann jedoch leistet die Argumentation, oft ungewollt, der Naturalisierung oder Objektivierung von Orten und Bedeutungen Vorschub. Sie erweckt den Anschein, Orte existierten auch unabhängig von ihrer Unterscheidung und Bezeichnung. Es entsteht der Eindruck, Sinn und Bedeutung wohnten Orten (unabhängig von ihrer Beobachtung) inne, es gebe *die* touristische Bedeutung eines Ortes oder *die* Touristifizierung von Städten (vgl. ebd.). Zwar gibt es dominante touristische Lesweisen von Orten und Stadtvierteln ebenso wie gängige, durch Organisationen weit verbreitete und oft reproduzierte touristische Ortsbilder, Stadtpläne oder Routen. Man sollte jedoch nicht übersehen, dass es auch im Städtetourismus verschiedenartige Verortungen sowie multiple Codierungen von Orten gibt. Im touristischen Kontext einer Destination koexistieren nicht nur verschiedene räumliche Beobachtungs- und Aneignungsweisen der Stadt, sondern auch ganz unterschiedliche Beobachtungsformen ‚desselben' Ortes (also genauer: des ‚gleichen' Ortes) in der Stadt. Es koexistieren somit auch unterschiedliche Kultur-Raum-Verknüpfungen, Territorialisierungen und touristische Kartierungen der Stadt.

So kann je nach Herkunfts-, Sozialisations-, Beobachtungs-, Organisations- oder nationalem Traditionskontext variieren, welche Orte relevant sind und was an einem bestimmten Ort als touristisch bemerkenswert ausgezeichnet und behandelt wird: Jugendliche interessieren sich üblicherweise für andere Orte in der Stadt und für andere Dinge in einem Museum als Rentner. Kirchen- oder architekturhistorisch motivierte Besucher nehmen den Dom einer Stadt und seine Fassaden anders wahr als eventorientierte Städtetouristen, denen der Dom – auch zum Ärger ersterer – als pittoreske Kulisse eines Festivals dienen mag. Deutsche Marrakesch-Touristen betrachten und besuchen die Stadt und ihre Basare als Musterbeispiel der „orientalischen Stadt" im Rahmen einer Marokko- oder Maghreb-Rundreise, während Touristen aus Frankreich die Stadt traditionell als geeigneter Ort für ein „Liebeswochenende" gilt.

Die Informationen und Geschichten, die verschiedene Stadtführer über die ‚gleichen' Orte oder Viertel erzählen, unterscheiden sich nicht selten sehr (vgl. Popp 1994). Dies ist manchen Tourismusbeobachtern Anlass zur Kritik, zur Identifizierung „falscher und verzerrte(r) Informationen" in den gängigen touristischen Erzählungen und zur Arbeit an ‚korrekten' oder angemesseneren Führungen (ebd., 119ff.). So genannte alternative Stadtführungen produzieren – in Orientierung bzw. Abgrenzung zu etablierten Deutungen und Erzählungen – bewusste Gegenerzählungen über Orte und Städte. Während viele Stadtführungen ihre (Stand-)Orte danach auswählen, was an ihnen zu sehen ist (Statuen, Brunnen, Gebäude, Fassaden, Verkehr usw.), orientieren sich manche historisch angelegte Führungen gerade an dem, was nicht (mehr) sichtbar ist. Zum Beispiel nutzen die derzeit in Berlin beliebten „Phantomführungen" verschiedene Standorte als Anlass, um Narrationen zu Artefakten, Ereignissen oder Entwicklungen zu erzeugen, die zwar an diesem Ort gestanden bzw. stattgefunden haben sollen, die aber heute vergangen, zerstört und damit unsichtbar sind. Auch sie verzichten somit nicht auf Territorialisierung. Im Gegenteil, sie nutzen Orte und Verortungen, um das Unsichtbare sichtbar zu machen, um die unsichtbaren Repräsentationen von Orten zu rekonstruieren und artikulieren.

Die touristische Bedeutung ist Orten also weder inhärent noch ist sie eindeutig. Sie wird vielmehr immer erst im touristischen Beobachtungskontext (d.h. in der touristischen Organisation, Kommunikation, Bereisung und Besichtigung von Orten) hergestellt, gültig gemacht und reproduziert. Das enorme Wachstumspotential des modernen Tourismus hängt nicht zuletzt damit zusammen, dass Orte und andere Raumformen gerade *keine* ihnen innewohnende, universelle Bedeutung haben, sondern ihre touristische Bedeutung das Ergebnis eines spezifischen, immer wieder erneuerbaren, modifizierbaren und erweiterbaren Konstruktions- bzw. Beobachtungsvorgangs ist.[83] Deshalb erscheint es auch wenig vielversprechend, die Analyse mit der Beobachtung des städtischen Territoriums oder erdoberflächlicher Raumstellen, die touristisch aufgeladen werden, zu beginnen. Stattdessen findet die bisherige Vorgehensweise Bestätigung, die von der städtetouristischen Kommunikation und ihrem charakteristischen Strukturbildungsmodus – dem Beobachtungsschema Kultur – ausgeht.

Zusammengefasst zeigen die voran stehenden Beobachtungen und Überlegungen, dass Raum im Städtetourismus keineswegs nur ein Epiphänomen ist. Wie das Vergleichs- und Beobachtungsschema *Kultur*

---

83 Zur Erfindung neuer touristischer Bedeutungen „alter" touristischer Orte siehe die Beispiele in Urry 2001.

erweist sich im Rahmen städtetouristischer Strukturbildungen auch *Raum* als konstitutiv. Während Kultur die charakteristische und insofern primäre Unterscheidungsform des Städtetourismus darstellt, kommt dem Raum eine ebenfalls wesentliche, aber doch sekundäre Bedeutung zu. Im Unterschied zur Kultur als dem *Modus* der städtetouristischen Beobachtung von Differenzen, fungiert Raum als das *Medium*, in dem Differenzen eingeschrieben und abgelesen bzw. durch das Differenzen ausgedrückt, symbolisiert und wahrgenommen werden können. Durch die territorialisierend-segmentäre Verortung der im Modus der Kultur erzeugten Differenzen und Vergleichsperspektiven erhält die *Stadt* des Städtetourismus insgesamt eine flächenräumliche (bzw. behälterförmige) Ge-stalt. Als räumliche Form fungiert sie ihrerseits als formbares Medium der städtetouristischen Kommunikation und Wahrnehmung von Differenzen.

Städte des Tourismus als kultur- und raumbezogene Semantiken

Aus touristischer Perspektive stellen Städte einen besonderen Typ touristischer Destinationen dar. Als mögliche Reiseziele entstehen sie durch die mehrfache Verknüpfung der Differenzierungs- bzw. Beobachtungsformen Kultur und Raum. Kennzeichnend ist daher ihre Kombination von Einheit und Differenz. So werden Städte im touristischen Zusammenhang zum einen als Orte, d.h. als lokale Einheiten, dargestellt. Durch ihre territoriale Verortung und die sie bezeichnende, ihnen zugeschriebene Identität – kommuniziert und reproduziert durch einen Namen, ergänzt durch ein Porträt, ein mit Texten und Bildern ausgedrücktes Ortsimage – werden diese Orts-Einheiten von den Herkunftsorten der Touristen und anderen möglichen (Stadt-)Reisezielen unterschieden (bzw. unterscheidbar gehalten). Zum anderen verweisen Städte im Tourismus auf ihre interne Differenzierung, ein Merkmal, das nicht zuletzt ihrer touristischen Identität, d.h. ihrer Verschiedenheit von anderen Orten, dient. Die Kombinationen von Einheit und Differenz, die durch die städtetouristische Verknüpfung des Beobachtungsschemas Kultur mit räumlichen Differenzierungsformen hervorgebracht werden, findet man im gesamten Städtetourismus. In der skizzierten Abstraktion könnte man sie als universelle *Ordnung* der städtetouristischen Kommunikation bezeichnen oder als Strukturbildungsmuster der *Städte des Tourismus*, das je nach Destination unterschiedliche Ausformungen zeigt.

Im Kontext der Organisation von Städtereisen erzeugen die verschiedenen Kultur-Raum-Verknüpfungen, ihre vielfachen Wiederholungen und systematischen Verbreitungsformen einen die Städte des Tourismus in mehrfacher Weise differenzierenden Themen-, Bilder- und Unterscheidungsvorrat, der dann seinerseits als Rahmen das touristische Geschehen strukturiert. Auffallend ist die historische Beständigkeit dieses Formenvorrates. So ist gerade im Falle des Tourismus häufig von Orts-Mythen o.ä. die Rede (vgl. Selwyn 1996). Städte des Tourismus und die sie erzeugenden Kultur-Raum-Verknüpfungen scheinen ein ausgeprägtes Gedächtnis zu haben. Mit Bezug auf die Bedeutung räumlicher bzw. territorialisierender Unterscheidungen könnte man mit Luhmann von einem *topographischen Gedächtnis* sprechen (vgl. Luhmann 1998, 775). Natürlich lässt sich im zeitlichen Vergleich stets auch Wandel beobachten; im Entwicklungsverlauf einer Destination kommen neue Sehenswürdigkeiten, Symbole oder Kultur-Raum-Verbindungen hinzu, sie lösen ältere ab oder drängen sie in den Hintergrund. Und doch vollzieht sich dieser Wandel immer nur schrittweise. Einmal etablierte Ortsbilder und Images zirkulieren sehr lange. Ebenso, wie Paris schon lange als Stadt der Liebe gilt oder Heidelberg als Stadt der Romantik bereist wird, gelingt es umgekehrt im Falle von Städten wie z.b. Glasgow, die lange Zeit als nicht-bereisenswerte Industriestädte galten, nur allmählich und nur mit großen Anstrengungen, ein positives Image als bereisenswerte Kulturstadt aufzubauen.

Die zeitliche Stabilität der städtetouristischen Kultur-Raum-Verknüpfungen ist insbesondere aus systemtheoretischer Perspektive bemerkenswert. Denn die Operationen autopoietischer, operativ geschlossener, Systeme werden in diesem Theoriedesign als zeitpunktgebundene Ereignisse aufgefasst. Das heißt, auch die kultur- und raumbezogenen Unterscheidungen touristischer Beobachtungen, Interaktionen oder Organisationen sind streng genommen als Operationen zu verstehen, die mit ihrem Erscheinen zugleich wieder verschwinden und denen dann andere, ebenso flüchtige Ereignisse folgen. Mit dem Begriff der *Semantik* bietet die Systemtheorie allerdings eine Möglichkeit, die situations- und systemüberdauernde Persistenz und den Erfolg bestimmter Beobachtungen, Themen oder Beschreibungen theoretisch präziser zu formulieren. Daher liegt es nahe, diesen Begriff für die Bestimmung des Städtetourismus fruchtbar zu machen und Städte des Tourismus als spezifische touristische Semantiken zu untersuchen.

Wie im Falle vieler anderer systemtheoretischer Begriffe ist die Luhmann'sche Verwendungsweise des Semantikbegriffs recht eigenwillig (vgl. im Folgenden: Redepenning 2006, 71ff.). Die systemtheoretische Konzeption von Semantik sollte beispielsweise nicht mit dem verbreiteten Semantikbegriff der Sprachwissenschaften gleichgesetzt und verwechselt werden, der auf die Bedeutung sprachlicher Zeichen zielt.

Dagegen setzt der systemtheoretische Semantikbegriff an der grundsätzlichen Frage der internen Konditionierung sozialer Systeme bzw. an der Frage der Führung von Kommunikation an. Er gibt eine Antwort darauf, wie bestimmte Beobachtungen oder Anschlüsse an vorausgehende Operationen wahrscheinlicher gemacht werden können als andere. Zwar sind die kommunikativen Anschlüsse im Medium Sinn prinzipiell kontingent, d.h. immer auch anders mögliche Selektionen aus einem Möglichkeitsraum. Doch sind sie keineswegs zufällig. Vielmehr gibt es „verhärtete" Formen, die Direktivwirkungen entfalten können (ebd., 72). „Um diese Selektionen im Rahmen des sozial Erwartbaren und Anschlussfähigen zu halten, wird Sinn typisiert" (Luhmann 1980, 18). Auf diese Sinntypisierungen und Bewahrungen von Formbildungen zielt der systemtheoretische Begriff der Semantik. Der Begriff stellt „auf die Auszeichnungen ab, die Beobachtungen erfahren, wenn sie als Beschreibungen fixiert, also als bewahrenswert anerkannt und für Wiederholung bereitgehalten werden" (Luhmann 1994, 107).

Semantiken werden, mit anderen Worten, als kommunikativ erzeugte Markierungen begriffen, die in der Kommunikation als persistente, erinnerbare Einheiten Objektcharakter entfalten (vgl. Redepenning 2006, 72). Semantiken sind höherstufig generalisierte, durch Wiederholung kondensierte und wiederverwertbare Sinninhalte, die auf das Problem der Erwartbarkeit und Anschlussfindung von Kommunikation reagieren. Sie stellen als Begriffs- und Themenvorrat einen besonderen, sehr stabilen Typus von Formbildungen im Medium Sinn dar, der relativ situationsunabhängig verfügbar ist (vgl. Luhmann 1980, 19). „Sie schränken Beliebigkeit ein, um zu regeln, was ausgeschlossen bleibt, neu erfunden bzw. weiterverfolgt wird" (Redepenning 2006, 72; vgl. auch Kneer/ Nassehi 1997, 119). Damit unterstützen sie insgesamt die Orientierung und Strukturierung von Kommunikation.

Um den systemtheoretischen Semantikbegriff für das Themenfeld des Städtetourismus zu adaptieren, bedarf es einer Ausweitung in sachlicher Hinsicht. So ist die Luhmann'sche Beschränkung des Begriffs auf „besonders ‚gepflegte' Formen (…), denen eine würdige, ja bibliothekarische Existenz zukommt und die nicht in die Tiefen des Alltags" herabsteigen (Redepenning 2006, 73), für die Analyse touristischer Fragestellungen aufzugeben. In seinen wissenssoziologischen, begriffs- und gesellschaftshistorischen Untersuchungen beschäftigt Luhmann sich vornehmlich mit Semantiken von Staat, Ethik, Moral oder Liebe, mit den semantischen Selbstbeschreibungen Alteuropas oder den Reflexionstheorien der Funktionssysteme als den zentralen Semantiken der modernen, funktional differenzierten Gesellschaft (vgl. z.B. Luhmann 1998, 893ff.). Wie in diesen Beispielen anklingt, konzentriert Luhmann seine Untersuchungen auf das Verhältnis von Semantik und Sozialstruktur. Dabei ist mit Sozialstruktur die Struktur operativ geschlossener sozialer Systeme gemeint, d.h. insbesondere die Struktur der Gesellschaft als dem alle anderen Kommunikationen umfassenden System sowie die der sich in ihr gebildeten Funktionssysteme. Hier hingegen wird (nur) der Städtetourismus als Teilbereich des Tourismus untersucht, also eines gesellschaftlichen Kommunikationszusammenhangs, dem (noch) keine Funktionssystemqualität zukommt (s.o.). Auch in dieser Hinsicht ist eine Ausweitung der Anwendung des Semantikbegriffs erforderlich. Sie erscheint ebenfalls legitim, wird doch auch die städtetouristische Kommunikation entscheidend durch soziale Systeme (vor allem Interaktionen und Organisationen) bestimmt.

Mit diesen begrifflichen Festlegungen lassen sich Städte des Tourismus nun als spezifische Semantiken deuten, die die touristische Kommunikation orientieren und strukturieren. Die Spezifik städtetouristischer Semantiken liegt genau darin, dass sie, je nach Destination unterschiedlich ausfallende, Themen-, Bilder- und Unterscheidungsvorräte bezeichnen, die aus der für den Städtetourismus konstitutiven Bedeutung des Beobachtungsschemas Kultur und des Raummediums resultieren. Es sind Semantiken, deren Formen sich der Kombination kultureller und räumlicher Unterscheidungen verdanken. Insofern können die durch die verschiedenen, je charakteristischen Kultur-Raum-Verknüpfungen bestimmten Städte des Tourismus genauer als *kultur- und raumbezogene Semantiken* bezeichnet werden.[84]

Stellt man stärker auf die Tatsache der Verortung (bzw. Territorialisierung), auf die dadurch mögliche interne Differenzierung des gesamten städtetouristischen Kommunikationszusammenhangs in einzelne, voneinander unterscheidbare Destinationen, die ihrerseits aus Orten bestehen, oder auf die Untersuchung einzelner Destinationen ab, könnte

---

84 Um Missverständnissen vorzubeugen: Das „bezogen" in dem Begriff „kultur- und raumbezogene Semantiken" bezieht sich weder auf Normen, Sinnsysteme, Bedeutungsstrukturen oder Anderes, was mit einem gegenstandsbezogenen Kulturbegriff üblicherweise bezeichnet wird, noch auf so etwas wie einen physisch existierenden Gegenstand Raum. Getreu der bisherigen Argumentation referiert „bezogen" vielmehr einerseits auf Anschlüsse an das Beobachtungsschema Kultur und die mit diesem Schema generierten Vergleichsaspekte, andererseits auf das, was mit Hilfe räumlicher Unterscheidungen (vor allem: hier/dort, nah/fern, innen/außen sowie ‚neben', ‚zwischen', vor/hinter, oben/unten) jeweils an räumlichen Formen gebildet wird. Dass dabei auch Physisch-Materielles als Element der Ordnungsbildung auftaucht, ist für Raumsemantiken nichts Ungewöhnliches; physisch-materielle Elemente oder Räume einer Semantik bleiben allerdings soziale Sinnformen, sie sind ihrerseits Semantik (vgl. Miggelbrink 2002a, 293f.).

man kürzer auch von besonderen (nämlich im Beobachtungsschema der Kultur artikulierten) *Ortssemantiken* sprechen (s. Kapitel *Ortssemantik und städtetouristische Entwicklung*).

Kritik an Konstruktion und Reduktion?

Mit der Deutung der Städte des Tourismus als kultur- und raumbezogene Semantiken ist ein Punkt in der Argumentation erreicht, an dem sich einige Unterschiede der vorliegenden Arbeit zu anderen sozialwissenschaftlichen Tourismusanalysen illustrieren lassen. Diese Unterschiede resultieren unmittelbar aus der theoretischen Anlage der Untersuchung. Dies soll die nachfolgende Darstellung zeigen. Sie dient zugleich der Begründung des weiteren Vorgehens.

Städtetouristische Ortssemantiken und ihre Kultur-Raum-Verknüpfungen sind immer soziale Konstruktionen. Häufig werden dieser Konstruktcharakter sowie die Art und Weise der städtetouristischen Konstruktion kritisiert. In der langen Tradition sozialwissenschaftlicher Kritik am Tourismus (vgl. dazu: Henning 1999, 23ff.) stehen beispielsweise Arbeiten, die touristische Kultur-Räume als eigens für den touristischen Konsum produzierte Welten oder als enträumlichte, d.h. territorial abstrahierte, Ortsmythen interpretieren und diese für ihre Künstlichkeit und Inauthentizität kritisieren (vgl. exemplarisch Wöhler 2003 u. 2005; klassisch: Boorstin 1987/1961). Diese Arbeiten verfolgen das Ziel, über die ‚wahren‘ Verhältnisse und damit auch über die Praktiken der Tourismusindustrie aufzuklären. Außerdem wollen sie auf die Folgeprobleme der Touristifizierung städtischer Räume aufmerksam machen. Ihre Kritik an der Künstlichkeit städtetouristischer Räume entwickeln sie dadurch, dass sie diese den „echten“, „authentischen“ oder „alltäglichen“ städtischen Räumen und/oder Kulturen gegenübergestellt werden.

Aus der in dieser Arbeit eingenommen Perspektive eines erkenntnistheoretischen Konstruktivismus sind diese „echten“ städtischen Räume ebenfalls Konstruktionen (s. das Unterkapitel *Systemtheoretische Raumkonzeption*). Auch sie sind das Ergebnis einer spezifischen Beobachtungsweise, d.h. hier der Beobachtung der wissenschaftlichen Beobachter und Tourismuskritiker. Im Gegensatz zu einer ‚kritischen‘ Perspektive, die sich u.a. darum bemüht, den Konstruktcharakter städtetouristischer Kultur-Räume zu entlarven, ist deshalb hier ein anderer Punkt von Interesse: Der aus der eingangs entwickelten Raumkonzeption resultierenden Forderung einer *Kontextualisierung* räumlicher Formbildungen soll dadurch entsprochen werden, dass die beobachtbaren Kultur-Raum-

Verknüpfungen konsequent als Bestandteile der Städte *des Tourismus* gedeutet werden.

Fokussiert man auf den *Tourismus* und damit auch auf die Art und Weise, wie der touristische Kommunikationszusammenhang sich gerade durch die Beobachtung seiner gesellschaftlichen Umwelt reproduziert, sieht man beispielsweise, dass die seit den 1960er Jahren wiederholt geäußerte Kritik am Massentourismus und an der Inauthentizität touristischer Räume Folgen hatte: Sie wurde touristisch inkorporiert. Schon Ende der 1970er Jahre entstand mit „Anders Reisen", „Stattreisen", „alternativen" Stadtführern und Stadtführungen eine neue Form städtetouristischer Bereisung, die sich seitdem die Kritik an den Künstlichkeit touristischer Angebote zu eigen macht und nun ihrerseits – *off the beaten track* – „authentische" Kultur-Räume konstruiert und kommuniziert (vgl. Fendl/Löffler 1992 u. 1993). Auch Personen, die dem (Massen-) Tourismus und standardisierten touristischen Stadtkonstruktionen kritisch gegenüberstehen, können auf diese Weise angesprochen und – als „anders Reisende" – inkludiert werden.

Eine Variation der Kritik an der Künstlichkeit und Inauthentizität der kultur- und raumbezogenen Semantiken des Städtetourismus ist der Vorwurf ihrer Realitätsferne. So wird festgestellt, städtetouristische Beobachtungen der Stadt neigten dazu, Probleme auszublenden, soziale Verhältnisse unterkomplex zu behandeln, sie gar zu verzerren oder zu verklären. Der Städtetourismus sei idyllisierend, utopisch, idealisierend oder romantisierend.[85] Auch dieses Merkmal ist nicht weiter überraschend, wenn man der Interpretation, dass sich der Städtetourismus als *touristischer* Zusammenhang vorrangig an der Herstellung von Alltagsdistanz bzw. von Lockerungen und Variationen der alltäglichen Inklusionsstrukturen orientiert, folgt. So bemüht sich der Städtetourismus typischerweise gerade *nicht* – d.h. nur in Ausnahmen (z.B. „Stattreisen") – um einen kritisch-differenzierten oder problemorientierten Blick auf die Stadt. Städtetourismus ist keine Sozialwissenschaft. Er zielt vielmehr ganz bewusst, so könnte man formulieren, auf die Herstellung von realitätsfernen, nicht-alltäglichen Gegenwelten, von Fiktionen und Phantasieräumen (vgl. Hennig 1999, 53ff.), auf die „Interpretation der gesellschaftlichen Zusammenhänge im Idyll" (Jähner 1988, 230).

In ähnlicher Weise unterscheidet sich die vorliegende Arbeit von der üblichen sozialwissenschaftlichen Kritik an der städtetouristischen

---

85 Cocks, zum Beispiel, spricht in diesem Zusammenhang von der „cultivation of a heroic history" und von „romanticization of ethnic differences" (Cocks 2001, 174f.); MacCannell von „staged authenticity" und „museumization of work and work relations" (MacCannell 1973 u. 1999, 36); weitere beispielhafte Zitate bei Fendl/Löffler 1992 und Jähner 1998.

Komplexitätsreduktion. Eine solche Kritik findet viele mögliche Ansatzpunkte. Denn offensichtlich sind touristische Stadtporträts, Images, Sehenswürdigkeiten, Stadtgeschichts- und Stadtbewohnerdarstellungen, Stadtpläne oder die Dinge, die Touristen als sehenswert oder typisch an einer Stadt behandeln und wahrnehmen, immer nur eine Auswahl aus dem vielfältigen Möglichkeitsraum städtischer Selbst- und Fremdbeobachtungen (vgl. Hanna/Del Casino Jr. 2003). In dieser Eigenschaft unterscheiden sie sich allerdings nicht von anderen Stadt-Beobachtungen, auch nicht von denen der Stadtbewohner oder Stadtforscher. Jede Beobachtung, jede Sicht auf die Welt steckt in einer Komplexitätsfalle. Beobachten ist, wie dargelegt, immer ein Unterscheiden und Bezeichnen, also eine Reduktion von Kontingenz durch Selektion. Reduktion durch Selektion ist unvermeidlich, denn es gilt: „Keine Beobachtung ohne Unterscheidung" (Luhmann 1995c, 172). Auch die Tatsache, dass Historiker, Ethnologen oder Stadtforscherinnen Städte nicht nur anders, sondern zumeist auch wesentlich differenzierter darstellen, als dies touristische Kommunikation leistet, kann kaum überraschen. Im Unterschied zur längeren Beschäftigung mit einem städtischen Thema im Rahmen von Forschungsprojekten beschränkt sich die touristische Bereisung von Städten häufig nur auf Stunden oder Tage. Selbst die lektüregestützte Vorbereitung reicht üblicherweise nicht an die zeitliche Intensität des Forschens heran. Die touristische Zeitknappheit begründet nicht nur den vergleichsweise niedrigen Komplexitätsgrad, sondern zugleich auch den vergleichsweise hohen Anteil exemplarischen Kommunizierens, Besichtigens und Vergleichens.

Auch eine Kritik an den im Städtetourismus so bedeutsamen räumlichen Formen und raumbezogenen Repräsentationen, wie sie etwa bei Fendl/Löffler (1992) anklingt, ist nicht im hier verfolgten Sinne. Die Autorinnen stützen ihre Aussagen auf eine umfangreiche Analyse deutschsprachiger Reiseführer über toskanische Städte, bei der sie neben „konventionellen" auch die vermeintlich fortschrittlich-kritischen „alternativen" und „politischen" Reiseführer untersuchten. In der Art und Weise der Präsentation „städtischer Erlebnisräume" finden sie allerdings, zu ihrer Überraschung, keine substantiellen Unterschiede. So beklagen sie die durchgehende Reduktion des touristischen Blicks auf das Stadtzentrum, die Art der Auswahl und Hierarchisierung von Einkaufs- und Aussichtsstraßen, die Verklärung von Urbanität, Privatheit und Öffentlichkeit bei der Darstellung von Plätzen als nach außen gekehrten Innenräumen – und immer wieder: die stereotype, idealisierende, essentialisierende und vereindeutigende Rede von städtischen Kultur-Räumen, z.B. im Falle von Plätzen, die „intakte Stadtviertelkulturen" oder italienische „Soziabilität" repräsentierten (vgl. Fendl/Löffler 1992, 37 u. 39). Man könnte diese Kritik vor dem Hintergrund der jüngeren soziologischen und sozialgeographischen Raumdebatte sogar noch zuspitzen. In dieser Debatte ist wiederholt angemerkt worden, wie problematisch und vor allem unzeitgemäß absolutistische, substantialistische, behälterförmige, essentialistische, verdinglichende oder ontologisch hybride, organizistische Raumkonzeptionen sind.

Exkurs:

In *absolutistischen* und *substantialistischen* Raumvorstellungen erscheint Raum nicht als Produkt von Handlungen, sondern als gegebene Konstante, als ein statischer, mehr oder weniger prall gefüllter *Behälter*, „der gleichermaßen Physisches, Psychisches und Soziales enthält" (Hard 1993, 53) und der als Handlungsbedingung bzw. als Rahmen, *in* dem sich Soziales abspielt, gar eine eigene Wirkkraft auf Soziales entfalten kann (vgl. Löw 2001, 24ff.; Pott 2001, 71ff.).

In sozialwissenschaftlichen Arbeiten taucht die absolutistische Raumvorstellung häufig in ihrer *verdinglichten* bzw. *territorialisierten* Version auf, nämlich dann, wenn sich Untersuchungen auf erdoberflächliche Ausschnitte, auf physische und begrenzte Territorien beziehen (vgl. Löw 2001, 35f.). Eine Erforschung der Gesellschaft, die sich auf die erdoberflächliche Differenzierung gesellschaftlicher Phänomene bezieht, setze jedoch eine „Ontologie gesellschaftlicher Tatsachen" voraus, die zunehmend fragwürdig werde (vgl. Werlen 1993, 242ff.; 1995). Der Versuch, sozial-kulturelle Verhältnisse in (erd-)räumlichen Kategorien zu typisieren, sei, wenn überhaupt, nur in segmentär strukturierten Gesellschaften sinnvoll gewesen. „Waren [...] traditionelle Lebensformen in räumlichen Kategorien annäherungsweise darstellbar, sind es spätmoderne Lebensformen nicht" (Werlen 1997, 60). Sie seien nicht mehr „regional gekammert" (ebd., 61; ähnlich: Schulze 1994, 48f.). Kultur, Lebensstil, Territorium und Identität seien in der gegenwärtigen, funktional differenzierten Gesellschaft, die von modernen Kommunikations- und Transporttechnologien, Globalisierung, Transnationalisierung, Netzwerkstrukturen usw. gekennzeichnet ist, weniger deckungsgleich denn je. „The world that is in the process of emergence cannot be adequately understood in terms of (...) *fixed* territorial spaces" lautet die Begründung des Begriffsklassikers der *territorial trap* bei Agnew (vgl. Agnew 1994, 76; Hervorhebung: AP). Ähnlich argumentiert Luhmann, wenn er einen territorialen oder regionalistischen (im Sinne von: national begrenzten) Gesellschaftsbegriff ablehnt (vgl. Luhmann 1998, 30ff.).

Geographische Autoren warnen unter Bezug auf ihre Fachgeschichte zudem vor den reduktionistischen Folgen der semantischen Verschmelzung von Räumlich-Materiellem und Sozialem zu hybriden „Sozialräumen" oder „Kulturlandschaften". Derartige Einheiten, in denen Raum in der Form „eines ‚Leibes'" erscheine, „in dem Kultur, Geschichte oder Gesellschaft ‚wohnen' wie der ‚Geist' im ‚Körper'" werden als „anachronistische Verlängerung eines organizistischen Weltbildes" interpretiert (Eisel 1980, 547f.). Problematisch daran sei u.a., dass die der alltagskosmologischen „Prämisse vom Geist in der Materie" (Hard 2002, 258) folgende semantische „Verklebung" (ebd., 279) von Sozialem und Territorium zu einer unangemessenen Homogenisierung sowie einer holistischen Konzeption der sozialen Welt innerhalb des betrachteten territorialen Ausschnitts führe (vgl. Werlen 1993, 248). Außerdem lege sie, gerade in Kombination mit substantialistischen Behälterraumvorstellungen, materialistische oder geodeterministische Erklärungen sozialer Prozesse nahe (vgl. ebd.).

Ende des Exkurses

Statt die moderne Gesellschaft auf der Basis dieser Raumkonzeptionen zu beschreiben und zu analysieren, werden in der sozialwissenschaftlichen Raumdebatte verschiedene Alternativen vorgeschlagen. Propagiert werden insbesondere formale Raumkonzeptionen, d.h. relationale sowie handlungs-, kommunikations- und systemtheoretische Ansätze. Ihnen ist gemeinsam, dass sie Raum dynamisieren und ihn als einen erst durch soziale Praktiken hergestellten bzw. in und durch Beobachtung entstehenden (sozialen) Gegenstand verstehen. Raum wird derart als integraler Bestandteil von sozialen Aushandlungs- und Strukturbildungsprozessen aufgefasst – und nicht als erdoberflächliches Territorium oder als gegebener substantieller Behälter.

Angesichts dieser Diskussionslage und ihrer Forderungen könnte man den Städtetourismus sicherlich auch dafür kritisieren, dass hier offensichtlich viele der als problematisch identifizierten klassischen Raumkonzeptionen Anwendung finden. Es verwundert daher nicht, dass die kritisierten Folgen dieser Konzeptionen ebenfalls zu beobachten sind. Die städtetouristische Semantik ist voll von problematischen Verortungen von Kultur (vgl. Bhabha 2000; Lossau 2002, 111ff.), von territorialen Reduktionen gesellschaftlicher Komplexität, „normativ besetzten Einheitlichkeitskonstruktionen" (Löw 2001, 131), segmentären, organizistischen und gefäßorientierten Stadtbeschreibungen, den damit verbundenen stadt- oder stadtteilbezogenen Homogenisierungen, Vorurteilen usw. Ebenso ließe sich am Städtetourismus vieles von dem nachweisen, was an die kritisierte traditionelle (d.h. noch primär dinglich-materiell orientierte und (erd)raumzentrierte) Kulturgeographie und ihre Feldforschungspraxis erinnert: Reiseführer folgen dem länderkundlichen Schema (geographische Lage, Klima, Geschichte, Politik, Bevölkerung usw.); Kulturen werden territorial fixiert; Städte und ihre Inhalte werden kartiert und als quasi-natürliche Kulturlandschaften interpretiert; Stadtviertel ‚und ihre Kulturen' werden erkundet; Städte, Plätze, Straßen, Gebäude und urbane Raumarrangements werden als Spuren gelesen,[86] als räumlicher Ausdruck und Materialisierung von gesellschaftlichen Verhältnissen interpretiert; aber auch umgekehrt wird von der materiellen Ausstattung der Stadt auf die Kultur ihrer Bewohner rückgeschlossen, bis hin zu geodeterministischen und essentialistisch-kulturalistischen Beschreibungen;[87] das Territorium der Stadt, ihre baulich-materielle Struktur, ihre Bevölkerung und ihre Handlungsweisen werden in ein enges Wechselverhältnis gestellt, in einen (zu besichtigenden) „Kulturraum" verschmolzen.[88] Natürlich werden diese kultur-

---

86 Z.B. Kammerer/Krippendorff (1984): Reisebuch Italien. Über das Lesen von Landschaften und Städten, Frankfurt/Main u.a.; zitiert nach Fendl/ Löffler 1992.

87 Fendl/Löffler schreiben in ihrer Analyse der Reiseführer über toskanische Städte: „Der Einfluss des südlichen Klimas auf die Verfasstheit der italienischen Bevölkerung wird immer wieder betont. [...] Die Freundlichkeit, eine quasi angeborene Mitgift der Italiener, bestimmt auch das soziale Klima" in der Stadt (vgl. Fendl/Löffler 1992, 40). Als Beleg zitieren sie u.a. aus Sing (1984: Toskana. Elba, München, S. 67): „Die freundliche Piazza hat zwar nicht die homogene Architektur ringsum wie andere Plätze, aber sie ist großzügig und breit angelegt, von den Cafés hat man die schöne Fassade der Kirche vor Augen und der Tourist aus dem kalten Norden genießt hier gleich nach seiner Ankunft die südliche lebendige und heitere Atmosphäre einer italienischen Stadt".

88 Hierzu zwei weitere Reiseführer-Zitate aus der Untersuchung von Fendl/Löffler 1992: „Die Lebensweisen prägen die Bauweisen und die Bauweisen prägen die Lebensweisen: die alten Straßen und Plätze bilden einen räumlichen Zusammenhang, eine Art Wohnzimmer im Freien [...] Diese Kommunikation mit vielen Menschen ist ein Bedürfnis der Toskaner [...] Sie wurde in langen Zeiträumen von Generation zu Generation weitervermittelt – so ist das Leben auf der Straße vital geblieben" (Günter (1985): Toskana. Ein Reisebuch, Gießen, 83f.).
Sowie: „Die Piazza: mehr als nur ein Platz mit Geschäften und Verkehrsregelung. Ein Lebensraum – das gemeinsame Wohnzimmer der Italiener. Zuhause schläft, isst und sieht er fern (‚der Italiener', AP). Hier trifft man sich, unterhält sich, spielt als Erwachsener Boccia und Karten, als Kinder, was Kinder eben so spielen, hier knüpft man die ersten zarten Bande, und auf den Bänken sitzen die Alten und nehmen am Leben teil. Die Kirche ist da, Cafés und Bars ringsum, das Rathaus, an dessen Front das Wappen der Medici und Hammer und Sichel einträchtig nebeneinander prangen, und in der Mitte steht steinern oder bronzen der Einiger Ita-

räumlichen Beobachtungen, Unterscheidungen und Beschreibungen im Städtetourismus nicht im obigen Sinne raumsoziologisch reflektiert. Städtetouristische Semantik wie städtetouristische Praxis könnte man daher als Alltagsgeographie bezeichnen. Der Städtetourismus scheint in mancher Hinsicht das Erbe der klassischen Kulturgeographie angetreten zu haben. Aber sollte und kann man ihn dafür kritisieren?

Eine solche Kritik könnte zwar erneut auf die Differenzen zwischen Städtetourismus und Sozialwissenschaft aufmerksam machen. Sie würde jedoch an der für diese Untersuchung entscheidenden Frage vorbeizielen, *warum* die beschriebenen räumlichen Formen im Städtetourismus so prominent sind und in dieser reduktionistischen und homogenisierenden Weise verwendet sowie mit kulturellen Beobachtungen verknüpft werden.

Damit lässt sich die vorangehende Darstellung wie folgt zusammenfassen. Die übliche sozialwissenschaftliche Kritik am konstruierenden und komplexitätsreduzierenden Charakter des Städtetourismus verliert insgesamt die *Funktionalität* städtetouristischer Ortssemantiken und mit ihr auch die Funktionalität der sie konstituierenden Differenzierungsformen Kultur und Raum aus dem Blick. Um die Funktionen städtetouristischer Semantiken zu untersuchen, sollte der *touristische Kontext* stärker berücksichtigt werden, als dies gewöhnlich der Fall ist.

Eine erste Annäherung an diese Aufgabe kann auf die bisherigen Ergebnisse zurückgreifen und dabei zugleich die nachfolgenden Untersuchungsschritte gliedern helfen. Fragt man nach der Funktion von städtetouristischen Semantiken, dann erfüllen sie zunächst genau die Funktionen, die Semantiken immer erfüllen: Als generalisierte Themen- und Unterscheidungsvorräte, die als „bewahrenswert anerkannt und für Wiederholung bereitgehalten werden" (Luhmann 1994, 107), dienen Semantiken der sozialen Gedächtnis-, Erwartungs- und damit Strukturbildung (s. voran stehendes Kapitel). Bezogen auf den Städtetourismus folgt daraus unter anderem die Erwartung, dass touristische Ortssemantiken einen Einfluss auf die Art und Weise der Herstellung von Destinationen und ihrer strukturellen Änderungen haben. So ist z.B. zu erwarten, dass sich neben den bereits bestehenden Akteuren, die an der (Re-)Produktion des touristischen Angebotes einer Destination beteiligt sind, auch neue Anbieter und Beschreibungsformen (etwa ein neues Hotel und seine Werbung, ein Reiseunternehmen, ein Reiseführer) in der Art und Weise, in der sie auftreten, am bereits bestehenden Themen- und Formenvorrat der Destination orientieren (z.B. am touristischen Image

---

liens, Garibaldi, oder plätschert [...] Wasser über den schimmernden Marmorrand eines Brunnens" (Sing (1984): Toskana. Elba, München, 17).

einer Stadt, an vorhandenen Sehenswürdigkeiten, an Reiseführern und ihren Präsentationsformen), ob sie sich nun in ihn einpassen oder bewusst von ihm zu unterscheiden versuchen. Damit würden städtetouristische Semantiken also letztlich strukturierend auf die Form der Entwicklung von Destinationen und ihrer Bereisung wirken. Zugleich ist allerdings anzunehmen, dass sich die Ortssemantiken selbst in Abhängigkeit von den jeweiligen touristischen Angeboten und den beteiligten Akteuren und Organisationen entwickeln und verändern. Es liegt daher nahe, von einem Wechselverhältnis zwischen städtetouristischen Strukturen und Ortssemantiken auszugehen.

Ein solches Wechselverhältnis ist stets als *touristisches* Verhältnis zu interpretieren, also vor dem Hintergrund, dass es im Tourismus primär um Strukturlockerung und Strukturvarianz bzw. um Alltagsdistanz und Erholung geht (s. Kapitel *Der Tourismus der Gesellschaft*). Dies verweist nun auf Städtetouristen und auf die gesellschaftlichen Bedingungen, auf die der (Städte-)Tourismus reagiert. Im Hinblick auf Städtetouristen fungieren städtetouristische Semantiken offensichtlich ebenfalls strukturbildend. Denn indem sie die Erwartungen und Erholungsversprechen, die mit der Bereisung der Stadt verbunden sind, kommunizieren, mobilisieren sie Touristen. Die Tatsache, dass es sich bei touristischen Semantiken um einen Formen*vorrat* handelt, begründet außerdem die Möglichkeit, sich als Städtetourist(in) aus diesem Pool von z.b. Sehenswürdigkeiten und Deutungsmöglichkeiten individuell das auszusuchen, was als sehenswert oder überzeugend erscheint, dem eigenen Geschmack entspricht und ins individuelle Zeitbudget passt. Auf diese Weise können sich Städtetouristen „à la carte" ihre „eigenen", immer wieder anders ausgestalteten Kultur-Räume zusammenstellen (vgl. Wöhler 1998, 14). Eine befriedigende Antwort auf die Frage, wie und warum Städte des Tourismus *touristisch funktionieren*, liefern diese Bemerkungen aber noch nicht.

Daher ist der nächste Abschnitt der Arbeit dem Verhältnis von städtetouristischen Semantiken und Städtetouristen gewidmet (Kapitel *Städte des Tourismus und Städtetouristen*). In seinem ersten Teilkapitel wird die touristische Erholungsfunktion des Beobachtungsschemas Kultur im Vordergrund stehen, dessen vergleichende Perspektive bereits als das bestimmende Merkmal des Städtetourismus identifiziert wurde. Die vier folgenden Teilkapitel werden stärker auf das Kommunikations- und Wahrnehmungsmedium Raum fokussieren. Sie widmen sich zum einen der Bestimmung des städtetouristischen Verhältnisses von Kommunikation, Wahrnehmung und Körper. Zum anderen gehen sie den touristischen Funktionen der (territorialen) Verortung und der dadurch erzeugten flächenräumlichen Konstruktionsweise von Stadt weiter nach.

Aufbauend auf dieser Untersuchung des Zusammenhangs zwischen Städtetouristen und den kultur- und raumbezogenen Semantiken des Städtetourismus kann im letzten Teil der Arbeit die Entwicklung und (Re-)Produktion städtetouristischer Destinationen behandelt werden (Kapitel *Ortssemantik und städtetouristische Entwicklung*). Ihre exemplarische Analyse verspricht weiteren Aufschluss über die strukturbildenden Funktionen touristischer Ortssemantiken.

STÄDTE DES TOURISMUS UND STÄDTETOURISTEN

Erholung im Städtetourismus

Die gängigen Formulierungen in Reisekatalogen und -führern deuten darauf hin, dass auch die städtetouristische Alltagsdistanz auf Erholung und Entspannung zielt: Sowohl das „Spazierengehen", „Flanieren", „Bummeln", „Schlendern" durch „schöne", „malerische", „historische", „charmante", „reizvolle" oder „kosmopolitische" Städte als auch das „Kennenlernen", „Entdecken", „Erkunden", „Erleben" oder „Shopping" von und in „lebendigen", „sehenswerten", „berühmten", „pulsierenden" oder „eindrucksvollen" Städten verweisen auf die entspannende, zerstreuende und vor allem genussvolle Funktion städtetouristischer Aktivitäten und Erlebnisse.[89] Im Gegensatz zur körper- und naturbetonten Erholung beim Wandern, beim Ski- oder Badeurlaub oder in anderen Tourismusformen ist die Erholung im Städtetourismus stärker eine Erholung der Sinne, und zwar vor allem eine Erholung der Sinne durch Anregung. So dienen das Bummeln, Entdecken, Besichtigen, das kulinarische Erlebnis regionaler Spezialitäten oder der Besuch städtischer Vergnügungsparks, Museen, Musicals oder Shopping-Malls weniger der physischen Erholung. Im Gegenteil, oftmals werden diese Aktivitäten sogar als körperlich anstrengend empfunden (weshalb im Rahmen von Rundreisen oder regionaltouristischen Arrangements üblicherweise Stadtbesichtigungen mit dem anschließenden körperlichen Ausspannen an Stränden, beim Wandern usw. kombiniert werden). Die städtetouristi-

---

89 Dieses Erholungsziel bestätigen auch Touristen-Befragungen sowie die verschiedenen Angebote, mit denen Organisationen des Tourismus versuchen, sich an den Wünschen der Touristen auszurichten. Vgl. exemplarisch: Opaschowski 1989, 160ff.; Page 1995, 25; Weber 1996, 51f.

schen Aktivitäten dagegen dienen eher der Unterhaltung und dem Vergnügen, dem geistig-sinnlich anregenden Genuss von (städtischer) Identität, Geschichte, Vielfalt oder Aktualität und damit dem nicht-alltäglichen Erleben sozialer, zeitlich-historischer, sachlicher und regionaler Differenzen – z.b. durch das Studium städtischer Besonderheiten, die Beschäftigung mit Kunstwerken, die Konfrontation mit dem Fremden, Vergessenen oder Unwahrscheinlichen. Diese Erfahrungs- und Anregungsmöglichkeiten[90] bieten die Städte des Tourismus. Sie basieren, wie gesehen, wesentlich auf Kultur als dem für den städtetouristischen Blick konstitutiven Beobachtungsschema. Insofern stellt sich der Städtetourismus als *Erholung* in der oder durch Kultur dar.

Im Beobachtungsschema Kultur werden regionale Eigenheiten, historische Ereignisse, städtische Heterogenität und kultureller Reichtum nicht nur sichtbar gemacht. Sie werden zugleich kontingent gesetzt. Denn in der vergleichenden Intention des Beobachtungsschemas Kultur liegt, dass das, was verglichen wird, auch anders möglich ist (vgl. Luhmann 1995b, 48). Da die städtetouristische Beobachtung von Bauweisen, Menschen, Lebensformen, Kunstwerken, Einkaufsmöglichkeiten und Anderem im vergleichenden Modus der Kultur beobachtet, verweist sie also immer auch darauf, dass man diese Dinge (z.b. in einer anderen Stadt oder zu einer anderen Zeit) auch anders vorfinden kann. Die historisierende Perspektive, zum Beispiel, führt explizit vor, dass die Nutzung oder Interpretation einzelner Orte (Gebäude, Plätze usw.) zu einem Zeitpunkt oder einer Epoche der Vergangenheit anders als in der Gegenwart oder in anderen vergangenen Zeiten (möglich) war. Ebenso deutlich thematisieren im Städtetourismus urbane Heterogenität und großstädtische Urbanität die vielfältigen Möglichkeiten und Arten zu arbeiten, zu wohnen, sich zu kleiden, zu verhalten, zu vergnügen, die Stadt anzueignen usw.

In dieser Vielfalt und vor allem in der Kontingenz der im Städtetourismus beobachteten und erfahrenen Dinge besteht ein deutlicher Unterschied zum Alltag. Am Arbeitsplatz, auf der Bank, bei der ärztlichen Behandlung oder an der Universität wird von modernen Individuen verlangt, sich rollenspezifisch an den abstrakten Vorgaben der sozialen Systeme, an denen sie teilnehmen (wollen), auszurichten. Die Kontingenz der Welt und des eigenen Verhaltens müssen im Alltag gerade eingedämmt werden. Sich auf die Angebote, Kontingenzen und Alternativen

---

90 Sowie die mit ihnen assoziierten Distinktionswerte und Prestigegewinne; vgl. Page 1995, 25.

des Lebens einzulassen bzw. sie zu reflektieren, verbraucht Zeit; Zeit, die im Alltag nicht zur Verfügung steht.[91]

Vor diesem Hintergrund liegt das Entspannende und Genussvolle im Städtetourismus auch darin, dass hier eine Vielfalt, Kontingenz und Veränderlichkeit (bzw. Vergangenheit) des Sozialen vorgeführt und erlebbar wird, die im Alltag schlicht nicht erreichbar ist. Städte entlasten, gerade indem sie ihre Besucher mit lebendigen sozialen Eindrücken versorgen. Die Suspension alltäglicher Verpflichtungen erlaubt, dass der Reichtum an Kultur, sozialen Kontingenzen und Unerwartetem, an historischen, baulichen oder sozialen Details und Unterschieden, an Freizeit- oder Konsummöglichkeiten nicht als Stress, Belastung, Ablenkung oder als nicht-existent empfunden wird, sondern im Gegenteil als Möglichkeit des Genusses, der Überraschung und der Unterhaltung. Er stellt einen Reichtum dar, der nicht unter Druck setzt, den man als touristischer Beobachter der Stadt entspannt „wie von außen" (Kuhm 2003b, 185, Fn. 15; Luhmann 1998, 25) betrachten kann, aus dem man auswählen und an dem man teilnehmen kann, aber nicht muss.

In gewisser Weise basiert der Städtetourismus daher auf einer Umdeutung des urbanisierten Alltags. Auch das Tempo, die Dichte, das Tumultuarische, die „unvollständige Integration" (Bahrdt 1974/1961) oder die Anonymität der Stadt – also alles, was einst die Schrecken der Stadt ausmachte – bekommen im Tourismus eine entspannende und unterhaltsame Funktion (vgl. Jänner 1988, 229). Während der Großstädter, wie Simmel beschrieb, auf städtische Heterogenität und Fremdheit mit Blasiertheit (d.h. mit Gleichgültigkeit und „Abstumpfung gegen die Unterschiede der Dinge") sowie mit Reserviertheit und Kosmopolitismus als alltagspraktischen Verhaltensweisen reagiert (vgl. Simmel 1983, 238ff.), zeichnet den Städtetouristen gerade das Interesse an (regionaler, zeitlicher, sachlicher und sozialer) Fremdheit und Andersartigkeit – und damit: an Kultur – aus. Selbst innerstädtischer Verkehr und Lärm können städtetouristisches Interesse wecken und als Ausdruck städtischer Lebendigkeit, Fülle und Atmosphäre „genossen" werden. Urbanität wird zum Alltagskontrast.

Erholsam ist die städtetouristische Entdeckung, Besichtigung oder Teilnahme am Fremden und Anderen natürlich ebenfalls, wenn sie als persönliche Bildung oder gar als Persönlichkeitsbildung empfunden

---

91 Als Fußgänger fallen Städtetouristen in der Stadt nicht zuletzt durch ihren Zeitreichtum und ihr dadurch ermöglichtes oft sehr langsames Fortbewegungstempo auf: Im Gegensatz zur Mehrheit der sie passierenden Menschen bleiben sie auf Plätzen, an Straßenecken oder vor Gebäuden häufig stehen – zur Orientierung, zur Beobachtung, zum Genießen von Details und Atmosphären.

wird (vgl. Lohmann 1999, 65ff.). So wie die Heterogenität der Stadt der psychischen Ermüdung oder Sättigung, die der Arbeitsalltag oft verursacht, entgegen wirken kann, kann z.b. die beliebte städtetouristische Beschäftigung mit Kunst oder Geschichte geistig-ästhetische Anregung und intellektuelles Training darstellen. Die touristische Variation alltäglicher Inklusionsordnungen, also die temporäre Teilnahme an Stadtführungen, der Besuch von Museen, Kirchen oder Theatern, bietet die Möglichkeit von Bildungserlebnissen, die als identitätsbestätigend, -erweiternd oder -verändernd interpretiert werden. Außerdem kann die Reflexion der im Städtetourismus erfahrenen Kultur durch historisches und regionales Vergleichen mit der Selbstbeobachtung des touristischen Betrachters (d.h. der Beobachtung seiner Herkunft, Abstammung, Kultur etc.) einhergehen oder eine solche auslösen. Auch in diesem Sinne ist die städtetouristisch vermittelte Anregung Alltagsdistanz, da nichtalltägliche Identitätskonstruktion.

Erholsam ist der Städtetourismus außerdem, weil er trotz aller Betonung von Vielfalt und Kontingenz insgesamt Komplexität reduziert. Mit seinen Bildern, Geschichten und Interpretationen der Stadt ermöglicht er Erholung von der Unübersichtlichkeit und Abstraktheit der funktional differenzierten und immer komplexer werdenden modernen Gesellschaft. Ob in der historischen oder der zeitgenössisch orientierten „thematischen" Stadtführung, ob im Museum, bei der vorbereitenden oder der die Stadtbereisung begleitenden Lektüre von Reiseführern oder beim Schlendern durch belebte Fußgängerzonen – der Städtetourismus arbeitet mit gesellschaftlichen Real-Metaphern und exemplarischen Methoden: Eine Auswahl an Sehenswürdigkeiten steht für die Stadt, in die die Touristen „eintauchen" und von der sie sich „verzaubern lassen" (sollen). Zu besichtigende oder erfahrende Atmosphären, Plätze oder Verhaltensweisen von Stadtbewohnern und Stadtnutzern werden als „typisch" für den Charakter der Stadt behandelt. Nach dem Pars pro Toto-Prinzip kann auch die bereiste Stadt als ein Ganzes Repräsentationsfunktionen erfüllen; sie repräsentiert dann z.B. eine historische Epoche, eine Kultur, eine Region oder eine Nation. Dass diese städtetouristischen Komplexitätsreduktionen aus sozialwissenschaftlicher Sicht überwiegend idyllisierend, utopisch, idealisierend oder romantisierend ausfallen und daher auch als Orts-Mythen bezeichnet werden könnten, wurde bereits erwähnt. Um Erholung zu sein, bemühen sie sich gerade nicht um Kritik und Differenzierung gesellschaftlicher Zusammenhänge im sozialwissenschaftlichen Sinne, sondern zielen auf Schönheit, Genuss und Übersicht.

Mit dieser Erholungsaufgabe hängt zusammen, dass städtetouristische Ortssemantiken trotz ihrer vergleichenden und heterogenisierenden

Perspektive in hohem Maße Eindeutigkeiten und Gewissheiten formulieren. Hiermit ist ein weiterer Unterschied zur sozialwissenschaftlichen Stadtforschung benannt. Zwei Beispiele von vielen: Während der Städtetourismus häufig mit einer recht klaren räumlichen Unterscheidung von Stadt und Umland oder Zentrum und Peripherie arbeitet und Städten gesellschaftliche Zentralität zuspricht,[92] ist diese Diagnose in den Sozialwissenschaften sehr umstritten. Dem Bedeutungsgewinn von Städten durch Globalisierungsfolgen oder (Re-)Urbanisierungsprozesse stehen Beobachtungen gesellschaftlicher Dezentralisierungs- und Sub- und gar Desurbanisierungsprozesse entgegen. Derartige Beobachtungen lassen es nicht mehr angemessen erscheinen, von Stadt und Land oder Zentrum und Peripherie oder gar davon zu sprechen, dass Stadt noch definierend für Modernität und noch eine zentrale Dimension der Strukturbildung in der (Welt-)Gesellschaft sei (vgl. z.B. Bahrenberg 2003, 230; Stichweh 2000a, 201). Ebenso ungeklärt ist die Frage der angemessenen Beschreibung und Klassifizierung von Städten (vgl. Kuhm 2000a, 324ff.). Während der Städtetourismus von der Annahme der objektiven Bestimmbarkeit von Städten als spezifischen, räumlich begrenzten sozialen Einheiten ausgeht und mühelos städtische Identitäten kommuniziert (mit Hilfe von Bildern, Kartierungen und Eigenschaftsbeschreibungen), ist die Frage der charakteristischen Merkmale von Städten (Lage, Größe, Grenzen, Dichte, Bevölkerung, Ökonomie, Infrastruktur usw.) immer wieder sozialwissenschaftliche Grundsatzdebatten wert: Was sind Städte überhaupt? Wie lassen sie sich als Forschungsobjekte am treffendsten definieren? Inwiefern haben sie eine Identität? Inwiefern ist diese auch ortsgebunden? Spielen Raum und territoriale Grenzziehungen für Städte und ihre Strukturen überhaupt (noch) eine wichtige Rolle (vgl. Saunders 1987)? Sollte man sich Städte – wie Personen – als körperlich-sozial-mentale Einheiten oder Organismen vorstellen, die durch eine eigene Biographie und einen spezifischen Habitus gekennzeichnet sind (vgl. Lindner 2003)? Sind sie selbst soziale Systeme oder sollte man sie eher als parasitäre Strukturen begreifen, die verschiedenen Funktionssystemen zur Komplexitätssteigerung und Kopplung dienen (vgl. Kuhm 2003b)?

Diesen Fragen und Unentschiedenheiten bei der Deutung von Städten, die sich nicht nur im wissenschaftlichen Kontext, sondern natürlich auch in den Stadtbeobachtungen von z.B. Raumplanerinnen, Pendlern, Literaten, Massenmedien oder Stadtbewohnern finden lassen, entzieht sich der Städtetourismus erfolgreich. Seine Konstruktion städtischer

---

92 Siehe das Unterkapitel *Städtetourismus, Kultur und Raum* des Kapitels *Die Form des Städtetourismus.*

Wirklichkeit produziert Eindeutigkeiten und macht Gesellschaft auf diese Weise verständlich. So versinnbildlicht der Städtetourismus (in historisch und destinationsbezogen variabler Form) raumbezogene Identitäts- und Lebensformen, Vergangenheit, gesellschaftliche Entwicklung und Modernität: Auf der Piazza italienischer Städte können Nord- und Mitteleuropäer südeuropäische Lebensart genießen; in Rothenburg ob der Tauber können japanische und andere Touristen europäisches (oder deutsches) Mittelalter erfahren; ehemalige Industrieanlagen in den Ruhrgebietsstädten werden als Zeugen der Entstehung der modernen Gesellschaft thematisiert und besucht (im Museum, auf der „Route der Industriekultur", als Standort oder Kulisse von Kulturveranstaltungen; vgl. Köddermann 2000); ehemalige Kanalisationsanlagen in Paris symbolisieren das „Getriebe" der modernen Stadt; Straßenfeste, Einkaufszonen oder Hochhäuser in Frankfurt am Main ihre „Urbanität".[93]

Genau genommen handelt es sich bei diesen Formen der städtetouristischen Komplexitätsreduktion und Eindeutigkeitsherstellung um *räumlich* codierte (Sinn-)Bilder und Mythen. Sie verdeutlichen somit noch einmal beispielhaft, wie eng die Städte des Tourismus und ihre Erholungsversprechen mit dem Kommunikations- und Wahrnehmungsmedium Raum verknüpft sind. Auf diesen Zusammenhang werden die nächsten Kapitel genauer eingehen.

---

93 Die städtetouristische Erholung durch Symbolisierung und Idyllisierung der Moderne beschreibt auch Jähner in seinem Essay über Kultur und (Groß-)Stadt: „In der turbulenten, lärmerfüllten, alle Sinne okkupierenden Stadt sucht der Tourist das Eintauchen in die in Spuren und Reliktschichten noch vorhandene Genesis seiner gesellschaftlichen Existenz – auch wenn ihm das nicht immer bewusst ist. Erholung stellt sich ein durch die Interpretation der gesellschaftlichen Zusammenhänge im Idyll. So erklärt sich die touristische Beliebtheit der Flohmärkte, die in unendlichen Variationen von Feilschhändeln jene schmutzig-schöne Urszenerie des Kapitalismus präsentieren, dem der alltägliche Reproduktionsprozess scheinbar gänzlich entwachsen ist. Die Grammatik des Plunders lässt mitten in der modernen Stadt deren Frühform entstehen: das unsichtbare Millionenheer der Hände, die die Dinge abgewetzt haben, die Sprache des Gebrauches, die Spuren der Geschichte, das Zusammentreffen verschiedener Kulturen im Zeichen des noch überschaubaren Warentauschs. Es ist kein Zufall, dass eine neue Form städtischer Fremdenverkehrspolitik, die nicht nur beschreibend wirbt, sondern auch in die Stadtgestalt selbst eingreift, mit der Förderung der Flohmärkte begann. Die Idyllisierung des gesellschaftlichen Zusammenhangs ist der gemeinsame Nenner fast aller postmodernen Strukturmaßnahmen in den Innenstädten. So führt eine Linie vom Flohmarkt zur Renaissance der Passage [...] als urbanem Ereignis" (Jähner 1988, 230).

Site-Seeing: Zur räumlichen Form des städtetouristischen Blicks

Schon früh ist in der Tourismusforschung auf die zentrale Bedeutung der touristischen Wahrnehmung und hier insbesondere des Sehens hingewiesen worden.[94] Orte werden erst durch ihre Sehens-Würdigkeiten zu touristischen Zielen; touristische Unternehmen produzieren Bilder und diesen Bildern entsprechende Zeichen in der Stadt;[95] in der touristischen Praxis kommt der Be-Sichtigung ein herausragender Stellenwert zu; bereisenswert ist das, was als erlebens- und sehenswert gilt; usw. (vgl. für viele: Köck 2001). Viele Beschreibungen oder Bilder von alltagsfremden Orten, Kirchen, Menschengruppen oder Stränden kann man auch auf dem heimischen Sofa genießen. Demgegenüber verspricht der touristische Ortswechsel die Möglichkeit der persönlichen Anschauung, des eigenen Erlebens der in Broschüren oder anderswo abgebildeten Inhalte. Touristische Organisationen und ihre Angebote zielen darauf, dass Touristen die kommunizierten Erwartungen und Imaginationen nach erfolgtem Ortswechsel auch sinnlich erfahren (vgl. Hennig 1999, 55). Der moderne Tourismus nimmt die Wahrnehmung der Touristen nicht nur in Anspruch, er ist auf ihre Wahrnehmung, den visuellen Konsum, geradezu angewiesen.[96] Dies gilt nicht nur für den Städtetourismus und das städtetouristische Sightseeing (vgl. MacCannell 1999, 39ff.). Auch der Erfolg nicht-städtischer Destinationen basiert auf ihrer Wahrnehmung durch Touristen, darauf, dass sie Objekte des *tourist gaze* (Urry 1990) werden. Die Geschichte des modernen Tourismus lässt sich daher auch als die Geschichte der Herstellung, Veränderung und Anwendung eines nicht-alltäglichen, Alltagsdistanz und Erholung versprechenden *Blicks* auf Szenen, Landschaften und Städte beschreiben (vgl. ebd.).

Nach der bisherigen Analyse handelt es sich im Falle des Städtetourismus um einen in mehrfacher Hinsicht vergleichenden Blick. Außerdem wurde deutlich, dass dieser vergleichende Blick stets räumlich-territorial indiziert ist. Im Städtetourismus werden Städte als nicht-alltägliche *Orte* sowie ausgewählte städtische Teil*räume* exemplarisch als *Orte* der Geschichte, der Kultur, des Konsums, der Öffentlichkeit usw. bereist und besichtigt. Der städtetouristische Blick ist also immer ein ortsbezogener „räumlicher Blick" (Pott 2001), ein *Site-Seeing*.

Wie in anderen tourismusbezogenen Untersuchungen üblich, werden die Begriffe *Blick* und *Beobachtung* in dieser Arbeit so verwendet, dass

---

94 Vgl. Adler 1989; Boorstin 1987/1961, 143ff.; Enzensberger 1962/1958; Morin 1965/1958.
95 Vgl. Lazzarotti 2001, MacKay/Fesenmaier 1997.
96 Vgl. Urry 1995, 149; Lash/Urry 1994, 271f.; Wöhler 1998, 8.

sie sich auf touristische Kommunikationen *und* Wahrnehmungen beziehen (lassen). Auch Raum wurde konzeptionell als Medium der Kommunikation *und* der Wahrnehmung eingeführt.[97] Entsprechend lassen sich die mit seiner Hilfe konstituierten Städte des Tourismus sowohl als Semantiken, also als Formen der Ordnung der Kommunikation,[98] als auch als Phänomene der Wahrnehmung interpretieren.[99] Diese begriffliche Doppeldeutigkeit mag verwundern. Denn folgt man der systemtheoretischen Annahme der operativen Geschlossenheit sozialer und psychischer Systeme, wäre streng genommen immer zu unterscheiden, ob mit räumlichem Blick oder raumbezogener Beobachtung Formen der im Medium der Kommunikation operierenden *sozialen* Systeme (im Falle des Städtetourismus also z.b. Interaktionssysteme – wie Reisegruppen – oder Tourismusorganisationen – wie Tourismusämter – und ihre publizierten Broschüren) oder Formen der im Medium der Wahrnehmung operierenden *Bewusstseins*systeme (der Städtetouristen) gemeint sind. Warum also nicht unterschiedliche Begriffe, die die Systemreferenz eindeutig signalisieren? Es gibt ein einfaches Argument, das die kommunikativ-perzeptive Doppeldeutigkeit der Rede vom räumlichen Blick im Städtetourismus rechtfertigt. Es lautet, dass räumlichen Formen neben anderen Funktionen die wesentliche Aufgabe zukommt, touristische Kommunikationen und Wahrnehmungen in eine Wechselbeziehung zu setzen. Dieses im Folgenden zu explizierende Argument wird durch die Vermutung motiviert, dass Raum immer dann ins Spiel kommt, „wenn es darum geht, die Kopplung von Bewusstsein und Kommunikation zu gewährleisten" (Wirths 2003, 163). Es scheint, dass „Raumkonzepte vorzugsweise da auftreten, wo Kommunikation Wahrnehmung in Anspruch nehmen muss" (Hard 2002, 297). Die Beispiele des Erziehungssystems, der Familie, der Kunst, des Sports oder der sozialen Bewegungen lassen vermuten, dass die Kommunikation mittels räumlicher Unterscheidungen und Formen den psychischen Systemen, deren Operationen ja ihrerseits qua Raummedium Objekte messen und errechnen (vgl. Luhmann 1997, 179), entgegenkommt (vgl. Wirths 2003, 163f.). Sie nimmt „auf (räumliche) Wahrnehmungsversionen der Welt Rücksicht [...], die den psychischen Systemen so [...] vertraut sind" (Hard 2002, 297). Durch diese Rücksichtnahme verschafft sich die Kommunikation aber auch die Möglichkeit der Wahrnehmungsführung.

---

97 Siehe das Unterkapitel *Systemtheoretische Raumkonzeption* des Kapitels *Städtetourismus und Raum.*

98 Siehe das Unterkapitel *Städte des Tourismus als kultur- und raumbezogene Semantiken* des Kapitels *Die Form des Städtetourismus.*

99 Für Städte im Allgemeinen vgl. Baecker 2004b. Genauer: s. Unterkapitel *Verdinglichung und Verortung.*

Schon der Italien bereisende Goethe wusste: „Man sieht nur, was man weiß".[100] In Zeiten des modernen Massentourismus wird die soziale Konstruktion des städtetouristischen Blicks auch als entmündigende Normierung und Standardisierung beklagt (vgl. Enzensberger 1962).

Funktional betrachtet, könnte man davon sprechen, dass die maßgeblich durch die Arbeit von Organisationen produzierten und verstärkten Kultur-Raum-Verknüpfungen städtetouristischer Semantiken die Art und Weise der touristischen Wahrnehmung und Besichtigung einer Stadt präformieren. Die für den Städtetourismus relevanten räumlichen Unterscheidungen und die durch sie ermöglichten Formbildungen (hier/dort, nah/fern, innen/außen, Territorialbezug, flächenräumliche Einheiten u.a.) scheinen aber auch umgekehrt die Verbindung von Wahrnehmungs- bzw. Bewusstseinsprozessen und Kommunikation zu strukturieren. So sprechen Städtetouristen bei dem Versuch, ihre touristischen Erfahrungen in Worte zu fassen, von der Schönheit bestimmter Orte, von den beeindruckenden Sehenswürdigkeiten einer Destination oder davon, dass sie hier und dort dieses und jenes erlebt haben. Zur Präzisierung des zugrunde liegenden Sachverhalts bietet es sich an, an dieser Stelle den Begriff des *räumlichen Schemas* zu übernehmen (vgl. hierzu und im Folgenden: Miggelbrink 2002a, 296f.).

Es wurde bereits herausgestellt, dass die zentrale Funktion der kultur- und raumbezogenen Semantiken des Städtetourismus im kognitiven Moment der Gedächtnis-, Erinnerungs- und Erwartungsbildung liegt. Sucht man für die Form der Repräsentation von Wissen eine begriffliche Fassung, die das strukturierte Wahrnehmen, (Wieder-)Erkennen und „handelnd Anschließen-Können" betont, bietet die Kognitionsforschung gleich eine ganze Reihe von Begriffen an, unter anderem den des Schemas (daneben teils synonym, teils mit etwas abweichender Bedeutung: „frame", „script", „prototype", „stereotype", „cognitive map", „implicit theory" – um nur einige zu nennen). Der Schemabegriff bezeichnet die Beobachtung, dass jegliches Wissen in Formen repräsentiert und über Formen erzeugt wird, die die Interpretation sensorischer Daten ermöglichen, ohne alle Details rigide festzulegen (vgl. z.B. Rumelhart 1980, Schank/Abelson 1977). Das hebt auch der daraus ableitbare Begriff des räumlichen (oder raumbezogenen) Schemas hervor (vgl. Miggelbrink/Redepenning 2004, 323ff.). Unter einem räumlichen Schema wird die kommunikative Verwendung eines textlichen oder bildlichen Ausdrucks oder Zeichens verstanden, die eine im Alltag verständliche *Orts*-Referenz und dadurch eine erinnerbare Einheit erzeugt. Mit dem Begriff

---

100 In den 1990er Jahren ein prominenter Werbeslogan von DuMont; vgl. Fendl/Löffler 1993, 55.

des räumlichen Schemas werden also alle der bisher genannten und für den Städtetourismus als relevant befundenen räumlichen Unterscheidungen und Formen erfasst. Er macht darauf aufmerksam – und deshalb ist seine Einführung an dieser Stelle sinnvoll –, dass räumliche Unterscheidungen und Formbildungen nun nicht nur unter dem Aspekt der Strukturierung der touristischen Kommunikation, sondern auch unter der Fragestellung, wie mit ihrer Hilfe das Verhältnis von Kommunikation *und* Wahrnehmung strukturiert wird, betrachtet werden.

Wie andere Schemata verknüpft auch das räumliche Schema Kategorisierung und Information. Es bildet derart ein *cognitive framework* des Verstehens. Die jeweilige inhaltliche Füllung kann je nach Intention variieren, sie kann Wertungen, Kausalattributionen oder Handlungsaufforderungen mit Appellativcharakter einschließen. Wie jedes andere Schema auch ist das räumliche Schema simplifizierend und gerade dadurch zur Weiterverwendung prädestiniert. Diese Eigenschaft wird von sprachanalytischen und kognitionswissenschaftlichen Untersuchungen besonders betont. Gerade durch ihre Klarheit und Einfachheit komme räumlichen Unterscheidungen, Richtungsangaben und Orientierungsmetaphern (hier/dort, nah/fern, innen/außen, oben/unten, vorne/hinten, rechts/links u.a.) eine fundamentale, transsubjektiv gültige Bedeutung für die Kognition von Sinnesdaten und die Strukturierung von Erfahrungen zu (vgl. z.B. Jahn/Knauff 2003; Lakoff 1990, 273).

Ebenso bedeutsam an der Schemabildung ist allerdings, dass sie ein Spannungsverhältnis zwischen notwendigen Voraussetzungen des Verstehen-Könnens *und* der Nicht-Determinierung von Anschlusskommunikation erzeugt (Miggelbrink 2002a, 297). Die Anschlusskommunikation leitet sich niemals kausal aus kognitiven Repräsentationen vorangegangener Kommunikation ab: „Bei der Verwendung von Schemata setzt die Kommunikation voraus, dass jedes beteiligte Bewusstsein versteht, was gemeint ist, dass aber andererseits dadurch nicht festgelegt ist, wie die Bewusstseinssysteme mit dem Schema umgehen, und erst recht nicht: welche Anschlusskommunikationen sich aus der Verwendung von Schemata ergeben" (Luhmann 1998, 111). Eindeutigkeit und Anschlussmöglichkeit der sprachlichen oder bildlichen Fassung räumlicher Schemata (z.B. „Stadtviertel X", „Haus Y", „Weg Z") gehen, mit anderen Worten, mit einer Vieldeutigkeit von Motiven und Interessen einher.

Diese Merkmale räumlicher Schemata ließen sich für den städtetouristischen Zusammenhang an vielerlei Beispielen demonstrieren. Man könnte dazu zwischen den Fällen, bei denen touristische Kommunikations- und Wahrnehmungsprozesse ungleichzeitig ablaufen, und jenen, für die die Gleichzeitigkeit beider Operationen charakteristisch ist, unterscheiden.

Ein Beispiel für den ersten Typus: Städtetouristen lesen *vor* der Reise einen Reiseführer, studieren Stadtpläne, unterhalten sich darüber und planen die Reise, fahren *dann* in die beschriebene Stadt, sehen oder besichtigen, was sie als sehenswert erinnern (und zwar je nach individuellen oder milieuspezifischen Präferenzen), berichten ihre Reiseerlebnisse *nach* ihrer Stadtbesichtigung Freunden oder Interviewern im Rahmen von Touristenbefragungen. Bei alledem wird der vergleichende Blick der Städtetouristen durch räumliche Schemata gerahmt und geleitet, ebenso wie ihre Wahrnehmung ‚vor Ort‘ und ihre touristischen Erlebnisse mit Hilfe räumlicher Schemata in Kommunikation ‚rückübersetzt‘ werden. Für dieses Wechselverhältnis wird relevant, dass touristische Stadtbeschreibungen in Broschüren, kommunizierte Ortsbilder oder Karten mit Sehenswürdigkeiten die Wahrnehmung der Touristen zwar präformieren, aber niemals determinieren können (auch wenn dies das Ziel vieler Tourismusentwickler und -planer sein mag). Die Operationen der Bewusstseinssysteme der Touristen, also auch die Art und Weise, wie Wahrnehmungsimpulse verarbeitet werden, folgen stets eigenen, systeminternen Logiken. So kann sich das einzelne Bewusstsein immer auch von anderen (nicht-kommunikativen) Reizen affizieren lassen, als sie ihm die touristische Kommunikation vorgibt.

Touristen können z.B. feststellen, dass ein als sehenswert angepriesenes Gebäude banal und ungepflegt ist, dass zu viele Besucher den Blick auf die Sehenswürdigkeit versperren, dass die als lokale Esskultur angekündigte Küche ihnen nicht mundet, dass sich die beschriebene Altstadt-Atmosphäre wegen des Lärmpegels benachbarter Straßen oder der baulichen Inhomogenität ihrer Gebäude einfach nicht einstellen will usw. Städtetouristen können aber auch Dinge, Details, Menschen oder Atmosphären entdecken und antreffen, von denen sie in keinem Reiseführer zuvor gelesen hatten. Dieses sinnliche Wahrnehmen einer Städtekultur abseits der „eingetretenen Pfade" (Fendl/Löffler 1993, 69) und standardisierten Blickordnungen erheben alternative Reiseführern üblicherweise zum primären Reiseziel. Entscheidend für alle genannten Wahrnehmungsformen ist, dass auch sie *räumlich* indiziert und artikuliert werden. Auch der touristische Widerspruch und die alternative Wahrnehmung müssen, um als solche formuliert zu werden, um also kommunikativ anzuschließen, mit den räumlichen Schemata der Stadt des Tourismus arbeiten („das Gebäude *an der Stelle X* ist nicht so beeindruckend wie beschrieben", „die Sehenswürdigkeiten *auf dem* und der *Park hinter* dem *Platz Y* sind ...", „die Atmosphäre *des Kulturraums Z* war ..."), zumindest mit vergleichbaren Schemata („nicht *hierhin*, sondern *dorthin* sollte man blicken", *„jenseits* der Touristen*wege* gibt es *hier* und *dort* dieses und jenes wirklich Sehenswerte zu erleben").

Die durch räumliche Schemata vermittelte Wechselbeziehung von touristischer Kommunikation und sinnlicher Wahrnehmung dient nicht zuletzt der Kontrolle und Eichung der touristischen Entwicklung. ‚Falsche', d.h. nicht wahrnehmbare, Versprechungen hinsichtlich einzelner Orte oder Sehenswürdigkeiten werden sich nicht lange halten können, ohne das rasche Schwinden ihrer touristischen Anziehungskraft zu riskieren. Um dies zu vermeiden, um den Wahrnehmungserfolg ihrer Raumkonstruktionen zu überprüfen und um Wahrnehmungsmuster und -wünsche ihrer Gäste berücksichtigen zu können, richten touristische Organisationen, ihre Mitarbeiter, Hoteliers oder Städteführer ihre Arbeit auch an den kommunikativen Rückmeldungen der Touristen aus. Empirischen Niederschlag findet dieses Bemühen in professionellen Gästebefragungen, die erfolgreiche oder touristisches Wachstum anstrebende Destinationen durchführen (lassen).

Neben der asynchronen Beziehung von Kommunikationen und Wahrnehmungen findet man im Städtetourismus viele Beispiele dafür, dass beide Prozesse *gleichzeitig* ablaufen. Man denke an touristische Interaktionen oder geführte Sightseeing-Touren. Zur Bestimmung dieser Fälle liegt es nahe, den systemtheoretischen Begriff der *strukturellen Kopplung* zu verwenden (vgl. z.B. Luhmann 1998, 92ff.). Strukturelle Kopplungen lassen die operative Trennung einzelner Systeme unberührt, reagieren aber darauf, dass kein System so operieren kann, als ob es keine Umwelt gäbe. So ist die Kommunikation immer auf gleichzeitig mitlaufende Wahrnehmungs- und Überlegungsprozesse des Bewusstseins und dieses auf die simultane Tätigkeit der Auswertung von Nervenimpulsen im Gehirn angewiesen (vgl. Kuhm 2003a, 24f.). In den Prozessen ihrer Informationssuche fokussieren die Systeme daher auch aufeinander und damit auf einen eng begrenzten Ausschnitt ihres jeweiligen Umweltgeschehens. Solche Formen der informativen Vernetzung und Irritation über Systemgrenzen hinweg, über die sich „strukturell gekoppelte Systeme in die Lage versetzen, sich ihre Komplexität zur Verfügung zu stellen", ohne dass ihre Autonomie angetastet wird, werden als strukturelle Kopplungen bezeichnet. Bezieht man diese Begrifflichkeit auf das Beispiel der Sightseeing-Tour, wird deutlich, dass die räumlichen Schemata in der Rede des Stadtführers („Hier sehen Sie ...", „und rechts erscheint jetzt ..."; vgl. Spring 2002, 223f.) einen zentralen *Mechanismus* der über Sprache strukturell gekoppelten Kommunikation- und Wahrnehmungsprozesse darstellen.

Instruktiv hierzu ist das Beispiel der touristischen Blindenführung, ein Nischenangebot, das – als Spezialführung – seit einigen Jahren zunehmende Verbreitung findet.[101] Zunächst erinnern städtetouristische Blindenführungen daran, dass es bei der touristischen Wahrnehmung nicht nur um das ‚Sehen mit den eigenen Augen' geht. Die wissenschaftliche Konzentration auf den im Tourismus zweifellos zentralen Sehsinn neigt dazu, nicht-visuelle Wahrnehmungsformen, die das Sehen ergänzen oder kompensieren (können), zu ‚übersehen'. Das Hören (von Straßenlärm, Musik, der Unterhaltungen von Passanten, der Stille oder des Hallens in Kircheninnenräumen), das Tasten (von Fassaden, Mauerformen, Skulpturen, Souvenirs, menschlichen Körpern), das Riechen (von Blumen, Essen, Geschäften, Straßendüften) und das Schmecken (von Speisen und Getränken) gewinnen im Falle von Blinden-Reisen naturgemäß stark an Bedeutung.

Aufschlussreich ist nun, dass auch diese sinnlichen Wahrnehmungsformen strukturell durch räumliche Schemata (insbesondere: hier/dort, rechts/links, vorne/hinten, oben/unten, innen/außen) an Kommunikation gekoppelt werden. Zwar entfällt die Möglichkeit, wie im Falle der Führung nicht-blinder Städtetouristen regelmäßig und selbstverständlich, den Sehsinn der Touristen in Anspruch zu nehmen („Hier sehen Sie ...", „da vorne steht"). Doch lässt sich diese visuelle Referenz durch die Inanspruchnahme anderer Sinne und die kommunikative Präzisierung des räumlichen Schemas ersetzen: „Riechen Sie die Blumen, die rechts von uns auf der Wiese blühen?" Statt den Führungsteilnehmern durch Fähnchen- oder Schirmwinken zu signalisieren, dass und wo sie sich bitte versammeln möchten, klingelt die Stadtführerin nun mit einem Glöckchen und ruft: „Ich stehe hier, wo das Klingeln ist". Bei der Kompensation des Sehens durch räumliche Schemata werden die Stadtführerin und der Ethnograph zu den Augen der Blinden: „Hier sehen Sie, äh, ich meine, rechts von Ihnen befindet sich jetzt eine Wiese, auf dieser Wiese steht das Denkmal von ...". Ein Blinder beim Gehen der Touristengruppe zum nächsten Standort: „Oh, hier riecht's nach Wurst", darauf der Ethnograph: „Das kommt von da drüben, da rechts, in etwa 10 Metern Entfernung ist eine Metzgerei".

Wie in diesen Protokollbeispielen anklingt, bildet der Körper der Stadtführungsteilnehmer häufig den Referenzpunkt der raum- bzw. ortsbezogenen Kommunikation: „Jetzt stehen wir vor den Resten der mittelalterlichen Stadtmauer; wenn Sie noch etwas weitergehen, ja, noch ein Stück, jetzt bitte alle 90 Grad nach links drehen, nein, der Herr mit der Schirmmütze, nicht 180 Grad, bitte wieder 90 Grad zurück, so, also

---

101 Die nachfolgenden Beispiele stützen sich auf teilnehmende Beobachtungen verschiedener Stadtführungen für Blinde, die der Verfasser im Frühjahr/Sommer 2004 im Rhein-Main-Gebiet angestellt hat.

jetzt, wenn Sie jetzt die Hände vor Ihren Körper strecken und vorsichtig zwei Schritte nach vorne gehen, dann können Sie die Steine der Stadtmauer fühlen; Sie fühlen die krustigen Steine, das sind die alten, die glatteren, das sind die restaurierten". Mit ihrer Referenz auf den Körper der Touristen leitet die Rede der Stadtführerin zum nächsten Punkt über.

Touristenkörper

Mit der Wahrnehmung der Touristen kommt auch ihr Körper ins Spiel. Die wahrnehmenden, psychischen Systeme der Touristen sind immer mit ihren Körpern verbunden. Phänomenologisch inspiriert, könnte man auch von der leibgebundenen Sinnestätigkeit sprechen; denn wie die Augen sind auch die anderen Sinnesorgane Bestandteile des Körpers.

Dieses Wissen um die Verknüpfung von Körper und Wahrnehmung liegt der Arbeit der Tourismusindustrie zugrunde. Sie orientiert sich nicht nur an der touristischen Wahrnehmung, sondern immer auch an touristischen Körpern. Die organisierte Produktion von Bildern, Prospekten, Zeichen usw. zielt auf die Mobilisierung von Körpern, die dann – z.b. je nach Herkunftsregion – von (touristischen und nicht-touristischen) Unternehmen transportiert, beherbergt, geführt, verpflegt usw. werden. Jede touristische Planung versucht, auf die körperlichen Bedürfnisse der Touristen Rücksicht zu nehmen (Rastplätze, Toiletten, Schatten, fußläufige Entfernungen usw.). Auch andere praktische Gründe sprechen für die Orientierung am Körper. Im Vergleich zu den komplexen, von außen uneinsichtigen, immateriellen Bewusstseinssystemen der Touristen bieten Körper den Vorteil, einfacher, eindeutiger und verlässlicher beobachtbar zu sein. Touristische Wahrnehmungen lassen sich nur indirekt ermitteln – durch Interpretationen von touristischen Gesten und Verhaltensweisen oder durch Kommunikationen über Wahrnehmungen (also durch die Auswertung touristischer Äußerungen, gezielter Gästebefragungen, Befragungen von Reiseführern o.Ä.). Dagegen können Touristenkörper mit geringem Aufwand direkt als Einheiten beobachtet und gezählt werden (vgl. Keul/Kühberger 1996). Kaum verwunderlich, stellen Körper daher eine gängige Zurechnungs- und Planungseinheit bei der Organisation des Tourismus dar. Oftmals wird der Wahrnehmungsbezug der Tourismusindustrie durch den Körperbezug substituiert.

Dies ist etwa bei der zeitlichen und räumlichen Regulierung von großen Besuchermengen der Fall. Touristische Planer wissen oder unterstellen, dass Sehenswürdigkeiten, die von Touristen massenhaft überlaufen werden, ihre Anziehungskraft nicht nur deshalb verlieren können, weil sie und ihre Umgebung belastet und in ihrer materiellen Substanz beschädigt werden. Ebenso wenig attraktiv ist es, wenn man die mittelalterlichen Fassaden vor lauter Touristen nicht mehr genießen, wenn man die Ausstellungsstücke vor lauter Körpern und ihrem Drängeln nicht mehr sehen kann (vgl. Wenzel 2001, 151). Ähnliches gilt für die Verbauung des touristischen Blicks oder die Veränderung und Zerstörung eines tradierten Stadtbildes durch nicht ins touristische Image passende Gegenstände. Daher bemühen sich Städte, die sich touristisch ausrichten, einen „ungestörten Blick" (Rodenstein 2006) auf ihre Sehenswürdigkeiten zu gewährleisten oder herzustellen. Wie die toskanischen Städte, deren Planung schon im 13. Jahrhundert auf den „Augenbezug" hin organisiert war (vgl. Braunfels 1982), werden heute touristische Orte architektonisch-baulich in einer Weise (um-)gestaltet, die den touristischen Betrachter in seiner Körperlichkeit von vornherein als Bestandteil des touristischen Bildes mit einbezieht.[102] Schließlich wird auch mit Körperbezug abgerechnet. Eintritte für wahrnehmbare Sehenswürdigkeiten werden ebenso wie Übernachtungspreise oder Stadtführungsteilnahmen pro Körper und nicht pro Blick oder pro Hören erhoben.

An den genannten Beispielen wird deutlich: Körper bilden die Grundlage der Ausdifferenzierung des städtetouristischen Angebots.[103] Auch wenn der Städtetourismus nicht primär auf körperliche Erholung zielt, wie z.B. das Wandern oder der Strandurlaub, spielen die Touristenkörper doch auch hier eine wichtige Rolle. Die Organisation des Städtetourismus muss die Leibgebundenheit touristischer Sinnestätigkeit in Rechnung stellen. Städte touristisch erfahrbar zu machen, bedeutet immer, sie körperlich-sinnlich erfahrbar zu machen. Aus der Perspektive sozialer (kommunikativer) Systeme gehören Wahrnehmung wie Körper zur nicht-kommunikativen Systemumwelt. Da der Städtetourismus aber auf körpergebundener Wahrnehmung basiert, besteht für die städtetouristische Kommunikation die Notwendigkeit, auf ihre körperliche und sinnliche Umwelt Rücksicht zu nehmen, und das heißt auch, von Körperlichkeit irritiert werden zu können.

Die Notwendigkeit einer körpersensiblen Kommunikation besteht nicht nur im Tourismus. Sie ist im Gegenteil ein in der modernen Gesellschaft weit verbreitetes Phänomen. „Jede noch so unwahrscheinliche

---

102 Was bekanntlich im Einzelfall durchaus zu Konflikten mit den, oft anders gelagerten, Interessen der Stadtbewohner führen kann; vgl. Frank 1999.

103 Auf touristische Körper referiert auch die Unterscheidung zwischen Männern und Frauen. Sie ist z.B. Voraussetzung für die Entwicklung von Stadtführungen für Frauen und von speziellen Themenführungen an ausgewählte „Frauenorte".

Ausdifferenzierung spezifischer Funktionsbereiche muss auf die Tatsache rückbezogen bleiben, dass Menschen in körperlicher Existenz zusammenleben, sich sehen, hören, berühren können. Noch so geistvolle, fast immateriell gelenkte Systeme wie Wirtschaft oder Recht oder Forschung können nicht ganz davon abheben. Sie [...] müssen [...] die Kontrolle der Körperlichkeit in den Symbolismus ihrer generalisierten Kommunikationsmedien einbeziehen; sie müssen Zeichen des Auslösens oder Verhinderns dafür bereithalten und entsprechende Erwartungsbildungen vorsehen. Die soziokulturelle Evolution nimmt nicht die Richtung von Materie zu Geist, von Energie zu Information; sie führt aber zu zunehmend anspruchsvollen, aspekthaften Kombinationen von Körperlichkeit und funktionsspezifischer Kommunikation" (Luhmann 1987, 337f.). Das Erfordernis, in der Kommunikation auf Körperlichkeit Rücksicht zu nehmen, kann man im Anschluss an Luhmann als *Symbiosis* bezeichnen; die entsprechenden Ausdrucksmittel, die in der Kommunikation eingesetzt werden, um die Kommunikation durch Bezug auf die Anwesenheit von Körpern abzusichern, als *symbiotische Mechanismen* (vgl. ebd. u. Luhmann 1981).

Luhmann zeigt, dass die funktionale Spezifikation von Kommunikationsbereichen und Kommunikationsmedien eine je verschiedenartige Absicherung des Körperbezugs erfordert und hervorbringt – im Falle der Macht z.B. über die Kontrolle der physischen Gewalt, im Falle der Liebe über die Kontrolle der Sexualität, im Falle von Eigentum und Geld über die Kontrolle der Bedürfnisse, im Falle der (wissenschaftlichen) Wahrheit über die Kontrolle der Wahrnehmung.[104] Dieser Vergleich demonstriert nicht nur die funktionssystemspezifische Variation symbiotischer Mechanismen. Er bestätigt darüber hinaus die schon angesprochene Ähnlichkeit von (Städte-)Tourismus und (Sozial-)Wissenschaft. Denn auch die symbolisch generalisierten Kommunikationsmedien des Städtetourismus – Städtereise und Destination (bzw. Stadt) – beziehen sich, was Symbiosis angeht, auf *Wahrnehmung*.

Als kommunikative Einrichtungen, die qua Kontrolle der städtetouristischen Wahrnehmung das Verhältnis von Kommunikation und Körperlichkeit regulieren, kommen nach der bisherigen Argumentation neben kulturellen vor allem räumliche Unterscheidungen in Frage. Räumliche Unterscheidungen dienen demnach nicht nur der Strukturierung des Wechselverhältnisses von Kommunikation und Wahrnehmung; in dieser Funktionalität wurden sie im vorangehenden Kapitel als Schemata untersucht. Vielmehr spezifizieren sie auch die Art und Weise, in

---

104 Vgl. hierzu neben den genannten Titeln auch: Luhmann 1994, 230; 1998, 378ff.

der städtetouristische Kommunikation mit Körperlichkeit umgeht. Wie anderen symbiotischen Mechanismen in anderen Kommunikationsbereichen der Gesellschaft kommt ihnen die wichtige Funktion zu, zu gewährleisten, dass die (Touristen-)Körper sich nicht unmittelbar nach dem, was das Bewusstsein ihnen suggeriert, sondern nach Maßgabe sozialer Konditionierungen verhalten (vgl. Luhmann 1998, 381). Exemplarisch verdeutlichen dies die raumbezogenen Informationen, die man in Broschüren, Reiseführern, auf Wegweisern oder Hinweisschildern und in Form von touristischen Orts-Bildern, Stadtplänen oder Skizzen findet. Als Produkte oder als Bestandteile der Produkte von strategisch operierenden Organisationen dienen sie nicht nur der Formulierung von Reiseversprechen oder der inhaltlichen Unterrichtung, sondern auch der körperlichen Orientierung, Steuerung und Synchronisierung der Touristen.[105] Dies erreichen sie über den oben rekonstruierten Zwischenschritt der Führung ihrer Wahrnehmung.

In diesem Zusammenhang liegt die Vermutung nahe, dass räumliche Unterscheidungen, die Lagepositionen und Blick- oder Bewegungsrichtungen von Beobachtern indizieren (hier/dort, rechts/links, oben/unten, hinein/hinaus usw.), sich zur körperlichen Orientierung und Steuerung gerade deshalb eignen, weil der für den Städtetourismus so bedeutsame Gesichtssinn ein gegenstands- und damit immer auch ein richtungsbezogener Sinn ist (vgl. Gosztonyi 1972, 69ff.). Die kommunikativ präformierte, räumlich codierte Wahrnehmung der Touristen begleitet und kontrolliert dann die Bewegung ihrer Körper (siehe dazu das im voranstehenden Kapitel angeführte Beispiel der Blindenführung). Sie leitet diese entlang entsprechend vorgezeichneter Wege, lässt sie konventionalisierte Sightseeing-Parcours „abarbeiten" (vgl. MacCannell 1999, 42ff.; Wenzel 2001, 134), platziert sie vor Gebäuden, navigiert sie durch Stadtviertel oder führt sie in ausgewählte Geschäfte, Hotels und Restaurants (vgl. Keul/Kühberger 1996).[106]

Nach den vorstehenden Ausführungen lassen sich auch die territorialisierende Verortung und die flächenräumliche Konstruktionsweise der Städte des Tourismus als Spezifierung des symbiotischen Mechanismus

---

105 Zur körperlichen Steuerungsfunktion der von Großorganisationen produzierten „Raumabstraktionen" im Allgemeinen vgl. Klüter 1986.

106 Die hier diskutierten räumlichen Unterscheidungen bzw. Schemata werden im Städtetourismus oft – z.B. bei der Formulierung von Besichtigungsrouten in Reiseführern – mit zeitlichen Unterscheidungen und Angaben verknüpft. Die dabei entstehenden, räumlich codierten und zeitliche Handlungsabläufe strukturierenden *scripts* ständen sicherlich im Vordergrund einer umfassenderen Untersuchung, deren Aufmerksamkeit dann stärker auch der Bedeutung zeitlicher Unterscheidungen zu gelten hätte.

Wahrnehmung bestimmen. Beide Verräumlichungsarten stellen ausgeformte Mechanismen dar, mittels derer im Städtetourismus das Verhältnis von Kommunikation, Wahrnehmung und Körper reguliert und auf die Erholungsfunktion der Städtereise (bzw. der Stadt) zugeschnitten wird. Dies soll in den beiden folgenden Kapiteln im Einzelnen ausgeführt werden.

Verdinglichung und Verortung

Als ein Ergebnis der obigen Bestimmung des Städtetourismus wurde festgehalten, dass im Städtetourismus praktisch alle der im Beobachtungsschema Kultur bezeichneten Vergleichsaspekte territorial indiziert sind. Diese Verortung durch Bezugnahme auf Punkte oder Ausschnitte der Erdoberfläche geht üblicherweise mit einer anderen Form der Verdinglichung einher – mit der Beobachtung von Menschen und materiellen Gegenständen (Häusern, Denkmälern, Cafés, Kunstobjekten in Museen usw.). Auf diese Weise wird die städtetouristische Vergleichsperspektive präzisiert und *konkretisiert*. Aus systemtheoretischer Sicht handelt es sich bei der verdinglichenden Verortung um eine *Externalisierung*. Denn sowohl Menschen und ihre Körper und Wahrnehmungen als auch physisch-materielle Gegenstände oder Territorien gehören zur nicht-kommunikativen Umwelt sozialer Systeme. Aufgrund ihres gegenständlich-materiellen Bezuges könnte man diese Externalisierung auch Hypostasierung, Substantialisierung oder Reifizierung nennen. Trotz ihrer Referenz auf Nicht-Kommunikatives bleibt die Externalisierung eine *soziale* Unterscheidung oder Beobachtung der Welt (z.B. ‚dieses hier'/ ‚jenes dort'). Als solche ist sie kontingent, könnte also immer auch anders getroffen werden (z.b. durch Bezug auf ein anderes Gebäude oder einen anderen Punkt der Erdoberfläche). Damit stellt sich insgesamt die Frage nach den städtetouristischen Funktionen dieser Beobachtungsweise. Wozu erfährt das Kulturschema eine Präzisierung durch Verdinglichung und territorialisierende Verortung?

Im Anschluss an das vorangehende Kapitel lässt sich in erster Näherung argumentieren, dass die externalisierende Beobachtung auf die Aufgabe reagiert, die städtetouristische Kommunikation im Hinblick auf Körperlichkeit und Wahrnehmbarkeit abzusichern und zu stabilisieren. So ist der Städtetourismus in dem Maße, in dem er auf die körperlich-sinnliche Wahrnehmung der Touristen Rücksicht nehmen muss, auch auf die Wahrnehmbarkeit (d.h. insbesondere Sichtbarkeit, aber auch Tastbarkeit usw.) dessen, was er anbietet, angewiesen. Mittels der externalisierenden Spezifikation wird die städtetouristische Wahrnehmung auf ausgezeichnete Objekte gelenkt. Ist sie durch das Kulturschema ohnehin gerahmt, wird die verbleibende Komplexität möglicher Wahrnehmungen derart weiter reduziert. Indem die kommunizierten Inhalte und Vergleichsaspekte an Gegenständen und Orten festgemacht werden, werden sie sinnlich erfahrbar. Gestützt wird diese Interpretation durch die Beobachtung, dass territorialisierende und verdinglichende Formen im Städtetourismus gerade dann vorkommen, wenn es um die Veranschaulichung und die Illustration von (regionalisierenden, historisierenden, heterogenisierenden) Differenzierungen geht (s. das Kapitel *Die Form des Städtetourismus*). Gegenstände und Orte werden auf diese Weise zu Trägern von Sinngehalten, zu „Bedeutungsträgern" von Differenz (vgl. Pütz 2003, 77). Beispielsweise werden die im Beobachtungsschema Kultur thematisierten Stadtbewohner, ihre Normen, Traditionen und Handlungsmuster häufig durch Gebäude, Fassaden oder Artefakte repräsentiert. Häuser, Straßen oder Plätze können im Städtetourismus Urbanität symbolisieren, Parks und Parkbänke Ruhezonen anzeigen. Denkmäler, Friedhöfe oder Fachwerkgebäude fungieren als Orte der Erinnerung und des Erinnerns (vgl. Assmann 1999, 298ff.). Bei all diesen Verortungen, Topographisierungen und Symbolisierungen ist der (die) touristische Beobachter(in) mit einbezogen. Verdinglichung und Territorialisierung verweisen auf Orte, die beobachtbar sind und fordern derart zur Beobachtung auf. Auch die im Städtetourismus relevanten räumlichen Unterscheidungen[107] referieren mehr oder weniger direkt auf den (potentiellen) Touristen, der von *hier* aus *dort* dieses und *drüben* jenes sehen kann, der sich *in* die Kirche (das Stadtviertel usw.) *hinein* bewegen kann und *dort rechts* vom Eingang die Treppe nach *oben* zur Kirchturmbesteigung findet usw. Die städtetouristische Semantik ist insofern eine „Semantik der Einschließung", da sie sich implizit in jeder Bezeichnung auf den touristischen Beobachter bezieht (vgl. Esposito 2002, 38). Wurde sie oben als eine Form der Ordnung der Kommunikation gedeutet,[108] so tritt mit der dinglich-territorial relationierten Symbolik eine weitere Bestimmung hinzu: Materialisiert und territorial verortet wird die Stadt des Tourismus auch zu einem „Phänomen für das (touristische) Bewusstsein" (Baecker 2004b, 257; Klammereinschub: AP).

So nahe liegend diese Ausführungen sein mögen, so unvollständig bleiben sie. Denn auch das Beobachtungs- und Vergleichsschema Kultur erfüllt schon die Funktion, die mit ihm bezeichneten Gegenstände (Gruppen, Handlungsweisen, Zeugnisse menschlicher Tätigkeiten usw.)

---

107   Bzw. die städtetouristisch relevanten räumlichen Schemata und symbiotischen Mechanismen (s. die voran stehenden beiden Unterkapitel).

108   Siehe das Unterkapitel *Städte des Tourismus als kultur- und raumbezogene Semantiken* des Kapitels *Die Form des Städtetourismus*.

für Städtetouristen sichtbar zu machen. Dies lässt vermuten, dass sich die Funktionen einer expliziten Verdinglichung und Territorialisierung im Städtetourismus nicht in der Verstärkung der Sichtbarmachung, in der gesteigerten Komplexitätsreduktion und in der Spezifizierung des symbiotischen Mechanismus Wahrnehmung erschöpfen. Um dieser Vermutung nachzugehen, lohnt eine Zwischenbetrachtung des Kulturschemas.

Als ein vergleichendes Schema der Beobachtung macht Kultur deutlich, dass die Dinge *beobachtet* werden, d.h. dass man sie auch anders sehen kann (vgl. Nassehi 2003a, 235). Dies gilt für alle Aspekte, die qua Kultur verglichen werden. Der Vergleich ermöglicht nicht nur Spezifizierung, er setzt auch kontingent. Er macht (zumindest implizit) darauf aufmerksam, dass das Verglichene nicht so sein muss, wie es ist, sondern auch anders sein könnte. Er löst Notwendigkeiten auf und setzt Kontingenzen an deren Stelle. Die Kontingenz der Kultur lässt nicht nur Identität zu einem Problem werden; so verweist das Beobachtungsschema Kultur implizit darauf, dass das Identische stets am Nicht-Identischen hängt und erst aus dieser Unterscheidung seine Identität bezieht. Auch Authentizität oder Wirklichkeit werden zu Problembegriffen (vgl. Luhmann 1995b, 48 u. 50). Die potentiell instabilisierende Wirkung wird dadurch, dass man im Modus der Kultur auch immer *andere* als die aktuell beobachteten Dinge beobachten und vergleichen könnte, noch verstärkt.

Das Kulturschema birgt also – von der Logik seiner vergleichenden Anlage her – eine Verunsicherung. Es betont das Paradox, dass wir alles, was wir sehen, so sehen, wie wir es sehen, *weil* wir es so sehen, wie wir es sehen. Es ist, mit anderen Worten, gefangen in der Kontingenz seiner Unterscheidungspraxis. Diese „Paradoxie der Sichtbarkeit" (Nassehi 2003a, 254) ist bekanntlich schwer auszuhalten: „Nicht nur theoretische Texte, sondern auch soziale Texturen und Prozesse müssen den drohenden *regressus ad infinitum* stoppen, wenn sie sich nicht in endlosen Reflexionsschleifen verlieren wollen" (ebd.). Relevant wird daher auch für Kultur das unterscheidungstheoretische Problem, das Luhmann am Beispiel der Geschlechterunterscheidung so formuliert: Brauchbar für die soziale Praxis seien Unterscheidungen nur dann, wenn sie selbst schon ein Moment an Asymmetrie enthalten, das die Paradoxie der Sichtbarkeit unsichtbar macht. Nur das habe ordnungsformende Wirkungen, und nur das mache den Unterscheidungsgebrauch tauglich für weitere, kondensierende Unterscheidungen (vgl. Luhmann 2003/1988, 20f.). Im Falle der Kultur diente z.b. oft die *andere* Seite – der Wilde für den Zivilisierten, der Franzose für den Deutschen, der Prolet für den Bürger, der Protestant für den Katholiken, der Orientale für den Europäer usw. – dazu, die präferierte Seite der Unterscheidung mit Erhabenheit zu belegen und so ein *crossing* auf die andere Seite der Unterscheidung zu unterbinden (vgl. Nassehi 2003a, 235).

Bezieht man diese formalen Überlegungen zum Beobachtungsschema Kultur auf das Feld des Städtetourismus, ist zunächst folgender Befund zu wiederholen: Der Städtetourismus ist ein gesellschaftlicher Bereich, der von der Kontingenzproduktion der Kultur gerade profitiert. So basieren die städtetouristischen Erholungsversprechen und Alltagsdistanzierungsmöglichkeiten auch auf der Betonung der im Alltag nicht erfahrbaren Kontingenzen, Varianzen und Alteritäten des Sozialen (s. das Unterkapitel *Erholung im Städtetourismus*). Diese Interpretation ist aber nur die halbe ‚Wahrheit'. Sie bezieht sich auf eine Kontingenzerfahrung, die als hochgradig organisierte Form des Erlebens bereits die Folge der Domestizierung des Kulturschemas *mittels Externalisierung* darstellt. Die städtetouristische Kontingenzerfahrung darf nicht mit der Einsicht in die Paradoxie der Sichtbarkeit verwechselt werden. Denn durch diesen „Geburtsfehler der Kontingenz" (Luhmann 1995b, 48) wird auch der Städtetourismus belastet. Es ist die Beobachtungsabhängigkeit und Relativität allen touristischen Erlebens, die die Organisation des Städtetourismus – gerade weil die städtetouristische Erholungserfahrung im Kern auf dem Beobachtungsschema Kultur beruht – zu invisibilisieren sucht.

Für die Organisation des Städtetourismus ist es von eminenter Bedeutung, die potentielle Instabilität des Kulturschemas zu kontrollieren sowie die Möglichkeit alternativer Beobachtungen und die Einsicht in die Kontingenz touristischen Erlebens zu minimieren oder zumindest zu kanalisieren. Für tourismusorientierte Betriebe und Städte, die sich um Touristen bemühen, wäre es problematisch, wenn Städtetouristen nicht die in einer Stadt lokalisierten Sehenswürdigkeiten bereisten und als Sehenswürdigkeiten beobachteten, wenn sie nicht die auf Touristen spezialisierten Events, Museen, Hotels oder Gastronomiebetriebe besuchten, sondern wenn sie sich ganz anders als erwartet verhielten und anderes oder gar andernorts beobachteten. Ebenso misslich wäre es, wenn sie überhaupt keinen Grund zur Städtereise sähen, da sie ihren Wohn- und Arbeitsort auch bei der Suche nach Erholung und nicht-alltäglichen Erfahrungen präferierten.

Vor diesem Hintergrund wird die Funktionsstelle deutlich, die Verdinglichung und Verortung im Städtetourismus einnehmen: Sie dienen der Asymmetrisierung und damit der Stabilisierung und Ordnung des potentiell instabilen Kulturschemas. Sie überführen die Kontingenz und das Irritationspotential des Beobachtungsschemas Kultur in die reduzierte, geordnete und nicht-beliebige Kontingenz der städtetouristischen Erholung, d.h. in die Erwart- und Erfahrbarkeit von Kultur, sozialer Variation und Veränderlichkeit an und durch konkrete Orte. Damit tragen sie entscheidend zur Ausdifferenzierung des Städtetourismus und zur Präformierung des städtetouristischen Blicks bei.

Die asymmetrisierende und ordnungsbildende Funktion wird an der Verortung der drei relevanten städtetouristischen Vergleichsperspektiven deutlich: Durch Territorialisierung wird eine Stadt des Tourismus (mit ihrer Kultur, ihren Menschen, Gebäuden, Angeboten usw.) im Vergleich zum Herkunftsort der Touristen und anderen möglichen Reisezielen zum konkreten, körperlich bereisbaren und sinnlich wahrnehmbaren Ort an der Erdoberfläche; als ausgezeichnete Elemente dieser Stadt werden Orte der Vergangenheit und des Erinnerns im Vergleich zu touristisch irrelevanten Orten herausgehoben; ähnlich (dis-)privilegierend und asymmetrisierend wirkt die dinglich-territorial relationierte Symbolisierung städtischer Vielfalt und Heterogenität (dieses hier, jenes dort versus anderes woanders). Derart erzeugt die Territorialisierung der Vergleichsperspektiven stabile, d.h. zeitfeste und scheinbar beobachterunabhängige, Kontexturen mit relativ eindeutigen Präferenzwerten. Auf ihr beruht daher die zentrale Erwartungsbildung, mit der der Städtetourismus operiert, nämlich die Erwartung, in einer bestimmten, körperlich bereisbaren Stadt und an bestimmten Raumstellen dieser Stadt Bestimmtes antreffen, sehen und erleben zu können. Diese Erwartung ist die Grundlage der Organisation des Städtetourismus sowie der Mobilisierung, Orientierung und Steuerung der Städtetouristen.

Als eine Form der Externalisierung stellt die Territorialisierung eine Verortung von *Objekten* bzw. objektivierten Kulturphänomenen (Menschen bzw. Menschengruppen als Träger, Produzenten und Ausdruck bestimmter Handlungsweisen; Häuser bzw. Häuser als Träger und Ausdruck bestimmter Baustile; usw.) an territorialen *Stellen*, d.h. an Punkten oder auf Ausschnitten der Erdoberfläche, dar. Man könnte, in gängigerer Diktion, auch von einer Lokalisierung von Objekten an Orten sprechen (vgl. Löw 2001, 198ff.). Das formbare Medium, auf dem jede Territorialisierung beruht, i.e.: die *Erdoberfläche*, ist selbst eine Formbildung im Medium des Raums (s. Unterkapitel *Systemtheoretische Raumkonzeption*). Als räumliche Form bzw. als Medium, das für weitere Formbildung zur Verfügung steht, ermöglicht die Erdoberfläche nicht nur, dass Objekte ihre Stellen verlassen – ein Gebäude wird entfernt – oder (Territorial-)Stellen durch neue Objekte eingenommen werden – etwas anderes wird gebaut. Ihr ist auch die „Ausschließlichkeit" des Raums eigen, dass also alle Stellen zu jedem Zeitpunkt immer nur einmal besetzt sein können – dort, wo ein Haus steht, kann kein anderes stehen. Außerdem ist die Erdoberfläche durch das Prinzip der Eindeutigkeit und Einzigartigkeit ihrer Stellen gekennzeichnet.

Dieser Eigenschaft verdankt die Territorialisierung ihre asymmetrisierende, ordnungs- und erwartungsbildende Funktion. Auch wenn die Bedeutung eines Gebäudes je nach Beobachtungskontext (Touristengruppe A, Touristengruppe B, städtisches Tourismusamt, Reiseführer oder Lokalpolitik) variieren mag, der Ort des Gebäudes ist eindeutig und einmalig. Mit der Einzigartigkeit der territorialen Stelle erhält auch jedes territorialisierte Objekt, jeder territorialisierte Vergleichsgesichtspunkt, einen (evt. zusätzlichen) Aspekt der Einzigartigkeit. Die städtetouristische Territorialisierung ermöglicht und verstärkt daher die Artikulation von Einmaligkeit (*hier*, an dieser Stelle, und nicht dort). Damit dient sie der für den touristischen Konkurrenzkampf so wichtigen Betonung der Besonderheit der Stadt (und ihrer Sehenswürdigkeiten), ihrer Verschiedenheit von anderen Städten und damit ihrer Bereisungswürdigkeit. Der Städtetourismus ist also *nicht* durch die Atopie gekennzeichnet, die Wöhler pauschal der gesamten jüngeren Tourismusentwicklung attestiert (vgl. Wöhler 2005). Er kann nicht irgendwo stattfinden. Auch wenn städtetouristische Elemente wie Musicals oder sonstige Events, die scheinbar überall platziert werden können, dies suggerieren mögen, als Destination basiert die Stadt des Tourismus im Normalfall gerade nicht auf einer territorialen Abstrahierung (ebd.). Im Gegenteil: Ihr Erfolg beruht ganz wesentlich auf der Produktion und Betonung von städtischer Identität und Individualität. Städtetourismus ist in diesem Sinne nicht nur ein „special-interest tourism", sondern auch ein „place-specific tourism" (Ashworth/Tunbridge 2000, 55). Um eine ‚orts-bewusste' Identität bemüht sich in zunehmendem Maße auch die Stadtentwicklungspolitik. In Zeiten erhöhter nationaler und internationaler Städtekonkurrenz sowie technologischer, architektonischer und kultureller Homogenisierung gewinnt das lokal Spezifische aus ihrer Sicht ebenfalls neue Bedeutung. Insofern ist es nicht überraschend, dass viele Städte den Ausbau des Städtetourismus vorantreiben. Sie begreifen den Städtetourismus als Mittel der Produktion von Lokalität und des Standort-Marketings.

Mit Bezug auf die Argumentation, dass es sich beim Tourismus zwar um einen hochgradig strukturierten und organisierten Kommunikationszusammenhang handelt, aber (noch) nicht um ein Funktionssystem,[109] lässt sich ein weiterer Grund für die Attraktivität der territorialisierenden Unterscheidung formulieren. Die Reproduktion der Funktionssysteme, also die codierte und mediengesteuerte Kommunikation, braucht sich um Anschlusswahrscheinlichkeiten und -möglichkeiten sowie um eigendynamische Ordnungsbildung kaum zu sorgen, weil gerade

---

109 Siehe das Unterkapitel *Ist der Tourismus ein Funktionssystem?* im Kapitel *Der Tourismus der Gesellschaft.*

die Rekursivität dieser Form von Kommunikation gesellschaftliche Ordnungsbildung ist (vgl. Nassehi 2003b, 100). Gesellschaftliche Teilbereiche wie der Städtetourismus dagegen, für die Interaktionen und Organisationen die maßgeblichen Systemtypen darstellen, laborieren – selbst wo sie die Kommunikation der Funktionssysteme mit vollziehen – viel stärker an Ordnungsproblemen, am Strukturaufbau. Sie sind daher empfänglicher für jede Art von kommunikativer Asymmetrie, in die sich Erwartungsbildung und damit Zeitfestigkeit einbauen lässt. Dass die Territorialisierung dies in besonderem Maße leistet, dass sie Erwartungsbildung ermöglicht sowie Zeitfestigkeit und Beobachtungsunabhängigkeit erzeugt, wird in diesem Kapitel vor allem im Hinblick auf die Formierung des touristischen Blicks und die Mobilisierung der Touristen dargestellt. Die exemplarische Rekonstruktion der Entwicklung einer städtetouristischen Destination im letzten Teil der Arbeit zeigt, dass die territorialisierende Unterscheidung auch im Hinblick auf Strukturbildungen in und zwischen den am Städtetourismus beteiligten Organisationen funktional ist. So können soziale Systeme, die an der Organisation des Städtetourismus beteiligt sind (also z.B. kommunale Tourismusämter, Museen, Prospektdesigner und -autoren, Reiseführungen, Reiseunternehmen) durch die externalisierende Beobachtung scheinbar objektiver und eindeutiger territorialer Relevanzen (Orte, territoriale Grenzen, Wege) zum einen wichtige Orientierungs- und Bezugsmöglichkeiten für interne Kommunikationsprozesse gewinnen. Sie orientieren und stabilisieren ihre alltägliche Arbeit im Rekurs auf dinglich-materielle, territoriale Evidenzen, die sie letztlich – mit der Form ihrer Beobachtung (d.h. Unterscheidung und Bezeichnung) – selbst erzeugt haben und an die sie dann weitere Beobachtungen, Unterscheidungen und Entscheidungen anschließen können. Zum anderen stellt der gemeinsame Bezug auf das Territorium bzw. die Territorialität der städtetouristisch relevanten Dinge (Sehenswürdigkeiten, Übernachtungs-, Verpflegungs- und Vergnügungsmöglichkeiten) einen einfachen und effektiven Mechanismus der Systemvermittlung und Netzwerkbildung dar.[110] Damit lässt sich die Territorialisierung insgesamt als ein erfolgreicher Versuch beschreiben, in die städtetouristische Kommunikation Ordnungselemente, semantische Andockpunkte und Referenzmöglichkeiten einzubauen, die sich im Rekurs auf außersoziale Eindeutigkeiten und Klarheiten (i.e. die Erdoberfläche, die auf ihr unterscheidbaren Stellen und die an ihnen lokalisierten materiellen Objekte) stabilisieren.

---

110 Siehe das Unterkapitel *Altstadt als Mechanismus der Systemvermittlung und Netzwerkbildung* im Kapitel *Ortssemantik und städtetouristische Entwicklung*.

Die auffällige Robustheit der verdinglichenden, territorialisierenden Unterscheidung im Städtetourismus ist nicht nur Folge ihres vielfältigen und wiederholten Gebrauchs. Sie wird vielmehr entscheidend dadurch verstärkt, dass sie sich über Wahrnehmung selbst plausibilisieren kann: Eine Stadt, ihre Gebäude, Plätze, Sitzbänke, Straßen, Menschen oder kulinarischen Angebote kann man, wenn man sie körperlich bereist, sinnlich wahrnehmen. Dabei bereitet der externalisierende Bezug auf Physisch-Materielles der Ontologisierung und Naturalisierung den Boden. Im wahrsten Sinne des Wortes materialisiert und erdet er den touristischen Diskurs. Die Evidenz des materiell Sichtbaren simuliert ontologische Eindeutigkeit und Beobachtungsunabhängigkeit. Im Territorium bzw. im Materiellen scheint sich eine Eindeutigkeit und Objektivität zu manifestieren, die der Arbitrarität des Beobachtungsschemas Kultur Hohn spricht. Es fungiert als Chiffre des unbezweifelbaren ‚Außenkontaktes‘, als ‚Außenhalt‘ und Wahrheitsgarant (vgl. Wöhler 1998, 8ff.). Wie der Körper (vgl. Egner 2002, 94ff.; Nassehi 2003b, 94) ist auch das Territorium authentisch, es ist quasi natürlich. Es steht für das ‚reale‘ Substrat der Stadt, für schlichte Ontologie. Denn ebenso wie die *Existenz* von Städten wird niemand die *Existenz* von Sehenswürdigkeiten an bestimmten Orten oder erdoberflächlichen Stellen bestreiten wollen. Wer daran zweifelt, möge versuchen, Notre-Dame in Paris dort nicht zu sehen, wo sie laut touristischer Prospektauskunft zu sehen sein soll. Das Beispiel zeigt noch mehr: In der persönlichen Anschauung, im städtetouristischen Erleben, sind Symbolik und Materialität stets vermischt.[111] Sie zu unterscheiden, stellt eine Beobachtungsweise dar, die aus analytischen Gründen in der Wissenschaft weit verbreitet ist, die aber weder der alltäglichen noch der touristischen Praxis entspricht. Der Tourist sieht nicht Zeichen, Steine oder erdoberflächliche Punkte. Er sieht (und zwar dort, wo er sie erwartet) Notre-Dame, zumindest eine Kirche.

Auf diese Weise erzeugen Verdinglichung und Territorialisierung im Städtetourismus immer wieder jene Erfahrung neu, dass man Orte, ihre Besonderheiten und Bedeutungen, und das heißt im Sinne der eingespielten städtetouristischen Asymmetrie zumeist: alltagsfremde Orte und Praktiken, sinnlich erfahren kann. Vor allem kann man sie sehen. Die körperliche Bereisung und der verortende Blick ermöglichen die häufig beschriebene städtetouristische Erfahrung von *Authentizität*. Die kommunizierten Stadtbilder und Ortsmythen (oder auch andere, davon abweichende) werden an *Ort und Stelle* mit den eigenen Sinnen erlebt. Zumeist werden diese Erlebnisse kommunikativ begleitet und nachberei-

---

111 In den Worten der Raumsoziologin Löw: „Jede Platzierung hat einen symbolischen und einen materiellen Aspekt" (Löw 2001, 200).

tet[112] sowie materiell[113] und technisch[114] dokumentiert. Diese Praktiken unterstreichen und versichern die Authentizität der touristischen Erfahrungen (vgl. Hughes 1995, Wang 1999).

Von besonderer Bedeutung für das städtetouristische Authentizitätserlebnis ist der Genuss von städtischen Atmosphären. Auch ihn kann man aus der Praxis der territorialisierenden Verortung ableiten. Denn ein „besetzter Raum lässt Atmosphäre entstehen. Bezogen auf die Einzeldinge, die die Raumstellen besetzen, ist Atmosphäre jeweils das, was sie nicht sind, nämlich die andere Seite ihrer Form; also auch das, was verschwinden würde, wenn sie verschwänden. Das erklärt die ‚Ungreifbarkeit' des Atmosphärischen zusammen mit der Abhängigkeit von dem, was als Raumbesetzung gegeben ist. Atmosphäre [...] entsteht dadurch, dass jede Stellenbesetzung eine Umgebung schafft, die nicht das jeweils festgelegte Ding ist, aber auch nicht ohne es Umgebung sein könnte. Atmosphäre ist somit das Sichtbarwerden der Einheit der Differenz" von Stellen und Objekten (Luhmann 1997, 181). Dieses Argument lässt sich problemlos um die Wahrnehmung relationaler Beziehungen zwischen platzierten und sich platzierenden Objekten erweitern (vgl. Löw 2001, 205). Dabei können Städtetouristen einerseits als beobachtende Systeme verstanden werden, die sich körperlich im Verhältnis zu anderen Körpern platzieren und die im Akt der Wahrnehmung (d.h. der Platzierung, Relationierung und Synthetisierung) verschiedener Objekte an territorialen Stellen (einschließlich ihrer selbst) spezifische Orte und Atmosphären entstehen lassen (vgl. ebd. sowie Wöhler 2005, 3). Andererseits werden Touristen durch ihre körperliche Präsenz und Bewegung immer auch zu wahrnehmbaren (d.h. platzier-, relationier- und synthetisierbaren) Objekten für andere touristische Beobachter, mithin zu möglichen Elementen ihrer städtetouristischen Orientierung sowie ihrer Wahrnehmung städtischer Orte und Atmosphären (vgl. z.B. Keul/Kühberger 1996; Wenzel 2001, 151).

Die Beobachtung, dass unterschiedliche Städtetouristen auch bei der Bereisung der gleichen Stadt unterschiedliche Städte erleben, widerspricht der über Territorialisierung und Wahrnehmung vermittelten Authentizitätserfahrung keineswegs. Denn je nach Geschmack, Information, Präferenz, Geschlecht oder Herkunftskontext können sich Städte-

---

112 „Ich hätte nie gedacht, dass XY so beeindruckend ist"; „guck mal hier, wie toll"; „dieses und jenes habe ich hier und dort gesehen"; vgl. MacCannell 1999, 135ff.

113 Durch Erwerb, Weitergabe oder Pflege von Konsumgütern, Postkarten, Souvenirs; vgl. Markwick 2001.

114 Durch die Aufnahme und das Zeigen von Fotos und Filmen; vgl. Mandel 1996.

touristen aus dem etablierten Formenvorrat der gewählten Stadt des Tourismus bedienen und die semantischen Bestandteile scheinbar individuell kombinieren. Die *konkreten* Bestimmungen einzelner Dinge und Orte, die aus der Verdinglichung und Verortung des Kulturschemas resultieren, sind ihrerseits offen für die Verbindung mit Kontingenz. Sie „ernähren" sich von „kontextuellen Beiträgen" (Esposito 2002, 45) und ermöglichen in diesem Sinne kontrollierte Komplexität. Wöhler beschreibt diese wichtige Fähigkeit städtetouristischer Semantiken am Beispiel Salzburgs folgendermaßen: Der Tourist könne z.b. die Hohensalzburg, Mozarts Geburtshaus und das Marionettentheater miteinander verbinden. „Für ihn ist dann diese Verknüpfung Salzburg (gewesen). Der Tourist wählt aus der dargebotenen Palette das aus, was seinem Geschmack entspricht. Der Tourist ist also kein bloßer Nachahmer; er entscheidet und wählt aus dem Vorausgehenden (d.h. z.b. aus dem im Prospekt Dargelegtem) etwas aus, das so nicht (vor-)gegeben ist: Er bringt für sich selbst Salzburg zur Aufführung; er ist performativ und mimetisch zugleich. Durch dieses mimetisch performative Handeln schafft er sich seine Salzburg-Welt und er erwirbt sich dabei ein unumstößliches Wissen über Salzburg [...]. Das wirkliche bzw. authentische Salzburg kann ihm niemand streitig machen, hat er es doch eigens gesehen, erlaufen oder sonst wie sinnlich wahrgenommen und somit inkorporiert" (Wöhler 2003, 23).

Man kann das Vorangehende wie folgt zusammenfassen: Indem der Städtetourismus die Wahrnehmung der Städtetouristen in Anspruch nimmt, indem er auf ihre Anwesenheit (in der Stadt des Tourismus) baut, indem er über die verdinglichende und territorialisierende Rahmung ihrer Wahrnehmung Ontologien und authentische Erfahrungen (re-)produziert, bietet er insgesamt eine perfekte *Paradoxieentfaltung* an: Verdinglichung und Verortung invisibilisieren die Paradoxie der Sichtbarkeit (die darin besteht, dass Touristen alles, was sie sehen, nur so sehen, weil sie es – infolge entsprechender, sozial konstruierter Unterscheidungen – so sehen). Durch die *territoriale* Codierung der Städte des Tourismus dunkeln sie außerdem ab, dass sich die Herstellung dieser Orte translokalen Netzwerken verschiedener, primär ökonomisch orientierter Organisationen verdankt. Die Unsichtbarmachung der sozialen (tourismusindustriellen) Konstruktion des touristischen Blicks gelingt dadurch, dass Verdinglichung und Territorialisierung als Formen der Externalisierung das Beobachtungsschema Kultur asymmetrisieren und diese Asymmetrisierung über die touristische Wahrnehmung abstützen und plausibilisieren. Auf diese Weise reproduzieren oder fördern sie den Glauben an das So-Sein der beobachteten Dinge und tragen wesentlich zum Aufbau einer städtetouristischen Ordnung bei.

Die soziale Konstruktion des Städtetourismus wird spätestens in dem Moment unsichtbar, in dem die Stadt des Tourismus zum wahrgenommenen Objekt, zum Phänomen des Bewusstseins, wird. Die eine Stadt bereisende Städtetouristin ist nicht nur Beobachterin zweiter Ordnung, die Städte, ihren historischen Wandel, ihre Bewohner und deren Handlungsweisen, Baustile und sonstige Zeugnisse menschlicher Tätigkeiten wie von außen vergleichend beobachtet. Im Vollzug ihrer körperlichen Bereisung und ihrer sinnlichen Wahrnehmung der Stadt wird sie immer auch zur objekt- und territoriumsbezogenen Beobachterin erster Ordnung, die nur wahrnehmen kann, was sie wahrnimmt – und nicht *gleichzeitig* die Abhängigkeit ihrer Wahrnehmung von den wahrnehmungsleitenden (sozial konstruierten) Unterscheidungen.

Freilich lässt sich diese Abhängigkeit zeitversetzt – also zum Beispiel *nach* einer Städtereise oder beim *Wiederholungs*besuch einer Stadt – reflektieren. Als eine Form der Beobachtung zweiter Ordnung ändert jedoch eine solche Reflexion nichts daran, dass die Städtetouristin *während* ihrer körperlichen Bereisung und sinnlichen Wahrnehmung der Stadt stets (also auch im Wiederholungsfall) auch Beobachterin erster Ordnung ist. Erst dadurch sammelt sie die authentischen Erfahrungen, die sie zur Reflexion des historischen Wandels dessen, was sie beobachtet hat, oder zur Reflexion der Unterscheidungen, die ihren angestellten Beobachtungen zugrunde liegen, motivieren mögen.

Die Wahrnehmungsfähigkeit der territorialisierten Stadt des Tourismus und ihre enorme Widerstandsfähigkeit gegen die Sichtbarmachung ihrer paradoxen Konstruktion gilt daher selbst für die Fälle, in denen Touristen sich der sozialen (Re-)Konstruktion städtischer Sehenswürdigkeiten und Angebote bewusst sind oder gerade ihre Inszenierung genießen. Anders als diejenigen Städtetouristen, die auch heute noch die Sehnsucht nach authentischen Erlebnissen oder die Suche nach Echtheit und Originalität zu einer Städtereise motiviert, suchen bekanntlich viele schlicht Unterhaltung und Fun in populärkulturellen Arrangements. Wieder andere haben die Suche nach dem Unverfälschten in Zeiten des organisierten Städtetourismus längst aufgegeben und geben sich deshalb keiner klassischen Authentizitätsillusion mehr hin. Aber auch in sog. künstlichen Freizeitwelten (z.B. im Musical oder in der Shopping Mall), bei der Teilnahme an städtischen Events (z.B. an der Love Parade in Berlin), beim postmodernen Spiel mit Zeichen und Symbolen (z.B. beim „Speisen wie zu Lottes und Goethes Zeiten" in Wetzlar; s.u.: *Fallbeispiel Wetzlar*) oder bei der unter ‚kritischen' Reisenden beliebten Dekonstruktion „inszenierter Authentizität" durch den vergleichenden Blick vor und hinter die Kulissen (vgl. MacCannell 1973) machen Touristen als Beobachter erster Ordnung authentische Erfahrungen. Denn für Beobachter erster Ordnung ist auch die Beobachtung inszenierter Authentizität eine authentische Erfahrung. Als ‚Authentizitätsanker' dient auch hier die eigene *körpergebundene* und *dingbezogene Wahrnehmung* vor *Ort*.

Städtetouristische Bereisung und körpergebundene Wahrnehmung der Stadt konstituieren eine Praxis, die sehr interaktionsnah gebaut ist. Städtetouristen reisen häufig in kleinen oder größeren Gruppen, nehmen an Führungen und Veranstaltungen teil, interagieren (auch als Einzelne) mit Stadtbewohnern, den in der Stadt Beschäftigten oder sonstigen Personen, auf die sie auf Straßen, Plätzen, in Gaststätten oder an anderen Orten treffen. Selbst die Besichtigung von materiellen Sehenswürdigkeiten durch einzeln oder in Paaren reisende Touristen ist eine interaktionsähnliche Tätigkeit. Denn Städtetouristen, die sich und andere vor Sehenswürdigkeiten platzieren, beobachten und fotografieren, „sehen nicht nur das Sehenswürdige, sie sehen auch sich selbst beim Sehen des Sehenswürdigen. [...] Der touristische Blick wird von seinen Gegenständen reflektiert, nicht bloß absorbiert" (Wenzel 2001, 151). Vor diesem Hintergrund der interaktionsnahen, auf Sichtbarkeit, wechselseitiger Wahrnehmung und körperlicher Anwesenheit beruhenden städtetouristischen Praxis wird eine Funktion der territorial und materiell definierten Bezüge im Städtetourismus deutlich, die oben zwar schon anklang, aber noch nicht weiter ausgeführt wurde: Verdinglichung und Territorialisierung tragen als sozial konstruierte und normierte Perzeptionsschemata auch zur Ordnung und Stabilisierung der städtetouristischen Interaktionen und interaktionsähnlichen Beziehungen zwischen Städtetouristen und Städten des Tourismus bei.

Im Vergleich zu den weit komplexeren Systemtypen Organisation und Funktionssystem stellt die Interaktion ein einfaches Sozialsystem mit sehr geringer gesellschaftlicher Reichweite dar. Interaktionen sind flüchtig und sehr unbeständig. Konstituiert durch körperliche Anwesenheit, Aufmerksamkeit und einen thematischen Bezug sind sie äußerst instabil (vgl. Kieserling 1999, Ziemann 2003). Ihr Zustandekommen und ihre Fortsetzung sind permanent durch die Wahl von Abwesenheit, unkonzentriertes gedankliches Abschweifen oder Beitragsverweigerung gefährdet. Für eine stabile Reproduktion laufender Interaktionen ist daher eine verhältnismäßig rigide Kopplung der drei Kommunikationsbestandteile Information, Mitteilung und Verstehen erforderlich. Genau dies leistet die Orientierung an erdoberflächlichen Stellen und Ausschnitten sowie an den auf ihnen platzierten physisch-materiellen Objekten. Sie reduziert die Instabilität und die sozialen Kontingenzen der städtetouristischen Interaktionen. Denn Territorien und Gegenstände können nicht nur zu Objekten oder Hintergrundkulissen der Wahrnehmung und damit zu Elementen des in der synthetischen Anschauung entstehenden „Raumbewusstseins" (Ziemann 2003, 139) der Städtetouristen werden. Als solche können sie auch zeitgleich ablaufende Kommunikationsprozesse irritieren und derart zum Orientierungsrahmen oder Thema von Interaktionen werden.

Im Zusammenhang der Quasi-Interaktion zwischen Städtetouristen und Städten des Tourismus entfaltet sich darüber hinaus die mnemotechnische Wirkung topographischer Semantiken. Mit ihrer charakteristischen Verdinglichung und Verortung reproduziert die städtetouristische Semantik die Vorstellung, dass auch Ideen, Kulturen, Bedeutungen usw. ihren Ort haben. Sie reproduziert eine „Vorstellung des Findens" und eine Aufforderung, „Ideen an ihrem Ort aufzusuchen" (Esposito 2002, 41). Verdinglichung und territorialisierende Verortung ermöglichen dann nicht nur Gedächtnisstützen, Orientierung und konkrete Suchbewegungen der Touristen. Sie garantieren zugleich Beständigkeit und Wiederauffindbarkeit der Sehenswürdigkeiten. Außerdem fungieren sie als Hilfsmittel einer Kommunikationsvermeidungskommunikation (vgl. Luhmann 1998, 235): Territoriale Ausschnitte und lokalisierte Dinge werden zu Objekten mit Aufforderungscharakter, zu Inhalten und Grenzen der Besichtigung, zu Richtungsweisern, Orientierungspunkten oder Erinnerungseinheiten.

Nach allem Gesagten ist die eingangs angesprochene Konkretisierung der städtetouristischen Kulturperspektive qua Verdinglichung und Verortung durchaus wörtlich zu nehmen: Plätze kann man sehen, Kirchenglocken hören, Fassaden anfassen, Körper fühlen, Düfte riechen, Atmosphären empfinden. Städtetouristen erfahren sich und die bereisten Städte in einem unmittelbaren Objektverhältnis. Anders formuliert: Der oft beklagten Abstraktheit der modernen Gesellschaft setzt der Städtetourismus Tangibilitäten und konkrete Anschauungen entgegen. Durch ihren Bezug auf konkrete Materialität und die Plausibilität der Sichtbarkeit bietet die Stadt des Tourismus nicht nur nicht-alltägliche Eindeutigkeitserfahrungen und Wahrheitserlebnisse, sondern auch „Gesellschaft zum Anfassen" (Jähner 1988, 231). Angesichts der Immaterialisationstendenzen der zeitgenössischen Kommunikation liegt hierin offenkundig ein besonderer Reiz. Die damit wieder aufgenommene Frage der Erholungsfunktion der touristischen Städtereise wird nachfolgend weiter beleuchtet.

Alltagsdistanz durch Flächenräume

Wie dargelegt, sind im Städtetourismus kulturelle und territorial verortende Beobachtungsweisen eng verknüpft. Die im Modus der Kultur geformten Vergleichsperspektiven und Vergleichsaspekte werden durch die Projektion auf Stellen bzw. Ausschnitte der Erdoberfläche und auf erdoberflächlich lokalisierbare Gegenstände verortet. Diese Territorialisierung (oder Regionalisierung) erzeugt eine flächenräumliche Konstruktionsweise von Stadt. Die Städte des Tourismus lassen sich als flächenförmige (bzw. behälterförmige), erdräumlich begrenzte und intern segmentär strukturierte Gestalten beschreiben. Territoriale Ausschnitte, physisch-materielle Objekte (z.B. Gebäude, Straßen, Menschen) und Kultur (Handlungsweisen, Zeichen, Geschichte, Bedeutungen usw.) verschmelzen im Städtetourismus zu zwei- bzw. dreidimensionalen ‚kulturräumlichen' Orts-Einheiten (s. Kapitel *Die Form des Städtetourismus*).

Auf diese Weise wird der touristische Blick auf Zusammengehörigkeiten und Ganzheiten gelenkt. Homogenitätsannahmen über die in der Stadt oder ihren Stadtteilen lokalisierte soziale Welt sind daher ebenso gängig wie die Vorstellung der Deckungsgleichheit und Zusammengehörigkeit von Kultur und Territorium. Auf Ganzheitlichkeit und Einheit schielen die Städte des Tourismus selbst bei der Betonung von Heterogenität und Vielfalt. Auch in diesen Fällen stellt das städtische Territorium das Band dar, das Zusammenhalt und Ganzheit symbolisiert: Die Beobachtung (bzw. Verortung) des Unterschiedlichen an unterschiedlichen städtischen (Raum-)Stellen impliziert die Zusammengehörigkeit und die Gleichzeitigkeit des Unterschiedlichen in der Einheit der Stadt.

Diese Beschreibung wirft die Frage nach den Gründen für die städtetouristische (Re-)Produktion von Flächenräumen auf. Warum werden im Städtetourismus Territorium (bzw. Ort) und Kultur semantisch miteinander „verklebt" (Hard 2002, 279)? Welche Funktionen erfüllt die flächenräumliche Konstruktionsweise von Stadt im Tourismus? Zur Beantwortung dieser Fragen ist, aufbauend auf der bisherigen Argumentation, zunächst auf die touristische Wahrnehmung und die damit verbundene Notwendigkeit der Konstruktion körper- und gegenstandsbezogener Formen hinzuweisen. So ist die räumliche Form der städtetouristischen Konstruktion angesichts der von Tourismusorganisationen und Städtetouristen gleichermaßen erstrebten körperlich-sinnlichen Bereisung, Wahrnehmung und Erfahrung von Städten wenig überraschend. Anders als z.B. Netzwerke oder relationale Raumkonstruktionen, die Ordnungs- und Beziehungsstrukturen koexistierender Dinge und Menschen bezeichnen, verweisen städtetouristische Flächenräume auf ausgedehnte, gleichwohl territorial zusammenhängende und vergleichsweise statische Einheiten. Als solche lassen sie sich einerseits ,wie von au-ßen' betrachten und vergleichen (z.b. in Broschüren, auf Stadtplänen oder von höher gelegenen Aussichtspunkten herab). Andererseits kann man sie offensichtlich auch körperlich betreten, begehen, durchqueren, in sie eintauchen, sich in ihnen bewegen, sie erleben, sie mit allen Sinnen erkunden und ,von innen' besichtigen – dies zumindest suggeriert die durch die innen/außen-Unterscheidung präformierte städtetouristische Wahrnehmung.

Hinzu kommen nun die beschriebenen Eigenschaften städtetouristischer Territorialisierungen und Flächenraumkonstruktionen: Sie artikulieren Einheit, kreieren Übersicht, symbolisieren Zusammengehörigkeit und Ganzheit. Die hierin liegende ,Erholungsfunktion' lässt sich vor dem Hintergrund dessen, was in der Soziologie unter Stichworten wie zunehmende Differenzierung der Gesellschaft, Komplexitätszuwachs, Desintegration oder Unübersichtlichkeit diskutiert wird, plausibilisieren.

Auf die funktionale Differenzierung der modernen Gesellschaft in unterschiedliche Sinn- und Kommunikationssphären, in die Einzelpersonen nur noch rollenspezifisch inkludiert sind, hat schon Max Weber aufmerksam gemacht. Dieser bis heute anhaltende und sich weiter verstärkende Prozess hat den enormen Komplexitätszuwachs der modernen Gesellschaft ermöglicht. Die voneinander divergierenden Rationalitäten und Logiken der sozialen Teilsysteme begründen zudem, dass die Phänomene, die heute häufig mit dem Begriff der Desintegration belegt werden (vgl. z.b. Heitmeyer 1994), aus gesellschaftstheoretischer Sicht (d.h. hier: aus der Perspektive der Theorie funktionaler Differenzierung) als „Normalfall moderner Vergesellschaftung" (Nassehi 1997, 126) aufzufassen sind. Niemand gehört in der modernen Gesellschaft nur noch einem gesellschaftlichen Teilsystem an. Vielmehr wird von Personen eine gleichzeitige, aber immer nur partielle Zugehörigkeit zu und Teilnahme an den verschiedenen Teilsystemen verlangt – eine Zumutung, die die alltägliche Identitätskonstruktion zur notwendigen, aber oft prekären, Daueraufgabe macht.[115] Ebenso unbestritten dürfte sein, dass es durch gesellschaftliche Ausdifferenzierung und Komplexitätssteigerungen zum Verlust einer einheitlichen Perspektive auf die Welt gekommen ist. Auch die Wissenschaft kann schon seit langem nur noch den alltäglichen, lebensweltlichen Eindruck bestätigen, dass „moderne Gesellschaften keinen zusammenhängenden Sinn mehr ergeben, dass sie in isolierte Aspekte und Komponenten zerfallen, die einander kaum zur Kenntnis nehmen" (Willke 2000, 199). „Die hochgezüchteten Technologien, Fer-

---

115 Siehe dazu das Unterkapitel *Das gesellschaftliche Bezugssystem des Tourismus* im Kapitel *Der Tourismus der Gesellschaft.*

tigkeiten, Spezialisierungen und Wissensbestände der Teilsysteme summieren sich zu einer bespiellosen kollektiven Ignoranz; die ungesteuerten Rationalitäten der Teile zementieren die Irrationalität des Ganzen" (ebd., 216). Die Folge ist die „faktische und ‚gewusste' Unsicherheit im Hinblick auf jegliches als sicher erachtbares Wissen, da es nur noch begrenzte (i.s. von systemlogikkompatible) Reichweite haben kann" (Redepenning 2006, 132).

Diese für die moderne Gesellschaft symptomatischen Alltagserfahrungen der Unsicherheit sowie der gesellschaftlichen Fragmentierung und Unübersichtlichkeit führen, so kann man annehmen, zu einem erhöhten Bedarf an Orientierung, Übersicht und Stabilisierung, an Komplexitätsreduktion und Sicherheitsproduktion. Es ist dieser gesellschaftliche Hintergrund, vor dem der Städtetourismus mit seinen Flächenraumkonstruktionen die Möglichkeit nicht-alltäglicher Ganzheits- und Einheitserfahrungen anbietet. MacCannell demonstriert, dass dieser Zusammenhang bereits am Beispiel des Paris-Tourismus im frühen 20. Jahrhundert nachweisbar ist. Die von ihm rekonstruierten Besichtigungspraktiken britischer und US-amerikanischer Städtetouristen zeigen, dass auf der touristischen Parisreise, neben anderem, unterschiedliche lokale Arbeitsweisen besichtigt wurden.[116] Die Verortung dieser ‚Sehenswürdigkeiten' *in* der Stadt Paris, d.h. ihre Besichtigung und Interpretation als *Pariser Arbeitswelt*, ermöglichte den Touristen nicht nur die exemplarische Einsicht in fremde Formen moderner Arbeitsteilung, beruflicher Spezialisierung und Rollendifferenzierung, sondern auch die holistische Erfahrung einer im eigenen Alltag nicht erfahrbaren *Einheit* des Differenten (vgl. MacCannell 1999, 51ff.).

Diese Funktion städtetouristischer Raumkonstruktionen wird angesichts der gesellschaftlichen Veränderungen in den letzten Jahrzehnten noch deutlicher. Im Vergleich zu der von MacCannell untersuchten Zeit sind insbesondere zwei gravierende Veränderungen zu nennen. Die erste besteht darin, dass sich die heutige Gesellschaft nicht nur im Grade ihrer Komplexität und in der Geschwindigkeit ihres Wandels verändert hat, sondern dass auch die Kommunikation über diese Komplexität und Dynamik drastisch zugenommen hat (vgl. statt vieler: Castells 1997). Träger und Verstärker dieser Entwicklung sind die Massenmedien, die die Kommunikation über gesellschaftliche Komplexität und Dynamik führen und auf diese Weise gesellschaftliche Realität generieren (vgl. Luhmann 1996, 121). Aus ihrer Funktion, allgemein zugängliche Informationen zu erzeugen, und aus ihrer Konkurrenz untereinander resultiert

---

116 Siehe dazu auch das Unterkapitel *Regionalisierung* im Kapitel *Die Form des Städtetourismus*.

eine Hypertrophierung der Informationsangebote. Damit nimmt die Unübersichtlichkeit der Welt weiter zu, was zugleich zu einem erhöhten
Bedarf an Orientierung und Unsicherheitsreduktion führt (vgl. Redepenning 2006, 132).

Die zweite hier interessierende Veränderung der jüngeren Vergangenheit könnte man als alltägliche Erfahrung der Entterritorialisierung
oder wenigstens als Veränderung der alltäglichen Raumerfahrungen bezeichnen. Auch die mit diesen Bezeichnungen verbundenen Phänomene
sind vielfach untersucht und belegt. Exemplarisch sei das zunehmende
Wegbrechen territorialisierter Gruppenidentitäten und Einheiten, wie sie
im „nationalen Zeitalter" (Berndt/Boeckler 2005, 102) etwa mit der Ar-
beiterkultur im Ruhrgebiet oder mit dem Konzept des nationalen Terri-
torialstaates verbunden waren, genannt. Im Zusammenhang mit dem Erfolg neuer Kommunikations- und Verkehrstechnologien sowie der durch
sie weiter beschleunigten Globalisierungsprozesse diagnostizieren So-
zialwissenschaftler(innen) das „globale Zeitalter" (ebd.), die mit ihm
einhergehende Auflösung territorialer Bindungen, die Entwertung territorialer Standorte und räumlicher Entfernungen (vgl. Cairncross 1997),
die Zersplitterung oder Fragmentierung des einheitlichen, homogenen
(Lebens-)Raums (vgl. Clayton 2002), die Ausbreitung postfordistischer,
räumlich wie sozial hochgradig flexibilisierter Produktions-, Arbeits-
und Konsumweisen (vgl. Hirsch 2001), Suburbanisierung und Bedeutungsverlust der Stadtzentren, die Abschwächung oder das Zerfließen
des Stadt-Land-Gegensatzes (vgl. Bahrenberg 2003; Matthiesen 2003,
264). Die Struktur der globalisierten Weltgesellschaft sei heute poly-
oder gar dezentral und von netzförmigem Charakter (vgl. Castells 1996).
Wie ihre anderen Räume würden auch ihre unwirtlich gewordenen Städte durch vielfältige Ströme von Bildern, Informationen, Kapital, Arbeit,
Waren und anderem beherrscht. Hingewiesen wird aber auch darauf,
dass die bisherigen gesellschaftlichen Organisationsformen des Nebeneinanders und die mit ihnen verbundenen territorialen Raumkonzepte
nicht nur aufgelöst, sondern auch durch neue Räume abgelöst oder ergänzt würden. Es komme zu neuen räumlich markierten Grenzziehungen
(vgl. Schroer 2006) und zur Ausbildung dynamischer, sich rasch verän-
dernder und sich vielfältig überlappender relationaler Räume, die verschiedene, auch weit voneinander entfernte Orte miteinander verknüpften (vgl. Läpple 1991, Löw 2001).

Die angesprochenen Veränderungen des Raum-Gesellschafts-
Verhältnisses setzten in Industrieländern wie Deutschland spätestens mit
den 1970er Jahren ein. Entsprechende Studien weisen beispielsweise eine zunehmende räumliche Verinselung der Vergesellschaftung seit dieser Zeit nach (vgl. z.B. Zeiher/Zeiher 1994). Aus verschiedenen Grün-

den (Stadtplanung, Funktionsentmischung, geschlechtsspezifische Erziehung, Automobilisierung der Gesellschaft u.a.) lernten Kinder im Sozialisationsprozess Raum nicht mehr als etwas sie einheitlich Umgebendes kennen, das sie mit zunehmendem Alter schrittweise entdeckten und das in diesem Prozess kontinuierlich größer werde. Die Orte der Kinder lägen vielmehr punktuell wie Inseln über die Stadt verteilt. Nur durch die eigene biographische Erfahrung erführen diese einen Zusammenhang, der dann die Form eines räumlich relationierten Netzwerks (hier/dort/dort ...) annehme (vgl. Löw 2001, 82ff.). Ähnliche Erfahrungen machen in zunehmendem Maße auch Erwachsene. Auch ihre Milieus und Lebensstile erscheinen längst nicht mehr an konkrete Orte und Territorien gebunden (vgl. Schulze 1994). Der gegenwärtige Wandel der Raumerfahrungen wird durch entsprechende Erfahrungen mit modernen Transportmitteln, mit beruflichem Pendeln und Suburbanisierung, mit wiederholten Umzügen, mit internationalen Migrationsprozessen und ihren Folgen, mit regelmäßigen, oft große territoriale Distanzen überwindenden Urlaubsreisen oder, seit den 1990er Jahren, auch durch zunehmende Erfahrungen mit virtuellen Räumen unterstützt und verstärkt (vgl. Budke/Kanwischer/Pott 2004). Man kann diese Entwicklungen dahin gehend zusammenfassen, dass sich neben der lang tradierten territorialen Raumkonzeption bzw. neben der Behälter-Metapher, „im Raum zu leben", immer deutlicher andere Raumvorstellungen etablieren (vgl. Löw 2001, 84ff.). Stärker denn je wird Raum heute als heterogen, diskontinuierlich, uneinheitlich und als individuell unterschiedlich relationierbar erfahren. Damit sind zwar auch neue Wahlfreiheiten und neue räumliche Konstruktions- und Identifikationsmöglichkeiten verbunden. Der skizzierte Wandel geht allerdings fast unausweichlich mit neuen ‚Entscheidungsqualen' sowie der Erfahrung von weiterer Unübersichtlichkeit der Welt einher.

Diese Entwicklungen bilden den Hintergrund für die neue Bedeutung von territorialisierenden Semantiken, deren Verbreitung in den vergangenen Jahrzehnten ebenfalls auffällt. Man findet diese Semantiken nicht nur im boomenden Städtetourismus, sondern auch in anderen gesellschaftlichen Bereichen. Sie lassen sich in der politischen Kommunikation und als Macht- und Vereinnahmungsstrategie beobachten,[117] in der massenmedialen Kommunikation (vgl. Schlottmann 2005) oder in der von ihr forcierten ‚postmodernen' Renaissance des Heimatbegriffs seit den 1980er Jahren, in den neuen *regionalistischen* sozialen Bewe-

---

117 Als Beispiele seien die lokalistischen „Standort"-Debatten der letzten Jahre und die politischen Bemühungen genannt, über Begriffe wie „Metropole", „Rhein-Main-Region" oder „Kulturstadt Düsseldorf" lokale Identitätsbildung zu verstärken und Standortvorteile zu gewinnen.

gungen (vgl. Clayton 2002) oder auch in den Sozialwissenschaften (z.B. in der sog. „neuen Regionalgeographie"[118]). Vor dem Hintergrund der skizzierten gesellschaftlichen Veränderungen lassen sich diese Formen raumbezogener Semantik als semantische Reaktionen auf die gestiegene Unübersichtlichkeit in der funktional differenzierten Weltgesellschaft bestimmen. Sie werden zur Möglichkeit der Sicherheitsproduktion in gesellschaftlicher Kommunikation (bzw. zum funktionalen Äquivalent zur Gesundheitsvorsorge, zum Consulting, zu Überwachungskameras oder zu anderen gegenwärtigen Versuchen der Unsicherheitsreduktion). Ihre soziale Funktion kann man daher mit Redepenning in der Bereitstellung einer, je nach Beobachtungskontext variierenden, *coping*-Strategie für die durch Unsicherheit und Unübersichtlichkeit hervorgerufene Krisenanfälligkeit der Gesellschaft sehen (vgl. hierzu und im Folgenden: Redepenning 2006, 133ff.). Territoriumsbezogene Semantiken stellen der kommunizierten Unübersichtlichkeit, der Alltagserfahrung des Verlusts der räumlichen Integration der Gesellschaft und dem Unsicherwerden von Konzepten wie dem nationalen Territorialstaat oder der Stadt als einer territorial begrenzten sozial-räumlichen Einheit räumliche Übersichtlichkeit und Eindeutigkeit gegenüber.

Die Form der durch Territorialisierung kommunizierten Übersichtlichkeit ist die der räumlichen Segmentierung der Gesellschaft.[119] Mit Hilfe der territorial-segmentären Beobachtung der Welt lassen sich Identitäten, Ganzheiten und Zusammengehörigkeiten (von Personen, Gruppen, Dingen) kommunizieren, die im Übrigen häufig und historisch zunehmend in Frage gestellt werden. Auf diese Weise lassen territoriumsbezogene Semantiken Integration anklingen. Sie zeigen eine Grundlage für Einheitsperspektiven oder Solidaritätsvorstellungen auf. Dies wird am Beispiel regionalistischer Bewegungen, aber auch am Beispiel der Neuen Regionalgeographie oder der *critical geopolitics* sehr deutlich. Hier spiegelt sich die politische Hoffnung auf eine andere, bessere Gesellschaft, auf „neue" Integration und gesellschaftliche Harmonie – eine Hoffnung gegen die desintegrierenden und nivellierenden Kräfte des Neoliberalismus – in Raumbegriffen wider (vgl. Miggelbrink 2002b, 118ff.). Wie in sozialen Bewegungen soll auch in wissenschaftlichen Diskursen mit territorialisierten Kulturräumen Hoffnung auf Einheit des Differenten gegeben werden, soll gesellschaftliche Integration wieder möglich erscheinen, soll Fragmentierung und Zersplitterung entgegengewirkt werden. Redepenning weist in diesem Sinne auf die am Kom-

---

118 Vgl. dazu: Miggelbrink 2002b, 94ff.; Werlen 1997, 69ff.
119 Siehe dazu das Unterkapitel *Städtetourismus, Kultur und Raum* im Kapitel *Die Form des Städtetourismus*.

munitarismus angelehnte *place*-Diskussion (vgl. Entrekin 1997), auf die *spaces of hope* (vgl. Harvey 2000), auf die Räume der Orte, die dem Raum der Ströme gegenübergestellt werden (vgl. Castells 1996), und auf andere raumsoziologische oder sozialgeographische Arbeiten (z.b. zu „Ortsbindung" und „Regionalbewusstsein") hin, die von einer „ungewöhnlichen Harmoniesüchtigkeit [...] und integrationistischen Attitüden" gekennzeichnet seien (vgl. Redepenning 2006, 135). Analog lassen sich die raumbezogenen Semantiken des Städtetourismus deuten. Auch die städtetouristischen Kulturräume können kompensatorische, idealisierende, unsicherheits- und komplexitätsreduzierende Funktionen erfüllen. Auch sie stellen der Alltagserfahrung der Unübersichtlichkeit der modernen Welt, ihres wahrgenommenen Zerfalls, der Fragmentierung, des Zerfließens und Uneindeutigwerdens von Grenzen, der Entwertung des territorialen Standortes oder dem Auflösen der Städte flächenräumliche Einheiten und Territorialitätsbezüge entgegen, die all dies negieren und eben deshalb stabilisierend wirken können. Auch im Städtetourismus dienen territorialisierende Bezüge, räumliche Grenzziehungen sowie vereinheitlichende und holistische Beobachtungsweisen der Verdeutlichung sozialer In- und Exklusionen: Hier, im Stadtviertel XY, die Reichen, dort die Studenten, und drüben die Randständigen und Ausgeschlossenen. Die Homogenität, die Territorialität, die räumliche Abgrenzung und die eindeutige Bedeutungszuweisung städtetouristischer Räume stiften Sinn, Orientierung, Identität, Klarheit und Übersicht. Derart entlasten sie vom Alltag. Mit dieser Interpretation der Erholungsfunktionen städtetouristischer Flächenräume ist zugleich *eine* Erklärung für das starke städtetouristische Wachstum seit den 1970er Jahren formuliert. So verdeutlicht die voran stehende Analyse den Zusammenhang, der zwischen der immer sichtbarer werdenden gesellschaftlichen Komplexitätszunahme und der damit einhergehenden Veränderung alltäglicher Raumerfahrungen auf der einen Seite sowie der dynamischen Zunahme des Angebots und Konsums städtetouristischer Flächenraumkonstruktionen auf der anderen Seite besteht.

Gegenüber nicht-touristischen Kommunikationszusammenhängen, die, wie skizziert, den Blick mit Hilfe territoriumsbezogener Semantiken hoffnungsvoll in die Zukunft richten – auf eine andere Welt, auf Integration, auf die Einheit des Differenten, auf Heimat in der Postmoderne, auf gesellschaftliche Harmonie usw. –, wird der Städtetourismus viel konkreter. Er ‚verwirklicht' die kommunizierten Alternativen, die einer unübersichtlichen Welt entgegengesetzt werden, in der Gegenwart. Er macht sie anschaulich und erlebbar. Statt an Integration, Einheitlichkeit oder Ganzheitlichkeit nur zu appellieren, dienen seine Orte der praktischen Erfahrbarkeit nicht-alltäglicher Ganzheiten durch den und am eigenen Körper. Städtetouristen suchen und finden räumliche Übersichtlichkeit, Integration, authentische Städtekulturen und Harmonie. Spätestens der Augenschein widerspricht der Globalisierungsrede von der Dezentralisierung der Welt oder von der Auflösung territorialer Einheiten. Im Städtetourismus haben Städte noch Zentren und lassen sich Städte noch als Zentren der Gesellschaft erfahren. Städte erscheinen hier als segmentär gegliederte Einheiten, eine Anschauung, die der historisierende Blick auf Stadtmauern und ‚alte' Stadtkerne in besonderem Maße stützt. So genannte Umlandausflüge verstärken die Vorstellung einer nach wie vor gültigen Stadt-Land-Dichotomie. Statt der Auflösung von Städten im desurbanen ‚Siedlungsbrei' und dem Unsicherwerden räumlich-territorialer Zuordnungen erleben Städtetouristen Städte als vergleichsweise stabile Kultur-Raum-Einheiten. Sie tauchen in Städte und Stadtviertel als klar umgrenzte und (mit Hilfe von Reiseführern und anderen Hilfsmitteln) überschaubare gesellschaftliche Welten ein. Dort eingetroffen, können sie ihre Vergangenheiten, Gegenwarten und Kulturen erkunden, wahrnehmen, genießen und mit anderen vergleichen. Auch vom Brechen sozialer Regeln und Normen träumen Städtetouristen nicht nur; beim Kölner Karneval, auf der Hamburger Reeperbahn, beim Dirty Weekend in Brighton oder Marrakesch oder in den Vergnügungsvierteln anderer Destinationen praktizieren sie Normüberschreitungen. Ebenso findet Urbanität wieder ihren wahrnehmbaren Ort in der Stadt. Dem mittlerweile ubiquitären urbanisierten Lebensstil der Jahrtausendwende setzt der Städtetourismus ausgezeichnete ‚Urbanitätsboxen' entgegen, die Urbanität lokalisieren und qua Simulation erfahrbar machen: Events in Fußgängerzonen, innerstädtische Freizeitparks, großdimensionierte Einkaufszentren oder Urban Entertainment Center (vgl. Steinecke 2003) und nicht zuletzt die durch Tourismus selbst erzeugte Vitalität (z.B. belebte Altstädte und Märkte, stark besuchte und frequentierte Cafés, internationale Menschengruppen) können in diesem Sinne als Kompensation des vielzitierten Urbanitätsverlust der Innenstädte verstanden werden.

Je überzeugender die kommunizierten städtischen Räume durch Touristen auch als Einheiten erfahrbar sind, je weniger also nicht erwartete Brüche, Lücken oder Unstimmigkeiten das kommunizierte Bild trüben, desto wirkungsvoller und stabiler ist ihre Funktion als wahrnehmungsleitende Schemata und desto nachhaltiger vermögen sie, die touristische Entwicklung zu strukturieren (s. Unterkapitel *Site-Seeing*). Daher bemühen sich städtetouristische Anbieter nach Kräften um ein dem jeweils kommunizierten Raumimage entsprechendes Angebot. Diesem

Ziel dienen nicht nur narrative und bildliche Invisibilisierungen möglicher Störungen, sondern auch Umbaumaßnahmen, die sich am jeweils präferierten touristischen Leitbild eines homogenen Kulturraums orientieren – z.b. am mittelalterlichen Stadtkern von Rothenburg ob der Tauber, am barocken Flair Fuldas, den auch die im Barockviertel gelegenen Parkanlagen atmen sollen, oder am wiederbelebten urban-kulturellen „Betriebsklima" des Berliner Potsdamer Platzes.[120] Die Beispiele bestätigen erneut die besondere Bedeutung, die der Form des Flächenraums im Städtetourismus zukommt. Darüber hinaus nähren sie die Vermutung, dass gerade *kompakte* und *überschaubare*, d.h. auf Sicht- und Erreichbarkeit basierende bzw. an körperlicher Nähe und körperfundierter Wahrnehmung orientierte, Raumkonstruktionen städtetouristisch erfolgreich sind. Sie erleichtern das Erleben von Städten oder Stadtteilen als *Einheiten.* Aufgrund der höheren Wahrscheinlichkeit ihrer unmissverständlichen Wahrnehmung dürften sie insbesondere attraktiver sein als relationale, d.h. territorial nicht zusammenhängende und in diesem Sinne gerade Fragmentierung widerspiegelnde, Stadträume. Diese Vermutung wird im Rahmen der nun folgenden exemplarischen Rekonstruktion der Entwicklung einer städtetouristischen Destination genauer zu prüfen sein.

---

120 Vgl. Idies/Müller 2005, Kamp 1996, Resch/Steinert 2004.

ORTSSEMANTIK UND STÄDTETOURISTISCHE ENTWICKLUNG

Auf der Suche nach den strukturbildenden Funktionen des Raummediums und der Bedeutung der durch territorialisierende Verortung gekennzeichneten städtetouristischen Semantiken beleuchteten die voran stehenden Kapitel den Zusammenhang zwischen Städten des Tourismus und Städtetouristen. Die Analyse zeigte, dass und wie dieser Zusammenhang als ein *touristisches* Verhältnis, das durch die touristische Suche nach Erholung und Alltagsdistanz geprägt ist, interpretiert werden kann. Außerdem verdeutlichte sie die Kopplung von städtetouristischen Semantiken und touristischer Wahrnehmung. Touristische Wahrnehmungen werden durch die Ortssemantiken des Städtetourismus ebenso präformiert, wie diese kultur- und raumbezogenen Semantiken umgekehrt an Wahrnehmung und Wahrnehmbarkeit zurückgebunden sind. Vor dem Hintergrund dieser Ergebnisse wird nun im letzten Teil der Arbeit nach der Rolle von städtetouristischen Semantiken im Kontext der Entwicklung und (Re-)Produktion städtetouristischer Destinationen gefragt.

Semantik und Struktur

Die Kennzeichnung und Untersuchung der Städte des Tourismus als besondere Formen der Semantik, d.h. als kultur- und raumbezogene Semantiken, oder kürzer: als *Ortssemantiken*, erfolgt in Anwendung und Ausweitung des systemtheoretischen Semantikbegriffs.[121] Als Semantiken sind Städte des Tourismus selbst Strukturen, nämlich Sinnstrukturen der Kommunikation. Sie lassen sich, wie dargestellt, als generalisierte

---

121 Siehe dazu das Unterkapitel *Städte des Tourismus als kultur- und raumbezogene Semantiken* im Kapitel *Die Form des Städtetourismus*.

Begriffs-, Themen-, Bilder- oder Unterscheidungsvorräte begreifen, die durch die Verknüpfung des Beobachtungsschemas Kultur mit dem Medium des Raums entstehen. Wie alle Strukturen bilden sie einschränkende und zugleich ermöglichende Bedingungen sozialer Anschlüsse. Ihre Sinntypisierungen stellen erinnerbare Einheiten dar, die relativ situationsunabhängig kommunikative Direktwirkung entfalten können. Sie liefern so etwas wie „diskursive Zentrierungspunkte": Sie sind eine Form von Wirklichkeit, auf die hin Beobachtungen orientiert und Erwartungen gesetzt werden (Miggelbrink 2002a, 299). Als Formenvorräte, die durch territorialisierende Verortung charakterisiert sind, bilden städtetouristische Semantiken daher das „topographische Gedächtnis" (Luhmann 1998, 775) des Städtetourismus.

Zugleich lassen sich diese Semantiken aber auch von Strukturen *unterscheiden*, von Strukturen in einem anderen Sinne. Denn wie jede Semantik setzt auch eine städtetouristische Ortssemantik immer einen sozialstrukturellen Kontext ihrer Erzeugung und Plausibilisierung voraus (vgl. Bourdieu 1991, 220ff.). Neben der Bereisung von Destinationen durch Tages- und Übernachtungstouristen ist hier in erster Linie an die Organisationen und Kontexte zu denken, die häufig unmittelbar an der (Re-)Produktion des touristischen Angebots einer Destination und der Ermöglichung ihrer Bereisung beteiligt sind (also kommunale Politik, Verwaltung, Planung, Tourismusämter, aber auch private oder kommerzielle Tourismusbüros, Vereine, Marketing- und Werbeunternehmen, Tourismusunternehmen und Reiseveranstalter, Reiseführer, Hotels, Gaststätten, Museen u.a.). Unter Absehung der Unterscheidung von öffentlichen und privaten Akteuren könnte man viele dieser Zusammenhänge unter dem Akteurskonglomerat *Stadt* zusammenfassen. In diesem umfassenden Sinne werden Städte zum wichtigen Bestandteil des Erzeugungskontextes touristischer Semantiken.[122] Allerdings wird die Herstellung des touristischen Angebots und der mit ihr verbundenen Ortssemantik nicht nur von ‚der Stadt' und verschiedenen, ‚in der Stadt' lokalisierten Einzelakteuren geleistet. Vielmehr verdankt sich die Organisation des städtetouristischen Geschehens typischerweise translokalen Beziehungen.[123] So sind an der Koproduktion der Städte des Tourismus beispielsweise auch nicht ‚in' der jeweiligen Stadt lokalisierte Reiseunternehmen, Verlage oder Touristikmessen beteiligt, aber auch Landesverkehrsämter oder Netzwerke, die „regionalen Tourismus" fördern. Hinzu kommt, dass die städtetouristische Entwicklung und mit ihr die

---

122 Siehe das Unterkapitel *Städtetourismus als Untersuchungsgegenstand* im Kapitel *Städtetourismus und Raum*.

123 Siehe das Unterkapitel *Tourismus als organisierte Strukturlockerung durch Ortswechsel* im Kapitel *Der Tourismus der Gesellschaft*.

Entwicklung städtetouristischer Ortssemantiken stets in allgemeinere Entwicklungen eingebettet ist. Auch der gesellschaftliche Wandel, die mit ihm einhergehenden Veränderungen von Arbeit, Arbeitszeit- und Urlaubsregelungen, Werten oder auch von Raumvorstellungen stellen – ebenso wie die Entwicklung des Tourismus bzw. des gesellschaftlichen Freizeitbereichs im Allgemeinen – Strukturen dar, die als Bestandteile des sozialstrukturellen Herstellungskontextes touristischer Semantiken aufzufassen sind. Schließlich speisen sich städtetouristische Ortssemantiken auch aus anderen Ortssemantiken, die z.B. in den Massenmedien oder im Rahmen lokaler Identitäts- und Stadtentwicklungspolitik über Orte produziert werden.

Der sozialstrukturelle Kontext städtetouristischer Semantiken ist also sehr heterogen. Seine Grenze lässt sich nicht scharf bestimmen. Hält man aus analytischen Gründen dennoch an der Unterscheidung von Semantik und Struktur fest, ist außerdem zu berücksichtigen, dass theoretisch ebenso wenig klar festgelegt werden kann, in welchen *zeitlichen* Bezügen Semantik zur Sozialstruktur steht.

Luhmann selbst scheint von einem Modell auszugehen, in dem Semantiken Sozialstrukturen zeitlich nachlaufen. Änderungen in der Semantik zeigen dann vorangegangene Änderungen in der Struktur der sozialen Beziehungen an und helfen, diese abzusichern.[124] Im Falle des Städtetourismus ließen sich für dieses Modell leicht verschiedene Belege anführen. Man denke etwa an Strukturneubildungen im Geflecht der tourismusbezogenen Organisationen und Akteure (z.B. an neue Stadtführungsanbieter oder eine mit Tourismuswerbung beauftragte Werbeagentur), an ihre Orientierung an baulichen Veränderungen in der Stadt (z.B. Errichtung des Eiffelturms in Paris oder Neugestaltung der Düsseldorfer Altstadtpromenade) oder an die Wahrnehmung veränderter Touristenpräferenzen, auf die mit der Entwicklung neuer städtetouristischer Angebote reagiert wird. Derartige Änderungen in der Struktur der Herstellung einer Destination schlagen sich gewöhnlich – mit einer gewissen zeitlichen Verzögerung – auch im semantischen Formenvorrat einer Stadt des Tourismus nieder (z.B. in Form der Neujustierung des kommunizierten Stadtimages oder in Form der wiederholten Beschreibung einer neuen Sehenswürdigkeit oder einer neuen Stadtführung).

Semantiken können aber auch, einem Vorschlag Stichwehs folgend, als antizipierend konzipiert werden (vgl. Stichweh 2000b, 244). In diesem Modell greifen Semantiken strukturellen Änderungen vor und ermöglichen und beschleunigen sie. Auch hierfür bietet der Städtetourismus Beispiele. So seien exemplarisch zwei touristisch sehr folgen-

---

124 Vgl. Luhmann 1998, 893ff.; Stäheli 2000, 24; Stichweh 2000b, 245.

reiche Ortsmythen angeführt, diejenigen, mit denen Literatur und Malerei Rothenburg ob der Tauber bereits im 19. Jahrhundert „als Inbegriff des Mittelalters zum deutschen Nationaldenkmal erhoben" hatten (Kamp 1996, 258ff.), sowie jene, die durch Spielfilme über nordafrikanische Städte kreiert und global verbreitet wurden (vgl. Zimmermann 2003). In beiden Fällen gingen die ortssemantischen Formen der Entstehung und Veränderung städtetouristischer Strukturen voraus und initiierten sie. Ähnliches gilt für die *semantische* Erfindung einer touristischen Sehenswürdigkeit (z.b. durch eine neu gestaltete Städtebroschüre), die zur verstärkten Bereisung eines zuvor nicht beachteten (bzw. touristisch nicht existenten) Ortes führt, auf die dann wiederum Anbieter von Stadtführungen mit der Überarbeitung und Neugestaltung ihrer Angebote reagieren. In diesem letzten Beispiel könnte man bereits ein weiteres Modell über die zeitliche Relationierung von städtetouristischen Strukturen und Ortssemantiken erkennen.

Dieses dritte Modell geht von der parallelen Evolution von Semantik und Sozialstruktur aus. Es betrachtet Struktur und Semantik als gleichwertige Momente desselben Kommunikationszusammenhangs, wie man es beispielsweise für die parallele Entwicklung juristischer Berufe und der Rechtssprache beobachten kann (vgl. Miggelbrink 2002a, 300; Stichweh 2000b, 242). Dieses Modell erscheint für den Fall des (Städte-)Tourismus besonders geeignet, da es davon entlastet, ein zeitlich rigide festgelegtes Verhältnis zwischen Semantik und Struktur anzunehmen.

In diesem Sinne geht die nachfolgende Fallstudie von einem insgesamt zirkulären, wechselseitigen Beeinflussungsverhältnis von städtetouristischer Ortssemantik und städtetouristischer Strukturbildung aus, die beide mehr oder weniger parallel evoluieren. Um dieses Wechselverhältnis, und in seinem Rahmen auch die Bedeutung des Raummediums, untersuchen zu können, ist die Einnahme einer historischen, d.h. entwicklungsgeschichtlichen, Perspektive sinnvoll.

Zur Auswahl des Fallbeispiels

Für die exemplarische Untersuchung des in Frage stehenden Zusammenhangs ist das Fallbeispiel prinzipiell austauschbar. Dennoch war eine *Entscheidung* zu treffen. Nahe liegend schien auf den ersten Blick ein klassisches städtetouristisches Ziel mit einer entsprechend langen und ausgeprägten touristischen Bereisungsgeschichte, also etwa Paris, Amsterdam, Heidelberg oder Rothenburg ob der Tauber. Alternativ schien die Untersuchung einer Destination mit einer vergleichsweise jungen, gleichwohl sehr dynamischen und erfolgreichen touristischen Geschichte vielversprechend. Als Beispiel für diesen Typus sei das englische York genannt, ein in der angelsächsischen Literatur viel beachteter Fall einer *heritage city*, die erst in den 1970er Jahren zu einer Stadt des Tourismus wurde.[125] Zu beiden Typen gibt es aber bereits verschiedene Fallstudien in historischer Perspektive (wenn auch zumeist unter anderen Fragestellungen)[126]. Außerdem reproduziert ihre Untersuchung den bereits wohletablierten sozialwissenschaftlichen Fokus auf ‚bekannte' Destinationen. Der Städtetourismus ist aber ein sehr breites Phänomen. Er umfasst und erfasst auch viele Städte, die normalerweise nicht auf dem Aufmerksamkeitsschirm der Tourismusforschung erscheinen.[127] Diese Destinationen im Schatten der allbekannten städtetouristischen Ziele sind für die touristische Entwicklung insgesamt und für den starken Bedeutungszuwachs des Städtetourismus seit Ende der 1970er Jahre ebenfalls von großer Bedeutung (vgl. Maschke 1999, 85). Vor diesem Hintergrund fiel die Wahl des Fallbeispiels auf die städtetouristische Destination *Wetzlar*. Mit dieser Wahl und der nachfolgenden exemplarischen Rekonstruktion der Koevolution von städtetouristischer Ortssemantik und Strukturbildung soll daher zugleich ein Beitrag zur Erweiterung der empirischen Städtetourismusforschung geleistet werden.

Fallbeispiel Wetzlar

Wetzlar als städtetouristisches Ziel

Wer heute erwägt, die mittelhessische Stadt Wetzlar[128] zu besuchen, kann diesen Besuch leicht und umfassend vorbereiten. Die Wetzlarer „Tourist-Information" informiert telefonisch, durch den Versand vielfältigen, aber optisch einheitlich gestalteten Prospekt- und Broschürenmaterials oder durch ihren über die städtische Homepage erreichbaren Internetauftritt. Detaillierte Auskünfte erhält der potentielle Besucher

---

125 Siehe das Unterkapitel *Historisierung* des Kapitels *Die Form des Städtetourismus.*

126 Als Untersuchungen mit einem vergleichbaren Interesse an dem Wechselverhältnis von (städte-)touristischer Struktur und Semantik vgl. die exemplarischen Untersuchungen von Meethan und Shields über Brighton bzw. über Brighton und Quebec-City: Meethan 1996b sowie Shields 1991, 73ff., u. 1998.

127 Siehe das Unterkapitel *Städtetourismus als Untersuchungsgegenstand* des Kapitels *Städtetourismus und Raum.*

128 Wetzlar, ca. 70 km nördlich von Frankfurt am Main gelegen, hatte 2002 knapp 53.000 Einwohner und ist Kreisstadt des Lahn-Dill-Kreises.

über die Geschichte der Stadt und ihre Sehenswürdigkeiten, über ihre Lage an der Lahn und ihr Umland, über Anreise- und ihre Unterkunftsmöglichkeiten, über lokale Gastronomie, Museen, Tagungs- und Kongressstätten oder das aktuelle städtische Veranstaltungsangebot. Die bildliche Darstellung durch Fotos und Collagen wird im Internet noch durch einen virtuellen Altstadt-Rundgang ergänzt. Außerdem vermittelt die Tourist-Information aus einem thematisch breit gefächerten Angebot Stadtführungen sowie Ausflüge in die nähere Umgebung, sie assistiert bei der individuellen Programmgestaltung von Reisegruppen und sie arrangiert und verkauft Erlebniswochenenden, z.b. zu „Goethes Lotte in Wetzlar". Das touristische Angebot richtet sich an Tages- und Wochenendtouristen oder andere Kurzurlauber, an Tagungsgäste sowie an Wanderer, Radfahrer und Paddler, die auf ihren Touren auf oder entlang der Lahn Station in Wetzlar machen.

Als eine *Stadt des Tourismus* wird Wetzlar auch auf touristischen Fachmessen, in der Broschüre „Deutsche Städte erleben 2003/2004" der Deutschen Zentrale für Tourismus, in regionalen Zeitungen und überregionalen Anzeigen, im Informationsmaterial der „Deutschen Fachwerkstraße" und diverser Busreiseveranstalter oder in den einschlägigen Lahntal-, Paddel- und Fahrradführern präsentiert. Mit ebendieser Präsentationsform wird der Besucher bei seiner räumlichen Annäherung an Wetzlar empfangen. Vor den Wetzlarer Autobahnausfahrten auf der A45 („Sauerlandlinie" Dortmund-Gambacher Kreuz) wie vor den Ortseingängen auf der B49 (Limburg-Gießen) künden große braune Hinweistafeln von „Wetzlar – Historische Altstadt". Autofahrer werden alsbald durch die „Hotelroute" zu einzelnen Hotels oder durch andere Schilder in Parkhäuser oder auf einen der vor der Altstadt gelegenen Parkplätze geleitet, auf denen auch Reisebusse (aus Österreich, Holland, Chemnitz oder Niedersachen) parken. Auch die am Hauptbahnhof eintreffenden Bahnreisenden und die dem Lahn-Radwanderweg folgenden Fahrradtouristen werden mit entsprechenden Schildern in Richtung Altstadt gewiesen. Dort angekommen sind sowohl die einladend gestaltete Tourist-Information am Domplatz als auch die einzelnen Sehenswürdigkeiten übersichtlich ausgeschildert (der Dom, historische Plätze und Fachwerkgebäude, die alte Lahnbrücke, die Museen, verschiedene Orte, die an Goethes Sommeraufenthalt von 1772 erinnern, und einige andere Gebäude und Orte). Sehenswerte Gebäude sind in vielen Fällen an ihren Außenwänden mit bezeichnenden und/oder erläuternden Plaketten versehen.

Der Eindruck, in einer bereisenswerten Stadt angekommen zu sein, wird nicht zuletzt durch die anderen Touristen bestärkt, die man von April bis Oktober – wenn auch nicht täglich und massenhaft, so doch regelmäßig und unübersehbar – im Stadtbild ausmachen kann. Wie anderswo treten sie auch in Wetzlar selten allein auf. Vielmehr fallen sie dadurch auf, dass sie sich in kleinen oder auch größeren Gruppen zumeist recht gemächlich, häufig begutachtend, teilweise fröhlich-lärmend (Schulklassen oder Vereine) durch die Stadt, insbesondere die Altstadt, bewegen, oftmals geführt und von Stadtführern instruiert. Sie sammeln sich auf Plätzen oder an Aussichtspunkten wie der Lahnbrücke oder der auf einem innenstadtnahen Hügel gelegenen Burgruine Kalsmunt (s. Abb. 1), sie stärken, erholen oder vergnügen sich in Restaurants und Biergärten. Als ermattete Radler ruhen sie sich neben ihren Fahrrädern und sehenswerten Orten aus oder suchen an frühen Sommerabenden nach Übernachtungsmöglichkeiten.

Abb. 1: Ausschnitt aus dem Stadtplan Wetzlar (1: 12.000)

Wie der Feldforscher ist auch die Mehrheit der Wetzlartouristen bei ihrem ersten Besuch ganz offensichtlich überrascht, „wie schön und sehenswert" die Stadt ist.[129] Dies zumindest ist die wiederholt geäußerte Einschätzung der im Wetzlarer Tourismus direkt engagierten Perso-

---

129 Die diesen und den folgenden Ausführungen zugrunde liegenden Beobachtungen, Forschungsgespräche und historischen und statistischen Daten wurden im Frühjahr/Sommer 2004 während einer mehrwöchigen Feldforschung in Wetzlar durchgeführt bzw. gesammelt.

nen.[130] Die angenehme Überraschung artikuliert sich auch in mitgehörten Touristen-Unterhaltungen in den Straßen der Altstadt oder in Handygesprächen mancher pausierender Radwanderer („ja, ich bin hier gerade in Wetzlar, ist total schön hier, hätt' ich gar nicht gedacht" – Pause – „nein, ich war vorher auch noch nie in Wetzlar"). Die Überraschung verweist auf die relativ geringe Bedeutung und damit auch geringe Bekanntheit Wetzlars als touristisches Ziel. In den gängigen Städtereisen-Prospekten der verschiedenen Reiseveranstalter wird Wetzlar im Vergleich zu größeren oder klassischen Touristenstädten (wie z.b. Heidelberg oder Rothenburg ob der Tauber) nur selten beschrieben. Zwar verbinden Goethe-Kundige Wetzlar mit der Enstehung der „Leiden des jungen Werthers", ebenso wie manche Juristen Wetzlar als langjährigen (1689/90-1806) und letzten Standort des Reichskammergerichts, des obersten Gerichts im Heiligen Römischen Reich Deutscher Nation (an dem der junge Goethe 1772 einen mehrmonatiges Rechtspraktikum absolvierte), erinnern. Doch vielen Nicht-Wetzlarern, die nicht in der unmittelbaren Umgebung leben, ist die Stadt, wenn überhaupt, dann doch eher als Industriestadt (Leitz/Leica-Microsystems, Buderus) bekannt. Andere assoziieren Wetzlar vornehmlich mit der 1977 durch das Land Hessen im Rahmen der damaligen Gebietsreformen unternommenen administrativen Vereinigung der Nachbarstädte Wetzlar und Gießen zur sog. Lahnstadt, die kläglich am Widerstand der Bevölkerung scheiterte und bereits 1979 wieder rückgängig gemacht wurde. Die Unbekanntheit, das teilweise negative Image und die im Vergleich mit anderen Städten geringere touristische Relevanz lassen vermuten, dass der Wetzlarer Städtetourismus noch sehr jungen Datums ist. Dies stimmt aber nur bedingt.

Touristische Besucher sind in Wetzlar beileibe keine neue Erscheinung. Schon bald nach Erscheinen von Goethes Romandebüt 1774 setzte

---

130 Zu den im Rahmen der Feldforschung interviewten Wetzlarer „Tourismus-Experten" gehören die Leiterin und zwei Mitarbeiterinnen der Tourist-Information, fünf der 26 StadtführerInnen, der amtierende und der ehemalige Oberbürgermeister, der ehemalige Wirtschaftsdezernent, der für die Altstadtsanierung und die Stadtteilerneuerung zuständige Mitarbeiter des Stadtplanungsamtes, der Amtsleiter der Unteren Denkmalschutzbehörde, der Geschäftsführer des Stadtmarketing-Vereins, die Leiterin des Historischen Archivs, die ehemalige Vorsitzende des Wetzlarer Geschichtsvereins, der Geschäftsführer der Freizeitregion Lahn-Dill, der Geschäftsführer der Stadthalle Wetzlar, die langjährige Vorsitzende des Verkehrsvereins und des Altstadt-Vereins, einzelne Einzelhändler sowie der Direktor und einige Mitarbeiter der Wetzlarer Museen. Allen Interview- und Gesprächspartnern sei an dieser Stelle herzlich für ihre Hilfe gedankt!

ein früher, das ganze 19. Jahrhundert anhaltender „Werthertourismus" von Bildungsreisenden ein. Einen Wachstumsimpuls erhielt diese touristische Frühform mit dem 1862 erfolgten Anschluss Wetzlars an die neue Eisenbahnlinie (Köln/Deutz – Betzdorf – Wetzlar – Gießen) und mit der Einrichtung und Eröffnung des sog. Lottezimmers im Jahre 1863. Allmählich begannen die Besucher, auch die Stadt selbst zu besichtigen. Gleich mehrere Reiseführer stellten dem Reisenden Ende des 19. Jahrhunderts Wetzlar als touristisches Ziel vor. Die wirtschaftliche Relevanz des Tourismus wurde spätestens in den 1920er Jahren zum ersten Mal erkannt. Dies dokumentieren erste Stadtprospekte sowie der 1926 von Wetzlarer Einzelhändlern gegründete Verkehrsverein. Auf den Bedeutungszuwachs reagierte die Stadt schließlich 1931 mit der Gründung eines auch für den Fremdenverkehr zuständigen städtischen Verkehrsamtes – dem Vorläufer der heutigen Tourist-Information.

Mit Goethes Werther ist nicht nur ein zentrales Standbein des Wetzlartourismus,[131] sondern auch seine spezifische Schwierigkeit benannt. Nicht nur hatte sich Goethe über Wetzlar selbst (im Gegensatz zu seinem Umland) sehr negativ ausgelassen und damit – im Gegensatz etwa zu Heidelberg – gerade *nicht* zu einer frühen Verklärung der Schönheit *der Stadt* beigetragen. Vielmehr lässt sich mit dem vorrangigen Bezug auf Goethe – durch die Selbstdarstellung als Goethestadt – nicht der für touristischen Erfolg so wichtige Anspruch auf Einzigartigkeit erheben. Goethestädte gibt es viele. Dies wurde – auch den Wetzlarer Tourismusakteuren – nicht zuletzt im Goethejahr 1999 (250. Geburtstag) deutlich, als allein in Deutschland 20 Städte miteinander um die Gunst der Goethetouristen konkurrierten. Diese ‚natürlichen' Grenzen des Wetzlarer Tourismuswachstums kennzeichnen auch die anderen Wetzlarer Sehenswürdigkeiten. Mit einem Dom, zumal einem, der baulich vollendet wurde und tatsächlich auch Dom, d.h. Bischofssitz, und nicht nur Stiftskirche wie in Wetzlar war oder ist, können viele Städte, so etwa selbst die nahe gelegenen Städte Fulda und Limburg aufwarten. Gleiches gilt für die „landschaftlich reizvolle" Flusslage, die Fachwerk-Altstadt oder die Museen.

Vor diesem Hintergrund wird verständlich, dass dem Tourismus in Wetzlar trotz seiner frühen Ursprünge lange Zeit nur eine sehr geringe Bedeutung zukam. Bei den eingangs skizzierten touristischen Erschei-

---

131 Bis heute basiert der Wetzlartourismus u.a. auf Goethe bzw. Werther. So stellen beispielsweise die sog. „Goethe-" oder „Lottejahre" (z.B. 1949: Goethes 200. Geburtstag; 1972: 200. Wiederkehr von Goethes Wetzlaraufenthalt; 1999: Goethes 250. Geburtstag; 2003: 250. Geburtstag von Charlotte Kestner, geb. Buff) regelmäßig Besucher- und Übernachtungshöhepunkte dar.

nungsformen handelt es sich um quantitativ wie qualitativ recht junge Phänomene. Sowohl im 19. und frühen 20. Jahrhundert als auch in den Jahrzehnten nach dem Zweiten Weltkrieg war der Umfang der touristischen Nachfrage wie des touristischen Angebots noch recht bescheiden. Dies findet u.a. darin seinen Niederschlag, dass sich die tourismusbezogene Datensammlung bis in die Nachkriegszeit auf die Dokumentation des Bettenangebots beschränkte. Erst seit 1952 wurden auch die jährlichen Übernachtungszahlen auswärtiger Gäste festgehalten. Noch bis weit in die 1970er Jahre hinein blieben diese auf einem vergleichsweise niedrigen Niveau (s.u.: Tab. 1). Ähnlich verhält es sich mit den Besuchszahlen der Wetzlarer Museen oder der Anzahl der jährlichen Stadtführungen. Bis Ende der 1970er Jahre gab es in Wetzlar nur einen offiziellen Stadtführer, der jährlich etwa 20 bis 50 Führungen durchführte. Erst seit den 1980er Jahren lässt sich – wie in vielen anderen Städten – ein deutlicher quantitativer Bedeutungszuwachs beobachten. So hat sich die Zahl der jährlichen Übernachtungen auswärtiger Gäste in Wetzlar von knapp 52.000 im Jahre 1982 auf 146.000 bis 157.000 in den Jahren 2000 bis 2004 etwa verdreifacht (s.u.: Tab. 2). Es wird geschätzt, dass etwa ein Drittel dieser Übernachtungen auf Touristen entfällt, gegenüber zwei Drittel Geschäftsreisenden und anderen Gästen. Begleitet und ermöglicht wurde der Anstieg durch die seit Mitte der 1980er Jahre ebenfalls mehrfach vergrößerte Hotelbettenkapazität. Auf die auch in Wetzlar wachsende Nachfrage nach Stadtführungen reagierten in den 1980er Jahren bereits 5 Stadtführer; 2006 waren 26 offizielle Stadtführer tätig. Die Zunahme von Stadtführungsnachfrage und -angebot spiegelt sich deutlich in der Entwicklung der jährlich durchgeführten Stadtführungen wider. Allein zwischen 1992 und 2002 wuchs die Zahl durchgeführter Führungen von 300 auf ca. 850 pro Jahr. Hinter dieser Zunahme verbirgt sich nach Aussage der Stadtführer vor allem ein deutlich gewachsener Anteil an (statistisch in Wetzlar nicht erfassten) Tagestouristen.[132]

Noch viel jüngeren Datums als das quantitative Wachstum des Wetzlartourismus ist ein allgemeiner tourismusbezogener Bewusstseinswandel. Er mündet gegenwärtig in verschiedenen Anstrengungen, Tourismus als immer wichtiger werdenden Bestandteil der Stadtentwicklung auch politisch aktiv und strategisch zu fördern. Wie vielen älteren Wetzlarer Bürgern, die nach Aussage der befragten Experten erst seit wenigen Jahren bemerken, dass Wetzlar nicht mehr nur eine Arbeiter-, sondern auch eine durchaus sehens- und bereisenswerte Stadt ist, scheint auch vielen der lokalpolitisch Verantwortlichen erst durch die

---

132 Der städtetouristische Prospekt des Goethejahres 1999 spricht von jährlich ca. 40.000 auswärtigen Besuchern des Lottehauses.

seit den 1990er Jahren unübersehbaren touristischen Zuwächse und Erfolge das ökonomische Potential des Tourismus für Wetzlar bewusst zu werden. Für die lange Zeit stiefmütterliche und wenig professionelle Behandlung des Tourismus finden sich viele Hinweise:

Im Vergleich mit anderen deutschen Städten, in denen vielfach schon kurz nach der Reichsgründung 1870/71 Verkehrs- und Verschönerungsvereine gegründet wurden und in denen der Fremdenverkehr dann spätestens „in den zwanziger Jahren als eigenständiger Bereich Eingang in die kommunale Verwaltungsarbeit fand" (Keitz 1997, 69ff.), erfolgte die Gründung des Wetzlarer Verkehrsamtes im Jahre 1931 erst relativ spät. Hinzu kommt, dass dieses Verkehrsamt keineswegs Ausdruck einer „bewussten kommunalen Entscheidung" zur Förderung des Fremdenverkehrs oder gar zum Ausbau Wetzlars zur „Fremdenverkehrsstadt" (ebd.) war. Fremdenverkehr war für dieses Verkehrsamt, wie seine unspezifische Bezeichnung bereits andeutet, nur eine Aufgabe unter vielen. Neben touristischen Belangen wie der Erstellung und Verteilung von Werbebroschüren mussten sich die Verkehrsamtsmitarbeiter bis in die frühen 1990er Jahre noch um den Fahnenverleih, die Erstellung der Busfahrpläne, die Vermietung von Bürgerhäusern, den regelmäßigen Blumenschmuck-Wettbewerb, die Vermietung der Bürgerhäuser, die Verwaltung der städtischen Werbetafeln, die Plakatierung sowie um Messen und Ausstellungen kümmern. Erst mit der erstmaligen Ausschreibung der Leitungsstelle des Verkehrsamts 1992 für eine „Tourismus-Fachkraft" und der darauf erfolgten Einstellung einer Wirtschafts- und Tourismusgeographin als neuer Leiterin setzte ein Wandel ein. Seitdem hat die Organisation und Förderung des Tourismus nun eindeutige Priorität.

Das früher nur geringe touristische Bewusstsein in der Wetzlarer Politik und Verwaltung zeigt sich auch in der oft fehlenden Unterstützung derjenigen Personen oder Institutionen, die sich schon aktiv im Bereich des Tourismus engagierten. Die Leiterin des Verkehrsamtes etwa fand mit ihrem Vorschlag des Ausbaus der Lahn-Fahrradwege bei den zuständigen städtischen Verwaltungsmitarbeitern noch 1992 kein Gehör. Man habe sich damals noch nicht vorstellen können, für wen und warum sich eine solche Infrastrukturinvestition lohnen sollte. In ähnlicher Weise wurde auch auf die Anfang der 1990er Jahre von der Leiterin des Verkehrsamtes, der Stadtarchivarin, Mitgliedern des Geschichtsvereins und den Stadtführern vorgebrachte Bitte um Aufstellung einer touristischen Wegweisung mit einer Haltung reagiert, die sich *primär* an der Sicht der Wetzlarer und nicht an der der Touristen orientierte: „Ja ei, wo's Loddehaus is, das wissen dä Leut doch". Erst die Vorbereitungen zum Goethejahr ermöglichten 1998 die Realisierung einer ansprechenden und differenzierten touristischen Wegweisung.

Dass es bis 1980 überhaupt zu touristischen Dienstleistungen kam und dass die 1980er und frühen 1990er Jahre den beschriebenen Aufschwung erlebten, ist in Wetzlar ganz wesentlich den Initiativen einzelner, zumeist kaum oder nur informell vernetzter Akteure zu verdanken. Zu ihnen zählen Verkehrsamtsmitarbeiter, engagierte Mitglieder des Historischen Vereins, einzelne, an der Fremdenführung interessierte Bürger, aber auch auswärtige Juristen und Rechtshistoriker, ohne deren großen persönlichen Einsatz das für die jüngere touristische Entwicklung wichtige, 1986 eröffnete Reichkammergerichtsmuseum nie gegründet worden wäre. Insofern lässt sich die touristische Strukturbildung in Wetzlar über weite Strecken als eine Entwicklung ‚von unten‘ charakterisieren.

Selbst die seit den 1970ern betriebene Altstadtsanierung, deren Ergebnisse von eminenter Bedeutung für den touristischen Aufschwung seit 1980 sind, zielte nach Aussage der beteiligten Planungsamt- sowie Bauordnungsamtmitarbeiter praktisch nie auf die Steigerung der touristischen Attraktivität. Bis heute werden mit ihr keine explizit tourismuspolitischen Ziele verbunden.[133]

Erst seit Mitte der 1990er Jahre trat der Tourismus aus seinem blassen Schattendasein der kommunalen Verwaltungsarbeit heraus und wurde sukzessive zu einem politisch prominenten Thema. Daraus resultiert u.a. der Versuch, mit Hilfe des 2001 gegründeten Stadtmarketing-Vereins die für den Tourismus relevanten lokalen Einzelakteure (einschließlich der bis dato kaum integrierten Einzelhändler und Hoteliers) nun auch stärker formell zu vernetzen.

Nach dieser einführenden Darstellung der Genese und Spezifik des Wetzlartourismus kann man Folgendes festhalten. Zwar weist der Wetzlartourismus erst in jüngerer Zeit einen solchen Bedeutungszuwachs auf, dass er für die exemplarische Untersuchung geeignet erscheint. Doch seine Wurzeln sind bereits alt. Deshalb ist zu vermuten – geht man von der Wechselseitigkeit von raumbezogener Semantik und städtetouristischer Strukturentwicklung aus –, dass schon im frühen Wetzlartourismus ortssemantische Fundamente gelegt wurden, die für das Verständnis dieses Zusammenhangs von Bedeutung sind.

Fraglich ist dann in die eine Richtung: Wie äußern sich die Besonderheiten der langen touristischen Geschichte Wetzlars in der Entwick-

---

133 Im Gegensatz etwa zu Rothenburg ob der Tauber, wo Stadtplanung und Altstadtsanierung bzw. -rekonstruktion seit der unmittelbaren Nachkriegszeit unter den strategischen Vorgaben der lokalen Tourismuspolitik verlaufen (vgl. Ashworth/Tunbridge 2000, 160ff.).

lung der touristischen Ortssemantik? Welche räumlichen Formbildungen entstehen dabei? Und in umgekehrter Blickrichtung stellen sich die beiden Fragen: Wie strukturierten Kontinuität und Wandel von Ortsbildern und spezifischen Kultur-Raum-Verknüpfungen die lange Zeit in ihrem Umfang noch deutlich begrenzte touristische Entwicklung? Und inwiefern haben sie die seit den 1980er Jahren zu beobachtende dynamische Entwicklung ‚von unten' sowohl ermöglicht als auch begrenzt?

Im Anschluss an die bisherigen Ergebnisse erscheint es vielversprechend, als Gliederungsschema der weiteren Analyse folgende vier Phasen der Entstehung Wetzlars als einer touristischen Destination zu unterscheiden: (1) „Touristische Grundlegung" (bis 1939), (2) „Touristischer Dämmerschlaf" (1945 bis ca. 1980), (3) „Touristisches Erwachen" (ca. 1980 bis ca. 1995), (4) „Touristische Wachstumsanstrengungen" (ab ca. 1995).

Touristische Grundlegung (bis 1939)

Wertherfieber und Werthertourismus

Mit dem Erscheinen des Briefromans „Die Leiden des jungen Werthers" zur Leipziger Buchmesse im Herbst 1774 wurde der damals 25jährige Goethe fast über Nacht berühmt. Das kleine Büchlein wurde binnen kürzester Zeit zum Welterfolg. Es gilt als Initialzündung der Empfindsamkeit in der deutschen Literatur, als Schlüsselroman des Sturm und Drang.

Mit seinem „Werther" artikulierte Goethe die Hauptprobleme seiner Zeit: die Gegensätze zwischen Adel, Bürgertum und Unterschicht, das geistlose Profit- und Erfolgsdenken im bürgerlichen Mittelstand, die Gefühlsarmut im Umgang der Menschen miteinander. Damit traf er die Stimmungslage einer ganzen Generation. Vor allem unter den Jugendlichen brach ein regelrechtes „Werther-Fieber" aus,[134] das Werther, den unglücklich Verliebten und darob zum Selbstmord Getriebenen, alsbald zu einer Kultfigur werden ließ. Ausdruck fand diese fieberhafte Begeisterung in der Werther-Mode (gelbe Hose, gelbe Weste, blauer Rock), in der berühmten Werther-Tasse, die in keinem bildungsbeflissenen Haushalt fehlen durfte, im Eau de Werther, aber auch in Nachahmungstaten von Menschen, die ihrem Leben, vor lauter Liebesunglück verzweifelt

---

134 E.A. v. Göchhausen (1776): Das Werther-Fieber (zitiert in: Pfeiffer 1987, 27).

und teilweise noch im Wertherstil gekleidet, durch Kopfschuss ein Ende setzten.

Zu der beeindruckenden frühen Wirkungsgeschichte des Romans gehören neben der raschen Folge der Wertherausgaben und seiner baldigen Übersetzung in viele Sprachen auch die unzähligen (guten und schlechten) Kritiken, die Verurteilung der angeblichen Verherrlichung des Selbstmords durch Kirche und zeitgenössische Dichter, die Gegenschriften wie etwa Nicolais „Freuden des jungen Werthers, Leiden und Freuden des Mannes" von 1775 sowie die Satiren über die Gegenschriften. Hinzu kamen zahlreiche Wertheriaden, Nachdichtungen, Parodien, Darstellungen des Wertherthemas als Lustspiel, als Ballett und sogar als Feuerwerk mit dem Titel „Werthers Zusammenkunft mit Lottchen im Elysium". All dies steigerte die Bekanntheit Goethes Romans und seiner Figuren, die, durch Schullektüre nochmals weiter verstärkt, bis heute ungebrochen ist (vgl. Pfeiffer 1987, 28).

Die Handlung des Romans trägt deutlich autobiographische Züge. Zwei Jahre vor Erscheinen des „Werther" weilte Goethe von Mai bis September 1772 einen Sommer lang in Wetzlar. Vom Vater nach seinem Lizentiatenexamen zu einem juristischen Praktikum am Wetzlarer Reichskammergericht gedrängt, stießen ihn die erneuten juristischen Studien, die Enge der Stadt und die sozialen Gegensätze zwischen Einheimischen und den vermögenden Kameralen eher ab: „Die Aussicht war nicht reizend, in einer zwar wohl gelegenen, aber kleinen und übel gebauten Stadt eine doppelte Welt zu finden: erst die einheimisch alte hergebrachte, dann eine fremde neue" (Goethe, zit. nach Jung 1998, 17). Innerlich motivierten Goethe ein neues Naturgefühl, das immer deutlicher werdende Bewusstsein des eigenen Künstlertums und das Suchen nach den ihm gemäßen künstlerischen Ausdrucksformen zu vermehrter künstlerischer Produktion, nicht aber zum Studium alter Prozessakten und prozessualer Formen (vgl. den Prospekt *Wetzlarer Goethe-Sommer* 1999).[135] Diese Spannung wurde durch die tiefe, aber aussichtslose Neigung zu Charlotte Buff, der mit dem Legationssekretär Johann Christian Kestner verlobten Tochter des Wetzlarer Deutschordensamtmannes, noch verstärkt. Bald eng befreundet, verbrachte Goethe viel Zeit mit

---

135 Man könnte die hier gewählte historische Rekonstruktion auch mit der einschlägigen germanistisch-literaturwissenschaftlich-historischen Fachliteratur belegen – und dabei u.U. auch zu differenzierteren Interpretationen gelangen. Da im Zusammenhang dieser Arbeit aber diejenigen Beobachtungs- oder Konstruktionsweisen interessieren, die in den städtetouristischen Kontext eingegangen sind bzw. für ihn charakteristisch sind, begnügt sich die Darstellung mit dem Verweis auf entsprechende ‚graue' Literatur.

dem Brautpaar. Phasenweise war er täglich Gast in Lottes Wohnhaus, dem Wetzlarer Haus des Deutschen Ordens. Man unternahm Spazierfahrten und Wanderungen, zum Beispiel am Stoppelberg vorbei zum Ball ins Volpertshäuser Jägerhaus oder über die Höhen des Lahnbergs hinüber ins benachbarte Dorf Garbenheim, wo Goethe viel Zeit dieses Sommers lesend und malend verbrachte. Nachdem er Lotte schweren Herzens entsagt und die Stadt ohne Abschied verlassen hatte, erfuhr er in Frankfurt, dass sich in Wetzlar der ihm schon aus seinen Leipziger Studienzeiten bekannte Jurist Karl Wilhelm Jerusalem aus unglücklicher Liebe das Leben genommen hatte. Dieses Schicksal und seine eigenen Sommererlebnisse verarbeitete Goethe in seinem Briefroman, in dem auf diese Weise „Dichtung und Wahrheit" eng miteinander verwoben waren (vgl. ebd.).

Kaum war bekannt geworden, dass durch den Schleier literarischer Verfremdung die Stadt Wetzlar, ihr Umland und die tragischen Geschicke einiger junger Menschen aus Wetzlar durchschimmerten, begann eine bis heute andauernde Bereisung der vermeintlichen Schauplätze des „jugendlichen Leids". Der frühe „Werthertourismus" hatte pilgerähnliche Züge und traf lange Zeit auf wenig Gegenliebe bei Stadt und Betroffenen. So „wurde das Grab Jerusalems Ziel förmlicher Wallfahrten von Werther-Enthusiasten. Sie streuten, wie wir aus zeitgenössischen Berichten erfahren, Blumen auf den Grabhügel, rezitierten gefühlvolle Gedichte, weinten ausgiebig oder brachten dem Frühverstorbenen ein nächtliches Ständchen. Um solchem gefühlvollen Unfug ein Ende zu setzen, ließ der Magistrat schließlich die Grabstelle einebnen" (von Schneidemesser 1987, 65). In seinem 1862 erschienenen Reiseführer durch „Wetzlar und das Lahntal" schreibt Wigand über das damals so genannte „Wertherhaus": „Fragst Du, lieber Wanderer, nach Wetzlars Denkwürdigkeiten, so zeigt Dir hier Jeder in einer Reihe dem Kloster gegenüberliegender Gebäude ein altes [...] Haus und weist nach dem Erkerzimmer, wo sich [...] der junge Jerusalem einst erschossen hat. Es gehörte ehemals einem wohlstehenden Buchhändler und Buchdrucker Winkler. Der letzte Besitzer hat mir noch erzählt, daß in früherer Zeit ein solcher Anlauf von Fremden nach dieser [...] Wohnung gewesen sei, daß die Gehülfen im Laden und in der Druckerei oft zornig und grob geworden seien" (Wigand 1862).

Die durch Goethes Roman motivierten Reisenden besichtigten bis weit in die zweite Hälfte des 19. Jahrhunderts hinein *nicht* die *Stadt* Wetzlar. Sie wurden auch nicht von der Stadt umworben oder gar von ortskundigen Reiseführern durch die Stadt geführt. Vielmehr folgten sie dem, was sie für die Spuren Werthers hielten. Die diesen Werthertourismus strukturierende Semantik speiste sich daher zum überwiegenden

201

Teil aus dem Roman selbst. Neben der Grabstätte und dem Erkerzimmer des Jerusalem sowie dem Wohnhaus der Charlotte Buff waren die Sehenswürdigkeiten eher am Rand bzw. außerhalb der Stadt gelegen.[136] Denn den „Werther" gelesen, ihn oftmals in der Hand mit sich führend und an verschiedenen Stellen Briefpassagen rezitierend, wussten die Werthertouristen: „Die Stadt selbst ist unangenehm, dagegen ringsumher eine unaussprechliche Schönheit der Natur" (Goethe 1774, Brief vom 4. Mai). Die romantischen Landschaftsimpressionen Goethes suchend, imitierten sie seine bzw. Werthers Spaziergänge ins „liebliche" Umland, insbesondere ins nahe gelegene Garbenheim (im Roman: „Wahlheim"). Dabei legten sie verschiedene Haltepunkte ein, so z.b. am Wildbacher bzw. „Werther"-Brunnen (dem heutigen „Goethebrunnen"), an der Ecke Wahlheimer Weg/Am Deutschherrenberg, an einzelnen Aussichtspunkten auf dem Lahnberg, an der Garbenheimer Warte oder auf dem Garbenheimer Dorfplatz (unter der „Goethelinde").[137] Die Haltepunkte verdeutlichen, dass die Semantik des Werthertourismus keinen territorial zusammenhängenden, flächenförmigen Raum konstituierte. Vielmehr entstand durch die inhaltliche Relationierung verschiedener territorialer Punkte ein netzförmiger, relationaler Wertherraum. Zur Verfestigung dieser territorial-relationalen Semantik trugen entscheidend die Bleistiftzeichnungen und Lithographien bei, die neben anderen Künstlern insbesondere Carl Stuhl in den Jahren um Goethes 100. Geburtstag (1849) nach der Romanvorlage angefertigt hatte. Nach Experteneinschätzung war mit ihnen, also gegen Mitte des 19. Jahrhunderts, die Kanonisierung der aufzusuchenden Werther-Stätten weitgehend abgeschlossen.[138] Bis heute folgen literarische Spaziergänge, die von der Tourist-Information regelmäßig als thematische Führungen angeboten und vermittelt werden, „Goethes Spuren" von Wetzlar nach Garbenheim (seit 1979 ein Stadtteil Wetzlars).

Die Stadt Wetzlar reagierte auf den Werthertourismus erst mit Verspätung. So ist es nur einer Gruppe Wetzlarer Bürger zu verdanken, dass

---

136 Vgl. dazu den aus seinem Reisebericht „Eine Fahrt durch's Lahntal" entnommenen Aufsatz „Ein Besuch im Lottehaus 1864" von Wolfgang Müller von Königswinter, Wiesbaden 1865, gekürzt abgedruckt in Schmidt 1987, 32ff.

137 Nach der vom Magistrat veranlassten Einebnung des Jerusalemgrabes auf dem Wetzlarer Friedhof zwecks Beendigung des lästigen Ansturms von Werthertouristen ließ ein empfindsamer „Werther-Jünger" in Garbenheim einen Grabhügel aufwerfen und mit einer Urne schmücken. Noch 1815 wurde Reisenden der Platz von listigen Einheimischen als Grab Werthers verkauft (vgl. Wetzlarer Goethe-Sommer 1999, 18).

138 Quelle: Interview mit dem Leiter der Wetzlarer Museen, einem Germanisten und Historiker.

1863 der drohenden Verwahrlosung des ehemaligen Buffschen Wohnhauses, das bereits seit Auflösung des Deutschen Ordens durch Napoleon 1809 im Besitz der Stadt war, Einhalt geboten wurde. In Erinnerung an Goethe und Lotte wurde das große Giebelzimmer wiederhergestellt und als „Lottezimmer" der Öffentlichkeit zugänglich gemacht (vgl. Pfeiffer 1987, 19). Die in Hannover, Le Havre und Mainz lebenden Nachkommen von Charlotte und Johann Christian Kestner hatten auf Bitten einige persönliche Gegenstände, Möbelstücke sowie Briefschaften zur Ausstattung des Zimmers gestiftet.[139]

Schon im ersten durchgehenden Besuchsjahr, 1864, trugen sich etwa 500 Fremde als Besucher in das Gästebuch ein (vgl. ebd.). Im Laufe des 19. Jahrhunderts vermehrten sich die Sammlungsbestände so, dass anlässlich der 150. Wiederkehr von Goethes Wetzlaraufenthalt 1922 das *ganze* Haus – nun in städtischer Regie – museal ausgestattet und als „Lottehaus" für Besucher geöffnet wurde. Am 8. März 1945 erlitt das Haus schwere Bombardierungsschäden. Das großenteils demolierte Inventar wurde – erneut von Wetzlarer Bürgern – aus den Trümmern geborgen und so weit als möglich restauriert. Schon 1949 war das Haus zur Feier von Goethes 200. Geburtstag wieder für den Besucherverkehr geöffnet. Die letzte, diesmal eine grundlegende Sanierung des Lottehauses erfolgte 1998/99 vor Beginn des Goethejahres.

In dem seit Anfang des 20. Jahrhunderts auch so genannten „Jerusalemhaus" sind Besucher sogar erst seit 1907 wirklich willkommen. Nachdem die Stadt das Haus 1906 erworben hatte, wurde hier 1907 ein „Jerusalemzimmer" als Gedenkraum eingerichtet. Wie der Verwaltungsbericht der Stadt Wetzlar mitteilt, wurde 1910 „das historische und von Fremden vielbesuchte Jerusalemhaus [...] von dem äußeren Putzkleide befreit und das Holzfachwerk freigelegt, so daß das entstandene Bild eine Zierde des Schillerplatzes ist" (Magistrat 1957) Seit 1916 gibt es zwei Jerusalemzimmer, die bis 1984 mehrfach – immer zu Goethe-Jubiläen – neu gestaltet wurden. 1984 bis 1986 wurde das Gebäude umfassend saniert.

Noch länger dauerte es, bis die Stadt auch an das Grab Jerusalems erinnern wollte. Anlässlich der Zweihundertjahrfeier zu Goethes Ge-

---

139 Das Bitten war nötig und die Gaben nicht selbstverständlich. Denn schon im 19. Jahrhundert konkurrierte Wetzlar mit anderen „Goethe-Städten" – um Besucher ebenso wie um mögliche Ausstellungsstücke. Praktisch zeitgleich mit der Eröffnung des Lottezimmers in Wetzlar (1863) kam es auch zur Einrichtung des Goethehauses in Frankfurt am Main (1865). Die zu dieser Zeit allgemein anwachsende Pflege und Wertschätzung von Goethe und seiner Literatur bildet den Aufmerksamkeitshintergrund, vor dem auch Wetzlar mehr Goethetouristen anzuziehen vermochte.

burtstag 1949 wurde dort auf dem ehemaligen Wetzlarer Friedhof (dem heutigen Rosengärtchen), wo das Grab ungefähr zu vermuten war, ein Denkmal errichtet, ein „Gedenkstein für Goethes Werther, den [...] Karl Wilhelm Jerusalem" (von Schneidemesser 1987, 65).

Auch die (verhaltenen) Reaktionen der Stadt Wetzlar änderten folglich nichts an der territorial-relationalen Struktur des frühen wertherbezogenen Tourismus, sie reproduzierten und stützten sie vielmehr. Noch bis ins 20. Jahrhundert hinein dominierte die Wertherorientierung der touristischen Besucher und mit ihr die relationale Ortssemantik. Doch schon im 19. Jahrhundert setzte ein Wandel ein, mit dem allmählich auch die Stadt selbst ins Blickfeld geriet. Mit dem Eisenbahnanschluss 1862 und der 1863 erfolgten Eröffnung des Lottezimmers kamen mehr auswärtige Gäste. Zusammen mit dem zeitgleich erschienenen ersten Reiseführer[140] über Wetzlar markieren diese Ereignisse den Beginn einer längeren, bis in die 1930er Jahre reichenden Phase der Transformation vom Werther- zum Wetzlartourismus, in der Wetzlar zur „alten Goethestadt an der Lahn" wurde.

Ortssemantisches Fundament
der „alten Goethestadt an der Lahn"

Leitschemata

Von der langsam wachsenden touristischen Relevanz der Stadt zeugen weitere Reiseführer und Broschüren aus dem späten 19. und frühen 20. Jahrhundert ebenso wie eine Vielzahl unterschiedlicher Wetzlar-Postkarten, die Anfang des 20. Jahrhunderts von Wetzlar-Besuchern verschickt wurden. Analysiert man dieses Text- und Bildmaterial unter semantischen Gesichtspunkten, lassen sich folgende Merkmale der Grundlegung des touristischen Reiseziels Wetzlar bestimmen.[141]

Über den gesamten Beobachtungszeitraum (1863 bis 1938) hinweg finden bei allen Reiseführern, Broschüren und bildlichen Darstellungen stets drei miteinander verknüpfte, Beobachtungsschemata Verwendung.

---

140 Paul Wigand (1862): „Wetzlar und das Lahntal – ein Führer für Fremde und Einheimische".

141 Grundlage der Analyse waren neben der Post- und Grußkarten Sammlung in *Jung 1991* verschiedene, im Historischen Archiv der Stadt Wetzlar gesammelte Reiseführer, Broschüren und Prospekte. Sie sind im Einzelnen im Literaturverzeichnis aufgeführt. Für die Zuordnung der in der nachfolgenden Darstellung verwendeten Zitate und Bezüge seien an dieser Stelle nur ihre Erscheinungsjahre genannt: 1862, 1903, 1911, 1919, 1925, 1926, 1934, 1938 (2x).

Erstens dominiert eine historisierende Perspektive auf Wetzlar. Bei der Darstellung der Stadt fällt das Verhältnis von Vergangenheits- und Gegenwartsbezügen eindeutig zugunsten der Stadtgeschichte bzw. ausgewählter, histo risch indizierter Themen (Dom, Hospitalkirche, Goethe, ehemalige Reichsstadt, mittelalterlicher Stadtkern) aus. *Zweitens* wird immer mit einer Stadt/Umland-Unterscheidung gearbeitet. Mit Hilfe dieser Leitunterscheidung werden die Präsentationen nicht nur in stadt- und umlandbezogene Themen zweigeteilt. Vielmehr wird die Attraktivität der Stadt direkt aus der Beziehung zu ihrem Umland abgeleitet. Dies gelingt u.a. dadurch, dass die Stadt als in ihr ländlich-natürliches Umland eingebettet dargestellt wird. *Drittens* fällt der durchgehende Goethebezug auf, dessen Bedeutung kontinuierlich zunimmt. Mit den drei Leitschemata *Geschichte, Umland* und *Goethe* und den durch sie strukturierten territorialen Bezugnahmen kommt es insgesamt zur Kombination relationaler und flächenförmiger Raumkonstruktionen.

Diese im thematischen wie im raumbezogenen Sinne mehrdimensionale Konstitution Wetzlars als städtetouristische Destination soll im Folgenden genauer rekonstruiert werden. Begonnen wird mit der Analyse der beiden Leitschemata Geschichte und Umland, die sich als Rahmen des Goethebezugs interpretieren lassen. Aus der Sicht derjenigen Personen und Organisationen, die für die Erstellung der untersuchten Reiseführer und Broschüren in dieser Phase verantwortlich waren,[142] liegen die ‚Vorteile' ihrer Verwendung auf der Hand.

Historisierende Perspektive

Die *historisierende* Perspektive auf Wetzlar ermöglichte die weitgehende Ausblendung der Gegenwart und der jüngeren Vergangenheit der Stadt (19. und frühes 20. Jahrhundert). Dies war deshalb vorteilhaft, weil weder mit der Gegenwart noch mit der jüngeren Vergangenheit Wetzlars touristisch Sehenswertes verbunden werden konnte. Das 19. Jahrhundert war für Wetzlar ein über weite Strecken eher deprimierendes, da vom Niedergang gekennzeichnetes Jahrhundert gewesen.[143] Mit der späten

---

142 Anfangs ausschließlich und bis heute immer wieder interessierte Wetzlarer Bürger, die ihre Stadt Fremden (und auch Einheimischen) präsentieren wollten (vgl. z.b. 1862, 1903, 1911, 1919); in den 1920ern zunehmend der Wetzlarer Verkehrsverein und das Bürgermeisteramt (vgl. 1925, 1926); in den 1930ern vor allem das städtische Verkehrsamt sowie der Landesfremdenverkehrsverband Rhein-Main (vgl. 1934, 1938).

143 „Die durch Napoleon in Gang gesetzten Veränderungen der politischen Landschaft Deutschlands führten auch zu tiefen Einschnitten in das Selbstverständnis Wetzlars. Durch den Reichsdeputationshauptschluss

Industrialisierung und den mit ihr verbundenen, lang ersehnten Impulsen hatte nun zwar eine für die zukünftige Stadtentwicklung vielversprechende Entwicklung eingesetzt;[144] diese jedoch bot gerade kein touristi-

verlor die Stadt 1803 ihren bisherigen Reichsstadtstatus und wurde dem Staatswesen des Mainzer Kurfürsten und Kurerzkanzlers Karl Theodor von Dalberg einverleibt.

Als im Jahre 1806 Kaiser Franz II. die Kaiserkrone niederlegte, wurden das Heilige Römische Reich Deutscher Nation und mit ihm das Reichskammergericht aufgelöst. Die städtische Wirtschaft litt schwer unter dem Wegfall der Bedürfnisse des Kammergerichtspersonals und dem Ausbleiben der zahlreichen Besucher des Gerichts. Zwischen 1806 und 1812 ging die Einwohnerzahl Wetzlars von 5.160 auf 4.270 zurück. Die Immobilienpreise sanken, die Kaufleute mussten erhebliche Umsatzeinbußen hinnehmen, und die Handwerker konnten sich kaum noch von ihrer Arbeit ernähren.

Zwar versuchte der neue Wetzlarer Landesherr, Verbesserungen im Schulwesen, Reformen der Armenversorgung u.ä. durchzusetzen, er gründete eine Rechtsschule und ließ der Stadt finanzielle Zuwendungen zukommen, dennoch konnte er die zunehmende Verarmung nicht verhindern.

Nach den Niederlagen Napoleons und der Abdankung Dalbergs wurde Wetzlar schließlich auf dem Wiener Kongress im Jahre 1815 dem Königreich Preußen zugesprochen. Wenige Jahre später, 1822, schuf man aus der Standesherrschaft Solms-Braunfels, Teilen von Solms-Hohensolms und den nassauischen Ämtern Atzbach und Lützellinden den Kreis Wetzlar mit der gleichnamigen Kreisstadt. Der preußische Kreis gehörte als Exklave zur Rheinprovinz mit der Hauptstadt Koblenz. Die wirtschaftliche Rückständigkeit und die Unzufriedenheit mit der preußischen Verwaltung führten während der Revolution von 1848 zu Auseinandersetzungen mit den Beamten und den seit 1818 in Wetzlar garnisonierenden preußischen Truppen" (Jung 1998, 18f.).

144 „Die Industrialisierung in Wetzlar begann mit der Schiffbarmachung der Lahn, die 1851 bis Gießen ermöglicht wurde. Nun konnte das in der hiesigen Gegend gewonnene Eisenerz ins Ruhrgebiet verschifft werden. Die 1862 fertiggestellte Eisenbahnstrecke Gießen – Wetzlar –Köln/Deutz und die im folgenden Jahr eröffnete Lahntalbahn nach Koblenz führten zu einem Schub in der Wirtschaftsentwicklung. Seither wurde das Erz in Wetzlar verhüttet, denn man konnte die hierfür benötigte Kohle und sonstige Rohstoffe preisgünstig hierher transportieren. In der Nähe des Bahnhofs entstand der erste Wetzlarer Hochofen der Gebrüder Buderus, der 1872 in Betrieb genommen wurde. Die nach der Mutter der Brüder benannte Sophienhütte existierte über 100 Jahre lang, bis 1981. Die Buderus-Aktiengesellschaft wurde verschiedentlich neu gestaltet. In Wetzlar wird nun der Umsatz durch Zement, Gusserzeugnisse und Edelstahl sowie vor allen Dingen, Heizungsprodukte erzielt. [...]

Neben der Schwerindustrie, die im 20. Jh. Tausende von Arbeitern beschäftigte, entwickelte sich die optisch-mechanische Industrie zum wichtigsten Arbeitgeber in der Region. Karl Kellner gründete im Jahre 1849 [...] sein ‚optisches Institut', in dem er präzise Mikroskope produzierte. Nach seinem frühen Tode übernahm schließlich ab 1869 Ernst Leitz den

sches Potential. Nicht sehenswert war die Industrie nicht zuletzt deshalb, weil die Industrialisierung in Wetzlar im Vergleich zu anderen Landesteilen und Städten verspätet einsetzte und eher langsam verlief. Hinzu kam, dass die Stadt politisch-praktisch noch kein touristisches Selbstverständnis ausgebildet hatte. Während sich seit der Reichsgründung 1870/71 eine zunehmende Zahl von deutschen Städten ganz bewusst für die Förderung des Fremdenverkehrs als Alternative zum Ausbau der Stadt zu einem Industriestandort entschieden hatte (vgl. Keitz 1997, 69ff.), verhielt sich die Situation in Wetzlar genau umgekehrt. Erst mit der Gründung des Verkehrsamtes 1931 begann eine, zunächst nur zaghafte und noch lange nicht aktiv gestaltende, Unterstützung des Tourismus als *ein* Aspekt der Stadtentwicklung.

Statt auf die Gegenwart oder die jüngere Vergangenheit wird der touristische Blick mittels der historisierenden Perspektive leicht auf weiter zurückliegende Zeiten einer „Stadt mit reicher Vergangenheit" (1903)[145] gelenkt: auf das Mittelalter, in dem „Alt-Wetzlar" und der „Dom" entstanden sind, auf die lange Phase, in der Wetzlar freie Reichsstadt war (vom 12. Jahrhundert bis 1803), sowie auf die durch das Reichskammergericht begründete „Blütezeit" (1690-1806), der die Stadt u.a. Goethes Kurzaufenthalt verdankt. Wetzlar wird derart als „alte Stadt" konstruiert, als Ort mit langer und großer Vergangenheit.

Als Sicht- und daher auch schon wohletabliertes Wahrzeichen der Stadt wird der „altehrwürdige Dom" als „natürlicher Mittelpunkt"

Betrieb und baute ihn zu einer Firma mit Weltgeltung aus. Oskar Barnack erfand hier 1914 die erste Kleinbildkamera der Welt, die unter dem Namen Leica seit 1924 auf dem Markt ist. Nach mehrmaligem Besitzerwechsel ist der ehemalige Familienbetrieb Leitz heute ein Konzern mit in- und ausländischen Produktionsstätten. [...]

Im Jahre 1865 verlegte Moritz Hensoldt seine Werkstatt von Braunfels nach Wetzlar, wo sie sich zu einem weiteren optischen Großbetrieb entwickelte. Seit 1928 gehört die Firma Hensoldt zum Zeiss-Konzern.

Neben diesen beiden Firmen entstanden zahlreiche kleinere Werkstätten, die sich teilweise spezialisierten und andere Betriebe mit ihren Produkten belieferten. [...]

Die relativ späte und langsame Industrialisierung hatte zur Folge, dass in der Industriestadt Wetzlar kein Arbeiterproletariat entstand, das in Mietskasernen ein tristes Dasein fristen musste. Die hiesigen Arbeiter kamen meist aus der Stadt und ihrem Umland, wohnten in ihren eigenen Häuschen und waren durch ihre Nebenerwerbslandwirtschaft auf dem Lande verwurzelt. Die Einwohnerzahl Wetzlars stieg ganz allmählich von rund 6.000 um 1860 auf über 15.000 am Ende des Ersten Weltkriegs" und weiter auf ca. 19.000 im Jahre 1938 (Jung 1999, 16ff.).

145 Auf die Seitenangaben der Zitate aus den untersuchten, hier nur durch Angabe ihres Publikationsjahres gekennzeichneten Materialien (s. Literaturverzeichnis) wird verzichtet.

(1903) zu der herausragenden Sehenswürdigkeit Wetzlars erklärt. Im frühen 19. Jahrhundert noch „korrekt" Stiftskirche genannt, wird der „Dom" in allen Führern und Broschüren verhältnismäßig ausführlich und, seiner auf Bildern die Stadt überragenden Position entsprechend (s.u.: Abb. 9), an prominenter, meist erster, Stelle beschrieben. Seine Unvollendetheit und die baulichen Stilbrüche werden als sehenswerte Besonderheit gepriesen: Als „eins der schönsten und eigenartigsten Architekturbilder Deutschlands" lasse er „mit großer Deutlichkeit" die „Entwicklung der romanischen Bauperiode bis zur vollendeten Gotik" (einschließlich ihrer „verschiedenen Pläne und Lösungsversuche") erkennen (1911). Dieses „in Stein gehauene Kapitel der deutschen Kirchenbaukunst" führe die „Bauweisen des ganzen Mittelalters vor Augen" (1934).[146]

Die heute durchgehend so genannte Altstadt findet als ein für Wetzlar charakteristischer Themenkomplex zwar in manchen Ausführungen zur Stadtgenese schon kurze Erwähnung – als das „Innere der Stadt" (1862), als „mittelalterlicher Rahmen" (1903) oder als „Alt-Wetzlar" (1925). Als Zeugen der reichen Vergangenheit werden jedoch nicht flächenförmige Räume als Ganze, sondern primär einzelne *Elemente* wie Stadtpforten, „ansehnliche Reste einer stattlichen Befestigung" (1903), die „Gassen von Wetzlar", „hohe, der Straße zugekehrte Giebel", mittelalterliche (Markt-)Plätze, das „Häusergewirr" (1934) oder die steinerne Lahnbrücke aus dem 13. Jahrhundert angeführt. Damit wird die Flächen- bzw. Behälterkonstruktion der „alten Stadt" durch eine relationale Raumkonstruktion ergänzt.[147] Nur ausnahmsweise – und auch dann sehr knapp – wird die Altstadt schon Altstadt genannt und als eigene Sehenswürdigkeit beschrieben: „Doch nicht nur in einzelnen hervorragenden Bauwerken, den Resten der alten Stadtumwallung, den Ueberbleibseln der alten Stadttore usw. wird die Bedeutung Wetzlars als alte Kulturstätte erkennbar; auch der ganze sonstige Habitus der Altstadt deutet darauf hin. Wer die schmalen Straßen und Gassen durchwandert, auf den von hochgiebeligen Häusern umstandenen Plätzen Umschau hält, in ungezählte lauschige Winkel hineinschaut, von der uralten Brücke die Blicke ringsum wandern läßt, der fühlt sich ganz von selbst von dem Geiste der *Geschichte und Poesie* umgeben" (1926; Hervorhebung AP).

---

146 Die Entstehungs- und Bauzeit des Wetzlarer Doms reicht vom 12. bis ins 16. Jahrhundert.

147 Zum Begriff des Flächenraums oder der flächen- bzw. behälterförmigen Raumkonstruktion siehe das Unterkapitel *Kultur als Modus sowie Raum und Stadt als Medien städtetouristischer Strukturbildung* im Kapitel *Die Form des Städtetourismus*.

Was hier am Beispiel der Altstadtbeschreibung kondensiert, gilt auch für die anderen untersuchten Führer und Broschüren: In der frühtouristischen Präsentation Wetzlars bis in die 1930er Jahre wird die *historische* Rahmung durch *Kultur* (bzw. *Goethe*) gefüllt. Diese Zusammenführung bringt die Semantik der „alten Kultur-" bzw. „Goethestadt" hervor.

Auffallend ist, dass die Zeit der ehemaligen freien Reichsstadt ebenso wie die Reichskammergerichtszeit, die für Wetzlar einen beachtlichen wirtschaftlichen Aufschwung und überregionales Ansehen bedeutet hatte, nur in den ersten Reiseführern bis 1903 ausführlicher – über mehrere Seiten – porträtiert wird. Schon 1911 beschränkt sich die Darstellung auf wenige Absätze, die allerdings noch Hinweise auf das „Archivgebäude" des Gerichts in der Hausergasse und auf den „alten Reichsadler an dem hohen Gebäude am Fischmarkt", der „das älteste Sitzungsgebäude bezeichnet" (1911), enthalten. In späteren Stadtpräsentationen werden die Darstellungen dieser historischen Epochen noch knapper. Oft findet man nur wenig mehr als ihre Namen, Zeitangaben oder symbolische Referenzen wie den Reichsadler.

In den Vordergrund der historischen Darstellung rückt stattdessen spätestens seit der Jahrhundertwende Goethes Wetzlaraufenthalt. Die neue Dominanz des Goethethemas als des vorherrschenden Stadtmerkmals verdeutlicht exemplarisch der Führer „Wetzlar und Umgebung" von 1903. Nach der bereits Goethe gewidmeten Einleitung („Wetzlar als Goethestadt") befassen sich allein fünf der zehn Wetzlarkapitel mit Goethes Aufenthalt.[148] Schon hier wird deutlich, wie die auch für die folgenden Jahre zu beobachtende „Goetheisierung" Wetzlars, die in die allgemeine Goethe-Renaissance im Kontext der nationalen Identitätsfindung um die Jahrhundertwende eingebettet war, betrieben wurde: Goethe, der Wetzlar stets kritisiert und sich von der Stadt mit seinen Wanderungen, seinen Zeichnungen, seiner baldigen Abreise und seinem „Werther" gerade abgewandt hatte, wird über eine mehrfache Verortung ‚zurück' in den städtischen Raum ‚geholt' bzw. *in* der Stadt ‚territorial fixiert'. Die aus der relationalen Semantik des Werthertourismus bereits bekannten, in der Stadt gelegenen Werther-Orte (einschließlich der beiden Museen Lottezimmer/-haus und Jerusalemzimmer/-haus) werden in

---

148 Die Kapitel im ersten Buchteil („Die merkwürdigen Gebäude und sonstigen aufsuchenswerten Punkte der Stadt"; der zweite Buchhälfte trägt den Titel „Wetzlars Umgebung") lauten: Der Dom – Der Kalsmunt – Wohnhaus der Familie Buff (Deutsches Haus) – Wohnung Goethe's – Wohn- und Sterbehaus von Karl Wilh. Jerusalem – Kestner's Wohnung – Reichskammergericht – Tile Kolup's Denkstein der Hinrichtung – Wetzlar's Vergangenheit – Goethe in Wetzlar.

die neue Stadtsemantik integriert, teilweise zu Goethe-Orten umbenannt[149] und um ‚neue' Goethe-Aufenthalts-Orte erweitert. Halten sich in dem 1903 beschriebenen „Gang durch die Stadt" goethespezifische und sonstige historische Elemente noch die Waage, so handelt es sich bei der 1911 publizierten Skizze eines touristischen *Stadt*-Rundganges bereits eher um einen „Goethe-Parcours".[150] Einerseits lässt sich somit eine zunehmende Homogenisierung der flächenräumlichen „alten Stadt" in Richtung „alte Goethestadt" beobachten; andererseits wird die mit der Werther-Semantik vorgegebene relationale Raumform, mit der einzelne ausgewählte Orte netzförmig verknüpft werden, weiter fortgeführt.

Umland-Perspektive

Die für die frühe touristische Stadtpräsentation typische Kombination von *Geschichte* und *Goethe* kennzeichnet auch die gängige Form der Umland-Beschreibung. Neben der Darstellung historischer Zeugen – wie Burgruinen, Schlösser, alte Nachbardörfer etc. – findet man regelmäßige Goethebezüge. Hinzu kommt hier jedoch die Betonung der Schönheit der *Natur* der Wetzlarer Umgebung.[151]

---

149 Aus dem Werther- wurde der Goethebrunnen, aus der Werther- die Goethestadt usw.

150 „Von der Südseite des Domes führt die Pfaffengasse nach dem Deutsch-Ordenshofe, in welchem das Lotte-Haus steht, das Wohnhaus des Amtmannes Buff. [...] Von dem Lotte-Hause gelangt man in wenigen Schritten zu dem Hause in der Gewandgasse No. 11, in welchem Goethe wohnte, und zu dem an der südlichen Ecke des Domplatzes gelegenen früheren ‚Gasthause zum Kronprinzen', wo ihm als Mitglied der fröhlichen Tafelrunde ‚ein drittes akademisches Leben entgegensprang'. Die Goethestraße führt einen kleinen Abhang hinunter zu dem Goethebrunnen vor dem Wildbacher Tore, einem Lieblingsplatz des Dichters (vergl. Werthers Leiden, Brief vom 12. Mai. [...] Von dem Kornmarkt gelangt man [...] zu dem, an dem oberen Ende einer Treppe gelegenen Hause, in welchem Goethes Freund, Johann Christian Kestner, im Werther als Lottes Bräutigam Albert genannt, wohnte. Goethe weilte oft bei dem wackeren Mann und hat in seinem Garten die letzte Mittagsmahlzeit in Wetzlar eingenommen. Die Treppe hinab und weiter abwärts führen wenige Schritte zu dem Schillerplatz, wo gegenüber der Franziskanerkirche das Erkerhaus steht, in welchem der junge Legationssekretär Karl Wilhelm Jerusalem, das Urbild des Werther, sich erschoß. Das auch wegen seines Äußeren sehenswerte Haus beherbergt [...]" (1911). – Ganz ähnlich, nur kürzer, wird der Goethe-Stadtrundgang 1934 formuliert.

151 Auch ‚die Natur' wird in den untersuchten Materialien, wie die genauere Untersuchung zeigt, historisierend und romantisierend dargestellt.

Neben der bloßen Aufwertung des touristischen Reiseziels *Stadt* durch die Erweiterung der Wetzlarer Sehenswürdigkeiten um die des Umlandes (Geschichte, Goethe *und* Natur) liegen damit auch die ‚Vorteile' der *Umland*-Perspektive zunächst in der Möglichkeit der Fortführung und Einbeziehung der schon etablierten Werther'schen Ortssemantik. So werden in den Umlandkapiteln (oder -absätzen) der Reiseführer neben Sehenswürdigkeiten wie Burgen, Rundblicke erlaubenden Aussichtspunkten oder verschiedenen Ausflügen zu Nachbargemeinden stets auch die außerhalb der Stadtgrenzen liegenden „Wertherorte" und „Wertherspaziergänge" beschrieben sowie romantische Landschaftseindrücke aus dem „Werther" zitiert.

Außerdem, eng mit diesem Punkt zusammenhängend, erlaubt die Umland-Perspektive die Betonung eines landschaftlich-ästhetischen Reizes, dessen sich die von der Industrialisierung erfasste „alte Stadt" um die Jahrhundertwende alles andere als sicher sein konnte. Der semantische Effekt, der dadurch entsteht, dass Wetzlar als in diese schöne Landschaft eingebettet präsentiert wird, besteht darin, dass die Schönheit des Umlandes praktisch auf die Stadt – als Bestandteil des größeren, sie umfassenden Landschaftsbehälters – selbst ‚abfärbt': „Die Stadt Wetzlar an der Lahn zeichnet sich durch herrliche malerische Lage [...] sowie durch entzückende landschaftliche Schönheit der näheren Umgebung aus [...] Wohnhäuser inmitten blühender und grünender Gärten" (1911). Das Auge des sich der Stadt annähernden Reisenden falle „schon von fernher auf ein Landschafts- und Städtebild, das an Anmut und fesselndem Reiz weit und breit seinesgleichen sucht" (1926).

Dieser ‚Vererbungs-Effekt' wird noch dadurch verstärkt, dass die Stadt/Umland-Differenz in manchen Passagen der Reiseführer und Broschüren durch verkürzte und (un-)passend platzierte Werther-Zitate verwischt bis aufgehoben wird: Aus „Die Stadt selbst ist unangenehm, dagegen ringsumher eine unaussprechliche Schönheit der Natur" (Goethe 1774, 4. Mai) wird das fast in allen Unterlagen auffindbare Zitat „Ringsumher herrscht eine unaussprechliche Schönheit der Natur".[152] Ein anderes typisches Beispiel, in dem ein Satz aus einem Brief zitiert

---

152 „Waldgekrönte Höhen blicken von fast allen Seiten auf ein von schimmernden Wasseradern durchzogenes Städtebild hernieder, aus dessen Bereich vor allem zwei Wahrzeichen einer tausendjährigen Vergangenheit weithin sichtbar emporragen. Das eine ist der im Abendsonnenscheine weiß und rot erglühende ehrwürdige Dom, das andere die Ruine der einstigen Reichsburg Kalsmunt. Schon dieser erste Gesamteindruck lässt ahnen, in wie weitem Umfange das preisende Wort zutrifft, das eine der lebhaftesten Empfindungen Goethe's aus seiner Reichskammergerichtszeit wiedergibt: ‚Ringsumher herrscht eine unaussprechliche Schönheit der Natur! '" (1926).

wird, in dem Werther mit „Gegend" den Ort und die unmittelbare Umgebung des Wildbacher Brunnens (Goethebrunnen) – und nicht die Stadt – beschreibt (12. Mai), lautet: „Das ist unsere alte traute Goethestadt Wetzlar, von der Goethe in seinem ‚Werther' sagt: ‚Ich weiß nicht, ob täuschende Geister um diese Gegend schweben, oder ob es die warme himmlische Phantasie in meinem Herzen ist, die mir alles ringsum so paradiesisch macht' – das gilt auch heute noch. Es ist ein schöner Erdenfleck, den es lohnt zu besuchen" (1938).

Ortsemantisch betrachtet, erzeugt folglich auch die Umland-Perspektive einen doppelten Effekt. Während sie einerseits relationale Raumkonstruktionen und heterogenisierende Perspektiven reproduziert (neben der Werther-Semantik vor allem die Beziehungen zwischen Stadt und Umland), stärkt sie zugleich die flächenräumliche Konstruktionsweise Wetzlars als einer homogenen Kultur-Landschaft.

Entstehung des touristischen Wetzlar-Bildes

Natürlich schließen die frühen touristischen Darstellungen Wetzlars nicht nur an die relationale Semantik des Werthertourismus an. Sucht man nach weiteren semantischen Quellen, aus denen sie schöpfen, wird man, wenig überraschend, schnell in explizit historischen Abhandlungen fündig. Hier ist vor allem die mehrbändige, von 1802 bis 1810 herausgegebene „Geschichte und Topographische Beschreibung der Stadt Wetzlar" des Chronisten Friedrich Wilhelm Freiherr von Ulmenstein zu nennen. Aus ihr zitieren die ersten Reiseführer in ihren historischen und geographischen Passagen teilweise wörtlich. Noch wichtigere semantische Vorläufer sind aber bildlich-künstlerische Wetzlardarstellungen: Gemälde sowie Radierungen, Schnitte und Stiche, die mit Hilfe graphischer Drucktechniken vielfach reproduziert wurden. Bis zum Ende des 19. Jahrhunderts trugen sie entscheidend zur Etablierung spezifischer Perspektiven auf und Bilder von Wetzlar bei, für die historisierende ebenso wie landschaftlich-lagebezogene Aspekte charakteristisch waren (vgl. Sachse 1998). Diese wurden durch die dann aufkommenden Post- und Ansichtskarten sowie die Fotografie fort- und weiter festgeschrieben. Bereits um 1900 hatten sich auf diese Weise touristische Leit-*Bilder* verfestigt, die die spätere touristische Entwicklung stets begleiten und mitstrukturieren sollten. Dass die beiden, miteinander verknüpften semantischen Grundschemata der frühen touristischen Präsentation Wetzlars – Geschichte und Stadt/Umland – sich daher auch als Weiterentwicklung älterer, nicht-touristischer Kommunikationsformen interpretieren lassen, soll nun exemplarisch an ausgewählten Bildern verdeutlicht werden.

Die zwei Kupferstiche, die auch in der Ulmenstein'schen „Stadtgeschichte" wiedergegeben sind und Wetzlar gegen Ende der Reichskammergerichtszeit zeigen, stellen Prototypen späterer Wetzlarbilder dar. Viele ihrer Inhalte wurden zwar auch schon auf noch älteren Bildern dargestellt, so z.B. auf dem ‚berühmten' Merian-Stich von 1646 (vgl. Sachse 1998, 28). Doch die mit ihnen eingenommenen Blickwinkel und Bildaufteilungen waren neu – und folgenreich.

Abb. 2: Wetzlar – 1802 (Quelle: Ebertz/Flender 1979, 31)

Abb. 3: Wetzlar – 1806 (Quelle: Ebertz/Flender 1979, 29)

Der 1802 entstandene Stich (abgebildet in Teil I der „Stadtgeschichte"; s. Abb. 2) blickt von der heutigen Bahnhofsgegend, also aus nördlicher Richtung, auf die Stadt; der 1806 entstandene Stich (abgebildet in Teil II der „Stadtgeschichte"; s. Abb. 3) von einem Standort jenseits der Dill-Lahn-Mündung, also aus westlicher Richtung. Zentraler Abbildungsgegenstand auf beiden Stichen ist die Stadt – mit den historischen Elementen Dom (hier noch Stiftskirche genannt), mittelalterlicher Stadtkern (einschließlich der Ruinen der Stadtmauertürme auf dem Stich von 1806), großzügige Reichskammergerichtsgebäude, Lahnbrücke und Hospitalkirche. Bei beiden fällt aber zugleich die Einbeziehung der malerisch ebenfalls stark ausgestalteten landschaftlichen Umgebung auf – mit der Lahn (bzw. Dill-Lahn-Mündung), mit Hügellandschaft, Türmen, Burgruine Kalsmunt und benachbartem Dorf.

Verfolgt man die mit dem Stich von 1802 (s. Abb. 2) vorgegebene Perspektive durch das gesamte 19. Jahrhundert hindurch bis ins frühe 20. Jahrhundert hinein (s. Abb. 4 – 6), wird eine räumlich-thematische Fokussierung deutlich: Dom, Kalsmunt, alter Stadtkern, Reichskammergerichtsgebäude, Lahnbrücke, Lahn sind die städtischen Elemente, die durchgehend reproduziert werden; die auf der gegenüberliegenden Lahnseite gelegene Langgässer Vorstadt (rechte Bildhälfte auf dem Stich von 1802; die heutige Neustadt) fällt schon 1817 aus dem Blickfeld, die Hospitalkirche rückt an den äußersten Bildrand. Dagegen gewinnen die die (historische Kern-) Stadt umgebende ‚Natur' (oder ‚Landschaft') und historisierende Elemente an Gewicht.

Wetzlar – Kolorierte Aquatintaradierung von Friedrich Christian Reinermann, 1817

Abb. 4: Wetzlar – Kolorierte Radierung von Reinermann, 1817 (Quelle: Sachse 1998, 33)

Besondere Bedeutung für die Darstellung Wetzlars im 19. Jahrhundert kommt dem Maler, Kupferstecher und Lithographen Friedrich Christian Reinermann zu (vgl. Sachse 1998, 31f.). Reinermann stand an der Wende zur Malerei der Romantik, so dass in seinen Bildern neben die topographische Wiedergabe auch die Öffnung des Landschaftsbildes für Stimmungen und Gefühle tritt. Diese Gestaltungsabsicht wird besonders in der malerischen Darstellung der Stadt in der Aquatintaradierung von 1817 greifbar (s. Abb. 4). Der Betrachter blickt auf einen bühnenartig mit Staffagefiguren angereicherten Vordergrund, der mit einem blickfangenden Baum das Auge über den überbreiten Fluss in die Ferne zur Ruine Kalsmunt führt. Ähnliche Gestaltungsmerkmale weist der 1850 entstandene konturenschärfere, kolorierte Stahlstich von Ahrens auf (s. Abb. 5). Obwohl diese und ähnliche Darstellungen aus der Zeit nach der Auflösung des Heiligen Römischen Reiches Deutscher Nation und des Reichskammergerichts 1806 datieren, also aus einer Zeit, die für Wetzlar mit einem dramatischen ökonomischen Niedergang verbunden war, präsentieren sie eine friedvolle, wohlhabende Stadt mit großzügigen Wohnhäusern und prachtvollen Gärten, die noch vom Bauwillen der Kameralen geprägt ist. Das ehemalige Kammergerichtsgebäude an der Hausergasse ist auf den Ansichten von Reinermann und Ahrens gut erkennbar.

Wetzlar – Kolorierter Stahlstich von P. Ahrens, um 1850

Abb. 5: Wetzlar – Kolorierter Stahlstich von Ahrens, um 1850 (Quelle: Sachse 1998, 35)

Die Fotografie zeigt die Altstadt um 1915. Im Vordergrund die Ochsenwiese.

Abb. 6: Fotographie um 1915 (Quelle: Jung 1991, 13)

Wetzlar – Bleistiftzeichnung, mit Aquarell- und Deckfarben koloriert, von Peter Becker, 1878

Abb. 7: Wetzlar – Bleistiftzeichnung von Becker, 1878 (Quelle: Sachse 1998, 36)

Diese gleichzeitig historisierende, romantisierende und naturalisierende Darstellungsweise wird in einer kombinierten Aquarell-Deckfarbenmalerei von Peter Becker aus dem Jahre 1878 noch einmal gesteigert (s. Abb. 7). Auf diesem Bild macht Wetzlar den Eindruck einer ‚grünen‘, noch mittelalterlich geprägten Stadt, die durch Gebäude und Staffage einen Bezug zur Zeit des Reichskammergerichts gewinnt: „Besonders wirkungsvoll sind im Vordergrund" – vor der Stadtmauer – „die Staffagen in der Mode der Goethezeit. Auf dem gepflasterten Weg begegnen uns ein- und mehrspännige Pferdekutschen und Spaziergänger. Die Herren tragen Dreispitz und Galanteriedegen, die Damen Reifröcke und zierliche Mieder mit Bandrüschen. Schöne Sommerhäuser, zugänglich über Treppen und kunstvolle Tore, umgeben von Parkanlagen und Gärten, vermitteln das Bild Wetzlars zur Zeit des Reichskammergerichts" (Sachse 1998, 37). In der Montage zweier Epochen – Mittelalter und Rokoko – zeigt die Zeichnung ihre Zugehörigkeit zur Kunst des Historismus. Und mit der deutlichen Integration der Natur ins Stadtbild mag der Künstler – in kompensatorischer Absicht – auf die nun auch in Wetzlar beginnende Industrialisierung und die damit verbundene Ausdehnung der Stadt reagiert haben. Mit dem allmählich beginnenden, von Bildungsreisenden geprägten Wetzlartourismus entstand allerdings noch ein weiterer Kontext, in dem das Bild zu interpretieren ist. War die Nachfrage nach Kunstobjekten jeder Art infolge der bis ins späte 19. Jahrhundert anhaltenden wirtschaftlichen Probleme Wetzlars stark zurückgegangen, bestand mit der seit dem Eisenbahnanschluss 1862 zunehmenden Bereisung der Stadt auch die Möglichkeit, Stadtabbildungen als Reiseandenken zu verkaufen (vgl. ebd.).

Als touristische Erinnerungsstücke bekamen die klassischen Stadtansichten dann seit der Jahrhundertwende immer stärkere Konkurrenz durch die aufkommende Fotographie. Der Siegeszug der Fotographie, die die touristische Darstellung Wetzlars etwa seit Mitte der 1920er Jahre dominiert, lässt sich nicht allein auf ihre technische und ökonomische Überlegenheit zurückführen. Ebenso wenig ist er nur der Vielzahl neuer Details und Motive geschuldet, die der Einsatz der Kamera ermöglichte. Der mit der Fotographie verbundene „neue Realismus" der Stadtabbildung war gerade im Tourismus oftmals eher ein Nach- denn ein Vorteil. Dies belegen indirekt die vielen Collagen und zeichnerisch-graphischen Elemente (Skizzen, Logos u.a.), die touristische Broschüren bis heute kennzeichnen. Vielmehr resultierte der Erfolg der Fotographie als touristisches Werbemedium nicht zuletzt auch daraus, dass viele der fotographischen Stadtansichten die schon im 19. Jahrhundert etablierten Perspektiven und Darstellungsinhalte übernahmen.

217

Abb. 8: Blick auf den Dom (Quelle: Broschüre 1925)

Abb. 9: Altstadt mit Alter Lahnbrücke und Dom (Quelle: „Deutsche Städte Erleben", Deutsche Zentrale für Tourismus 2003/2004, 60)

Auch wenn man den anderen Weg einschlägt und die zweite der beiden prototypischen Perspektiven (s. Abb. 3) bis ins 20. Jahrhundert verfolgt,

218

wird deutlich, dass bereits in den Stadtdarstellungen des frühen 19. Jahrhunderts enthalten ist, was später zu zentralen Elementen des Städtetourismus verdichtet wird. Im Vergleich mit dem alten Stich erscheint das einer Broschüre von 1925 entnommene Bild (s. Abb. 8) wie eine durch Zoom ermöglichte Fokussierung des Urbildes, mit der der touristische Blick noch stärker auf die historische und die Stadt/Umland-Thematik festgelegt wird – und mit der zugleich Anderes, wie etwa die jüngere oder die zeitgenössische Stadtentwicklung, ausgeblendet wird. Das Ergebnis dieser bildlich-symbolischen Engführung der Stadt, das man auch schon in Darstellungen um 1900 findet (s.u.: Abb. 10), besteht aus (1) dem Dom, (2) Alt-Wetzlar, (3) der Lahn und (4) der mittelalterlichen Lahn-Brücke: (1) Der Dom, dessen Hauptturm aus dieser Perspektive beeindruckender und prominenter erscheint als aus der alternativen Sicht aus Norden,[153] wird zur zentralen, alles überragenden Sehenswürdigkeit; (2) der alte Stadtkern wird auf wenige, wie exemplarisch schieferbedeckte Häuser reduziert; (3) die Wetzlar umgebende Natur schrumpft auf die Lahn-Lage Wetzlars zusammen – „Wetzlar und das Lahntal" (1862) bzw. „Wetzlar und Umgebung" (1903) werden zu „Wetzlar an der Lahn" (1911, 1926, 1934, 1938); (4) und die Lahnbrücke schließlich ‚überlebt' als historisches Symbol der Verbindung (und damit Betonung) von Stadt *und* Umland.[154] Bei alledem: Ähnlich der Entwicklung der textlichen Wetzlarpräsentation verblasst die historische Komponente „Reichskammergericht" auch bei der bildlichen Verdichtung (im Gegensatz zu ihrer oben dargestellten Aufwertung in der Traditionslinie der alternativen Perspektive auf Wetzlar). Dass auf diese Weise schon um 1900 ein Wetzlarbild von hoher touristischer Symbolkraft entstanden ist, das als *der* zentrale ortssemantische Ausdruck des Wetzlartourismus

---

153 Siehe die Abbildungen 2, 4, 6 und 10.

154 Damit verweisen Lahn und Lahnbrücke indirekt auf den Möglichkeitshorizont touristischer Ausflüge von der Stadt ins Umland – in die Natur –, auf den alle Wetzlarreiseführer und -broschüren mehr oder weniger ausführlich eingehen.
Die alte Lahnbrücke nimmt als wichtiger Aussichtspunkt seit dem frühen 20. Jahrhundert eine zentrale Position im Wetzlartourismus ein. Vgl. dazu folgendes Zitat aus dem „Wetzlar an der Lahn"-Führer von 1911, in dem neben der Betonung historischer Blickinhalte die für den Wetzlartourismus so relevante Stadt/Umland-Unterscheidung deutlich wird: „Von dieser Brücke aus hat man einen reizenden Blick auf den Fluß mit dem schäumenden Wehr und seinen von alten Holzstegen überspannten Nebenarmen, auf einen Teil der Stadt mit dem die Schieferdächer stolz überragenden Dom, auf die Burgruine Kalsmunt und weit ins Tal hinein. Zumal bei Sonnenuntergang bietet sich hier ein Bild von überaus malerischem Reiz und entzückender Mannigfaltigkeit, das in deutschen Landen schwerlich seines Gleichen finden mag".

praktisch unverändert bis heute fungiert, belegt seine kontinuierliche und nahezu identische Reproduktion in fast allen seitdem publizierten Broschüren, Stadtprospekten, Reiseführern oder Katalogen (s. exemplarisch: Abb. 9). Dieses Bild kombiniert die Kompaktheit der „alten Stadt" mit ihrer „Lahnlage", also mit der relationalen Semantik von „Stadt und Umland/Natur".

Verknüpft man nach allem Gesagten schließlich noch die vorgestellten *historischen* (bzw. *historisierenden*) *Stadtansichten* mit der semantischen Quelle des *Werthertourismus*, so landet man genau bei dem, was die beiden um die Jahrhundertwende entstandenen Grußkarten zeigen (s. Abb. 10).

Abb. 10: Grußkarten um 1900 (Quelle: Jung 1991, 9)

Während auf der oberen Grußkarte in Abb. 10 um die ,Nord-Perspektive' (Mitte oben) herum ein Goetheporträt und drei ausgewählte Goethe-/ Wertherorte abgebildet sind (Goethehaus: Mitte unten; Goethebrunnen: links unten; Lottehaus: links oben), wird auf der unteren Grußkarte der ,Vier-Elemente-Blick' mit dem Jerusalemhaus kombiniert. Beide touristischen Grußkarten sind damit ein weiterer Beleg für die charakteristische Mehrfachcodierung der „alten Goethestadt an der Lahn".

Gegenwartsbezüge

Die entstehende Ortssemantik der „alten Goethestadt an der Lahn" wird auch von den aktuellen Bezügen, die sich seit etwa 1900 in dem Reiseführer- und Prospektmaterial finden lassen, nicht in Frage gestellt. Denn die Art und Weise, wie bis in die 1930er Jahre hinein gegenwärtige Merkmale der Stadt präsentiert wurden, verdeutlicht, dass mit vielen Publikationen nicht nur touristische Werbung im engeren Sinne, sondern auch allgemeine Stadt- und Standortwerbung betrieben wurde.

Zum einen stößt man im hinteren Teil der Publikationen auf summarische Darstellungen der „Lebensverhältnisse in der Stadt" (1911). Sehr gelobt werden dann die umfassende Behördeninfrastruktur, das „hervorragend entwickelte Schulwesen", die „moderne öffentliche Gesundheitsfürsorge" (Kanalisation, Gas, elektrisches Licht, Krankenhaus ...), die infolge der „günstigen Lage" und der damit verbundenen Frischluftzufuhr „vorzüglichen gesundheitlichen Verhältnisse", die „prachtvoll eingerichtete Badeanstalt", das lebendige Vereinswesen, die guten „Wohnungsgelegenheiten [...] für bescheidene und höhere Ansprüche", die „Nähe großer Städte wie Frankfurt a. Main", die „günstigen Eisenbahnverbindungen" usw. (ähnlich: 1919). Offenkundig dienten derartige Beschreibungen der „angenehmen und insbesondere nicht teuren [...] Lebensverhältnisse in der Stadt" weniger der Information von touristischen Besuchern als der Anlockung privater und gewerblicher Zuzügler.

Indem die Stadtführer und -prospekte im frühen 20. Jahrhundert also sowohl Stadtbesucher als auch potentielle Neubürger ansprachen, erfüllten sie eine Doppelfunktion. Sie markieren damit einen Zwischenschritt auf dem Weg zu einer ausschließlich auf Touristen zielenden Darstellungsweise, wie sie die heutigen Prospekte der Wetzlarer Tourist-Information kennzeichnet. Auch den ersten Publikationen aus dem späten 19. Jahrhundert und der Zeit um die Jahrhundertwende kam zwar schon eine doppelte Funktion zu; sie waren aber noch als „Führer für Fremde und Einheimische" angelegt. Dagegen ging es in den beiden 1911 und 1919 erschienenen Publikationen bereits primär um die Infor-

221

mation von „Fremden" (d.h. von Touristen und Neubürgern). Allerdings war der Tourismus noch nicht bedeutsam genug oder wurde zumindest noch nicht als lohnend genug angesehen, um die Broschüren nur für ihn zu produzieren. Dies änderte sich tendenziell erst in den 1920er und 1930er Jahren. In dieser Zeit verloren die Informationen über die „angenehmen Lebensverhältnisse" in Wetzlar in den entsprechenden Broschüren im Verhältnis zur Beschreibung seiner historischen Sehenswürdigkeiten und seines Umlandes immer weiter an Gewicht.

Das zweite größere Thema mit Gegenwartsbezug war die Wetzlarer Industrie. Damit reagierten die Darstellungen Wetzlars nicht zuletzt auf die zunehmende Wahrnehmbarkeit der Industrialisierung der Stadt, eines Prozesses, der in der zweiten Hälfte des 19. Jahrhunderts etwa zeitgleich mit der städtetouristischen Bereisung eingesetzt hatte.

In den Stadtführern von 1903 und 1919, die besagte Doppelstrategie verfolgten, findet man noch eine mehrseitige, relativ ausführliche Auflistung der verschiedenen Betriebe des Industrieviertels in der Nähe des Bahnhofs. Diese Dokumentation erfolgte mit dem expliziten Ziel zu zeigen, dass „Wetzlar nicht nur eine Stadt von altem Herkommen mit historischen Denkwürdigkeiten ist, sondern auch eine Stadt, in der Handel und Industrie eine hervorragende Stellung einnimmt und die auch durch ihre industriellen Werke und deren Erzeugnisse einen Weltruf genießt" (1919). Die gleiche Absicht, i.e. eine aufstrebende und Wohlstand verheißende Stadt zu porträtieren, spiegeln verschiedene Ansichtskarten aus der Zeit um die Jahrhundertwende wider, die voller Stolz Fabriken und technische Bauwerke präsentieren (vgl. Jung 1991, 5 u.ö.). Der im Hinblick auf weitere Gewerbeansiedlungen und potentielle Zuzügler formulierte Verweis auf das „Aufblühen einer ganz hervorragenden Industrie" und das mit ihr verknüpfte „lebhafte Aufstreben" der Stadt schrumpft aber schon in der Broschüre von 1911 auf wenige Sätze zusammen. In den Materialien aus den 1920er und 1930er Jahren ist er fast gänzlich verschwunden. Nur noch äußerst knapp, manchmal in der Form eines nur der Vollständigkeit dienenden Appendix, werden die Industrieanlagen und die internationale Bekanntheit insbesondere ihrer optischfeinmechanischen Erzeugnisse (Leica, Mikroskopie) erwähnt. Stattdessen spricht aus den Broschüren zu dieser Zeit etwas ganz anderes: Ein offensichtliches Unbehagen an der für Stadtbesucher unübersehbaren Eisen- und Stahlindustrie, die eher dazu angetan war, das touristisch gerade erst konstituierte Bild von Wetzlar als räumlich kompakter, historisch-idyllischer, in „malerischer Landschaft" gelegener Stadt zu zerstören, denn zu befördern.

Da die Stadtbesucher damals überwiegend mit dem Zug anreisten, folglich die Stadt vom Bahnhof ausgehend besichtigten, wurden sie zwangsläufig auch mit der Ansicht, dem Gestank und dem Lärm der in unmittelbarer Bahnhofsnähe gelegenen Industrieanlagen konfrontiert.

Dieses touristische Ärgernis versuchten die Reiseführer, in folgender oder vergleichbarer Art zu ‚umschiffen‘: Nach der einleitenden Lobpreisung des „anmutigen" und „fesselnden" „Landschafts- und Städtebildes", dieses von „waldgekrönten Höhen", dem „ehrwürdigen Dom" und der „Burgruine Kalsmunt" geprägten „Gesamteindrucks", das die „lebhaftesten Empfindungen Goethes" hervorgerufen habe und sich dem (An-)Reisenden schon von fernher darbiete, erfolgt die Warnung: „Allerdings die ersten Schritte und Wahrnehmungen nach dem Verlassen der Bahnhofshalle sind wenig dazu angetan, diesen ersten Eindruck zu verstärken. Denn rings um die Bahnhofsanlagen drängen sich die Arbeitsstätten einer weithin bekannten und angesehenen Industrie, deren größter Teil der Verarbeitung der roten und braunen Erze gewidmet ist, die in den Tälern und Bergen des Lahn- und Dillgebietes schlummern." Aus der Not des Industrieviertels wird die Tugend der Gleichzeitigkeit und des räumlichen Nebeneinanders des Ungleichzeitigen (Vergangenheit/Gegenwart) bzw. Unterschiedlichen (Natur/Arbeit) gemacht, die/das nur kurz vom Vergangenheits- und Landschaftsgenuss ablenke: „Allein wie kaum an einem anderen Platze unseres Vaterlandes reichen sich in Wetzlar ruhmvolle Vergangenheit und rastlose Gegenwarthast, tiefer Naturfriede und emsige Arbeit in nahem Beieinanderwohnen versöhnend die Hand. So genügen denn schon wenige Schritte, um dem Reisenden einen Blick auf Alt-Wetzlar und seinen Dom, seine Burgruine und den brückenüberspannten Strom zu eröffnen, den keiner so leicht vergisst. – Von einer tausendjährigen Vergangenheit war die Rede [...]" (1926).

Die nicht mehr als zusätzliche Standortwerbung, sondern nur noch als notwendig erachtete Bezugnahme auf die moderne Industrie Wetzlars verfolgte mithin das Ziel, das Bild der „alten Goethestadt an der Lahn" möglichst wenig zu gefährden. Die dazu gewählte Strategie bedient sich der „versöhnenden" territorialen Relationierung – hier die historisch-naturnahe Kultur-Landschaft, dort die moderne Industrie. Damit lässt sich die bisherige Analyse insgesamt wie folgt zusammenfassen.

Zusammenfassung

Die Kombination von historisierender und Stadt/Umland-Perspektive ermöglicht zum einen den Anschluss an die bereits etablierte Semantik des Werther-Tourismus. Diese wird im Falle der Umlandpräsentation weitgehend unverändert reproduziert, im Falle der Stadtpräsentation zunehmend in eine Goethesemantik transformiert. Zum anderen erlaubt die Kombination der beiden Leitschemata, den touristischen Fokus – in überwiegend historisierender Perspektive – erstmals stärker auf die (für die Werthertouristen noch gänzlich uninteressante) Stadt selbst zu richten. Festzuhalten bleibt ferner, dass im Rahmen dieser Erstkonstituierung Wetzlars als städtetouristisches Ziel der Goethe-/Wertherthematik zwar eine herausragende und bis in die 1930er Jahre sogar noch wachsende Bedeutung zukommt – Wetzlar wird zur *Goethestadt*. Aber für die Präsentation Wetzlars als Stadt des Tourismus sind die Elemente *Geschichte* und *Natur* ebenso konstitutiv. Diese Mehrfachcodierung basiert auf der Verknüpfung flächen- bzw. behälterförmiger und relationaler Raumkonstruktionen. So lässt die Rekonstruktion der semantischen Grundlegung der Destination Wetzlar bis Ende der 1930er Jahre einerseits verschiedene territorial relationierte Bezüge (zwischen Stadt und Umland/Natur, zwischen den einzelnen Werther-/Goethe-Orten, zwischen Geschichte/Kultur und Gegenwart/Industrie) sichtbar werden. Andererseits ist eine Tendenz zur Herausbildung eines homogenen (genauer: eines homogen historisierten bzw. goetheisierten) städtischen Flächenraums zu erkennen. Dieser städtische Raum entspricht dem durch die Genese des Stadt-Bildes vorgeformten Rahmen und zeichnet sich durch die Konzentration auf den alten Stadtkern aus.

Touristischer Dämmerschlaf (1945 bis 1980)

Geringer Stellenwert des Tourismus

Die Ausführlichkeit, mit der die semantische Grundlegung des Wetzlarer Städtetourismus dargestellt wurde, darf nicht darüber hinwegtäuschen, dass der touristische Andrang wie in vielen anderen städtetouristischen Destinationen lange Zeit vergleichsweise gering war. Die frühen Reiseführer, Broschüren und ersten Prospekte – von Einzelpersonen, dem städtischen Verkehrsamt oder dem Landesverkehrsamt verfasst und/oder herausgegeben – verweisen zwar auf eine schon vorhandene touristische Nachfrage, die sie sowohl bedienten als auch mit hervorbrachten. Gleiches gilt für die Tätigkeiten der 1926 und 1931 gegründeten Einrichtungen des Wetzlarer Verkehrsvereins bzw. des städtischen Verkehrsamtes. Mit ihnen wurde auf die Unübersehbarkeit der touristischen Nachfrage und ihre ökonomische Relevanz für Wetzlar reagiert. Neben der „Verbesserung der Verkehrsverhältnisse" bestand ihre Aufgabe darin, sich aktiv um die „Hebung des Fremdenverkehrs" zu bemühen: „Durch Werbemaßnahmen wie Versand von Prospekten und Aufgabe von Inseraten in mehreren großen Zeitungen wurde auf Wetzlar als Fremdenverkehrsort hingewiesen. Veranstaltungen wie Verkehrswerbewochen, Flugtage, Konzerte, Vorträge, Feuerwerke brachten regen Zustrom aus der näheren Umgebung" (Magistrat 1957, 591). Dennoch war der Umfang des Wetzlartourismus noch sehr begrenzt und blieb eben mehrheitlich auf Tagesbesucher aus der näheren Umgebung beschränkt.

Mit dem Zweiten Weltkrieg kam der Fremdenverkehr dann wie in anderen deutschen Städten fast ganz zum Erliegen. Die kriegsbedingten Maßnahmen, wie Werbeverbot und Verbot der Förderung des Reiseverkehrs, führten dazu, dass das Verkehrsamt seine Tätigkeit einstellte. Die unmittelbaren Nachkriegsjahre waren auch in Wetzlar vom Wiederaufbau der in Luftangriffen teilweise zerstörten Stadt bestimmt. Schwere Bombardierungsschäden hatten neben dem Lottehaus auch fünf der acht Wetzlarer Hotels erlitten. Mit dem Goethejahr 1949 und dem bis dahin erfolgreich wiederhergestellten Lottehaus setzte der Tourismus in Wetzlar langsam wieder ein. Das Verkehrsamt wurde 1951 wiedereröffnet.

Der nur geringe Stellenwert, der dem Tourismus in Wetzlar in der ersten Hälfte des 20. Jahrhundert als Aspekt des städtischen Lebens und der städtischen Entwicklung zukam, spiegelt sich in den aus heutiger Sicht ausgesprochen spärlichen Versuchen wider, das touristische Aufkommen zu dokumentieren. Neben den Besuchern des städtischen Museums wurden lediglich die Besucher der touristischen ,Hauptattraktionen' Lottehaus und Jerusalemhaus gezählt. Keine Informationen gibt es über touristische Anfragen im Verkehrsamt, Stadt- und Museumsführungen o.Ä. Aber auch die Angaben über die Museumsbesucher sind alles andere als detailliert. Aus dem städtischen Verwaltungsbericht ist nur summarisch zu erfahren: „Das Lottehaus wurde vom Beginn der Berichtszeit [1.4.1928] bis zum Ende des Krieges von über 47.000 Personen besucht; darunter waren Ausländer aus fast allen Kulturländern der Erde. Seit seiner Wiedereröffnung 1949 bis zum 31.3.1952 besichtigten etwa 8.800 Personen, darunter 150 Ausländer, das Lottehaus. Das Jerusalemhaus sah nach dem Kriege etwa 1.700 Besucher" (Magistrat 1957, 248). Differenziert nach Einzeljahren werden die Besucher des Lottehauses erst seit 1952, die Besucher des Jerusalemhauses sogar erst seit 1961 (vgl. Magistrat 1975, 110).

Hotels und Gaststätten	Neu ange-kommene Fremde	davon Ausländer	Übernach-tungen insgesamt	davon Ausländer	Durch-schnitt Aufenthalt in Tagen
Sommer 52	7.894	nicht erfasst	13.773	nicht erfasst	1,7
Winter 52	6.705	nicht erfasst	12.198	nicht erfasst	1,8
Sommer 54	9.584	1.056	16.560	2.348	1,7
Winter 54	8.599	595	16.199	1.454	1,9
Sommer 56	9.924	1.282	20.651	2.624	2,1
Winter 56	9.067	606	17.947	1.325	2,0
Sommer 58	12.014	1.890	22.655	3.554	1,9
Winter 58	10.682	911	18.689	2.204	1,7
Sommer 60	12.130	1.925	22.614	4.454	1,9
Winter 60	10.603	1.100	19.646	2.711	1,9
Sommer 62	11.283	1.534	20.367	3.122	1,8
Winter 62	10.101	934	19.770	2.097	2,0
Sommer 64	12.862	2.102	21.746	3.375	1,7
Winter 64	11.687	1.244	20.416	2.401	1,7
Sommer 66	11.903	2.095	20.023	3.893	1,7
Winter 66	11.121	1.339	18.387	2.566	1,7
Winter 67	10.329	1.061	17.663	2.455	1,7
Sommer 68	11.405	1.744	19.429	3.346	1,7
Sommer 69	11.164	1.926	21.162	4.361	1,6
Winter 69	8.251	1.434	14.491	3.352	2,2
Sommer 70	9.285	1.866	19.675	4.218	2,1
Winter 70	9.326	1.260	18.622	2.613	2,0
Sommer 71	10.134	1.954	18.853	4.258	1,9
Winter 71	9.301	1.221	17.559	2.573	1,9
Sommer 72	9.949	1.907	18.578	4.145	1,9
Winter 72	9.768	1.542	19.127	3.281	2,0
Sommer 73	10.454	2.539	19.640	4.833	2,0
Winter 73	9.085	1.273	17.132	2.670	1,9
Sommer 74	10.794	1.876	19.627	3.603	1,8
Winter 74	9.740	1.715	17.521	3.505	1,8
Sommer 75	11.537	2.461	19.843	4.903	1,7
Winter 75	8.749	1.662	16.210	3.540	1,9
Sommer 76	11.456	1.962	18.987	4.634	1,7

Tab. 1: Übernachtungen (Quellen: Magistrat 1975, 123; Magistrat 1980, 212)

Noch vager sind die Aussagen, die man über touristische Übernachtungen treffen kann. Denn im Gegensatz zu Städten wie Heidelberg, Rothenburg ob der Tauber, Oberstdorf oder Berchtesgaden, die schon im späten 19. Jahrhundert bedeutsame „Fremdenverkehrsorte" waren und ihre Übernachtungsgäste deshalb spätestens seit der Jahrhundertwende statistisch regelmäßig erfassen ließen (vgl. Keitz 1997, 319), begann die jährliche Dokumentation in Wetzlar überhaupt erst im Jahre 1952.[155] Zuvor gab es nur eine unregelmäßige Zählung der Übernachtungs*möglichkeiten*, aus der nur sehr grob auf ein Wachstum der touristischen Nachfrage in den 1930er Jahren geschlossen werden kann: Während 1929 insgesamt 130 Betten zur Verfügung standen, verfügten 1939 8 Hotels und 11 Gasthöfe zusammen über 204 Betten (vgl. Magistrat 1957, 592). Aufgrund der Kriegsschäden war die Bettenkapazität nach Ende des Krieges gesunken und erreichte erst 1953 mit 24 Betrieben und 200 Betten wieder knapp das Vorkriegsniveau (vgl. Magistrat 1975, 123).

Mit der langsam wachsenden Bettenkapazität,[156] den bis etwa 1960 steigenden Übernachtungszahlen (s. Tab. 1)[157] und den nun regelmäßig dokumentierten Besucherzahlen des Lotte- und des Jerusalemhauses gewann der Wetzlarer Tourismus erneut an Konturen. Das wiedereröffnete Verkehrsamt unternahm auch in der Nachkriegszeit verschiedene Anstrengungen, den Tourismus und das touristische Interesse an Wetzlar zu fördern. Neben allen sonstigen Aufgaben, denen das Verkehrsamt noch nachzukommen hatte,[158] wurde wieder überregional für Wetzlar als touristisches Ziel geworben. Dazu wurden neue Prospekte erstellt und versandt, in Reiseführern, Autoatlanten, Zeitschriften, Tageszeitungen

---

155 Wie überall erlauben die seit 1952 dokumentierten Übernachtungszahlen natürlich auch in Wetzlar nur Schätzungen tatsächlicher Touristenübernachtungen. In Wetzlar rechnet man damit, dass es sich bei etwa einem Drittel bis höchstens der Hälfte der gezählten Übernachtungen auch um Touristen handelt – der Rest entfällt auf Geschäftsleute und andere Gäste.

156 Die Zahl der Wetzlarer „Fremdenbetten" in Hotels und Gaststätten wuchs allmählich von 200 (1953), 285 (1956), 326 (1960) über 323 (1966) auf 339 (1969) und 390 (1975); vgl. Magistrat 1975, 123; Magistrat 1980, 211.

157 Betrachtet man die Entwicklung der Übernachtungen in Wetzlars Beherbergungsbetrieben in den für den Tourismus relevanteren Sommerhalbjahren (bis 1979 wurde bei der Zählung zwischen Sommer- und Winterhalbjahren – und nicht nach Kalenderjahren – unterschieden), so stieg die Anzahl von ca. 13.800 (1952) über 20.600 (1956) auf 22.600 im Jahre 1960, womit eine vorläufige Höchstmarke erreicht war, die bis 1976 (ca. 19.000) nicht mehr übertroffen wurde (vgl. Magistrat 1975, 123; Magistrat 1980, 212).

158 Neben den einleitend schon genannten nicht-touristischen Aufgaben wie Busfahrplanerstellung, Verwaltung der städtischen Werbeflächen u.a. oblag es dem Verkehrsamt außerdem, regelmäßig umfangreiche Begrüßungs- und Informationsbroschüren für die Bundeswehrsoldaten, die in der Garnisonsstadt Wetzlar bis Anfang der 1990er Jahre stationiert waren, zu erstellen. Die erste dieser Broschüren – „Wetzlar, meine Garnison" – wurde 1959 herausgegeben.

usw. regelmäßig Hinweise auf Wetzlars Sehenswürdigkeiten platziert und in Zusammenarbeit mit der Deutschen Zentrale für Fremdenverkehr Briefverschlussmarken und ein Plakat mit dem Motiv „Alte Lahnbrücke mit Dom" herausgegeben. 1960, zu einer Zeit, als jährlich ca. 50 Stadt- und Domführungen vermittelt wurden, wurde per Zeitungsannonce ein neuer „Fremdenführer" gesucht. Außerdem organisierte das Verkehrsamt Tagungen und Kulturveranstaltungen (z.b. Freiluftkonzerte) sowie Blumenschmuckwettbewerbe oder weihnachtliche Lahnbrücken- und Dombeleuchtungen zur Verschönerung des Stadtbildes (vgl. Magistrat 1975, 122f.). An der verhältnismäßig geringen Relevanz des Tourismus in und für Wetzlar – und damit auch an der Aufmerksamkeit der Stadt für den Tourismus – hatte sich gleichwohl auch in den Jahrzehnten nach 1945 nur wenig geändert. Dies ist nicht nur die einhellige Meinung der interviewten Experten. Auch die seit 1952 bzw. seit 1960 schwankenden, bis in die frühen 1980er Jahre hinein jedoch kaum substantiell wachsenden Zahlen von Museumsbesuchern und Übernachtungsgästen belegen diese Deutung.[159]

Man könnte daher zusammenfassend sagen, dass Wetzlar nach seiner erstmaligen Konstituierung als touristisches Ziel im frühen 20. Jahrhundert und nach seiner Rekonstituierung in den ersten Jahren nach dem Zweiten Weltkrieg in einen langen touristischen Dämmerschlaf fiel, den auch kleinere Wachstumsbewegungen oder touristische Werbemaßnahmen kaum zu unterbrechen vermochten. In der öffentlichen Wahrnehmung war die touristische Entwicklung ein Randthema. Symbolischen Ausdruck fand dieser Dämmerzustand nicht zuletzt in der peripheren Lage des städtischen Verkehrsamtes.

Das Verkehrsamt lag bis 1981 auf einer Hauptverkehrsstraße *zwischen* Bahnhof und Altstadt, „sehr beengt und unvorteilhaft" untergebracht in einer Ladenzeile (vgl. Magistrat 1957, 592). Dieser Standort war aus touristischer Sicht sehr ungünstig. Da sich die meisten der angepriesenen Wetzlarer Sehenswürdigkeiten im Bereich der heute so genannten Altstadt befanden, musste als Anlaufstelle auf dem Domplatz bei Bedarf die dort befindliche Polizeihauptwache einspringen. Das Verkehrsamt beantwortete z.B. die Anfrage einer Touristengruppe im Mai 1960 mit folgendem Hinweis: „Sie wollen sich bitte an dem ge-

---

159 Die Zahl der jährlichen Besucher des Lottehauses schwankte zwischen 2.400 (1952), 5.300 (1959), 3.200 (1964), 2.200 (1969) und 4.200 (1975); die Zahl der jährlichen Jerusalemzimmer-Besucher zwischen 595 (1962), 968 (1965), 731 (1969), 961 (1974) und 520 (1976); und die Zahl der Sommerhalbjahrs-Übernachtungsgäste zwischen 22.600 (1960), 18.600 (1971) und 20.000 (1975); vgl. Magistrat 1975, 110 u. 123; Magistrat 1980, 195 u. 212.

nannten Tag bei Ihrer Ankunft auf der Polizeihauptwache, die sich am Domplatz befindet, mit dem wachhabenden Polizisten in Verbindung setzen, der den Fremdenführer benachrichtigen wird" (ebd.). Erst 1981 zog das Verkehrsamt selbst an den Domplatz, wo es schon in den 1930er Jahren seinen Sitz gehabt hatte.

Der Tourismus wurde in der Nachkriegszeit auch deshalb nur stiefmütterlich behandelt, weil längst ein anderer Themenkomplex im Fokus der städtischen Aufmerksamkeit stand, der die lokalen Diskurse noch bis Ende der 1970er Jahre bestimmen sollte: *Industrie und Wachstum*. Durch den Zuzug Tausender von Heimatvertriebenen und Flüchtlingen nach Kriegsende wuchs die Einwohnerzahl Wetzlars von 19.000 im Jahre 1938 rasant auf über 30.000 im Jahre 1952 (vgl. Jung 1998, 19). Begleitet und gefördert wurde diese Entwicklung durch den kräftigen Ausbau der kaum zerstörten Industrieanlagen, in denen auch viele Neu-Wetzlarer Arbeit fanden. Mit seiner Mischung aus Schwerindustrie (vor allem: Buderus) und optisch-feinmechanischer Industrie (vor allem: Leitz-Werke, Hensoldt) wurde Wetzlar zu einem der industriellen Zentren Hessens. Das Industriewachstum bewirkte einen ungeahnten Aufschwung der Wetzlarer Wirtschaft. Das Siedlungsgebiet der aufstrebenden Stadt breitete sich in alle Himmelsrichtungen aus.

Die Bedeutung der Industrie für Wetzlar lässt sich bis in das städtische Kulturleben hinein verfolgen: Die heute so genannten „Wetzlarer Festspiele" (Konzerte, Oper, Ballet, Theater), die seit 1953 allsommerlich auf der Freiluftbühne im „Rosengärtchen" veranstaltet werden, wurden bis 1983 maßgeblich von der lokalen Industrie gesponsert. Folgerichtig hießen sie bis dahin „Industrie-Festspiele".

Industrie und relationaler Stadtraum als Besuchsanreiz?

Auch in der langen, touristisch schwachen Phase bis 1980 gab das Wetzlarer Verkehrsamt regelmäßig touristische Prospekte und Stadtführer heraus.[160] Wurde anfangs noch auf alte Vorkriegsprospekte zurückgegriffen, konnte schon 1953 erst mit einer neuen vierseitigen Werbeschrift (3.000 Exemplare) und dann mit einem neuen zwölfseitigen Prospekt (10.000 Exemplare), der bereits 1955 neu aufgelegt wurde, geworben und informiert werden. Ab 1957 standen auch Prospekte in englischer und französischer Sprache zur Verfügung, die 1967 und 1969 neu aufge-

---

160 ... die teilweise vom Verkehrsamt selbst, teilweise aber auch von Mitgliedern des Wetzlarer Geschichtsvereins, dem Leiter der Museen oder unter tätiger Mithilfe anderer interessierter und engagierter Bürger verfasst und zusammengestellt wurden.

legt wurden.[161] 1961 wurde ein neuer Stadtführer gedruckt. Die Nachfrage nach Stadtprospekten stieg langsam, aber kontinuierlich (vgl. Magistrat 1975, 122). In den 1960er Jahren wurden erstmalig Glanzpapier und farbige Umschlagfotos verwendet; seit 1972 sind in den immer aufwändiger gestalteten Prospekten ausschließlich Farbfotos zu sehen. Als empirisches Material geben diese Unterlagen Aufschluss über die kommunikativen Formen, die für die touristische Entwicklung in den Nachkriegsjahrzehnten charakteristisch waren.[162]

Vor dem Hintergrund des schon Anfang des Jahrhunderts gelegten ortssemantischen Fundaments fällt bei der Mehrheit der touristischen Prospekte und Broschüren sofort eine entscheidende Veränderung auf: Die gegenwärtige *Industrie* wird besonders herausgehoben und tritt als wichtiges touristisches Thema neben die bisher zentralen Elemente *Geschichte*, *Goethe* und *Umland* (*Natur*).

Wie beschrieben, wurden die industrielle Entwicklung Wetzlars und seine modernen Industrieanlagen auch schon in einigen Prospekten und Führern in der touristischen Grundlegungsphase erwähnt. Doch dies war nur dann der Fall, wenn auch gleichzeitig für Zuzüge und Gewerbeansiedlungen geworben wurde. Mit der immer eindeutiger werdenden touristischen Ausrichtung der Materialien wurde das Thema Industrie in den 1920er und 1930er Jahren offensichtlich zunehmend als ungeeignet empfunden und klar zugunsten der Darstellung der „alten Goethestadt an der Lahn" abgewertet. Diese Entwicklung verkehrt sich nach dem Zweiten Weltkrieg in ihr genaues Gegenteil. Auch in den Prospekten, die sich zweifelsfrei und primär an Touristen und Tagungsgäste wenden (z.B. 1953, 1972, 1978), wird die industrielle Gegenwart nun ostentativ präsentiert, in der Breite ihrer Produktpalette teilweise detailliert beschrieben und voller Stolz als Ausdruck von Wohlstand und Wachstumsdynamik gepriesen.

Die neue touristische Präsentationsform entsteht als semantische Verknüpfung des frühen stadttouristischen Diskurses und des städtischen Wachstumsdiskurses der Nachkriegszeit. So wird die frühere Tourismus-

---

161 Hintergrund der Erstellung eines englischen und eines französischen Prospektes war keine allgemein angelegte Werbung um englische und französische Städtetouristen gewesen, sondern die zunächst angestrebten und dann bald abgeschlossenen Städtepartnerschaften mit dem französischen Avignon (seit 1960) und dem englischen Colchester (seit 1969), die fortan regelmäßig Besuchergruppen aus diesen zwei Städten nach Wetzlar führten.

162 Grundlage der Rekonstruktion des Wetzlartourismus zwischen 1945 und 1980 waren Reiseführer, Broschüren und Prospekte aus den Jahren: 1953, 1956, 1963, 1967 (2x), 1972, 1973, 1975, 1976, 1977, 1978, 1979; siehe Literaturverzeichnis.

semantik auch in den neueren Prospekten der Form nach fast identisch reproduziert, wenn auch inhaltlich teilweise modifiziert und modernisiert. Schon auf den Umschlägen vieler Prospekte findet man das ‚klassische' (oder ein nur wenig verändertes) Vier-Elemente-Bild (Dom, alter Stadtkern, Lahnbrücke, Lahn). Auch in der sonstigen (bildlichen und textlichen) Darstellung lässt sich das etablierte inhaltliche Spektrum von Dom, Reichsstadt, mittelalterlichen Marktplätzen und Gebäuden über Reichskammergerichtzeit, Goethe/Werther, Museen bis zu den Umland- und Ausflugsthemen nachweisen. Im Vergleich zu älteren Prospekten fällt lediglich ein gewisser Bedeutungsverlust des Doms, der Reichskammergerichtszeit und der Umlandthematik auf. Hinzu tritt nun die Darstellung der Wetzlarer Industrie und ihrer Geschichte, die sich keineswegs auf die weltweite Bedeutung ausgewählter Produkte der optisch-feinmechanischen Industrie (Leica-Kamera, Mikroskope) beschränkt, sondern im Gegenteil gerade auch die Stahl- und Schwerindustrie samt ihrer Produkte besonders herausstellt. Ein Beispiel für diese Kombination stellt der Umschlag des Prospektes von 1953 dar (s. Abb. 11).

Abb. 11: Wetzlar-Prospekt 1953

Auf diese Weise kommt es in der touristischen Präsentation zu einer relationalen, Heterogenität betonenden Stadtkonstruktion, die auf einer neuen *Dichotomie* basiert. Die ältere, beidseitig historisierte Leitunterscheidung Stadt/Umland wird in den Hintergrund gedrängt und von der nun dominanten Leitunterscheidung Vergangenheit/Gegenwart abgelöst: Durch die Verknüpfung von Dom, Stadtgeschichte, Goethe, Umland *und* Industrie wird Wetzlar als eine Stadt mit „denkwürdiger Vergangenheit und aufwärtsstrebender Gegenwart" präsentiert. Die Darstellung der Prospekte in den 1970er Jahren folgt strikt diesem dichotomen Muster:[163] Nach dem Überblick über „die alte Reichsstadt" (Schieferdächer, Dom, Reichsstadtgeschichte, Reichskammergerichtszeit, Goethe) folgt ein thematischer Überblick über „die Industriestadt". Hieran schließt sich ein erneuter Zweischritt an: Auf der einen Seite der „Zauber des Alten" (mit der Beschreibung von Sehenswürdigkeiten wie den Gassen und Fachwerkhäusern der „Innenstadt", dem Lotte- und Jerusalemhaus), auf der anderen Seite die (aus der Reichsstadttradition und der Industrie sowie dem mit ihr verbundenen Handel abgeleitete) „Weltoffenheit" der Wetzlarer Bevölkerung. Zum Abschluss folgen noch Ausführungen über „Kultur" (Dom, Domkonzerte, Industriefestspiele) und die „Paradiesische Gegend" (städtische Grünflächen, Ausflugsziele, Aussichts- und Naherholungsmöglichkeiten).

Die derart konstruierten Gegensätze zwischen Alt und Neu werden in einem neuen heterogenisierenden Rahmen – der „Stadt der harmonischen Kontraste" (erstmals: 1953) – zusammengeführt. Möglich wird diese „harmonische" Integration von Vergangenheit und Gegenwart durch eine zweifache ortssemantische Veränderung. Erstens wird der vorgängige Stadtbehälter, also das, was im frühen touristischen Kontext als Stadt bezeichnet wurde, stark erweitert. Während sich die Darstellung der Stadt in der touristischen Entwicklung bis zum Zweiten Weltkrieg zunehmend auf die alte Kernstadt verengte, umfasst sie nun umgekehrt das ganze Stadtgebiet.[164] Diese territoriale Vergrößerung der Stadt (des Tourismus) schlägt sich nicht nur optisch auf den in den Broschüren verwendeten Fotos und Skizzen, sondern auch in der Beschreibung der in manchen Broschüren abgedruckten touristischen Rundwege nie-

---

163 Vgl. exemplarisch die Prospekte von 1972 und 1978.
164 Exemplarisch verdeutlicht dies der hier nicht abbildbare fotografische „Panoramablick" in den Prospekten von 1972 und 1978. Dieser Blick beschränkt sich nicht auf den mittelalterlichen Stadtbereich bzw. auf die bis dato übliche Zweiteilung von mittelalterlicher Stadt und Umland. Von der Burgruine Kalsmunt aus erstreckt er sich vielmehr über „Alt-Wetzlar", das neue, stark industrialisierte Wetzlar, die Autobahnen und Hochspannungsleitungen bis in die Ferne des mittelgebirgigen Umlandes.

der. In den ansonsten eindeutig historisch orientierten Beschreibungen werden die Wetzlarer Industrie und ihre Bauten zwar nicht als touristische Sehenswürdigkeit im engeren Sinne behandelt. Doch an mehreren Stellen wird deutlich und positiv auf sie verwiesen:[165] „Vom Buderusplatz gelangt man [...] geradeaus zu den Anlagen der Schwerindustrie [...] Vor uns am Fuße des Kalsmunt erheben sich die Hochbauten der Leitz-Werke [...] Das Haus [...] in dem im Jahre 1849 der junge Carl Kellner seine erste optische Werkstatt einrichtete. Hier stehen wir also vor dem Geburtshaus der Wetzlarer optisch-feinmechanischen Industrie" (1963, 31 f.).

Zweitens wird diese flächenräumliche Erweiterung der Stadt stärker als zuvor von einer relationalen Raumkonstruktion überlagert. Die „harmonische" Integration von Vergangenheit und Gegenwart in der „Stadt der Kontraste" gelingt durch die Verknüpfung ihrer im (erweiterten) Stadtraum verorteten (territorial getrennten) Repräsentanten – hier das alte Zentrum der Stadt (mit den historischen Themen) und dort, um dieses Zentrum herum und vor allem jenseits der Lahn, die städtische Industrie, die neuen Wohnbauviertel und Einzelhandelsstraßen der Stadt, ihre Hochhäuser, Autobahnen usw. Die alte Lahnbrücke, zuvor das Symbol der Verbindung von Stadt und Umland, erhält dabei eine neue Bedeutung: Sie überbrückt und verbindet nun Alt und Neu, d.h. die „alte (Reichs-)Stadt" und die „moderne (Industrie-)Stadt". Im Gegensatz zur Vorkriegsentwicklung, in der eine vergleichbare relationale Raumkonstruktion primär der Unsichtbarmachung der Industrie und der Stärkung der „alten Goethestadt an der Lahn" diente, wird die territorial relationierte Symbolik von Alt und Neu nun zu einem zentralen Merkmal des touristischen Stadtraums.

Zu den Folgen dieser thematischen und räumlichen Erweiterung gehört, dass gerade durch die Betonung der Industrie und ihre territoriale Kontrastierung mit der „alten Stadt" der bisherige semantischen Fixpunkt „Goethestadt" verloren geht. Mit der geschichtlichen Dominanz der früheren Präsentationsform wird auch das Leitthema „Goethe" aufgegeben. Folgerichtig künden die Titel der Broschüren und Reiseführer nur noch von „Wetzlar"; in ihren Texten zerfällt die vormalige „Goethestadt" in die erwähnten Segmente „Industriestadt" (oder gar „Industriezentrum", s. 1953, oder „industrielles Herz Hessens", s. 1963) und „alte Reichsstadt" (oder korrekt: „ehemalige Reichsstadt"). Die Darstellung selbst ist dann nicht nur kontrastiv, sondern oft einfach additiv.

---

165 In den ersten touristischen Rundgang-Beschreibungen der Reiseführer aus den Jahren 1903 und 1911 kamen die Industrie oder ihre Ursprünge nicht mit einem Wort vor.

Folgt man der Annahme, dass im Städtetourismus kompakte, den territorialen Zusammenhang und Einheitlichkeit betonende Konstruktionsweisen von Stadt von besonderer Bedeutung sind – weil sie stärker auf touristische, d.h. körperfundierte, Wahrnehmung Rücksicht nehmen als relationale Raumkonstruktionen –,[166] dann verwundern die skizzierten Veränderungen der touristischen Ortssemantik Wetzlars zwischen 1951 und 1980. Gerade aus heutiger Sicht erscheint die Schwächung der zuvor bereits stark fokussierten Kernstadt durch räumliche Vergrößerung sowie Überlagerung durch eine nun dominante Relationalraumkonstruktion etwas eigenartig. Folgende drei, miteinander zusammenhängende, Erklärungsversuche lassen die skizzierten Veränderungen der touristischen Ortssemantik allerdings nicht ganz so überraschend erscheinen.

Erstens war Wetzlar in dieser Phase noch kein wirklich etabliertes touristisches Reiseziel. Nach ‚außen' war zwar ein touristisches Image, wie uneindeutig und mehrfach codiert auch immer, schon vorhanden, doch seine Attraktivität war noch vergleichsweise bescheiden. Nach ‚innen' hatte sich die Ortssemantik der „alten Goethestadt an der Lahn" auch noch nicht genügend verfestigt. Dies wird im Vergleich mit bekannteren, zu dieser Zeit schon ungleich stärker etablierten touristischen Zielen deutlich. Touristische Städte wie Heidelberg oder Rothenburg ob der Tauber (bzw. deren Verkehrsämter) behielten nach dem Krieg die semantischen Rahmen ihrer touristischen Präsentationen („Stadt der Romantik" bzw. „mittelalterliche Stadt") unverändert bei. Wetzlar dagegen befand sich noch auf der Suche. Die fehlende einheitliche Linie der Selbstpräsentation ist auch daran ersichtlich, dass *zwischen* der ersten Erweiterung der Prospekte um das Industriethema in den 1950er Jahren und der sehr dichotomen Präsentationsform von Industriestadt versus ehemaliger Reichsstadt in den 1970er Jahren in den 1960er Jahren auch noch einmal verschiedene Prospekte und Broschüren aufgelegt wurden, versuchsweise sozusagen, die inhaltlich eher eine Neuauflage der Prospekte aus den 1920/30er Jahren darstellten. Sie sparten das Industriethema entweder vollkommen aus oder behandelten es nur nebensächlich; stattdessen begnügten sie sich mit den klassischen Themen Geschichte, Goethe und Umland.[167] Nach der ersten Nachkriegs-Reorientierung zeigt sich in dem raschen Wechsel der Prospektkonzeptionen damit insgesamt eine gewisse Konzeptionslosigkeit und Desorientierung.

---

166 Siehe das Unterkapitel *Verdinglichung und Verortung* des Kapitels *Städte des Tourismus und Städtetouristen*.
167 Siehe z.B. den Prospekt von 1967 sowie die Broschüren von 1963 und 1967a.

Zweitens wurde offensichtlich versucht, auf den bis dato nur sehr begrenzten Tourismus dadurch zu reagieren, dass neue Besuchsanreize formuliert wurden. Auf der Suche nach möglichen neuen Attraktionen, die die lahmende touristische Entwicklung ankurbeln könnten, lag die Entscheidung, mit Industrie bzw. Modernität zu werben, vor dem Hintergrund ihrer Sichtbarkeit und des lokal dominanten Wachstums- und Industriediskurses nahe. Aus touristischer Sicht jedoch war diese Wahl, wie das Ausbleiben des erhofften Wachstumsimpulses dokumentiert, eine unglückliche Entscheidung. Neben der semantischen Abschwächung der ‚klassischen' historisierenden Themen Dom, Goethe, Reichskammergericht führte sie zur Stärkung der für das touristische Erleben weniger geeigneten relationalen Konstruktion des Stadtraums.

Und drittens war die Arbeit des Verkehrsamtes in der betreffenden Phase in touristischer Hinsicht noch nicht sehr professionell organisiert. Personell schwach besetzt und zudem auch mit verschiedenen nicht-touristischen Aufgaben betraut, produzierten die touristisch nicht geschulten oder erfahrenen Mitarbeiter daher fast zwangsläufig verschiedene ‚Fehler'. Dazu gehören sowohl die Uneinheitlichkeit und der häufige Wechsel der Präsentationsform als auch die Entscheidung, um touristische Besucher mit der Industrie, und hier sogar nicht nur mit den bekannten Produkten der optisch-feinmechanischen, sondern auch mit der Wetzlarer Eisen- und Stahlindustrie zu werben. Auf fehlende Professionalität ist auch zurückzuführen, wenn von der „alten Reichsstadt" (und nicht von der „ehemaligen Reichsstadt") die Rede ist oder wenn in den Prospekten und Broschüren die Betonung der Naturschönheiten Wetzlars und seines Umlandes mit unmittelbar benachbarten Bildern der unter Dampf stehenden Industrie garniert wird, wenn also z.B. rauchende Fabrikschlote neben der Formulierung „landschaftliche Schönheit" abgebildet werden.[168] Ebenso unprofessionell und touristisch unerfahren ist es, wenn die allgemeinen euphorischen Wachstumsdiskurse der Stadt kaum verändert in den touristischen Kontext übernommen werden, um dort als Bestandteil einer territorial relationierenden Präsentation der Gleichzeitigkeit von Moderne (d.h. vor allem: Industrie) und Tradition (Reichsstadt, Goethe) großstädtische Assoziationen von Heterogenität zu wecken, die der touristischen Erfahrung kaum standhalten konnten.

---

168 Siehe als ein Beispiel von vielen die letzte Seite des Prospektes von 1953.

Übergangsphase

Das Ende der touristisch nur schwachen Nachkriegsphase markieren *vier* Entwicklungen und Ereignisse, die die Stadt und ihr Verkehrsamt aus ihrem langen touristischen Dämmerschlaf wachzurütteln halfen.

(1) Sanierungsmaßnahme

Fast alle der heute als Fachwerkhäuser in Wetzlar zu besichtigenden Bauten waren bis Ende der 1960er Jahre verputzt und daher nicht als solche zu erkennen. Nur wenige einzelne Gebäude waren bereits Anfang des 20. Jahrhunderts vom Putz freigelegt und saniert worden (z.b. das Jerusalemhaus am Schillerplatz). Das Erscheinungsbild der großen Mehrheit hingegen änderte sich erst allmählich mit der in den 1960er Jahren einsetzenden Altstadtsanierung. Sie ist vor dem Hintergrund der allgemeinen Aufwertung des Denkmalschutzes und einer bis in die Gegenwart reichenden größeren „Sanierungsmaßnahme" zu sehen.

Der Denkmalschutz hat in Hessen eine lange Tradition. Bereits 1902 erließ das Großherzogtum Hessen ein Denkmalschutzgesetz, das erste moderne Denkmalschutzgesetz Deutschlands. Nach dem Zweiten Weltkrieg wurde in Artikel 62 der Hessischen Verfassung aufgenommen, dass Staat und Kommunen verpflichtet sind, die Denkmäler der Kunst, der Geschichte und Kultur zu schützen und zu pflegen und die entsprechenden gesetzlichen Voraussetzungen zu schaffen. Die Konkretisierung dieses verfassungsmäßigen Auftrages erfolgte allerdings erst 1974 mit dem Inkrafttreten des Hessischen Denkmalschutzgesetzes, also drei Jahre nach dem Inkrafttreten des für den Erhalt und die Revitalisierung der vom Verfall bedrohten Zentren zahlreicher westdeutscher Klein- und Mittelstädte so bedeutsamen Städtebauförderungsgesetzes. Mit diesem Gesetz hatte der Gesetzgeber auf verschiedene Protestbewegungen reagiert, die auf den Erhalt von bezahlbarem, innerstädtischem Wohnraum und den Schutz vor drohendem Abriss zielten. Daher war als Neuerung – neben dem Schutz von Einzeldenkmälern – erstmals der *Ensembleschutz* formuliert worden. Schon ein Jahr darauf, 1975, lenkte auch das Europäische Denkmalschutzjahr die Aufmerksamkeit der Stadtentwickler und Stadtplaner auf die Themen Denkmalschutz und Denkmalpflege. Seit 1974 findet in Hessen einmal jährlich der Tag der Hessischen Denkmalpflege statt.

Diese Aufwertung von Denkmalschutz und Denkmalpflege sowie die neu geschaffene Möglichkeit des gebietsbezogenen, d.h. flächenräumlichen, Ensembleschutzes verstärkten die in Wetzlar Ende der 1960er Jahre begonnene Suche nach längerfristig gangbaren Wegen der Stadtsanierung und Stadterneuerung. Während sich die ersten Sanierungsbemühungen in den 1960er Jahren noch weitgehend in Gebäudeabrissen und Neubauten erschöpft hatten, änderte sich diese Praxis bald. Nach einer entsprechenden Bewerbung im Jahre 1968 wurde die Stadt 1969 in das Bund-Länder-Programm „Studien und Modellvorhaben zur Erneuerung von Städten und Dörfern" aufgenommen.[169] Die Aufnahme war mit der Bewilligung von finanziellen Zuschüssen für die Durchführung einer Bestandsaufnahme und Untersuchung zum Sanierungs- und Erhaltungsbedarf verbunden, die in den Folgejahren von der Nassauischen Heimstätte GmbH, Frankfurt am Main, durchgeführt wurde. Das Untersuchungsergebnis stellte die Grundlage der „förmlichen Festlegung des Sanierungsgebietes" (nach §5 Städtebauförderungsgesetz) durch die Stadtverordnetenversammlung dar, die nach Genehmigung des Regierungspräsidenten 1972 rechtsverbindlich wurde. Das Sanierungsgebiet besteht bis heute aus drei Teilbereichen, zu denen neben der Altstadt auch die Gebiete der sog. Neustadt und Langgasse gehören. Für alle drei Gebiete erarbeiteten verschiedene Architektur- und Planungsbüros bis 1974 detaillierte Sanierungs-, Bebauungs- und Modernisierungspläne. Bei der Durchsicht dieser Expertengutachten, der alten sanierungsbezogenen kommunalen Beschlussvorlagen sowie der kommunalen Rahmenpläne fällt auf, dass an keiner Stelle von der Förderung des Städtetourismus die Rede ist. Diese Noch-Nicht-Existenz des Tourismus in der Wetzlarer Stadtplanung der 1970er Jahre bestätigen auch die interviewten Experten (Oberbürgermeister, Planungsamtmitarbeiter).

Die Sanierungs-Rahmenpläne sind seit 1974 in mehreren Stufen umgesetzt worden. Die „Sanierungsmaßnahme Altstadt – Neustadt – Langgasse" umfasste die fachliche Beratung des Stadtbildpflegers bei der Renovierung von Privathäusern (Freilegung von Fachwerk, Farbgebung, Erneuerung und Ergänzung zerstörter Schmuckdetails an Hausfassaden usw.), den städtischen Grundstückserwerb zur Gebäudesanierung mit Hilfe von Städtebauförderungsmitteln, die Reprivatisierung von Wohngebäuden mit entsprechenden Sanierungs- und Modernisierungsauflagen, Gebäudeabbrüche und damit verbundene „Familienumsetzungen" sowie, in den 1980er Jahren, den historisierenden Neubau (z.B. Kornmarktzeile). In der Altstadt, dem größten der drei Sanierungsgebiete, wurden die Sanierungsmaßnahmen 1974 durch die Schaffung einer Fußgängerzone ergänzt, die der „Strukturverbesserung für den Wohnbereich und den Einzelhandel" dienen sollte. Wie die Sanierungsmaßnahme zielten auch Einrichtung und Ausbau der Fußgängerzone im Zentrum der Altstadt nicht absichtlich auf die Steigerung der touristischen Attraktivität Wetzlars.

---

169 Vgl. hier und im Folgenden: Magistrat 1975, 251ff.

(2) Hessentag

1975 richtete Wetzlar mit großem Erfolg den 15. Hessentag aus.[170] Die Stadt hatte sich herausgeputzt und wurde in der überregionalen Presse und von vielen Gästen dankbar und als sehr sehenswert gelobt (vgl. Magistrat 1975, 321ff.). Großes Interesse fand insbesondere die mit viel Blumenschmuck verzierte Altstadt, in der die ersten Ergebnisse der Altstadtsanierung zu besichtigen waren. Mit ihrer relativ großzügigen finanziellen Unterstützung der privaten Gebäudesanierung im Vorfeld des Hessentags hatte die Stadt allein 1974/75 ca. 16 Hausbesitzer zur Restaurierung ihrer Gebäude und zur Fassadenverschönerung motivieren können. Zu den bleibenden städtebaulichen Maßnahmen im Vorfeld des Hessentages gehörte auch die Erweiterung und damit Schließung des die Altstadtmauer umgebenden Grünzuges (Colchesteranlage, Rosengärtchen, Große Promenade, Avignonanlage). Im Interview betonte der damalige Oberbürgermeister, dass vielen Wetzlarern durch den Hessentag und den durch ihn hervorgerufenen überregionalen Zuspruch erstmalig das touristische Potential ihrer Stadt – und hier vor allem der Altstadt – bewusst geworden sei. Allerdings war die Aufnahme des Hessentages durch die Wetzlarer Bevölkerung, wie entsprechende Äußerungen in der damaligen Lokalpresse erkennen lassen, auch von Skepsis begleitet. Die gemischten Gefühle resultierten aus dem sich abzeichnenden Übergang Wetzlars in die geplante Lahnstadt.

(3) Lahnstadt

Die im Rahmen der Gebietsreformen der 1970er Jahre am 1.1.1977 durchgeführte Vereinigung der Nachbarstädte Wetzlar und Gießen sowie 14 kleinerer Umlandgemeinden zur so genannten Lahnstadt wurde bereits am 31.7.1979 nach heftigen Bürgerprotesten wieder aufgelöst. Nach dieser kurzen, aber sehr kontroversen Episode war Wetzlar, dank der Eingemeindung vieler Umlandgemeinden, deutlich auf eine Größe von nun rund 54.000 Einwohnern gewachsen. Die Auseinandersetzungen um das administrative Konstrukt der Lahnstadt bewirkten außerdem

---

170 Den jährlich stattfindenden und jedes Jahr von einer anderen hessischen Gemeinde ausgerichteten Hessentag hatte 1961 der frühere Ministerpräsident Georg August Zinn (SPD) ins Leben gerufen. Er sollte dem von den Alliierten künstlich geschaffenen Bundesland Hessen zu einem Landesbewusstsein verhelfen und die gut 750.000 Flüchtlinge integrieren helfen. Inzwischen hat sich der Hessentag vom Integrationsfest zum etablierten mehrwöchigen Landesfest gewandelt, das für die ausrichtenden Gemeinden nicht zuletzt als Möglichkeit des überregionalen Standortmarketings und als Impulsgeber für Investitionen, Freizeitangebote und Tourismus attraktiv ist.

eine diskursive Neubesinnung und Betonung der eigenen, lokalen Identität.

(4) Reichsstadt-Jubiläum

Auf fruchtbaren Boden fielen daher auch die Feierlichkeiten des Jahres 1980 aus Anlass der erstmaligen Erwähnung Wetzlars als Reichsstadt vor 800 Jahren. Die verschiedenen, über das Jahr verteilten Einzelveranstaltungen erinnerten nicht nur touristische Besucher, sondern auch viele Wetzlarer Bürger an das historische Erbe der Stadt – und damit, zumindest indirekt, an ihre touristischen Möglichkeiten.

Touristisches Erwachen (1980 bis 1995)

In der Entwicklung des Wetzlartourismus bis zu seiner heutigen Form stellen die Jahre zwischen 1980 und 1995 einen entscheidenden Zwischenschritt dar. In dieser Zeitspanne expandierte der Wetzlartourismus deutlich. Im Vergleich mit 1980 verdoppelte sich die Zahl der jährlichen Übernachtungsgäste bis 1995 (von unter 60.000 auf knapp 120.000), die Zahl der Stadtführungen wuchs sogar auf mehr als das Sechsfache (von ca. 70 auf ca. 450). Außerdem kamen neue Übernachtungsmöglichkeiten und neue Sehenswürdigkeiten hinzu. Diese Veränderungen gingen mit der zunehmenden Anerkennung des touristischen Potentials der Stadt einher. Nicht nur Verkehrsamtsmitarbeiter und Touristen, sondern auch Stadtpolitiker, Bürger, Reiseunternehmen und andere Organisationen wie lokale Vereine beobachteten und verstanden Wetzlar, teilweise erstmals, (auch) als touristisches Reiseziel. Entsprechende Werbetafeln an den Wetzlarer Autobahnausfahrten wurden seit Ende der 1980er Jahre aufgestellt. Das kontextübergreifende touristische Erwachen Wetzlars lässt sich allerdings kaum als ein abruptes Aufwachen umschreiben. Es ähnelte eher einem allmählichen, sich über mehr als ein Jahrzehnt erstreckenden Bewusstwerdungsprozess. Dieser Prozess setzte zuerst im Verkehrsamt, dann in verschiedenen Vereinen, Betrieben und Reiseunternehmen und zuletzt in der Lokalpolitik ein. Zurückgeführt werden kann er auf ein ganzes Faktorenbündel. Maßgeblich war jedoch *eine* einschneidende Veränderung: die touristische Entdeckung der Altstadt.

Die Entdeckung der Altstadt

Deutlich zeitversetzt zu den städtisch-planerischen Diskursen über die drei Wetzlarer Sanierungsgebiete Altstadt, Neustadt und Langgasse in den späten 1960er und den 1970er Jahren ist seit den 1980er Jahren auch im touristischen Zusammenhang von der *Altstadt* die Rede. Legt man das Prospekt- und Reiseführermaterial der Nachkriegszeit zugrunde, vollzieht sich in den 1980er Jahren ein semantischer Wandel, der sich in Details zwar schon früher ankündigt, der aber erst jetzt an Geschwindigkeit gewinnt und dessen Ergebnisse sich erst seit Mitte der 1980er Jahre zunehmend verfestigen. Der Wandel besteht in der schrittweisen Etablierung der Altstadt als *dem* zentralen Thema und *der* Hauptattraktion des Wetzlartourismus.

Bis Ende der 1970er Jahre kam die Altstadt in den Unterlagen nicht, oder nur ausnahmsweise, vor. Stattdessen findet man Begrifflichkeiten wie „Innenstadt", „alte (Reichs-)Stadt", „Kernstadt", „altertümlicher Kern", „das alte Wetzlar" oder schlicht „Stadt" (bzw. „Wetzlar"). Ebenso deutlich fällt im Vergleich der Prospekte auf, dass die mit diesen Begriffen bezeichneten oder zusammengefassten Dinge und Sehenswürdigkeiten[171] nicht an herausgehobener Stelle, sondern, dem beschriebenen dichotomen bzw. additiven Präsentationsmodus der 1950er bis 1970er Jahre entsprechend, als ein Thema unter anderen[172] präsentiert wurden.

Im Rückblick zeigen sich erste Anzeichen einer Veränderung bereits Mitte der 1970er Jahre, als der in einigen Broschüren abgedruckte „Rundgang durch Wetzlar", der Vorläufer des späteren „Altstadtrundwegs", in der Reihenfolge der präsentierten Themen und Sehenswürdigkeiten erstmals nach vorne rückte. Bildete er zuvor, so er denn überhaupt Thema war, lediglich das letzte Kapitel oder den letzten Absatz, findet er sich in der in den 1970er Jahren dreimal aufgelegten Broschüre „Ein Stadtführer durch Wetzlar" bereits an zweiter Stelle.[173] Auch die

---

171 I.e.: die „mittelalterlichen Marktplätze"; die „Straßen und Gassen mit romantischen Winkeln und Treppen"; das „schiefergraue Häusermeer"; der „Spaziergang durch die alte Stadt"; die „zierlichen Fachwerkhäuser mit reichem Balkenschmuck und altertümlichen Inschriften", die das „Bild der Wetzlarer Innenstadt" kennzeichneten.

172 Zu den sonstigen Themen gehörten üblicherweise: Wetzlars Lage; seine Reichskammergerichtsvergangenheit; die Neubauviertel und modernen Freizeitanlagen; die Industrie; Wetzlar als Goethe-Stadt; Wetzlar als Ausgangspunkt für Ausflüge ins Umland.

173 Nach dem Einleitungskapitel „Ein Blick in Wetzlars Stadtgeschichte" und vor den Kapiteln „Der Wetzlarer Dom", „Goethe in Wetzlar", „Die städtischen Sammlungen", „Palais Papius – ein fürstliches Haus", „Auf

Neuauflagen des schon vorgestellten, dichotom gegliederten Farbprospekts („Die alte Reichsstadt" vs. „Die Industriestadt"; erstmals 1972) dokumentieren, wie die Altstadt langsam in den Vordergrund der Darstellung rückt. So wird dem Anfang des ersten Kapitels („Die alte Reichsstadt") der Prospekte von 1972 und 1975[174] in der Neubearbeitung 1978 ein neuer erster Satz vorangestellt, mit dem erstmals der Begriff Altstadt auch an herausgehobener Stelle verwendet wird.[175] Mit dem langsamen Prominentwerden der Altstadt geht ein allmählicher Bedeutungsverlust der Industrie einher: Wird in dem Prospekt von 1978 der „alten Reichsstadt" noch die „Industriestadt" gegenübergestellt, so wird das entsprechende Kapitel in der veränderten, jetzt dreisprachigen Neuauflage von 1981 nur noch „moderne Stadt" überschrieben. Auf die Wetzlarer Industrie wird zwar noch bildlich und schriftlich eingegangen, doch die Betonung ihrer Besonderheit und ihre damit nahe gelegte touristische Sehenswürdigkeit nimmt unübersehbar ab. Erst 1984 jedoch wird ein grundlegend neu entworfener Prospekt veröffentlicht, der den Wandel nun auch konzeptionell konsequent vollzieht: Die ganze erste von sieben, mit vielen Farbfotos illustrierten, Doppelseiten ist ausschließlich der Altstadt, ihren Gebäuden, ihrer Geschichte und ihrem Flair gewidmet. Während die weiteren Abschnitte der Broschüre dann die Themen „Dom", „Andere Kirchenbauten", „Goethes Aufenthalt in Wetzlar", „Museen", „Stadtteile und Umland", „Kulturelles Leben", „Gastronomie", „Stadtbefestigung" und „Freizeit" behandeln, findet die Industrie nur noch auf der letzten Doppelseite – unter der Rubrik „Wirtschaft" – Platz.

Die Rekonstruktion dieser Veränderungen erweist sich als Rekonstruktion der touristischen Geburt der Wetzlarer Altstadt. Es ist, als *entdeckten* die Prospektproduzenten, die Reiseführer (und mit ihnen die Touristen) in diesen Jahren die Altstadt als eigene Sehenswürdigkeit. Ruft man sich den Prospekt des Wetzlarer Verkehrsvereins und Bürgermeisteramtes aus dem Jahre 1926, in der der „Habitus der Altstadt"

---

dem Kalsmunt", „Burgen und Schlösser ringsum"; siehe „Ein Stadtführer durch Wetzlar" (1973, 1976, 1977).

174 Die ersten Sätze lauteten: „Ein Gewirr blaugrau schimmernder Schieferdächer mit hohen Giebeln vor dem heiteren Hintergrund sanft geschwungener Mittelgebirgshöhen, und in der Mitte der Koloß einer großen Kirche, die den Charakter einer Kathedrale besitzt. So bietet sich Wetzlar dem Beschauer [...] dar."

175 Der neu vorangestellte erste Satz lautete: „Mittelalterliche Marktplätze, die steinerne Lahnbrücke, der Dom und die Altstadt prägen noch heute das Bild der ehemaligen Reichsstadt. Ein Gewirr blaugrau schimmernder [...]."

schon einmal (an-)gepriesen worden war, in Erinnerung,[176] handelt es sich streng genommen um eine Wieder-Entdeckung der Altstadt. Doch in der Prospektgeschichte des Wetzlartourismus stellte diese Publikation, wie beschrieben, bis in die späten 1970er Jahre hinein die absolute Ausnahme dar. Ganz offensichtlich war der alte Prospekt in Vergessenheit geraten und diente nicht mehr als Vorlage. So gewann die schriftliche Form der neuen Altstadtdarstellung ihre charakteristischen Konturen nicht über Nacht. Noch 1979 war davon die Rede, dass man auf dem „Weg durch die Stadt [...] in einigen Altstadtstraßen *hier und da* Fachwerkhäuser und auch stattliche Wohngebäude vornehmer Kammergerichtsfamilien" sehen könne (1979; Hervorhebung AP). Erst in den 1980er Jahren, als die Altstadt zu einem regelmäßigen und herausgehobenen touristischen Topos geworden war, erweckte ihre Darstellung den Eindruck einer fast durchgehend historischen, da „weitgehend unbeschadet erhalten gebliebenen" (1984) flächenräumlichen Einheit.

Konstruktivistisch interpretiert, kommt die Entdeckung der Altstadt durch den Tourismus sogar ihrer Erfindung gleich. Der Import von Begriffen wie Altstadt, Stadtmauer oder Fachwerkhäuser aus Kontexten wie der Denkmalschutzbewegung, der Wissenschaft oder der stadtplanerischen Sanierungsmaßnahme in den touristischen Kommunikationszusammenhang darf nicht darüber hinwegtäuschen, dass sich Ausrichtung und Logik dieser Kontexte grundlegend unterscheiden. Daher differiert die Altstadt der Denkmalschützer oder Stadtplaner in vielerlei Hinsicht von der Altstadt der Tourismusbroschüren oder Stadtführer.[177] Das Auftauchen der Altstadt in den touristischen Kommunikationen ist also nicht als mehr oder weniger automatische Sanierungsfolge oder Folge der allgemeinen Popularisierung des Altstadtkonzepts in den

---

176 Siehe das Unterkapitel *Touristische Grundlegung.*

177 Ein Beispiel: Während die touristische Altstadt-Kommunikation den Eindruck eines behälterähnlichen, flächenräumlich abgeschlossenen, kleinparzellierten, kaum zerstörten und daher durch und durch historischen Ensembles hervorruft, formuliert man im denkmalschützerischen Kontext wesentlich differenzierter, kritischer und damit touristisch unattraktiver: „Die Lücken, die auch hier die Altstadtsanierung der 60er Jahre des 20. Jahrhunderts geschlagen hat, wurden weitgehend mit kompromisslos modernen Gebäuden ausgefüllt, die durch ihre großen Volumina in vielen Fällen die im übrigen kleinteilige Struktur der Altstadtbebauung stören [...]. Selten wurden solche Baulücken mit historisierender Bebauung versehen." Lediglich die „Silhouette" der im Krieg und in der Nachkriegszeit zu mehr als 20% zerstörten „Altstadt mit den dominanten Türmen der Stiftskirche und der mehrfach gestaffelten Dachlandschaft der barocken bürgerlichen Bauten zwischen dem Domplatz und der Lahn" zeige „noch weitgehend unverändert den historischen Charakter der Stadt" (Schneider/Weißenmayer 2004, 97).

1970er Jahren zu verstehen, sondern als spezifische touristische Eigenleistung. Zwar mögen sich die an der touristischen Entwicklung direkt beteiligten Akteure (Verkehrsamtsmitarbeiter, Reiseleiter, Reiseführerautoren, Touristen) anfangs an der fortschreitenden Altstadtsanierung in Wetzlar (und anderswo) orientiert haben oder durch sie motiviert worden sein, doch erst mit der *Kommunikation* der Altstadt im touristischen Rahmen konnte sie fester Bestandteil des Wetzlartourismus werden. Dass die Altstadt in diesem Sinne eine spezifische Herstellungsleistung des Tourismus ist, belegt folgendes Zitat. Es zeigt außerdem, wie mit expliziten Deutungsangeboten und der wiederholten Kommunikation der Sanierungsfolgen versucht wird, touristische Attraktivität zu erzeugen: „Wetzlars *historische Altstadt* lädt ein zur Begegnung mit Zeugnissen vergangener Epochen. Hier haben die Zeiten, in denen Wetzlar Reichsstadt war (1180-1803), ihre Spuren am deutlichsten hinterlassen: mittelalterliche Marktplätze, enge Straßen, Gassen und Gässchen, steile Treppen und *romantische* Winkel, schiefergraue Dächer, *schmucke* Fachwerkhäuser mit *verzierten* Balken und Inschriften, *formschöne* Haustüren und dazu noch Brunnen, Stadtmauerreste, Toren und Türme, Kirchen und Brücken. In jüngster Zeit sind viele Häuser *fachgerecht restauriert* worden, beispielsweise am Fischmarkt, Schillerplatz, Eisenmarkt und Kornmarkt. Am Fischmarkt *erweckt* neben den Fachwerkhäusern das stattliche Haus an der Ecke zur Schwarzadlergasse *besondere Aufmerksamkeit*. Es diente viele Jahrhunderte der Stadt als Rathaus, bis es ab 1693 das Reichskammergericht beherbergte [...] Über steil ansteigende Gassen ist der Kornmarkt mit *renovierten* Fachwerkhäusern zu erreichen" (1984; Hervorhebung AP). Gleichsam euphorisch über die gerade entdeckte Altstadt (und ihr touristisches Potential) wird wie hier auch in den anderen Prospekten der 1980er Jahre wiederholt von der *historischen Altstadt* gesprochen (eine pleonastische Form, die sich in manchen Broschüren und auf den Ende der 1980er Jahre erstmals aufgestellten Autobahnhinweisschildern noch bis heute hält), von den *steilen Gassen* oder *Treppen* (mit diesem Hinweis auf topographische Verhältnisse wird die Wetzlarer Altstadt von vielen anderen Altstädten unterscheidbar gehalten) oder von der *fachgerechten Restaurierung* (eine Formulierung, die seit der erfolgreichen touristischen Etablierung der Altstadt kaum noch zu finden ist).

Seinen vorläufigen Abschluss findet der Prozess der touristischen Entdeckung der Altstadt gegen Ende der 1980er Jahre mit der erstmaligen Publikation des für Touristen erstellten Faltprospektes „Historischer Rundweg in der Altstadt". Der Prospekt enthält neben einer Kurzbeschreibung der Wetzlarer Altstadt, verschiedenen Farbfotos und der detaillierten Beschreibung von 36 „bemerkenswerten Bauwerken in Wetzlars Altstadt" als entscheidende Neuerung den ersten touristischen Alt-stadtplan. Diese (kolorierte) Karte zeigt die Wetzlarer Altstadt als flä-chenräumliche, kompakt-geschlossene, vom Rest der Stadt fast vollstän-dig isolierte Einheit voller historischer und sehenswerter Gebäude (s. Abb. 12).[178]

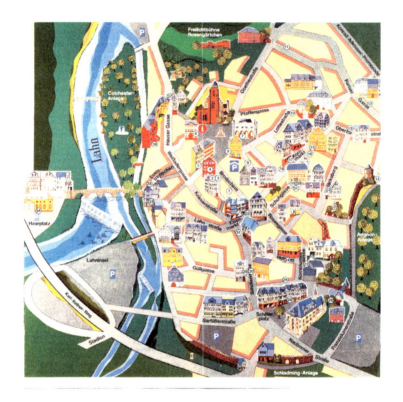

Abb. 12: Altstadtplan (Quelle: Faltprospekt Historischer Rundweg in der Altstadt, Ende der 1980er Jahre)

---

178 Während der Eindruck der Geschlossenheit und Isolation durch die zeichnerische Begrenzung der Altstadt durch Stadtmauerreste, Stadttore, Lahn, Parkanlagen und (auf keiner anderen Karte zu findenden) Grünflä-chen (Wiesen?) erreicht wird, verdankt sich die anschauliche ‚historische Füllung' den 37 durch überdimensionale Skizzen im Altstadtinneren lo-kalisierten (und nummerierten) Sehenswürdigkeiten.

Altstadt und Heritage Tourism

Nach der räumlich-thematischen Erweiterung des Wetzlartourismus in der Nachkriegszeit durch Einbeziehung und Verortung der Industrie bewirken die Entdeckung und der Bedeutungsgewinn der Altstadt das Gegenteil: eine ortssemantische Engführung. Nicht mehr das ganze Stadtgebiet einschließlich Umland ist Gegenstand und thematischer Rahmen des Tourismus, sondern vor allem anderen die Altstadt. Statt des zuvor präferierten relationalen Raumkonzepts, tritt nun ganz deutlich ein kompaktes Flächen- bzw. Behälterraumkonzept in den Vordergrund. Die Stadt wird auf die Altstadt reduziert, diese Altstadt wird zur (historischen) Stadt.

Eng mit dem Bedeutungsgewinn der Altstadt geht die Aufwertung der Wetzlarer Vergangenheit einher. Nicht mehr Vergangenheit *und* Gegenwart werden thematisiert; vielmehr wird der touristische Blick mit der Brille Altstadt wieder vorrangig zurück gerichtet, etwa „auf die Zeit des Reichskammergerichts, die für Wetzlar wirtschaftlichen Aufschwung und überregionalen Bedeutungszuwachs mit sich brachte und in der im mittelalterlichen Stadtbereich und an seinen Rändern eine Reihe repräsentativer Barockbauten entstanden, in denen die Kameralen fürstlich hausten" (Prospekt 1990). Neben der Wiederbelebung der klassischen Themen Goethe und Dom[179] werden erstmals auch andere historische oder historisch konnotierte Themen touristisch relevant: Kopfsteinpflaster-Straßenbelag, Gauben und Dachformen, Hausbauweisen (Fachwerk, gotische Steinmauern, Erker, Ornamente und Verzierungen) oder mittelalterliche Platzarchitektur und Gassenführung.

Vor dem Hintergrund der ursprünglichen Konstituierung der touristischen Destination Wetzlar kommt die Karriere der Altstadtsemantik einer weiteren Fokussierung und damit Bestätigung des originären Vier-Elemente-Bildes (Dom, „Alt-Wetzlar", Lahn, mittelalterliche Lahnbrücke) gleich. Nach der Transformation der Werthersemantik an der Wende zum 20. Jahrhundert, mit der die Erinnerungen an Goethe und seinen Roman erstmals stärker *in* Wetzlar (und nicht schwerpunktmäßig in seinem Umland) verortet worden waren, und nach der zunehmenden Verfestigung des touristischen Wetzlar-Bildes im 19. und frühen 20. Jahrhundert war der touristische Blick bereits auf die Straßen, Gassen, Plätze, Häuser, historischen Ereignisse und auf eine Grenze (Lahn) des Stadtgebietes gelenkt, das heute mit dem Begriff der Altstadt umschrie-

---

179 Es werden vermehrt Domführungen angeboten; der auf die Altstadt konzentrierte „Goethe-Parcours" von 1911 wird wieder aufgenommen (vgl. von Schneidemesser 1987); Wetzlar wird nun als „Dom- und Goethestadt" präsentiert.

ben wird. Aber auch die durch die Integration der Industrie erfolgte ortssemantische Streckung der Nachkriegsjahrzehnte lässt sich im Rückblick als Vorstufe der dann erfolgten Konzentration auf die Altstadt deuten, markierte sie mit ihrer charakteristischen, territorial relationierten Gegenüberstellung von „alter (Reichs-)Stadt" und „moderner (Industrie-)Stadt" doch schon deutlich den Altstadtbereich als einen touristisch zentralen Raum. Allein, die semantische Form zur Kommunikation dieser touristischen Fokussierung fehlte lange Zeit – bis zur *Entdeckung* der Altstadt in den 1970er/1980er Jahren und der mit ihr verbundenen Peripherisierung von *Umland (Natur)* und *Industrie*. Die Semantik der Altstadt ermöglichte also die gleichzeitige Rückbesinnung, Verdichtung und Neujustierung des schon früh gelegten Fundaments. Man könnte zusammenfassend auch so formulieren: Mit der sukzessiven semantischen Durchsetzung und Aufwertung der Altstadt kommt Wetzlar als städtetouristische Destination, die die (Alt-)Stadt und ihre Geschichte *vor* (und nicht neben) ihrem Umland betont, zu sich selbst. Mit der Wetzlarer Altstadt war eine kompakte Form gefunden, durch die Stadt und Geschichte touristisch erfahrbar wurden.

Zur Erklärung des touristischen Erfolges dieser Veränderung ist es nützlich, den Blick von dem konkreten Fallbeispiel zu lösen und auf allgemeine touristische und gesellschaftliche Prozesse zu richten. In den 1980er und 1990er Jahren fanden weltweit und insbesondere in Europa zwei miteinander eng verbundene und sich gegenseitig verstärkende touristische Wachstumsprozesse statt. Zum einen erlebte der Kulturtourismus und speziell der auf das historische Erbe zielende Kulturtourismus, der sog. *heritage tourism*, zuvor ungekannte Zuwächse.[180] Zum anderen wies im Zuge zunehmender Kurz- und Mehrfachurlaube in den 1980er Jahren gerade der Städtetourismus enorme Wachstumsraten auf (vgl. Maschke 1999, 91). Diese Entwicklungen sind auch für Deutschland nachweisbar.[181] Es kann also von einem erhöhten Umfang und damit auch erhöhter Nachfrage nach Städtereisen und historisch orientiertem Städtetourismus ausgegangen werden, von dem auch kleinere Destinationen wie Wetzlar profitiert haben.

Dieses allgemeine Wachstum des Städtetourismus verstärkte sich in Deutschland in vielen Destinationen noch einmal kurzzeitig nach der Wiedervereinigung Anfang der 1990er Jahre.[182] Von diesem Wachs-

---

180 Vgl. Herbert 1995, Lohmann 1999, Nuryanti 1996; s. auch das Unterkapitel *Historisierung* des Kapitels *Die Form des Städtetourismus*.
181 Siehe das Unterkapitel *Städtetourismus als Untersuchungsgegenstand* im Kapitel *Städtetourismus und Raum*.
182 In großstädtischen Destinationen stagnierten zwischen 1990 und 1994 allerdings die Übernachtungszahlen. Teilweise gingen sie sogar etwas

tumsschub durch ostdeutsche Städtetouristen, der allerdings nur wenige Jahre anhielt, berichten auch das Wetzlarer Verkehrsamt und seine Städteführer. Seine positiven Folgen werden außerdem in der offiziellen Übernachtungsstatistik Wetzlars sichtbar, die in den Jahren 1989 (124.000), 1991 (125.000) und 1992 (123.000) Spitzenwerte dokumentiert, die erst Ende der 1990er Jahre, nun aber aus anderen Gründen (s.u.), wieder erreicht und weiter überschritten werden.

Ausdruck der auch in Deutschland gestiegenen Bedeutung des städtebezogenen *heritage tourism* ist u.a. die 1990 ins Leben gerufene, in neun Regionalrouten unterteilte *Deutsche Fachwerkstraße*. Unter ihrem Motto „Fachwerk verbindet" haben sich bis heute mehr als 100 „Fachwerkstädte" zusammengeschlossen, um gemeinsam für „kulturelle Erlebnisreisen" zu werben. Seit 1994 ist auch die Stadt Wetzlar Mitglied der Deutschen Fachwerkstraße[183] und der Arbeitsgemeinschaft Historische Fachwerkstädte e.V. und nutzt die mit ihnen verbundenen Marketingnetzwerke.

Die sukzessive Verfestigung der Altstadt als das neue touristische Leitschema der Destination Wetzlar lässt sich somit sowohl als Voraussetzung wie als Folge der Partizipation an den allgemeinen Wachstumsentwicklungen interpretieren. Dabei ist zu beachten, dass Altstädte durch ihre charakteristische Kombination von kompaktem *Flächenraum* und *Vergangenheit* gleich ein doppeltes Erholungspotential bergen.

So lautete ein Ergebnis der obigen Untersuchung des Verhältnisses von städtetouristischer Semantik und Städtetouristen, dass das städtetouristische Wachstum der letzten Jahrzehnte u.a. auf die durch ‚überschaubare' Flächenraumkonstruktionen ermöglichten Einheits-, Zusammengehörigkeits- und Ganzheitserfahrungen zurückgeführt werden kann. Territorial zusammenhängende städtetouristische Kulturräume – wie eben Altstädte – stellen Entlastungs- und Erholungsangebote von der allgegenwärtigen Kommunikation über wachsende gesellschaftliche Komplexität, gesellschaftlichen Wandel, Globalisierung, territorialen Bedeutungsverlust usw. dar. Den Alltagserfahrungen von steigender gesellschaftlicher Unübersichtlichkeit, vom Auflösen, Unsicherwerden und raschen Verändern territorialer Einheiten oder von räumlich-sozialer Fragmentierung – eine Erfahrung, die durch die Suburbanisierungsprozesse seit den 1970er Jahren noch verstärkt wird – setzt der Städte-

---

zurück, um nach 1994 die langjährige Aufwärtsbewegung weiter fortzusetzen bzw. sich auf höherem Niveau zu stabilisieren (vgl. Maschke 1999, 91).

183 Als Bestandteil der Regionalstrecke „Vom Lahntal zum Rheingau", die von Dillenburg über Herborn, Wetzlar, Braunfels, Hadamar, Limburg, Bad Camberg, Idstein nach Eltville und Hochheim führt.

tourismus segmentär-stabile, vergleichsweise eindeutige und holistische Beobachtungsmöglichkeiten der Welt entgegen.[184]

In ganz ähnlicher Weise lässt sich eine Erklärung für die Bedeutungszunahme des historisierenden Elements im Städtetourismus entwickeln, die auf die Beobachtungsform *Altstadt* ebenso zutrifft. Wie die Flächen- oder Behälterraumkonstruktion kann auch die Historisierung kompensatorische, unsicherheits- und komplexitätsreduzierende Funktionen erfüllen. Auch die touristische Erfahrung und Beschäftigung mit historischem Erbe wirkt stabilisierend und orientierend. „Orte des Erinnerns" tragen zur Identitätsbildung bei, zur Reproduktion oder auch Konstitution eines kollektiven Gedächtnisses.[185] Im Angesicht der Globalisierung und der Dynamik gesellschaftlichen Wandels kommunizieren Denkmäler und sog. Erinnerungsräume – also auch Altstädte – zeitliche Beständigkeit. Als historisierte und territorialisierte Objekte verstetigen sie Sozialität und Identität. Sie symbolisieren Entschleunigung und können deshalb zur erholsamen Alltagsdistanzierung beitragen.

Hinzu kommt, dass Altstädte – als historische *und* räumliche Formen– gerade Ursprung und Herkunft betonen, und zwar in mehrfachem Sinne. Sie erinnern an kulturelle Wurzeln und Vergangenheiten der Gegenwartsgesellschaft. Durch ihren räumlichen Fokus idealisieren sie die alte, europäische Stadt – ein Bild, das von entsprechenden Geschäften (mit Kunsthandwerk, historischen Stichen usw.) oder durch Inszenierung mittelalterlicher Märkte o.Ä. noch verstärkt werden kann. Altstädte symbolisieren außerdem das *Zentrum* der Stadt (das in der Gegenwart ganz woanders liegen mag oder gar nicht mehr als solches lokalisierbar und wahrnehmbar ist). Damit veran*schau*lichen sie auch so etwas wie die (ehemalige) Mitte der städtischen Gesellschaft. Dieses Zentrum schließlich ist der Ort, aus dem (im übertragenen Sinne) ein Großteil der suburbanen Bevölkerung stammt, die einst die Städte verließ.

All dies sind Wahrnehmungsmöglichkeiten und Assoziationen, die sich beim touristischen Schlendern durch Altstädte einstellen können. Denn wie Maurice Halbwachs, dem sich das kollektive Gedächtnis auf seinen *Spaziergängen durch London* (vgl. Halbwachs 1991/1950, 2f.) über „topographische Bezugspunkte" erschließt, für den Erinnerung sich gerade an den *sichtbaren* „realen Orten" der Stadt „konkretisiert und materialisiert" (Echterhoff/Saar 2002, 21), so können auch Städtetouristen vermittels ihrer körperlichen Bewegung durch Altstädte und ihrer

---

184 Siehe das Unterkapitel *Alltagsdistanz durch Flächenräume* im Kapitel *Städte des Tourismus und Städtetouristen.*
185 Vgl. Assmann 1999, 298ff.; Halbwachs 1991 (1950); Nora 1984, 1986 u. 1993.

körperfundierten Wahrnehmung der in ihnen und durch sie verorteten Kultur nicht-alltägliche Identitäts- und Einheitserfahrungen machen.[186] Vor dem Hintergrund dieser (ausgewählten) Wahrnehmungs- und Alltagsdistanzierungsmöglichkeiten, die mit Altstädten als spezifischen städtetouristischen Raumformen verknüpft sind, lässt sich nun am Fallbeispiel exemplarisch die Frage untersuchen, welche Bedeutung der Altstadt im Hinblick auf die Strukturentwicklung des Wetzlartourismus zukommt.

Strukturgenerierende Funktionen der Altstadt

Wie nachfolgend gezeigt werden soll, gewinnt die raumbezogene Semantik der Destination Wetzlar – und mit ihr die alltägliche Organisation des Wetzlartourismus – durch die touristische Entdeckung der Altstadt eine in hohem Maße strukturgenerierende Kommunikationsform hinzu. Der durch sie ermöglichte Strukturgewinn basiert auf ihrer asymmetrisierenden, fokussierenden, rahmenden und vermittelnden Wirkung.

Asymmetrisierung

Für die weitere Diskussion der Funktionen des neuen Leitschemas Altstadt lohnt sich zunächst ein Blick auf die Form dieser Form. Als spezifische territorialisierte Raumform bezeichnet die Altstadt nicht einen Punkt oder eine Linie, sondern eine mehr oder weniger eindeutig geschlossene *Fläche*, eine kompakte Region, einen behälterähnlichen ‚Nahraum'. Als ein solcher Flächenraum wird die Altstadt durch ihre Grenzen und Begrenzungen, wie sie in allen Karten und in vielen Führungen durch Reste der Altstadtmauer, aber auch durch die Lahn oder die vor der ehemaligen Altstadtmauer gelegenen Grünanlagen symbolisiert werden, konstituiert. Denn nicht alles ist Altstadt, ohne Altstadtgrenzen keine Altstadt. Mit ihrer Trennung von Altstadt-*Innerem* und Altstadt-*Äußerem* bringt die Grenze die Altstadt erst hervor. In diesem Sinne ist die Altstadtsemantik untrennbar mit der räumlichen Unterscheidung von *innen* und *außen* verbunden. Die innen/außen-Differenzierung wird von der Altstadtsemantik sowohl vorausgesetzt als auch stets aufs Neue reproduziert: Sehenswürdigkeiten befinden sich *in* der Altstadt oder, seltener, *außerhalb*; Touristen bewegen sich *in* der Alt-

---

186 Siehe Kapitel *Städte des Tourismus und Städtetouristen.*

stadt oder – grenzüberschreitend – in sie *hinein* oder sie *verlassen* die Altstadt und befinden sich *jenseits* ihrer Grenzen; *die Altstadt* (d.h. das Innere der Altstadtgrenze) steht dem *Rest* der Welt (der Nicht-Altstadt, dem übrigen Wetzlar, dem Wetzlarer Umland) gegenüber. Bei der Kommunikationsform Altstadt handelt es sich folglich um eine Zwei-Seiten-Form, genauer: um eine asymmetrische Unterscheidung.[187] Sie ist asymmetrisch, weil sie – worauf schon ihr Name verweist – die eine der beiden Seiten, die sie unterscheidet, i.e. das *Innere* bzw. *die Altstadt*, präferiert. Indem sie die präferierte Seite mit Erhabenheit belegt, erzeugt die Unterscheidung Altstadt/Nicht-Altstadt Orientierung und Stabilität: Sie verweist Kommunikationen wie Touristen regelmäßig auf die Seite der Altstadt.[188]

Auf diese Weise fand der dichotome Präsentationsmodus der Nachkriegszeit, der Geschichte, Goethe, Umland und Industrie zu einem relationalen, kontrastiv-bipolaren Stadtraum verknüpfte und dem es infolgedessen so deutlich an einem Leitthema mangelte, bald sein Ende. Stattdessen konnte sich die Altstadt als zentrales Beobachtungsschema (dem Goetheschema im frühen Stadium vergleichbar) durchsetzen. Stadt im Wetzlartourismus bedeutete nun im Wesentlichen Altstadt. Folgen hatte dies z.B. für die ohnehin schon wichtigsten Wetzlarer Museen:[189] Da sie allesamt *in* der Altstadt liegen, wurde ihre touristische Bedeutung weiter verstärkt. Auch die Standortentscheidungen des Verkehrsamtes (Umzug vom Altstadtäußeren an den im Zentrum der Altstadt gelegenen Domplatz 1981) und der seit 1980 neu gegründeten Hotels und Pensionen orientierten sich an der Altstadt. Wichtige strukturbildende und wachstumsfördernde Folgen hatte die mit der Altstadt induzierte Asymmetrisierung außerdem für die touristischen (Alt-)Stadtführungen.

---

187 Zur struktur- und ordnungsgenerierenden Funktion der Asymmetrisierung von Unterscheidungen siehe die entsprechenden Ausführungen im Unterkapitel *Verdinglichung und Verortung* im Kapitel *Städte des Tourismus und Städtetouristen*.

188 ... und trägt durch ihren Territorialbezug zugleich zur Invisibilisierung der (transterritorial organisierten) Produktion dieses nicht-alltäglichen Erholungsraumes bei (s. erneut das Unterkapitel *Verdinglichung und Verortung*).

189 Dies sind: das Stadt- und Industriemuseum, das Lottehaus, das Jerusalemhaus, die Sammlung Lemmers-Danforth („Europäische Wohnkultur aus Renaissance und Barock") sowie das erst 1987 hinzugekommene Reichskammergerichtsmuseum (zu letzterem unten mehr).

Die neuen Altstadtführungen

Für die Entwicklung der in Broschüren und schriftlichen Reiseführern abgedruckten touristischen Besichtigungsrundgänge sowie der vom Verkehrsamt angebotenen oder vermittelten touristischen Stadtführungen war die Altstadt sehr folgenreich. An den touristischen Führungen wird deutlich, wie der Wetzlartourismus durch die Orientierung an der Altstadt in den 1980er Jahren einerseits eine räumlich-historische Fokussierung erfuhr, wie die Unterscheidungsform Altstadt aber andererseits zugleich den ortssemantischen Rahmen bereitstellte, der die touristische Entwicklung fortan forcierte und Komplexitätsaufbau ermöglichte. Darüber hinaus findet die bisherige These Bestätigung, dass die Altstadt touristisch als *Stadt* fungiert.[190] Das wechselseitige Steigerungsverhältnis von Altstadt-Semantik und Wachstum des Wetzlartourismus lässt sich anhand der schriftlichen Unterlagen und der geführten Expertengespräche rekonstruieren.

Dabei fällt zunächst auf, dass der frühere „Rundgang durch die Stadt" mit Beginn der 1980er Jahre räumlich und thematisch klarer begrenzt wurde. Die in den Broschüren und Führungen der 1970er Jahre z.t. auch ‚außerhalb' der Altstadt gelegenen Standorte und Wegstrecken (mit Blick auf die Industrie, moderne Einzelhandelsstraßen, Bürogebäude oder das Freibad) fielen in den 1980er Jahren heraus. Dieser Wandel mag auch durch personelle Veränderungen beeinflusst worden sein. Die zwei Wetzlarer Bürger, die als einzige regelmäßige Stadtführer bis 1980 zur Verfügung standen, wurden in den 1980er Jahren allmählich von erst drei und bald fünf neuen Stadtführern abgelöst, die sich, nun mehrheitlich Mitglieder des lokalen Geschichtsvereins, erstmals besonders um historische Genauigkeit bemühten. Mit diesem Bemühen zielten sie (nach eigenen Angaben) vornehmlich auf die Themen Altstadt und Goethe. Auf jeden Fall wurde der nun übliche touristische „Rundgang" wesentlich eindeutiger als zuvor durch die Grenzen der Altstadt limitiert. Aus der Stadtführung wurde faktisch eine Altstadtführung.

Im Gegensatz zu mehreren Grenzüberschreitungen, die in Zeiten einer touristisch noch nicht präsenten Altstadtsemantik ‚unsichtbar' (und unerwähnt) blieben, wurde der Altstadtbereich nun nur einmal und nur kurz verlassen: Auf dem ‚historischen Abstecher' zur Hospitalkirche, der über die alte Lahnbrücke auf das der Altstadt unmittelbar gegenüberliegende Lahnufer führt, der aber sowohl von der Brücke als auch vom Standort der Kirche aus den tradierten Blick auf das Ensemble der Alt-

---

190 Bzw. als historische Stadt oder wenigstens als das historische Zentrum der Stadt.

stadt gewährt und der damit die Altstadt letztlich nur verlässt, um sie als kompakte Einheit noch einmal zu bestätigen. Der ortssemantischen Schrumpfung entsprechend veränderte sich auch der Titel des Rundwegs. Aus dem „Rundgang durch die Stadt" wurde der „Altstadtrundgang" und die „Altstadtführung". Ihren bildlichen Ausdruck fand diese Entwicklung in dem vom Verkehrsamt seit Ende der 1980er Jahre an Touristen verteilten „Stadtplan", der als Bestandteil der Broschüre „Historischer Rundweg in der Altstadt" tatsächlich einen „Altstadtplan" darstellt (s. Abb. 12).

Genau genommen entwickelten sich in dieser Zeit zwei Varianten der Altstadtführung, die, mit leichten Ergänzungen, bis heute praktiziert werden. Die ältere der beiden führt die Besucher von dem am Südrand der Altstadt gelegenen Parkplatz (Avignon-Anlage) zu verschiedenen Sehenswürdigkeiten im Altstadtinneren, um auf der Lahnbrücke (also wieder auf dem Altstadtrand) den abschließenden Standort einzunehmen. Die zweite, Mitte der 1980er Jahre hinzugekommene, durch die Nummerierung der Sehenswürdigkeiten auf dem „Stadtplan" nahe gelegte und auch häufiger durchgeführte Variante wählt als ersten inhaltlichen Standort den Dom, den am Dom gelegenen Brunnen oder das in Domnähe gelegene älteste Fachwerkhaus Wetzlars (am Brodschirm). Der Startpunkt dieser Variante lässt sich als Reaktion auf die Verlegung des Verkehrsamtes 1981 vom Altstadt-Äußeren an den Domplatz interpretieren: Das Verkehrsamt im ‚Zentrum' der Altstadt stellt einen leicht aufzufindenden, da ausgeschilderten Treffpunkt für touristische Besucher dar und damit einen ebenso geeigneten Ausgangspunkt für Stadtführungen wie der Parkplatz, auf dem Besucher und Reisebusse parken. Vom Domplatz (dem Altstadt-Zentrum) werden die Besucher dann durch ausgewählte Altstadtgassen geleitet, bis die Führung im Norden oder Osten der Altstadt an den Resten der zwischen 1250 und 1300 erbauten mittelalterlichen Ringmauer oder einem ihrer Tore (also wieder an ihrer Außengrenze) endet.

Auf diese Weise standardisiert, konnten sich die beiden Altstadtführungen in den 1980er Jahren schnell als die zentralen touristischen *Stadt*-Führungen durchsetzen. Die fast kontinuierlich wachsende Anzahl von touristischen Tages- und Übernachtungsgästen ließ die Nachfrage nach (Alt-)Stadtführungen ebenso steigen, wie das regelmäßige Angebot des ‚Produktes Altstadtführung' die Kontinuität der Nachfrage zu stabilisieren half. Dieses Steigerungsverhältnis kann man als Bestätigung der oben allgemein formulierten Vermutung zur Erholungsfunktion ‚überschaubarer' flächenförmiger Kulturräume verstehen. Die sich körperlich bewegenden und mit allen Sinnen wahrnehmenden Städtetouristen können *Stadt* auf ihrer Städtereise *durch* die und *in* der territorial kompakten, räumlich klar begrenzten Altstadt weit bruchloser und daher eindringlicher und überzeugender als eine spezifische Einheit[191] erfahren als durch die Verknüpfung territorial getrennter Orte zu Zeiten des touristischen Dämmerschlafs.

Wie dargestellt, orientieren sich die Altstadtführungen in beiden Varianten nicht nur inhaltlich an der durch die Beobachtungsform Altstadt verstärkten historischen Thematik. Auch ‚räumlich' werden sie durch die Altstadt (bzw. ihre Grenzen) gerahmt. Dieses Strukturierungsprinzip ist bei einer Altstadtführung noch wenig überraschend. Es kennzeichnet allerdings auch die Mehrheit der neuen *thematischen* Stadtführungen.

Rahmung der thematischen Stadtführungen

Thematische Führungen sind auch in Wetzlar seit ihrer erstmaligen Entwicklung Mitte der 1980er Jahre zu einem immer wichtigeren und umfassenderen Bestandteil des Stadtführungsangebotes geworden. Auch ihr – insbesondere in den 1990er Jahren erfolgter – Bedeutungszuwachs steht in einem wechselseitigen Steigerungsverhältnis mit der deutlich gestiegenen Nachfrage nach touristischen Stadtführungen.[192] Wie die Altstadtführungen waren und sind auch die meisten thematischen Führungen durch die asymmetrische Unterscheidungsform Altstadt insofern gerahmt, als sie nicht nur überwiegend historische Themen aufgreifen, sondern als sie sich auf ihre Grenze („Rund um die Stadtmauer", „Links und rechts der Stadtmauer") und vor allem auf das *Innere* der Altstadt beschränken. Ob dies die „Stadtrundgänge" oder Führungen „Wappen, Hauszeichen, Inschriften", „Wetzlarer Fachwerkhäuser", „Wetzlar in der Revolution von 1848", „Frauengeschichte in Wetzlar", „Relikte mittelalterlichen Lebens in Wetzlar", „Literarisches Wetzlar" oder andere sind – für die jeweilige Auswahl der Stationen und ihre thematische Relatio-

---

191 D.h. im Fallbeispiel Wetzlar: als vergangene oder historische Stadt bzw. als Zentrum und Ursprung der Stadt.

192 Das anhaltende touristische Wachstum ließ auch den Bedarf an qualifizierten Stadtführern weiter wachsen. Die deshalb vom Verkehrsamt gewonnenen zusätzlichen Kräfte beförderten mit ihren thematisch differenzierten Angeboten nun ihrerseits die hohe Nachfrage, die die 1990er Jahre kennzeichnete. Thematische Führungen schaffen zum Beispiel für diejenigen Tagestouristen, die bei ihrem ersten Wetzlarbesuch nur eine allgemeine (Alt-)Stadtführung mitgemacht haben, Anreize für einen Wiederholungsbesuch. Heute stützt sich die Tourist-Information auf die Mitarbeit von 26 Stadtführern, die sowohl die beschriebenen Altstadtführungen als auch ‚klassische' (z.B. „Auf den Spuren von Goethe") wie neuere thematische Führungen („Wetzlar kulinarisch") anbieten.

nierung in Form von Routen dient die Altstadt sowohl als Grenze wie als ‚Behälter‘, dessen Bestandteile (Orte, Plätze, Gebäude, Museen, Gastronomie, Mauern etc.) je nach Thema neu relationiert und neu mit Bedeutung aufgeladen werden.

Die begrenzend-strukturierende Funktion der Altstadt sei an einem Beispiel illustriert: Die Schöpferin der thematischen Führung „Frauengeschichte in Wetzlar" – die Leiterin des Historischen Archivs der Stadt – stieß, wie sie berichtete, bei ihren historischen Recherchen auch auf einige bedeutende Frauen in Wetzlar, deren Wohnhäuser oder Wirkungsstätten *nicht* in der heute sog. Altstadt lagen. Diese potentiellen Standorte (und mit ihnen die betreffenden Frauenschicksale) fielen bei der Konzeption ihrer Führung heraus. Sie begründet ihre Entscheidung zunächst mit der räumlichen Entfernung der außerhalb der Altstadt gelegenen „Frauen-Orte", die bei Einbeziehung das zeitliche Limit einer ca. zweistündigen Führung gesprengt hätte – um nach kurzem Nachdenken zu ergänzen, dass der Hauptgrund wohl der gewesen sei, dass die Touristen, die Wetzlar besuchen, doch vor allem die Altstadt sehen wollten. Sichtbar wird an diesem Beispiel somit die doppelte Erwartungsbildung der Altstadt: Man erwartet, dass die Altstadt die Erwartungen der Touristen strukturiert – und richtet sich danach bzw. richtet die Entwicklung von Stadtrundgängen u.ä. danach aus.

Zwar suggerieren die Titel der thematischen Führungen, dass diese auf die *Stadt Wetzlar* zielen, die Stadt besichtigen oder gesamtstädtische Aspekte behandeln. Doch bei der Mehrheit der Führungen handelt es sich um thematisch spezialisierte Altstadtführungen. Sie beruhen zu einem großen Teil auf einer Re-Relationierung und Re-Semantisierung der schon mit dem „Altstadtrundweg" bezeichneten Orte. Auch der Rückgriff auf die „Altstadtkarte" des „Altstadtrundweges" erleichtert die Konzipierung von immer neuen thematischen Führungen und ihre anschließende Veranschaulichung und Bewerbung mittels entsprechend gestalteter Broschüren erheblich: Die auf dem schon vorhandenen Altstadtplan bildlich dargestellten Altstadtsehenswürdigkeiten werden bei der Produktion der neuen Karten ganz oder teilweise übernommen, um neue ergänzt sowie, je nach thematischer Rahmung, neu kombiniert (und nummeriert) und mit neuen Texten versehen.

Die thematischen (Alt-)Stadtführungen dokumentieren somit erneut den touristischen Erfolg der Altstadt. Als leitendes Beobachtungsschema erlaubt und forciert die Altstadt einerseits vielfältige Strukturbildungen (wie neue Stadtführungen). Andererseits wird nun die touristische Beobachtung und Erfahrung von (historischer) Stadt qua Altstadt möglich. Die vergleichsweise einheitliche und übersichtliche Raumform Altstadt ist nicht nur vielfältig organisier-, arrangier- und semantisierbar, sie ist auch in recht kurzer Zeit von (Tages-)Touristen körperlich-sinnlich als städtische Einheit wahrnehmbar.

Altstadt als Mechanismus der Systemvermittlung und Netzwerkbildung

Nicht nur die Stadtführungen, die Stadtführerinnen, das Verkehrsamt und die Touristen orientieren sich an der räumlichen Form Altstadt und ihren Grenzen. Auch für die Einzelhändler, die sich zu einer Interessengemeinschaft „Altstadt" zusammengeschlossen haben, für die in der Stadtverwaltung arbeitenden kommunalen Sanierungs- und Denkmalschutzbeauftragten, die die „Sanierungsmaßnahme Altstadt" betreuen, für die auswärtigen Reiseveranstalter, die Prospekte erstellen und Städtereisen nach Wetzlar vermitteln oder durchführen, für die Wetzlarer Kommunalpolitik, für den Wetzlarer Geschichtsverein oder für das Historische Archiv hat die Altstadt eine orientierende und Teile ihre alltäglichen Arbeit strukturierende Funktion. Freilich wird die Altstadt in jedem der genannten Kontexte und in jeder der für sie relevanten Organisationen anders interpretiert. Je nach ihrer Aufgabe und Operationslogik variiert das, was sie mit der Form Altstadt bezeichnen und (von anderem) unterscheiden und was dann systemintern an diese Beobachtung Altstadt angeschlossen werden kann. Geht man von der operativen Geschlossenheit und damit von der Verschiedenheit der einzelnen, sich auf die Altstadt beziehenden Systeme aus, wird eine weitere Funktion dieser Unterscheidung sichtbar: Die Altstadt setzt verschiedene, ansonsten voneinander unabhängige Akteure oder soziale Systeme in eine über die Orientierung an ihr vermittelte Beziehung. Auf diese Weise wird, wie nun gezeigt werden soll, ein Teil ihrer systemspezifisch begründeten Leistungen füreinander und damit für die touristische Entwicklung fruchtbar.

Zu den selbst gesetzten Aufgaben des seit Anfang des 20. Jahrhunderts bestehenden Geschichtsvereins, zum Beispiel, gehörte neben der unregelmäßigen Herausgabe der „Mitteilungen zur Wetzlarer Stadtgeschichte" schon in den Nachkriegsjahrzehnten die Entwicklung und Durchführung zahlreicher Veranstaltungen. Etwa 10 Vorträge, Besichtigungen und Führungen wurden alljährlich von entsprechend kompetenten Vereinsmitgliedern oder von eigens dafür gewonnenen Experten angeboten; sie wandten sich sowohl an die Vereinsmitglieder als auch an interessierte Wetzlarer Bürger.

Mit dem Bedeutungsgewinn der Altstadtsemantik in den 1980er Jahren wurden nun sowohl das Verkehrsamt auf die Aktivitäten des Geschichtsvereins wie umgekehrt Mitglieder des Wetzlarer Geschichtsvereins auf die immer häufigeren touristischen Besuchergruppen aufmerksam. Während das Verkehrsamt Interesse an der expliziten Öffnung einzelner, vom Geschichtsverein angebotener Altstadtführungen für Touristen hatte, profitierte der Verein von der durch die Einbeziehung der Touristen gestiegenen Nachfrage seiner Veranstaltungen. Schon bald wurden daher diejenigen Vereinsführungen, die sich in den semantischen Rahmen der Altstadt einpassten, in das touristische Stadtführungsangebot integriert. Auf dieses wiederum greifen auch auswärtige Reiseveranstalter, die ihre Kunden in die Wetzlarer Altstadt führen wollen, zurück. Die ursprünglich nur für einmalige Präsentationen im Rahmen des Geschichtsvereins konzipierten Führungen „Rund um den Dom", „Rund um die Stadtmauer", „Wetzlarer Fachwerkhäuser" oder „Wappen, Hauszeichen, Inschriften" wurden nun immer dann – von den für sie verantwortlichen Vereinsmitgliedern – angeboten, wenn touristische Besucher nach dieser thematischen Führung nachfragten. Spätestens seit Mitte der 1980er Jahre werden viele Führungen des Wetzlarer Geschichtsvereins, nach Selbstauskunft seiner Mitglieder, immer auch im Hinblick auf ihre Verwertbarkeit für den Tourismus entworfen. Auf diese Weise gewann der Wetzlartourismus nicht nur viele neue Stadtführungen, sondern auch qualifizierte und motivierte Stadtführer hinzu.

Auch im Verhältnis von Historischem Archiv und Verkehrsamt wurde die Altstadt seit den 1980er Jahren zur Klammer eines regelmäßigen Austausches. Zum einen stützt sich das Verkehrsamt auf die fachliche Kompetenz der Leiterin des Archivs, wenn es um die Gestaltung neuer Broschüren geht: Die promovierte Historikerin schreibt die Passagen, die sich auf die Geschichte der Stadt, insbesondere der Altstadt, beziehen oder liest sie Korrektur. Zum anderen entwirft das Personal des Historischen Archivs seit den 1990er Jahren auch gelegentlich ‚eigene' historische Führungen („Stadtrundgang zur Frauengeschichte in Wetzlar", „Wetzlar in der Revolution von 1848"). Sie halten sich in der oben beschriebenen Weise an den Rahmen der Altstadt, stützen sich u.a. auf die Altstadtkarten und die auf ihnen verzeichneten Sehenswürdigkeiten des Verkehrsamts und werden aus diesen Gründen ebenfalls gerne in das touristische Stadtführungsangebot übernommen.

Darüber hinaus tragen sowohl das Historische Archiv als auch der Geschichtsverein nicht unwesentlich zur Entwicklung und Veränderung dessen bei, was als Wetzlarer Sehenswürdigkeit gilt. Auch wenn beide Organisationen nicht *operativ* in die alltägliche Arbeit und die Entscheidungen des Verkehrsamtes eingreifen können, so machen sie doch regelmäßig Vorschläge zur Erweiterung oder verbesserten Präsentation des touristischen Angebots. Aus diesen (und anderen) Vorschlägen wählt die Tourist-Information vor allem jene aus, die das Profil der Altstadt weiter festigen – mit der Folge, dass die seit Mitte der 1990er Jahre aktuelle Neuauflage der zentralen touristischen Broschüre „Historischer Rundweg in der Altstadt" und des in ihr enthaltenen Altstadtplanes neben neuen Fotos und teilweise differenzierteren historischen Beschreibungen nunmehr 43 (statt zuvor 37) Altstadt-Sehenswürdigkeiten ausweist (s. Abb. 13).

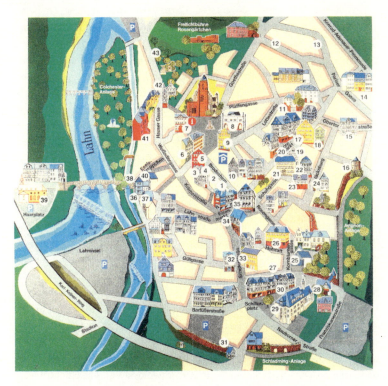

Abb. 13: (Alt-)Stadtplan (Quelle: Faltprospekt Historischer Rundweg in der Altstadt, seit Mitte der 1990er Jahre)

Ein anderes Beispiel bietet der Teilverband der Wetzlarer Einzelhändler, der sich konstitutiv auf die Altstadt stützt. Im Rahmen einer Interessengemeinschaft bemüht er sich, die Vorteile der Altstadtlage (kleinparzellierte Grundstücke mit kleinen Fachhandelsgeschäften statt Kaufhäusern, Nähe zu touristischen Sehenswürdigkeiten) zu stärken und ihre Nachteile (schlechte Erreichbarkeit der Geschäfte per Auto oder öffentlichen Verkehrsmitteln in der Fußgänger- und der verkehrsberuhigten Zone, relativ große Entfernung zu den Haupteinkaufsstraßen der Stadt) zu kompensieren. Zu den gewählten Strategien zählen: die Unterstützung der Einrichtung und Finanzierung eines Altstadt-Neustadt-Bahnhof-Pendelbusses („Citybus"); die Ausstellung von Kunstwerken in leerstehenden Geschäften, um den Eindruck wirtschaftlicher Probleme zu vermeiden; Blumenschmuck an den Fassaden; die regelmäßige Ausrichtung verschiedener traditioneller wie neuerer Altstadt-Straßenfeste; die Stärkung expliziter touristischer Angebote (Souvenirs, Literatur, Gastronomie) bei gleichzeitiger Bewahrung des altstadtüblichen Branchenmixes; der Einsatz für die (schließlich vom zuständigen hessischen Sozialministerium auf Antrag des Wetzlarer Oberbürgermeisters 2003 gewährte) Möglichkeit, die Altstadtgeschäfte nicht nur an den bis dato vier verkaufsoffenen Sonntagen im Jahr, sondern, gerade in den Sommermonaten, auch an weiteren Sonntagen – für Touristen – zu öffnen. Von all dem kann die Entwicklung des Wetzlartourismus nur profitieren. Daher verweist die Tourist-Information in ihren Broschüren und Auskünften auf die „lebendige" Geschäftswelt der Altstadt, auf „Einkaufen mit Stil" usw. und wirbt über seine Kanäle für die Altstadtfeste als besondere städtetouristische Events.

Gemeinsam ist den genannten (oder ähnlichen) Beispielen, dass sie eine punktuelle Koordination, teilweise gar Kooperation, verschiedener Organisationen (Vereine, Ämter, Politik, Unternehmen, Verbände) und damit Netzwerkbildung erkennen lassen. Sie wird durch den *mehrseitigen* Bezug auf die Altstadt ermöglicht oder gefördert, ohne dass die beteiligten Systeme ihre prinzipielle Differenzierung aufgeben. Die koordinierende und vermittelnde Funktion der Altstadt muss, um als solche vom außenstehenden Beobachter erkannt zu werden, von den beteiligten Akteuren keineswegs in gleicher Weise zugestanden werden. Ebenso, wie sich auswärtige Reiseveranstalter und Touristen auf Altstadtpläne und Altstadt-Führungsangebote stützen können, ohne zu wissen, dass diese erst das Resultat der skizzierten Kooperation von Geschichtsverein und Tourist-Information sind, können sich Einzelhändler für die Ziele der „Interessengemeinschaft Altstadt" engagieren und damit indirekt dem Tourismus dienen, ohne selbst von ihm zu profitieren. Ebenso können Touristinnen, Stadtführer oder Produzenten von Rundweg-Broschüren Ergebnisse der Altstadtsanierung als Ausweis von Historizität und Authentizität der Altstadt in Anspruch nehmen, die von Stadtplanern und Denkmalschützern zwar im Rahmen der „Sanierungsmaßnahme Altstadt" mitverantwortet werden, von ihnen jedoch, gemessen an den Ansprüchen der Sanierung, als gescheitert oder problematisch eingestuft werden.

Entscheidend an der vermittelnden Funktion der Altstadt ist also nicht, dass sie von den beteiligten Akteuren auch in diesem Sinne verstanden wird, sondern dass durch die über die Altstadt gestiftete Beziehung – auch ‚hinter dem Rücken' der Beteiligten – touristische Netzwerkbildungen angestoßen und stabilisiert sowie Ressourcen ein- oder wechselseitig zur Verfügung gestellt werden. Wichtig ist dies insbesondere für die hier zur Diskussion stehende Phase des Wetzlartourismus, die eben noch durch ihren geringen Professionalisierungs- bzw. ihren hohen Informalisierungsgrad gekennzeichnet ist. Für die für den Wetzlartourismus typische ‚Entwicklung von unten', die erst in den letzten Jahren zu größeren politisch-planerischen Anstrengungen und professionellen Koordinierungsbemühungen geführt hat, bot die beschriebene punktuelle Koordination verschiedener Organisationskontexte die Möglichkeit der Konsolidierung und Komplexitätssteigerung auch ohne wesentliche Aufstockung der finanziellen und personellen Ausstattung des Verkehrsamtes (bzw. der Tourist-Information).

Die die touristische Entwicklung fördernde Vernetzung verschiedener Kontexte beruht natürlich häufig ganz wesentlich auch auf den Aktivitäten einzelner Personen. So ist das Mitglied des Wetzlarer Geschichtsvereins und des Denkmalbeirats, das einen touristischen Reiseführer schreibt oder im Rahmen des Geschichtsvereins eine Führung konzipiert, um diese schließlich auch, nun im Rahmen des Angebots touristischer Stadtführungen, für Touristen anzubieten, ein ebenso notwendiger *Mechanismus* der Verknüpfung der beteiligten Kontexte wie die Altstadt. Derartige Personalunionen sind für viele Bereiche des Wetzlartourismus, ganz wie im Falle anderer kleiner und nicht-traditioneller touristischer Destinationen, lange Zeit die kennzeichnende Basis gewesen. Vor diesem Hintergrund wird die Bedeutung der Altstadt noch klarer. Als situationsüberdauernde semantische Form ist sie ein viel abstrakterer und damit von Einzelpersonen (und ihren Kompetenzen) weitgehend unabhängiger Vermittlungsmechanismus. Sie überlagert und transzendiert den personalen Mechanismus jeder Vernetzung und vermag ihn gerade deshalb noch einmal zu steigern. Dieser Sachverhalt sei abschließend an einem weiteren Beispiel, der Entstehung einer neuen Altstadtsehenswürdigkeit und ihrer Folgen, illustriert.

Das für den heutigen Wetzlartourismus wichtige Reichskammergerichtsmuseum wurde erst 1987 eingerichtet. Hervorgegangen ist es aus einer Entwicklung, die ursprünglich ganz und gar untouristisch motiviert war. Eine Gruppe von überwiegend nicht aus Wetzlar stammenden Juristen und Rechtshistorikern verfolgte das Ziel, mit Hilfe verschiedener Sponsoren am letzten Standort des Reichskammergerichts eine Forschungsstelle, verbunden mit einem Museum, einzurichten. Mit dieser Vorstellung trat sie Anfang der 1980er Jahre an die Stadt Wetzlar heran. Der damalige Oberbürgermeister und einige andere Kommunalpolitiker unterstützten das Vorhaben nach eigener Auskunft sehr. Zusammen mit „interessierten Persönlichkeiten aus Justiz und Forschung" gehörten sie zu den Mitbegründern der 1985 ins Leben gerufenen „Gesellschaft für Reichskammergerichtsforschung e.v.", deren Arbeit fortan durch einen wissenschaftlichen Beirat unterstützt wurde. Auf der Suche nach einem geeigneten Standort für den Verein, die Forschungsstelle und das angestrebte Museum votierten die Lokalpolitiker einhellig für die Altstadt. Schließlich sei das Reichskammergericht auch in der Altstadt untergebracht gewesen und sei die Altstadt bis heute durch die großzügigen, barocken Häuser der Kameralen geprägt. Nicht zuletzt erwartete man von der Ansiedlung des Museums eine weitere Aufwertung der Altstadt. So einigte man sich bald, das im Besitz der Stadt befindliche, im Zentrum der Altstadt gelegene und Mitte der 1980er Jahre restaurierte „Avemannsche Haus" (Mitte des 18. Jahrhunderts vom Kammergerichtsassessor Franz von Papius als dreistöckiges Kameralenpalais erbaut und sodann an Reichskammergerichtsfamilien vermietet) zur Verfügung zu stellen. Hier wurde 1987 das Reichskammergerichtsmuseum eingerichtet, das neben Ausstellungs- und Filmvorführungsräumen zur allgemein verständlichen Einführung in die Thematik auch über Tagungs- und Arbeitsräume für die Forschungsstelle verfügt.

Mit der Gründung der Gesellschaft für Reichskammergerichtsforschung und der anschließenden Eröffnung des Museums wurde die touristische Aufmerksamkeit wieder stärker auf eine historische Phase gelenkt, die nach Aussage der ehemaligen Vorsitzenden des Wetzlarer Geschichtsvereins Mitte der 1980er Jahre nicht nur aus dem touristischen, sondern auch aus dem lokalen Bewusstsein weitgehend verschwunden gewesen war. Schnell bot der Geschichtsverein Führungen wie „Auf den Spuren des Reichskammergerichts" an, die wiederum umgehend Bestandteil des städtetouristischen Angebots an „Altstadtführungen" wurden. Auch das Museum selbst wurde bald in die entsprechenden Führungsrouten und Altstadtpläne aufgenommen und touristisch beworben. Verglichen mit dem bis heute nur sehr engen, an Rechtsgeschichte interessierten Personenkreis, den seine Dauerausstellung anzieht, kommt ihm im Gesamtgefüge des Wetzlartourismus eine weit größere Bedeutung zu. Denn als neue Sehenswürdigkeit verweist es auf „große Zeiten", als Wetzlar die „Hauptstadt des Rechts" war, und auf „prachtvolle Fachwerkhäuser".[193] Zudem kann es unter Bezug auf Goethes Praktikum am Reichskammergericht leicht an die Goethe-Werther-Thematik angeschlossen werden. Durch die städtetouristische Integration des Museums veränderte sich letztendlich auch der semantische Rahmen der Integration, i.e. die touristische Semantik der Altstadt: Deutlicher als zuvor ist

---

193 Vgl. den Prospekt „Wetzlar: Alles, was *Recht* ist. Alles, was Freude macht. Alles, was Stil hat" (2002; erstmals 1994 erschienen).

sie seit Ende der 1980er Jahre durch den Schwerpunkt Reichskammergerichtszeit geprägt, was sich z.b. in der Gestaltung der neuen Prospekte in den 1990er Jahren ausdrückt.

Weitere Steigerungszusammenhänge

Neben der Altstadt und allgemeinen touristischen Wachstumsprozessen lassen sich noch einige andere Faktoren identifizieren, auf die die Expansion des Wetzlartourismus seit den 1980er Jahren und der mit ihr verbundene touristische Bewusstwerdungsprozess bis Mitte der 1990er Jahre zurückgeführt werden können. Wenn sie in ihrer Bedeutung derjenigen der Altstadt und des historischen Städtetourismus auch nachgeordnet erscheinen, gibt es doch Hinweise, dass ihr Einfluss auf die beschriebene Entwicklung keineswegs unerheblich war.

(1) Übernachtungs- und Tagungsinfrastruktur

Neben der Vergrößerung einiger vorhandener Übernachtungsbetriebe entstand in Wetzlar mit dem heutigen Hotel Mercure Mitte der 1980er Jahre – am Rande der Altstadt – eine neue Großanlage. Sie erweiterte das städtische Bettenangebot um damals fast 200 Betten. Seitdem kamen weitere, allerdings kleinere Hotels und Pensionen hinzu. Die Anfang der 1990er Jahre eröffnete neue Jugendherberge[194] vergrößerte das Angebot noch einmal um knapp 200 Betten, so dass Mitte der 1990er Jahre insgesamt bereits über 900 Betten für Besucher zur Verfügung standen (im Vergleich zu knapp 400 im Jahre 1975).

Verfügte auch das Mercure-Hotel schon über Tagungs- und Seminarräume, so wurde der eigentliche Grundstein für eine moderne Tagungs- und Kongressinfrastruktur erst 1991 gelegt. In diesem Jahr wurde die – ebenfalls am Altstadtrand angesiedelte – Stadthalle eröffnet, die mit ihren über 1.000 Sitzplätzen regelmäßig für Konzerte, Theater- und Musicalaufführungen und eben Tagungen genutzt wird. Dass im sog. Tagungs- und Kongresstourismus ein größeres Wachstumspotential liegen könnte, sahen die Wetzlarer Hoteliers, Verkehrsamts- und Stadtverwaltungsmitarbeiter aber bis Mitte der 1990er Jahre noch kaum. Erst in den letzten Jahren kann man davon sprechen, dass die Tagungs- und

---

194 Bei den in der Jugendherberge beherbergten Jugendlichen handelt es sich überdurchschnittlich häufig um Schulklassen der 11. oder 12. Jahrgangsstufe weiterführender Schulen, die mit ihren Deutschkursen Wetzlars Goethestätten besuchen und an Goethe- und Altstadtführungen teilnehmen, weil sie in diesen Kursen gerade „den Werther" oder andere Goethe-Literatur durchnehmen.

Kongresskapazitäten systematisch ausgebaut, Wetzlar als Tagungsort vermarktet und Tagungsgäste mit städtetouristischen Angeboten umworben werden (s.u.).

(2) Fahrrad- und Bootstourismus

In den frühen 1990er Jahren machte sich in Wetzlar erstmals auch eine andere Form des Tourismus bzw. der Naherholung bemerkbar, die im Verlauf des Jahrzehnts noch stärker an Bedeutung gewann. So kommentierte die Tourist-Information in der Selbstdarstellung ihrer Arbeit Ende der 1990er Jahre, Wetzlar habe sich in den letzten Jahren „zu einem beliebten Ziel für Aktivurlauber entwickelt. Für diesen Bereich erweist sich die Lahnschiene als Motor. Fahrradfahrer, die auf dem Lahnradwanderweg nach Wetzlar kommen und die zahlreichen Paddler auf der Lahn beleben gerade an den Wochenenden spürbar das Tourismusgeschäft und sichern die Auslastung der Hotels und Pensionen" (Maiworm 2002, 108). Die Fahrrad- und Bootstourist(inn)en fragen nicht nur Hotelbetten und gastronomische Angebote nach, sie nehmen auch an Altstadtführungen teil und besuchen die Altstadtmuseen.[195] Nach Wetzlar geleitet werden sie nicht zuletzt durch die Routenvorschläge in der einschlägigen Aktiv- und Natururlaubsliteratur, die u.a. aus der Arbeit der Freizeitregion Lahn-Dill (bzw. seit 2006 des Lahntal Tourismus Verbands e.V.), einer vereinsförmigen Interessengemeinschaft, zu deren Gründungsmitgliedern Ende der 1980er Jahre auch Wetzlar gehörte.

(3) Sichtbarwerdung des quantitativen Wachstums

Seit den 1990er Jahren wächst auch in der Wetzlarer Kommunalpolitik die Einsicht, dass der Tourismus für Wetzlar eine nicht zu unterschätzende ökonomische und Image fördernde Bedeutung hat. Zwar hatten die Bürger- und Oberbürgermeister der Nachkriegszeit die Förderung des Tourismus und touristische Außenwerbung stets unterstützt, auch war mit dem Verkehrsamt bereits früh ein für den Tourismus zuständiges Ressort der Stadtverwaltung geschaffen worden. Dennoch wurde der Tourismus von der Mehrheit der Lokalpolitiker und der in der kommunalen Selbstverwaltung tätigen Angestellten ebenso wie von der Mehrheit der Wetzlarer Bevölkerung lange Zeit entweder gar nicht oder als ein Randthema wahrgenommen, das eben nur für das Verkehrsamt und einige interessierte oder betroffene Personen wie Stadtführer, Hoteliers,

---

195 Einer Untersuchung des geographischen Instituts der Universität Gießen aus dem Jahre 2001 zufolge, reizen die Fahrrad- und Bootstouristen am Lahntal nicht nur Ruhe und Naturerlebnis, sondern auch die „historischen Städte" (Seifert/Höher 2001, 13).

Mitglieder des Geschichtsvereins oder Altstadt-Einzelhändler von Relevanz war. Solange die Bedeutung des Tourismus nur von diesen Einzelpersonen kommuniziert wurde, war der Tourismus lokalpolitisch noch kaum anschlussfähig. Erst mit der statistischen, also intersubjektiv nachvollziehbaren, Beobachtung seines Wachstums seit den 1980er Jahren beschleunigte sich das kontext- und ressortübergreifende touristische Erwachen Wetzlars. So berichtet der ehemalige Oberbürgermeister mit Bezug auf die Zeit seit Mitte der 1980er Jahre, dass den „politisch Verantwortlichen der Stadt Wetzlar das wirtschaftliche Potential des Tourismus für ihre Stadt" erst dann bewusst geworden sei, als dieses an „statistischen Nachprüfbarkeiten" festgemacht werden konnte. Vor dieser Zeit sei auch nie vom Wetzlarer „Städtetourismus" o.ä. die Rede gewesen; für die Mehrheit der Wetzlarer habe Tourismus in Wetzlar schlicht nicht existiert. Mit seinen Aussagen spielt der ehemalige Oberbürgermeister nicht nur auf das touristische Wachstum der 1980er/1990er Jahre, sondern auch auf die Form seiner Beobachtung und Beschreibung an. Er findet somit (bewusst oder unbewusst) eine eigene Formulierung für die bekannte konstruktivistische Einsicht, dass nur das beobachtet wird (und als Realität gilt), was beobachtet wird. Oder anders gesagt: dass Beobachtungen der Realität (hier der touristischen Nachfrage) immer von den Formen der Beobachtung (bzw. den Beobachtungsperspektiven oder den Beobachtern und ihren Unterscheidungen) abhängen. Betrachtet man in diesem Sinne die 1980er und frühen 1990er Jahre, so fallen tatsächlich entscheidende Veränderungen in der Form der Beobachtung, d.h. der Zählung und Dokumentation, touristischer Nachfrage auf.

Seit 1980 erhält das Verkehrsamt der Stadt Wetzlar und mit ihm die lokale Administration einmal monatlich vom Hessischen Statistischen Landesamt die dort zentral gesammelten und addierten Übernachtungszahlen, die diesem von den einzelnen Wetzlarer Beherbergungsbetrieben und Hotels übermittelt werden. Wurde zuvor bei den jährlichen, damals vom Verkehrsamt direkt (d.h. ohne den Umweg über Wiesbaden) erstellten Auflistungen noch zwischen Übernachtungen im Winter- und Übernachtungen im Sommerhalbjahr unterschieden, so orientiert sich die Darstellung ab 1980 an ganzen Kalenderjahren. Schon deshalb sind die Zahlen vor und nach 1980 nur schwer zu vergleichen.[196] Nimmt man die nötigen Schätzungen jedoch in Kauf und vergleicht zum Beispiel die Jahre

---

196 Wollte man etwa einen Vergleich der Übernachtungen des Jahres 1980 (ca. 59.000) mit denen des Jahres 1975 anstellen, müsste man zu den Übernachtungen des Sommerhalbjahres 1975 (ca. 20.000) das Mittel derjenigen aus den beiden Winterhalbjahren 1974/75 (ca. 18.000) und 1975/76 (ca. 16.000) addieren, um eine Schätzung für das Kalenderjahr 1975 zu erhalten (ca. 37.000); vgl. Magistrat 1980, 212.

1975 (ca. 37.000) und 1980 (ca. 59.000), legt ein solcher Vergleich einen enormen, auch touristischen Übernachtungszuwachs nahe. Nicht jeder, derart schon auf die Beobachtung von Wachstum eingestimmte Beobachter der Wetzlarer Übernachtungsstatistik nimmt noch die Warnung des Verkehrsamtes oder anderer Eingeweihter wahr: Nach dem gescheiterten administrativen Experiment der Lahnstadt (1977-1979) habe sich dank verschiedener Eingemeindungen nicht nur die Einwohnerzahl der Stadt Wetzlar vergrößert (auf 54.000 Einwohner), sondern auch die Zahl der Übernachtungsmöglichkeiten im nun vergrößerten Stadtgebiet. Streng genommen verbietet sich also jeder Vergleich mit Zahlen vor 1980. Auch im Hinblick auf die statistische Beobachtung der touristischen Nachfrage bildet somit der Anfang des neuen Jahrzehnts eine Zäsur.

Jahr	Wetzlar	Lahn-Dill-Kreis	LDK ohne Wetzlar
1980	58.846	532.831	473.985
1981	54.595	441.064	386.469
1982	51.721	432.157	380.436
1983	54.333	417.082	362.749
1984	80.880	456.535	375.655
1985	101.341	438.540	337.199
1986	100.400	469.981	369.581
1987	107.691	475.850	368.159
1988	116.128	500.099	383.971
1989	123.611	441.835	318.224
1990	118.174	426.666	308.492
1991	124.989	425.075	300.086
1992	123.086	425.897	302.811
1993	113.590	397.497	283.907
1994	112.995	376.140	263.145
1995	119.001	332.652	213.651
1996	118.040	322.096	204.056
1997	139.549	336.958	197.409
1998	142.310	345.389	203.079
1999	143.098	342.454	199.356
2000	157.457	374.695	217.238
2001	149.147	363.254	214.107
2002	145.300	341.071	195.771
2003	146.620	344.048	197.428
2004	154.189	353.928	199.739
2005	160.976	370.899	209.923
2006	161.976	373.833	211.857

Tab. 2: Übernachtungsstatistik Wetzlar und Lahn-Dill-Kreis (Quelle: Hess. Stat. Landesamt)

Beschränkt man sich bei der Betrachtung der Übernachtungszahlen deshalb auf die Jahre seit 1980 (ca. 59.000 Übernachtungen), so dokumentiert die vom Verkehrsamt jährlich um die neuen Zahlen aus Wiesbaden erweiterte Tabelle nach einem kurzen Rückgang in den Jahren 1981 (ca. 55.000) und 1982 (ca. 52.000) einen fast kontinuierlichen Zuwachs bis 1989 (ca. 124.000) (s. Tab. 2). Bis 1996 schwankt dann die Zahl der jährlichen Übernachtungen um den Wert von 120.000 Übernachtungen pro Jahr, um bis 2000 noch einmal deutlich anzusteigen (157.000) und sich in den Folgejahren auf dem Niveau zwischen 145.000 (2002) und 149.000 (2001) einzupendeln. Noch beeindruckender als diese Zuwächse (Verdopplung von 1980 bis ca. 1990, knappe Verdreifachung von 1980 bis 2000) ist der Vergleich mit der Übernachtungsentwicklung des Lahn-Dill-Kreises, der der Stadt ebenfalls jährlich vom Statistischen Landesamt präsentiert wird. Wie die (neue) Stadt Wetzlar datiert auch das administrative Konstrukt des Lahn-Dill-Kreises auf den 1.8.1979 (zuvor: Kreis Wetzlar). Der Vergleich zeigt nun im gleichen Zeitraum von 1980 bis heute eine deutlich gegenläufige Entwicklung (s. Tab. 2). Während die Übernachtungen in Wetzlar in der beschriebenen Weise zunahmen, verzeichnet der Kreis – ohne die Stadt Wetzlar – einen starken Rückgang der Übernachtungen (von 474.000 im Jahre 1980 auf unter 198.000 in den Jahren 2002 und 2003). Auf diesen Vergleich stützen sich (nach eigenen Angaben) seit Mitte der 1980er Jahre das Verkehrsamt und seit Beginn der 1990er Jahre auch zunehmend Lokalpolitiker und Bürgermeister, um den Bedeutungszuwachs und das zukünftige Wachstumspotential des Tourismus zu untermauern: „Die Übernachtungszahlen in Wetzlar haben sich *gegen den Trend der Region* seit Anfang der 80er Jahre fast verdreifacht" lauten die fast wortgleichen Formulierungen der Leiterin der Tourist-Info und des Oberbürgermeisters (s. Abb. 14).[197]

---

197 Vgl. Maiworm 2002, 108, sowie die Pressemeldung des Magistrats der Stadt Wetzlar vom 5.6.2003 „OB Dette beantragt Sonntagsöffnung für Geschäfte".

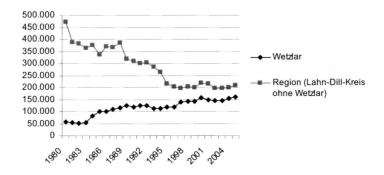

Abb. 14: Übernachtungen in Wetzlar und der Region (Quelle: Hess. Stat. Landesamt)

Die gegenläufige Entwicklung nutzt auch der Vergleich der vom Verkehrsamt Wetzlar berechneten Fremdenverkehrsintensitäten aus. Diese Kennzahl, „eine der wichtigsten Kennzahlen für die volkswirtschaftliche Bedeutung des Tourismus innerhalb einer Stadt oder eines Gebietes" (Maiworm 2002, 110), gibt die Zahl der Übernachtungen bezogen auf 100 Einwohner an. Sie liegt im Jahre 2000 im Falle Wetzlars bei 299. „Zum Vergleich weitere Zahlen aus der Region: Der Lahn-Dill-Kreis weist im selben Jahr einen Wert von 143, die Stadt Gießen von 157, die Stadt Marburg einen Wert von 280 und die Stadt Limburg von 291 auf" (ebd.). Der Beseitigung möglicher, noch vorhandener Zweifel an der wirtschaftlichen Bedeutung des Tourismus für Wetzlar dienen auch verschiedene Studien zur touristischen Wertschöpfung, die seit 1990 regelmäßig zitiert werden (in Publikationen des Verkehrsamtes, in Magistratsitzungen, in Zeitungsartikeln). Zwar liegt noch keine Wertschöpfungsstudie speziell zum Tourismus in Wetzlar vor. Die angeführten Untersuchungen des Deutschen Wirtschaftlichen Instituts in München (DWIF 1992), des Hessen Tourist Service e.V. oder der Universität Koblenz/Landau beziehen sich vielmehr auf den Lahn-Dill-Kreis, Hessen oder die Problematik der Schätzung der wirtschaftlichen Effekte des Tages- und Busreisetourismus für Städte im Allgemeinen. Doch dieses Manko versuchen die Bezugnehmenden durch Analogiebildungen auszugleichen. Die Aussagen der DWIF-Studie zu den (schwer zu messenden) wirtschaftlichen Effekten des Übernachtungs- *und* Tagestourismus im Lahn-Dill-Kreis, zum Beispiel, werden auf den Fall Wetzlar übertragen und durch „Berechnungen" konkretisiert, die die Übernachtungszahlen des „Boomjahres 2000" zugrunde legen und auf dieser Basis auch den Umfang und die Wirkungen des Tagestourismus schätzen: „Insgesamt errechnet sich damit ein Nettoumsatz von über 50 Mio. DM und damit ein direkt tourismusinduziertes Einkommen von mehr als 18 Mio. DM" (Maiworm 2002, 110).

Schließlich ist das Verkehrsamt an der Sichtbarwerdung des quantitativen Wachstums des Wetzlartourismus – und damit an seiner stärkeren politischen Förderung seit Mitte der 1990er Jahre – auch dadurch beteiligt, dass es – erstmals seit 1990 systematisch – die notierten Zahlen der durchgeführten Stadtführungen und Museumsbesuche von den einzelnen Führern und Museen zusammenträgt und verarbeitet. Sie werden entsprechend positiv (d.h., wenn möglich, die Wachstumstendenz betonend) in Tabellen- oder Diagrammform präsentiert, kommentiert und an Lokalpolitiker, Presse etc. weitergegeben (s. als Beispiel Abb. 15).

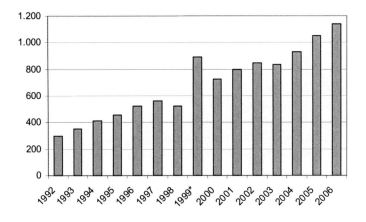

* Goethe-Jahr

Abb. 15: Stadtführungen in Wetzlar (Quelle: Tourist-Info bzw. Maiworm 2002, 108)

Touristische Wachstumsanstrengungen (seit 1995)

Nach der Phase des allmählichen touristischen Erwachens kann man für etwa Mitte der 1990er Jahre den Beginn der bisher letzten Entwicklungsphase des Wetzlartourismus ansetzen. Auch diese Phase ist von Expansion gekennzeichnet. Sie unterscheidet sich von den vorangehenden durch die strategischere Ausrichtung der Tourismusförderung, ihre zunehmende Professionalisierung und Vernetzung sowie die stärkere Beteiligung der Lokalpolitik. Wie im Falle der früheren Entwicklungs-

stufen erweist sich die (Re-)Produktion und Veränderung der Ortssemantik auch für die touristische Entwicklung seit 1995 als einer ihrer
wesentlichen, da strukturierenden Bestandteile.

Politisierung

Die gestiegene Aufmerksamkeit der Lokalpolitik für den Themenbereich
Tourismus hat verschiedene Gründe. Während der touristische Erfolg
Wetzlars seit den 1980er Jahren immer sichtbarer wurde, bauten die traditionsreichen Industriebetriebe Arbeitsplätze ab und um. Hinzu kam
1992 die gleichzeitige Schließung der zwei Bundeswehrkasernen, in denen bis zu 7.000 Soldaten stationiert waren. Der Abzug der Soldaten und
der Wegfall von ca. 2.000 zivilen, mit der Garnison verbundenen Arbeitsplätzen bedeutete einen einschneidenden Kaufkraftverlust, unter
dem insbesondere der Wetzlarer Einzelhandel litt und der nach Experteneinschätzung trotz Konversionsbemühungen und neuer Arbeitsplätze
Ende der 1990er Jahre bis heute nicht vollständig kompensiert werden
konnte. Vor dem Hintergrund dieser ökonomischen Probleme rückte der
Tourismus als potentieller Wachstumsbereich stärker ins politische
Blickfeld. Einen entscheidenden Schub erhielt diese Entwicklung 1998
mit dem neuen Wirtschaftsdezernenten, der Tourismus erstmals strategisch als *Bestandteil* der Stadtentwicklungs- und Wirtschaftsförderungs-
politik behandelte. Zusammen mit anderen stieß er mehrere wichtige
Veränderungen an.

Die nun deutlich offensivere Haltung dem Tourismus gegenüber
fand ihren ersten Ausdruck in dem Herauslösen des Verkehrsamtes aus
dem ehemaligen Hauptamt, seiner Integration in das Amt für Wirtschaft
und seiner personellen Aufstockung eine weitere Planstelle (auf insgesamt vier). Leitend sei dabei die Überzeugung gewesen, berichtet der
verantwortliche Wirtschaftsdezernent, dass Tourismus nicht wie in der
Vergangenheit *verwaltet* werden solle, sondern aktiv zu *gestalten* sei.
Wenn man das übergeordnete Ziel der Stärkung des Wirtschafts- und
insbesondere des Einzelhandelsstandortes verfolge, könne man sich
nicht mit dem „funktionierenden historischen" Wetzlartourismus (Dom,
Goethe, Altstadt, Museen) zufrieden geben. Man müsse immer wieder
neue Anreize (z.B. durch Konzerte, Wettkampfveranstaltungen oder
neue Einkaufsmöglichkeiten) schaffen, um zu Wiederholungsbesuchen
zu motivieren. Man brauche daher ein erweitertes Verständnis von Tourismus, das auch Event- und Einkaufstourismus umfasse. Außerdem sei
nicht nur der Tagestourismus durch neue Attraktionen und Events zu
stärken, sondern es sei zwecks deutlicher Erhöhung tourismusbedingter

Einnahmen vor allem der Übernachtungstourismus zu entwickeln. Als Beispiele für das in Wetzlar neue Zusammendenken von aktiver Standortpolitik, Förderung von Einzelhandel und Tourismus seien *vier* folgenreiche Entscheidungen und Projekte genannt. Sie dokumentieren die gegenwärtigen Versuche, die touristische Entwicklung im Sinne einer aktiven Stadtentwicklungspolitik zu beeinflussen.

Im Jahre 2001 wurde der vom Wirtschaftsdezernenten angeregte, mehrheitlich von der Stadt finanzierte, in den Räumen der Stadtverwaltung untergebrachte, von zwei Mitarbeitern betriebene und von einem Ökonom geleitete Verein „Stadt-Marketing" gegründet. Seine zentrale Aufgabe besteht in der (in dieser Form erstmaligen) Vermarktung der Stadt „nach innen und außen" (Stadt-Marketing Wetzlar 2002, 2). „Nach innen" bemüht sich der Verein um die Integration, Vernetzung und den Interessenausgleich unterschiedlicher lokaler Akteure und Institutionen. Zu seinen Mitgliedern zählen vor allem Einzelhändler, Gastronomen und Hoteliers, aber auch Einrichtungen wie die Gesellschaft für Reichskammergerichtsforschung. Getragen von einer breit gefächerten Mitgliederstruktur fungierte der Verein von Beginn an als Vernetzungsinstanz und als „wichtiger Ansprechpartner von Politik und Verwaltung bei allen wesentlichen Themenbereichen der Stadt" (ebd.). Für die Vermarktung „nach außen" sind neben Werbekampagnen vor allem die Konzipierung und Durchführung von Veranstaltungen bedeutsam, „welche das Ziel haben, Besucher aus nah und fern nach Wetzlar zu holen, ihnen unsere schöne Stadt nahe zu bringen und sie als ständige Kunden und Besucher zu gewinnen" (ebd.).[198] Da im Tourismus eine „Chance für die Stadt" liege, „die noch nicht optimal genutzt wird", unternimmt der „Stadt-Marketing"-Verein nach Aussage seines Geschäftsführers hier besondere Anstrengungen. Er kooperiere diesbezüglich eng mit dem Verkehrsamt (der heutigen Tourist-Information), den Altstadt-Einzelhändlern, Hoteliers und Gastronomen. Ein zentrales Instrument der Vermarktung und Vernetzung der Stadt „nach innen *und* außen" ist ein Logo, das eine Werbefirma im Auftrag des Vereins entwickelt hat und das fortan möglichst alle Wetzlarer Einzelhändler und Einrichtungen bei ihrer Selbstdarstellung verwenden sollen. Dieses Logo besteht aus einem Wetzlar-Schriftzug und den vier „Image"-Elementen Dom, Altstadt, Lahnbrücke und Lahn (s. Abb. 16). Es stellt somit eine Fortentwicklung

---

198 Als Beispiele „erfolgreicher Events" der letzten Jahre seien Gospel- und Blueskonzerte auf dem Domplatz, Gokartrennen, die an Wochenenden mehrere 10.000 Umlandbesucher anzogen und für die große Teile der Innenstadt gesperrt wurden, oder jährliche Feste wie das „Brückenfest" oder das auf dem Schillermarkt in der Altstadt abgehaltene „Sommernachtsweinfest" genant.

bzw. eine Stilisierung des alten, wohletablierten touristischen Wetzlar-
bildes dar. Deshalb findet es heute auch in allen neuen touristischen
Broschüren Verwendung.

Abb. 16: Wetzlar-Logo (Quelle: Stadt-Marketing Wetzlar)

Das zweite Beispiel der wirtschaftspolitischen Förderung und Verknüpfung von Einzelhandel und Tourismus durch die Stadt ist die Einrichtung und Finanzierung des sog. Citybusses. Eingerichtet auf dringende
Empfehlung des von einer Kölner Beratungsfirma entwickelten „Einzel-
handelsentwicklungskonzeptes Wetzlar" (Econ-Consult 1999, 11) verbindet dieser sehr günstige und häufig haltende Kleinbus die für Fußgänger und Touristen relativ weit auseinander liegenden „unterschiedlichen Einkaufsgebiete der Wetzlarer City": den Bereich des Bahnhofs,
die langgezogene Neustadt (Karl-Kellner-Ring, Langgasse) sowie die
hügelige und für übliche Linienbusse zu enge Altstadt.

Das dritte Beispiel schließt an das vor dem Bahnhof gelegene neue
innerstädtische Einkaufszentrum (das 2005 eröffnete sog. Forum Wetzlar) an. Um die mit seiner Planung, Genehmigung und Förderung verknüpften Erwartungen an zusätzliche, aus der weiteren Region stam-
mende Tagestouristen zu erfüllen, hat in der jüngsten Vergangenheit –
unter Beteiligung des Wirtschaftsdezernats, des Stadt-Marketing-Vereins, lokaler Firmen und Schulen, der Tourist-Information, der optischen
Industrie und eines Fachhochschul-Professors – die Planung und Konzipierung zweier neuer touristischer Attraktionen begonnen: des sog. „Optik-Parcours" und des neben dem Stadtmuseum und dem Lottehaus gelegenen „Haus der Optik". Die (zumeist vor oder in der Nähe von ausgewählten Geschäften gelegenen) Stationen des „Optik-Parcours" sollen
optisch-technische Installationen bilden, die an die Tradition der optisch-feinmechanischen Industrie anschließen und für sie werben (vgl.
Klingebiel et al. 2004). Neben der Schaffung dieser ‚Sehenswürdigkei-

ten' hat der „Optik-Parcours" die Funktion, Ortsfremde aus der Bahnhofsgegend bzw. vom neuen Forum Wetzlar „spielerisch-entdeckend" (ebd.) ins Mitmachmuseum „Haus der Optik" und in die Altstadt zu führen und damit Interesse an den weiteren städtetouristischen Angeboten Wetzlars zu wecken.

Bei dem vierten Beispiel handelt es sich um den Bau der ebenfalls 2005 eröffneten sog. Mittelhessen-Arena (heute: Rittal-Arena) und damit um das umfangreichste und ambitionierteste Stadtentwicklungsprojekt der letzten Jahre. Diese auf dem Gelände des ehemaligen Güterbahnhofs am Lahnufer gelegene „Multifunktions"-Großanlage soll, vielfältig nutzbar (durch teleskopierbare Tribünen und variable Böden) und ausgestattet mit Neben- und Cateringräumen auf mehreren Ebenen, modernsten Standards und Ansprüchen an Sportveranstaltungen, Konzerte, Messen, Ausstellungen und Konferenzen genügen. Sie bietet zwischen 1.600 (Kongresse) und 5.000 Zuschauern oder Teilnehmern Platz. Der parteiübergreifende Konsens, mit dem die Planung der Mehrzweck-Arena in der Stadtverordnetenversammlung im Mai 2001 beschlossen wurde, besteht freilich schon lange nicht mehr. Die 5,6 Mio. Euro, mit denen die EU den Bau mit Mitteln aus ihrem Fonds zur Förderung des *Kulturtourismus* (!) unterstützt hat, vertreiben nicht die Sorgen um den zukünftigen jährlichen Subventionsbedarf, den die Stadt zu decken hat und der mit etwaiger Unterauslastung der Halle (weniger als 50 Veranstaltungen pro Jahr) noch einmal beträchtlich steigen dürfte. Immerhin steht die zukünftige Nutzung der Arena als regelmäßige Heimspielstätte des Wetzlarer Handball-Bundeslisten schon fest. Längerfristig will sich die Stadt mit dieser Einrichtung aber vor allem auch als überregionaler Kongress-Standort etablieren. Als organisatorische Schnittstelle zwischen Stadt, Städtetourismus sowie Tagungsplanung, -vermarktung und -vermietung wurde deshalb 2004 die Gesellschaft „Wetzlar Kongress" gegründet. Ob die erfolgreiche Etablierung Wetzlars als überregionaler Kongressstandort gelingt und inwiefern dies den Wetzlartourismus nachhaltig verändern wird (höhere Übernachtungs- und Stadtführungszahlen, neue touristische Angebote usw.), bleibt abzuwarten.

Professionalisierung

Mit der Integration des ehemaligen Verkehrsamtes in das Wirtschaftsdezernat 1998 wurde auch sein Name geändert. Der neue Titel *Tourist-Information* sei, so die betroffenen Mitarbeiterinnen, moderner, international gebräuchlich und werde vom Deutschen Tourismusverband empfohlen. Außerdem habe er den Vorteil, dass nun fast ausschließlich tourismusbezogene Fragen und kaum mehr solche zu Verkehrsbelangen im Allgemeinen hier eingingen. Die touristische Professionalisierung, die die Umbenennung begrifflich signalisiert, lässt sich auch sachbezogen belegen. Dazu seien im Folgenden verschiedene Veränderungen in der Organisation des Wetzlartourismus benannt. War das Reiseziel Wetzlar lange Jahre ‚klassischeren' Orten des Tourismus nicht nur in puncto touristischer Nachfrage, sondern auch hinsichtlich der Professionalität seiner Organisation noch kaum vergleichbar, so hat sich dies in der jüngsten Vergangenheit deutlich gewandelt.

Trotz der tourismusbezogenen Aktivitäten des Wirtschaftsdezernates und des Stadt-Marketing-Vereins als neuer Akteure mit touristischen Ambitionen ist die Wetzlarer Tourist-Information *die* zentrale Einrichtung bei der alltäglichen Organisation des Tourismus geblieben. Daran hat auch ihre formale Ausgliederung aus der Stadtverwaltung zwecks Eingliederung in den städtischen Eigenbetrieb „Stadthalle" im Jahre 2002 nichts geändert. Neben der Information der Touristen und der Vermittlung von Unterkünften oder Stadtführungen entwirft die Tourist-Information auch die meisten der neuen touristischen Angebote (z.B. thematische Führungen, Internetauftritt oder Prospekte) oder betreut zumindest ihre Entstehung als federführende Institution. Den politisch Verantwortlichen werden diese abschließend nur routinemäßig zur Genehmigung vorgelegt. So war es selbst bei der Vorbereitung des für die Stadt prestigeträchtigen Goethejahres 1999, die, nach Aussage des damaligen Wirtschaftsdezernenten, zu über 80% auf der Arbeit der Tourist-Information beruhte, die auch die wesentliche konzeptionelle Vorarbeit leistete. Den ersten größeren Professionalisierungsschub des ehemaligen Verkehrsamtes bewirkte die 1992 erfolgte Einstellung einer ortsfremden Wirtschafts- und Tourismusgeographin als neuer Leiterin. Mit ihr war erstmals eine qualifizierte Tourismus-Fachkraft für die lokale Organisation des Tourismus gewonnen. In den Folgejahren wurde auch bei der Besetzung der dann hinzugewonnenen Planstelle auf einschlägige Erfahrungen in der Tourismusarbeit geachtet.

Mit dem neuen Personal setzte eine systematischere und umfassendere Erfassung und Dokumentation der touristischen Nachfrage ein, die bei Bedarf in anschaulichen Diagrammen und Kurven präsentiert wird. Seit 1992 wird auf der Basis der vom Statistischen Landesamt gelieferten Übernachtungszahlen jährlich eine eigene Übernachtungsdatei fortgeschrieben, die auch nach einzelnen Übernachtungsbetrieben differenziert und um Informationen zu Kapazitätserweiterungen oder -verminderungen ergänzt wird. Daneben wird nun jährlich der Besuch aller fünf Wetzlarer Altstadt-Museen[199] und die Teilnahme an Stadtführungen dokumentiert sowie eine kontinuierliche Anfragestatistik geführt. Die Statistiken werden differenziert nach Monaten und Museen bzw. Führungen oder „Quellgebieten" der Besucher. Außerdem wurde Mitte der 1990er Jahre mit Hilfe kleiner Stichprobenuntersuchungen und durch Befragungen der Stadtführer erstmalig versucht, einen genaueren Einblick in die Struktur der touristischen Besucher zu erhalten. Seitdem ahnt man, dass die Besuchergruppen gemischter sind als erwartet. Neben Rentnern, für die die Angebote der lokalen Gastronomie eine wesentliche Bedeutung für ihre Besuchszufriedenheit haben, und neben Schulklassen besuchen Wetzlar offensichtlich auch viele Berufstätige, Paare und Familien, die nur zu etwa einem Fünftel aus Hessen stammen und die neben den klassischen historischen Angeboten durchaus auch unterhaltende Events wie Straßenfeste wünschen. Um die Ausgestaltung des touristischen Angebots auf genauere und quantifizierbare Aussagen zu stützen, wären jedoch professionelle Befragungen nötig. Solange der Tourist-Information dafür das Personal und die finanziellen Mittel (noch) fehlen, behilft sie sich mit Untersuchungen, die im Rahmen studentischer oder kleinerer Forschungsprojekte an Fachhochschulen oder Universitäten zum Wetzlar- und/oder Lahntourismus durchgeführt wurden, auch wenn diese etwas anders gelagerte Interessen verfolgen.[200]

Das strategischere Vorgehen der Tourismusorganisation und -förderung zeigt sich auch daran, dass die Tourist-Information 2001 – zum ersten Mal überhaupt – ein „Tourismuskonzept Wetzlar" erarbeitet hat. Dies geschah im Rahmen der Beantragung von EU-Fördermitteln für den Bau der „Mittelhessen-Arena". Neben der weiteren Steigerung der Besucherzahlen durch Verbesserung und Stärkung des bisherigen touristischen Angebots werden als Leitziele vor allem die Steigerung des bundesweiten und auch internationalen Bekanntheitsgrades Wetzlars sowie seine Profilierung als Tagungs- und Kongressstandort formuliert (vgl. Tourist-Information 2001, 9). Die Stadt hat das 15seitige Konzept zwar bislang noch nicht zu einem „touristischen Leitbild" weiterentwickelt, wie von der Tourist-Information seinerzeit erhofft. Immerhin dient es heute aber nicht nur der Tourist-Information für die Orientierung ihrer

---

199 Also nicht nur des Lotte- und des Jerusalemhauses, wie zuvor, sondern auch des Stadt- und Industriemuseums, des Palais Papius' (Sammlung „Europäische Wohnkultur") und des Reichskammergerichtsmuseums.

200 Wie zum Beispiel die an der Fachhochschule Heilbronn erstellte Hausarbeit über eine Gästebefragung in Wetzlar (vgl. Depner et al. 2002) oder die Untersuchung zum „Boots- und Radtourismus an der Lahn", die im Jahre 2001 am Geographischen Institut der Universität Gießen erstellt wurde (vgl. Seifert/Höher 2001).

Arbeit, sondern auch dem Stadtplanungsamt als Text-Grundlage für neue Bewerbungen um weitere (EU- bzw. hessische) Infrastruktur-Fördermittel.

Wie die an diesem Beispiel angedeutete Kooperation zwischen Stadtplanungsamt und Tourist-Information hat nach Aussage aller Beteiligten auch die Zusammenarbeit mit dem Oberbürgermeister, dem Kulturamt, dem Wirtschaftsdezernat, dem Bauamt, der lokalen Gastronomie, den Hoteliers und den Museen an Effektivität und Professionalität gewonnen. Dies ist nicht erst der Erfolg des Stadt-Marketing-Vereins. Schon die umfassende touristische Wegweisung (übersichtliche Fußgänger-Ausschilderung der Altstadt-Sehenswürdigkeiten, touristische Hotelwegweisung innerhalb eines Parkleitsystems, touristische Beschilderung des Lahn-Radwanderweges mit Hinweisen auf die Wetzlarer Altstadt), die Mitte bis Ende der 1990er Jahre konzipiert und verwirklicht wurde, war das Ergebnis einer zielgerichteteren Kooperation. Die Beschilderung und die Ausweisung möglicher Spazierwege in und durch die Altstadt tragen wesentlich zur Schaffung eines kompakten, homogenen, klar lokalisierbaren und sinnlich erfahrbaren städtetouristischen Kulturraums bei. Ähnlich eng wird heute beim Ausbau der Infrastruktur für den Fahrrad- und Bootstourismus (z.B. bei der Schaffung einer altstadtnahen Bootsanlegestelle mit Umkleidemöglichkeiten und Biergarten) oder bei der Planung eines Optikmuseums in der Altstadt, das zugleich Teil des geplanten „optischen Lehrpfades" (s.o.) werden soll, zusammengearbeitet. Ebenfalls wesentlich professioneller als in der Vergangenheit gestaltet sich die Kooperation mit den regionalen wie überregionalen Tourismusverbänden (Hessen Tourist Service e.V. bzw. heute: Hessen Agentur, Lahntal Tourismus Verband e.V., Freizeitregion Lahn-Dill, Deutsche Zentrale für Tourismus, Deutsche Fachwerkstraße). Die Wetzlarer Tourist-Information unterstützt die für sie relevant erscheinenden Verbände durch Mitgliedschaft, besucht regelmäßig ihre Messen oder Arbeitstreffen und präsentiert sich dabei als aufstrebende Stadt des Tourismus. Außerdem stimmt sie neue touristische Aktivitäten mit den Verbänden ab (z.B. durch Beachtung der Themenjahre von DZT und HTS und Diskussion über mögliche eigene Beiträge) und nutzt ihre Marketingnetzwerke und Publikationsorgane zur touristischen Eigenwerbung.

Auch die touristischen Angebote selbst und die Form der Präsentation Wetzlars als touristisches Reiseziel haben sich im letzten Jahrzehnt weiter verändert. Die Stadtführungen, zum Beispiel, haben sich qualitativ dadurch verbessert, dass seit 2000 neue Stadtführer durch Mitglieder des Wetzlarer Geschichtsvereins, des Historischen Archivs und der Tourist-Information systematisch geschult werden. Zum Abschluss ihrer etwa einjährigen Ausbildung müssen sie eine kleine Prüfung inklusive Probeführung ablegen. Erst nach erfolgreichem Abschluss dieser Vorbereitung werden sie in die Gruppe der von der Tourist-Information vermittelten Stadtführer aufgenommen. Außerdem nehmen die Schulungs-Experten unregelmäßige Kontrollen der Arbeit der Stadtführer vor, indem sie sich unangemeldet unter die geführten Touristen mischen. Auf diese Weise gelang es nach Aussage der Schulungsbeauftragten nicht nur, inhaltliche „Fehler" zu minimieren, sondern die Führungen auch weiter zu standardisieren. Mit anderen Worten: Der touristisch anzubietende Kulturraum „historische (Alt-)Stadt" wurde perfektioniert. Der Qualitätssteigerung, Standardisierung und besseren Vermittelbarkeit in Hotels und Restaurants dient auch die Beschränkung der Gruppengrößen. Wurden in den 1980er Jahren, wenn gewünscht, auch Gruppen von bis zu 50 Teilnehmern geführt, so werden heute nur noch Gruppen von maximal 25 bis 30 Personen zugelassen. Neu ist darüber hinaus, dass während der Rundgänge die fünf Altstadt-Museen kurz vorgestellt und empfohlen werden und dass auf die seit wenigen Jahren ebenfalls angebotenen speziellen Museumsführungen hingewiesen wird. Die Museen spüren diese Werbung in der Form steigender Besucherzahlen und haben sich auf Kurzbesuche ganzer Stadtführungsgruppen eingestellt. Zur Professionalisierung gehört auch, dass die angebotenen touristischen Leistungen nicht mehr kostenlos sind. So wird erst seit den 1990er Jahren für die von der Tourist-Information vermittelten Gruppenführungen eine Gebühr erhoben.[201] War diese anfangs noch sehr gering, wurde sie nach dem Wechsel der Tourist-Information zum städtischen Eigenbetrieb der Stadthalle auf das „marktübliche" Niveau angehoben.

Trotz der höheren Stadtführungspreise kann die Tourist-Information in Wetzlar noch lange nicht gewinnbringend wirtschaften. Zwar werde zunehmend auch in der Tourismusförderung auf Gewinnorientierung geachtet, doch die zentrale Motivation für die Preiserhöhung, so die Leiterin der Tourist-Information, sei der durch „marktübliche" Preise nach außen kommunizierte Eindruck von touristischer Professionalität gewesen – nach dem Motto „Was so viel billiger als anderswo ist, kann auch nicht gut und lohnend sein". Auch die Eintrittspreise für die Altstadt-Museen wurden aus diesem Grund in den letzten Jahren nicht nur vereinheitlicht, sondern auch erhöht.[202]

---

201 Noch bis heute werden an Sonntagen auch kostenlose Stadtführungen angeboten.

202 Mit € 2,50 liegt der Eintritt für ein Wetzlarer Museum im Vergleich mit anderen Städten zwar immer noch niedrig, doch angesichts des erst vor wenigen Jahren eingeführten „symbolischen" Eintritts von € 0,50 ist die Steigerung beachtlich. Noch heute missfällt dem (von Stadtverwaltung

Hinter der weiteren Ausdifferenzierung des ohnehin schon breit gefächerten Stadtführungsangebots steht seit Mitte der 1990er Jahre stärker
als zuvor die strategische Entscheidung der Tourist-Information, touristisches Wachstum durch Vergrößerung, Variation und stete Innovation
des Angebots zu erreichen. So werden heute auf Wunsch – durch entsprechend geschulte Führer – auch Stadtführungen für Blinde, Altstadtführungen auf Englisch oder Französisch, sog. Nachtstadtführungen,
Kostümführungen, Kneipenführungen, kulinarische Führungen (z.b.
„Speisen wie zu Lottes und Goethes Zeiten") oder geführte Umlandausflüge durchgeführt. Besonders erfolgreich sind die erst seit 2001 angebotenen sog. „Erlebnis STATT Führungen", für deren Konzeption ein Re-
gisseur, ein oder zwei professionelle sowie verschiedene, mit historischen Kostümen ausgestattete Laien-Schauspieler gewonnen werden
konnten: „Begleitet durch kurze Theaterszenen bummeln die Zuschauer
durch Wetzlars *Altstadt*, während vor ihren Augen die *Geschichte der
Stadt* und ihrer Bewohner lebendig wird. Unterhaltsam aufbereitet und
historisch korrekt, aufwändig ausgestattet und vor authentischer Kulisse"[203] werden so jährlich, jeweils in einem Zeitraum von zwei Spätsom-
merwochen, etwa 40, bereits im voraus ausgebuchte Führungen zu den
Themen „Mittelalterliches Wetzlar" (2001 und 2002) und „Goethes Lotte in Wetzlar – ein wünschenswertes Frauenzimmer" (seit 2003) veranstaltet. Schon nach ihrem vielversprechenden Start im Jahre 2001 hatte
die Tourist-Information beschlossen, diese Veranstaltungsreihe zu „in-
stitutionalisieren" (vgl. Tourist-Information 2001, 11). Die „Erlebnis
STATT Führungen" stellen nicht nur ein Beispiel für die erfolgreiche
Kreation eines wiederholbaren, städtetouristischen Events dar. Sie sind
auch ein Beispiel für den gelungenen Versuch, einen möglichst homogenen, sinnlich eindeutig wahrnehmbaren, historischen (i.e. goetheisierten) Kulturraum *Alt-Stadt* zu produzieren.

Eine weitere wichtige Neuerung besteht in der Konzeption von An-
gebotspaketen. Auch hier holt Wetzlar in den letzten Jahren das nach,
was in ‚klassischeren' Tourismusstädten schon länger praktiziert wird.
Erste Pakete wurden für die chinesischen Besuchergruppen geschnürt,
die seit dem Beginn der Zusammenarbeit mit einer chinesischen Reise-
agentur im Jahre 2001 jährlich Wetzlar besuchen. Sie umfassten Stadtführungen, Führungen durch die lokalen Industriebetriebe, Übernachtungen und Restaurantreservierungen. Zunehmend versuchten Tourist-

---

und Tourist-Information zur Einführung bzw. Erhöhung von Eintritten
gedrängten) Leiter der Wetzlarer Museen die Vorstellung, für das jahrzehntelang für die Bürger kostenlose, d.h. von der Stadt finanzierte,
„Kulturgut" Museum Geld zu verlangen.
203 Zitiert aus: Prospekt „Erlebnis STATT Führung", 2004.

Information und Stadtführer, auch die lokale Gastronomie in neue Pauschalangebote mit einzubinden. Dies gelang z.b. bei der „Futtergassenführung" oder der Führung „Essen und Trinken im mittelalterlichen Wetzlar". Bei beiden wird der „Altstadtspaziergang" mit einem entsprechenden „Menü", auf Wunsch sogar im „passenden musikalischen Rahmen", abgeschlossen. Den entscheidenden Schub hat diese Entwicklung aber erst mit dem Baubeginn der Wetzlar-Arena erfahren. In Erwartung stark steigender Nachfrage konzipiert die Tourist-Information gegenwärtig, in Zusammenarbeit mit „Wetzlar Kongress", eine ganze Palette möglicher Rahmenprogramme für Tagungs- und andere Gäste. Die individuell kombinier- und modifizierbaren Tages- und Wochenendpakete reichen von „Altstadtführungen" mit oder ohne Verpflegung über „Goethe-Events" bis zu „Aktivprogrammen" wie der „Stadtralley" (für Jugendgruppen).

Parallel zu den geschilderten Veränderungen ist auch die Form der touristischen Präsentation Wetzlars professioneller geworden. Hier sind neben diversen und kontinuierlichen Werbeanstrengungen[204] sowie der Einrichtung eines auf der Homepage der Stadt angesiedelten Internetauftritts der Tourist-Information vor allem die neuen touristischen Broschüren der letzten Jahre zu nennen. Im Rahmen einer Broschürenreihe wurden vier einander ergänzende Prospekte entwickelt: „Stadtführungen und Ausflüge", ein Sonderprospekt „Erlebnis Statt Führung", ein „Gastgeberverzeichnis" und eine „Kongressbroschüre"[205]. Verglichen mit älteren Broschüren, sind die neuen wesentlich klarer strukturiert und inhaltlich fokussierter. Auffallend ist ihre einheitliche Gestaltung. Alle vier Broschüren sind farblich gleich unterlegt oder gerahmt, alle verwenden das neue (Stadt-Marketing-)Logo, die gleiche Schriftform und einheitliche Fotogrößen. Neben anderem Infomaterial und älteren Broschüren (z.B. dem nach wie vor zentralen Faltblatt „Historischer Rund-

---

204 Beispiele aktiver Werbung in den letzten Jahren sind: Anzeigen in regionalen Zeitungen, Einladungen von Reportern überregionaler Zeitungen, Werbung auf Messen, stärkere Kooperation mit Busreiseveranstaltern, Versenden von touristischen Broschüren, aktives Anschreiben von vergangenen und potentiellen Städtetouristen und Informieren über neue Angebote durch sog. Mailings (elektronische Infopost an alle in der Anfragedatei gesammelten Adressen).

205 Mit einleitender Kurzpräsentation der Vorteile des Kongressstandortes Wetzlar (Zentralität und gute Verkehrsanbindung, „romantisches Lahntal", „malerische Altstadt", „modernes Stadtleben"), mit ausführlicher Beschreibung der möglichen Tagungsstätten in Wetzlar und Umland (allen voran: die neue Mittelhessen- bzw. Rittal-Arena), mit Kurzportraits der Übernachtungsmöglichkeiten, mit „Vorschlägen für das Tagungs-Begleitprogramm" sowie mit dem abschließenden Angebot der umfassenden Detailplanung durch „Wetzlar-Kongress".

weg in der Altstadt") liegen diese Broschüren heute in einer Tourist-Information aus, die ebenfalls frisch renoviert ist. So signalisieren schließlich auch der bauliche Wandel und die modernisierte Gestaltung der Tourist-Information (einladende Glastür statt schwerer Holztür, helle Farben, Computerterminal im regengeschützten Eingangsbereich für Information zu Schließungszeiten, Lese- und Warteecken, Vitrinen für Souvenirverkauf usw.) touristische Professionalität.

Formen und Grenzen des Wachstums

Die genannten Veränderungen und bewussten Wachstumsanstrengungen seit etwa Mitte der 1990er Jahre ermöglichten und begleiteten die weitere touristische Expansion und Stabilisierung. Die Anzahl der von der Tourist-Information vermittelten Stadtführungen hat sich zwischen 1995 und 2003 fast verdoppelt (von 455 auf 834), was auf einen deutlichen Anstieg des Tagestourismus schließen lässt (s.u.: Tab. 3). Nach dem statistischen Ausreißer 1999 (889 Führungen), der durch das touristisch sehr erfolgreiche Goethejahr (250. Geburtstag) mit seinen vielfältigen, über das Jahr verteilten „Sonder-Angeboten"[206] bedingt war,[207] liegt die Zahl der Führungen mittlerweile bei über 1000 pro Jahr. Aber auch die Übernachtungsstatistik weist eine positive Entwicklung aus (s.o.: Tab. 2). Nach dem Anstieg von knapp 120.000 Übernachtungen im Jahre 1995 auf knapp 160.000 im Jahre 2000, hat sich die Zahl der jährlichen Übernachtungen vor der Eröffnung der Mittelhessen-Arena 2005 auf einem Niveau von knapp 150.000 konsolidiert.

---

206 I.e.: Goethebezogene Fachvorträge, Stadtführungen, Events, Ausstellungen.

207 Auch im Falle der jährlichen Besucherzahlen der fünf Altstadtmuseen lässt sich der Impuls von Themenjahren oder Themenschwerpunkten nachweisen: Überdurchschnittlich viele Besucher wurden nicht nur im Goethejahr 1999 (insbesondere im Lotte- und im Jerusalemhaus) verzeichnet, sondern auch im Jahre 2002, in dem das Reichskammergerichtsmuseum mit seiner großen, überregional beachteten Ausstellung „Kaiser Maximilian I. – Bewahrer und Reformer" fast so viele Besucher anzog, wie die anderen vier Museen zusammen.

	1992	1993	1994	1995	1996	1997	1998	1999	2000	2001	2002	2003	2004	2005	2006
Jan.	2	7	7	6	5	6	4	8	7	9	7	9	12	17	20
Feb.	3	8	10	8	8	6	6	11	7	5	12	10	9	17	19
März	2	22	17	21	28	16	26	26	28	25	25	25	28	36	28
April	17	23	36	18	28	52	34	59	55	52	67	29	59	70	72
Mai	44	39	48	69	92	84	73	138	104	142	90	142	120	131	153
Juni	37	57	59	73	81	91	78	182	109	120	143	121	145	173	184
Juli	41	50	71	45	56	79	70	80	60	60	87	116	130	126	145
Aug.	33	21	30	28	51	44	42	71	97	120	104	79	73	105	105
Sept.	55	61	61	91	68	81	92	170	132	132	148	119	136	146	191
Okt.	34	35	45	57	59	71	60	77	75	89	103	99	122	108	104
Nov.	20	15	18	25	31	17	26	45	32	23	33	34	57	52	50
Dez.	1	16	12	14	18	12	14	22	21	22	30	51	40	72	70
Σ	**298**	**345**	**414**	**455**	**525**	**559**	**525**	**889**	**727**	**799**	**849**	**834**	**931**	**1053**	**1141**

Tab. 3: Entwicklung der Wetzlarer Stadtführungen (Quelle: Erhebungen der Tourist-Information)

Interpretiert man die Förderungs- und Wachstumsentwicklungen des jüngeren Wetzlartourismus zusammenfassend unter ortssemantischen Gesichtspunkten, wird vor dem Hintergrund des bis Anfang der 1990er Jahre erreichten Standes eine Zweiteilung der touristischen Entwicklung sichtbar.

Einerseits lässt sich in direkter Fortsetzung der Entwicklung bis 1995 eine weitere Reproduktion und damit Verfestigung der Altstadtsemantik beobachten. Touristisches Angebot wie touristische Nachfrage fokussieren nach wie vor zu einem wesentlichen Teil auf die flächenräumliche Altstadt und die durch sie etablierten und mit ihr verbundenen ‚Inhalte' Geschichte, Fachwerk, Goethe, Reichskammergericht, Altstadt-Museen usw.[208] Die Durchsetzung der Altstadt als zentralem tou-

---

208 Der historisierende Altstadtblick strukturiert nicht nur die Präsentation des Reiseziels Wetzlar in den Broschüren seit 1995 oder die Weiterentwicklung der vielfältigen, thematisch differenzierten Altstadt-Führungen. Auch die neue Strategie, mit der Tourist-Information und Stadt (bzw. Oberbürgermeister, Wirtschaftsdezernat, Stadt-Marketing, Städtische Museen, Historisches Archiv) in enger Zusammenarbeit versuchen, aktive Tourismusförderung durch immer neue Akzentsetzungen und „thematische Highlights" (wie es in ihrer Sprache heißt) zu betreiben, wird zu großen Teilen durch die semantische Klammer Altstadt strukturiert: Nach dem erfolgreichen Goethejahr 1999 zielten auch die Schwerpunkte „Mittelalterliches Wetzlar" (2001), „Kaiser Maximilian" (2002) und „Lottejahr" (2003: 250. Geburtstag der Charlotte Buff) mit der überwältigenden Mehrheit ihrer Angebote auf die Altstadt.

ristischem Beobachtungsschema in der Phase des touristischen Erwachens (1980-1995) kann daher als *eine* Voraussetzung des Wachstums seit 1995 gedeutet werden. Denn dieses Wachstum beruht auf der immer strategischeren Entwicklung und Vermarktung altstadtbezogener Themen und Verortungen sowie auf verschiedenen Versuchen der Perfektionierung eines homogenen Kulturraums Alt-Stadt (z.b. durch einheitliche Beschilderung und Prospektgestaltung oder durch die schauspielerisch ausgestalteten „Erlebnis STATT Führungen").

Andererseits lässt sich für den gleichen Zeitraum eine ortssemantische Diversifizierung beobachten. Denn neben der Altstadt werden zum einen wieder stärker die „natürlichen" Reize des nahen Umlandes (Lahntal, Hügellandschaft, Aktivurlaub) betont, zum anderen die Modernität des Reiseziels Wetzlar (Kongresse bzw. Mittelhessen/Rittal-Arena, Events, Einkaufszentrum Forum Wetzlar, optische Industrie bzw. optischer Lehrpfad). Auch die touristische Diversifizierung seit den 1990er Jahren kann auf die semantische Vorgeschichte der Destination zurückgreifen.

So knüpfen die umlandbezogenen Darstellungen und Angebotsbeschreibungen in den Broschüren, auf den Internetseiten oder während entsprechender Führungen und Ausflüge unübersehbar an das ortssemantische Erbe der touristischen Grundlegungsphase (bis 1939) an. Auf der Suche nach Stärkungs- und Wachstumsmöglichkeiten der touristischen Entwicklung war es naheliegend, Anschluss an den an Bedeutung gewinnenden sog. Regionaltourismus (hier: den Lahntaltourismus) bzw. an die wachsende Popularität von körper- und naturbetonten Tourismusformen (Wandern, Radfahren, Paddeln entlang und auf der Lahn) zu suchen. Die Tourist-Information verfährt dazu zweigleisig. Indem sie Wetzlar (auch) als Bestandteil der Destination Lahntal präsentiert (und dies organisatorisch durch Mitarbeit im Lahntal Tourismus Verband flankiert), versucht sie, die Lahntaltouristen für Wetzlar zu gewinnen. Umgekehrt präsentiert sie den Wetzlartouristen die (Alt-)Stadt als geeignete Basis für verschiedene Ausflüge ins Umland.[209] Fast wie von

---

209 Neben dem Angebot entsprechender Umlandführungen oder -ausflüge findet man auf den Internetseiten differenzierte Vorschläge für „Wetzlar in zwei Stunden" (Altstadt kompakt mit Dom und Lottehaus), „in vier Stunden" (historischer Altstadtrundgang in Kurzform, einschließlich Dom und Hinweisen auf die anderen Altstadtmuseen), „in einem Tag" (historischer Altstadtrundgang, einschließlich Stadt- und Industriemuseum, plus Spaziergang auf einen der benachbarten Hügel mit Altstadt- und Umlandblick) oder „in zwei Tagen" (Altstadt plus Umlandausflüge bzw. Aktivurlaub wie Radfahren an der Lahn). Diese nicht mehr ganz neuen Besichtigungsvorschläge werden zur Zeit von der Tourist-Information überarbeitet und zu verschiedenen, pauschal buchbare Ein- und

selbst stellen sich dabei die tradierten Umlandbeschreibungen („romantisches Lahntal", „malerische Täler", „eindrucksvolle Schlösser", „Märchenschloss Braunfels" usw.) und territorial relationierten Verknüpfungsformen von (Alt-)Stadt und Umland (z.b. durch Goethes Spaziergänge, aber auch durch den schon früh codierten Blick von den benachbarten Hügeln auf die Altstadt, das Lahntal und das weitere Umland mit den „Ausläufern von Westerwald und Taunus") wieder ein.

Ebenso beerben die Darstellungen, die neben der sehenswerten Altstadt gerade die Modernität Wetzlars herausstellen, – gewollt oder ungewollt – eine touristische Tradition. Sie reproduzieren den dichotomen semantischen Fundus (Historizität vs. Modernität) aus der Phase des touristischen Dämmerschlafs (1945-1980). Auch ihre touristische Verbreitung wird zwar durch die Tourist-Information – in Form von Angebotsbeschreibungen in Broschüren usw. – gefördert. Die Renaissance der touristischen alt/neu-Kommunikation resultiert aber ursächlich daraus, dass mit dem gestiegenen touristischen Interesse der Lokalpolitik und der Gründung des Stadt-Marketing-Vereins neue Akteure hinzugekommen sind. Diese Akteure erhoffen sich von der Förderung des Tourismus die Stärkung des Einzelhandels und die Belebung der Stadtentwicklung. Wohl wissend, dass nicht nur Wetzlar mit Goethe und seiner Altstadt wirbt, erscheinen ihnen die Wachstumspotentiale eines allein historisierenden Wetzlartourismus als zu gering. Deshalb bemühen sie sich, neue, explizit moderne Attraktionen zu schaffen (z.B. das Einkaufszentrum, verschiedenartige Events oder die Mittelhessen- bzw. Rittal-Arena) und sie bzw. die Kommunikation ihrer Modernität mit den Stärken des bisherigen Tourismus (Altstadt) zu verbinden.[210] Im ortssemantischen Ergebnis führt dies zur Wiederbelebung der die alt/neu-Gegensätze „harmonisch" verbindenden relationalen Raumkonstruktion einer „traditionsreichen modernen Stadt".[211] In diesem relationalen Stadtraum bilden die „mittelalterlichen Marktplätze, engen Gassen, schönen Fachwerkhäuser und Barockbauten der malerischen Altstadt" (*hier*) einen „reizvollen Kontrast zur Geschäftigkeit modernen Stadtle-

---

Mehrtagespaketen (einschließlich Unterkunft, Verpflegung, Führungen und Museumsbesuchen) weiterentwickelt.

210 Durch Einrichtungen wie den „optischen Lehrpfad", der Modernes – Shopping oder Erzeugnisse der optischen Industrie – mit Altem verknüpfen soll, durch Events – wie Modeschauen vor der Domkulisse oder Straßenfeste in Altstadtnähe – oder durch städte- und umlandtouristische Angebotspakete für Kongressbesucher.

211 Vgl. die Rede von der „Stadt der harmonischen Kontraste", mit „denkwürdiger Vergangenheit und aufwärtsstrebender Gegenwart", und die mit ihr verbundene ortssemantische Erweiterung in der langen Nachkriegszeit; s. das Unterkapitel *Touristischer Dämmerschlaf.*

bens" und zu „Unternehmen wie Buderus und Leica", die „modernste Technologie für den Weltmarkt" fertigen (*dort*). Wie in diesen Zitaten aus der „Kongressbroschüre" (2004), die für Wetzlar als modernen Tagungsstandort wirbt, findet man auch in anderen jüngeren Prospekten und touristischen Wetzlarpräsentationen fast wörtliche Wiederholungen der heterogenisierenden Kommunikationsformen aus der (wenig erfolgreichen) Phase des touristischen Dämmerschlafs.

Die Förderungs- und Wachstumsentwicklungen des jüngeren Wetzlartourismus basieren also sowohl auf einer ortssemantischen Fokussierung (auf die Altstadt) als auch auf einer neuerlichen ortssemantischen Diversifizierung und Umdeutung (Altstadt/Geschichte *und* Umland *und* „modernes" Wetzlar/Gegenwart). Beide Formen sind, historisch betrachtet, keine Neuerfindungen. Sie greifen im Gegenteil – unter aktuellen Bedingungen (bewusste Wachstumsanstrengungen; Bau der Kongresshalle; Paddeln auf der Lahn) – auf ein Formenrepertoire zurück, das im topographischen Gedächtnis der Destination Wetzlar sedimentiert ist. Anders formuliert: Die lange touristische (Vor-)Geschichte Wetzlars ermöglicht und stabilisiert die Formen der gegenwärtigen Entwicklung. Darüber hinaus bestätigt sich auch für die jüngste Phase, in der die Bedeutung tourismusbezogener Netzwerke weiter zunimmt, die oben ausgeführte Interpretation, dass die Kommunikationsform Altstadt als Mechanismus der Systemvermittlung und Netzwerkbildung fungiert. Dieser Befund lässt sich auch für andere prominente Formen der touristischen Ortssemantik belegen: Auch das Umland, die Orte der optischen Industrie oder die Rittal-Arena übernehmen kontextvermittelnde Funktionen und setzen verschiedene touristische Akteure (und Touristen) in ein wechselseitiges Stabilisierungsverhältnis. In diesem Sinne wirkt schließlich auch das neue alte Logo (d.h. der durch das Stadt-Marketing stilisierte, klassische Vier-Elemente-Blick; s.o.: Abb. 16) ‚integrierend' und damit tourismusfördernd.

Die jüngeren Entwicklungen bergen allerdings auch Hinweise auf mögliche Grenzen des Wachstums. Zwar mögen alle Förderungsformen für sich genommen durchaus erfolgreich (gewesen) sein. Auch mag deshalb die Pluralisierung der Tourismusförderung und die mit ihr einhergehende ortssemantische Diversifizierung (vorläufig) weitere Wachstumchancen versprechen. Doch in der Gesamtschau fällt auch etwas anderes auf. Sichtbar wird in den letzten Jahren ein Schwanken zwischen Fokussierung und Diversifizierung, zwischen Stärkung der städtetouristisch kompakten Flächenraumkonzeption (Altstadt) und Reetablierung einer relationalen Konzeption des Stadtraums. Durch die ortssemantische Wiedereinbeziehung und Aufwertung des Umlandes, der (optischen) Industrie und der „modernen Stadt" und durch den verhältnismäßig raschen Wechsel thematischer Schwerpunkte wird die eindeutige Dominanz, die die Altstadt als touristisches Beobachtungsschema noch bis Mitte der 1990er Jahre innehatte, abgeschwächt. Das räumlich-thematische ‚Sowohl-als-Auch' des Wetzlartourismus war schon für seine Anfänge symptomatisch. Wie in der Phase der touristischen Grundlegung bis 1939 führt es auch heute zu einer charakteristischen Mehrfachcodierung. Touristisch gesehen ist Wetzlar nicht nur Goethe-stadt, Domstadt, ehemalige Reichsstadt oder Altstadt, sondern mehr: die „im romantischen Lahntal gelegene", „traditionsreiche *moderne* Stadt", wie es in der aktuellen Kongressbroschüre (2004) heißt. Selbst die „malerische Altstadt" besteht aus „schönen Fachwerkhäusern *und* Barock-bauten" (ebd.).

Darauf angesprochen, beklagt die Leiterin der Tourist-Information das Fehlen eines semantisch klaren und übergeordneten Profils. Wetzlar habe es schon immer an einem für den touristischen Wettbewerb so wichtigen „Alleinstellungsmerkmal" gemangelt, mit dem Reiseziele wie Heidelberg („Stadt der Romantik"), Rothenburg ob der Tauber („mittel-alterliche Stadt"), Weimar („Stadt der Klassik") oder Fulda („Stadt des Barock") so erfolgreich arbeiten und kontinuierlich werben. Daher suche sie bei der Konzeption von Broschüren und Werbematerialien stets nach Möglichkeiten einer Schärfung des touristischen Profils. Nach der vo-rangehenden Analyse dürfte vor allem eine vorrangig flächenraum-bezogene Profilbildung vielversprechend sein. So hat die Rekonstruk-tion der städtetouristischen Entwicklung Wetzlars gezeigt, dass immer diejenigen Phasen von Zuwächsen und neuen Strukturbildungen geprägt waren, in denen sich eine vergleichsweise territorial kompakte, eindeutig kulturalisierte Konstruktion der Stadt durchsetzen und festigen konnte. Dieser Befund bestätigt die theoretische Annahme, dass – zumindest für ‚kleinstädtische' Destinationen – territorial zusammenhängende und an körperfundierter Wahrnehmung orientierte Flächen- bzw. Behälterraum-konstruktionen im Vergleich mit relationalen, d.h. territorial nicht zu-sammenhängenden, Raumkonstruktionen (die alltägliche Erfahrungen wie Fragmentierung des Sozialen oder Auflösung territorialer Einheiten zu bestätigen scheinen) touristisch attraktiver sind.[212] Sie erlauben es eher, dass die kommunizierten Kulturräume als Einheiten erfahren und damit als Erholungs- oder Alltagsdistanzierungsangebote wahrgenom-men werden. Als Schemata, die auch wahrnehmungsleitend fungieren, vermögen deshalb flächenraumbasierte Ortssemantiken die touristische Entwicklung einer Destination nachhaltiger zu strukturieren als relatio-

---

212 Siehe das Unterkapitel *Alltagsdistanz durch Flächenräume* im Kapitel *Städte des Tourismus und Städtetouristen.*

nalraumbasierte Formen, die Heterogenität betonen. Dies belegen letztlich auch die von der Wetzlarer Tourismusexpertin angeführten Konkurrenten. Ob Heidelberg, Rothenburg ob der Tauber, Weimar oder Fulda – ihre oben zitierten touristischen Images basieren alle auf lang tradierten, kulturalisierten und kompakten Flächenraumkonstruktionen. Ebenso deuten die beiden dem Verfasser bekannten Befragungen Wetzlarer Touristen darauf hin, dass diese mehrheitlich und *primär* die Altstadt, Wetzlar als „historische Stadt" oder Wetzlars historische Sehenswürdigkeiten erleben wollen (vgl. Depner et al. 2000, 27 u. 32; Seifert/Höher 2001, 12) – und nicht Wetzlars territoriale Heterogenität oder die „reizvollen Kontraste" der „traditionsreichen *modernen* Stadt".[213]

Vor diesem Hintergrund ist das Erstarken der neuen touristischen Akteure ambivalent zu bewerten. Sicherlich führen die wachstumsorientierten Bestrebungen des Wirtschaftsdezernates und des Stadt-Marketing-Vereins, nicht nur auf Geschichte und Goethe, sondern auch stärker auf Shopping, Events, Kongresse oder die Vermarktung der optischen Industrie zu setzen, zu verschiedenen Wachstumsimpulsen. Doch sie tragen eben auch zur ortssemantischen ‚Spreizung' des Wetzlartourismus und zur Verwischung seines Profils bei. Sie konnten im Kontext des Wetzlartourismus überhaupt nur deshalb so schnell an Gewicht gewinnen, weil schon seine Geschichte von Mehrfachcodierung und relationalräumlichen Stadtkonstruktionen geprägt gewesen war und kein flächenraumbezogenes Merkmal phasenübergreifend dominiert hat. Dass in einem solchen Falle auch der lokalpolitisch geförderte Ausbau der Stadt zu einem Kongressstandort touristisch anders integriert werden kann, zeigt das Beispiel Fulda.[214] Im Gegensatz zur Wetzlarer Betonung, Geschichte und Gegenwart (in Form des territorial relationierten „Kontrasts von Altstadt und moderner Stadt") zu vereinen, verzichtet die entsprechende Kongressbroschüre Fuldas (2003) auf diese Erweiterung. Sie beschränkt sich darauf, weiterhin das „berühmte Barockviertel" oder „Charme und Geschichte" der „barocken Innenstadt" anzupreisen.

---

213 Aus der Sicht der hier durchgeführten Rekonstruktion des Wetzlartourismus hätte daher eine vorrangig auf die Altstadt bezogene „Lottestadt Wetzlar" nicht die schlechtesten Chancen, als ein auch längerfristig überzeugendes Alleinstellungsmerkmal zu fungieren.

214 Die für die Entstehungsgeschichte der städtetouristischen Destination *Fulda* charakteristische und phasenübergreifende Dominanz einer flächenräumlichen Form (das „Barockviertel") sowie einer darauf basierenden Stadtkonstruktion („Fulda – Stadt des Barocks") belegen die Ergebnisse des Projektseminars „Tourismus und Stadt", das im Wintersemester 2004/2005 an der Universität Frankfurt a.M. durchgeführt wurde. Siehe exemplarisch: Idies/Müller 2005.

Raumreflektierendes Fazit

Die am Beispiel Wetzlars durchgeführte Rekonstruktion der Entstehung einer städtetouristischen Destination bestätigt die angenommene Koevolution von Semantik und Struktur. Insbesondere unterstreicht sie, dass die Unterscheidung von städtetouristischer Ortssemantik und städtetouristischer Strukturbildung analytisch sinnvoll ist. Die Unterscheidung erlaubt, den Blick auf ein wechselseitiges Ermöglichungs- und Einschränkungsverhältnis zu richten, dessen Analyse für das Verständnis der Genese einer Stadt des Tourismus von grundlegender Bedeutung ist. Im Rahmen der Untersuchung dieses Wechselverhältnisses wird unter anderem sichtbar, inwiefern die im Medium des Raums gebildeten und reproduzierten Formen strukturbildende, strukturlimitierende und strukturstabilisierende Folgen haben.

Wie andere städtetouristische Ortssemantiken ist auch diejenige des Fallbeispiels durch die Verknüpfung des Beobachtungsschemas Kultur mit räumlichen Unterscheidungen und die dadurch bewirkte komplexitätsreduzierende Verortung der Kultur gekennzeichnet. Als Formenvorrat bildet sie das *topographische Gedächtnis* der Destination und ihrer Strukturentwicklung. Gedächtnis bedeutet zunächst, dass die durch Wiederholung sukzessive fortgeschriebenen und verfestigten Kultur-Raum-Verknüpfungen Beobachtungsformen darstellen, die zur Wiederverwendung zur Verfügung stehen und die Erwartungen präformieren. Sie bilden generalisierte, situationsunabhängige und historisch beständige Begriffs-, Themen-, Bilder- oder Unterscheidungsvorräte. Als solche ermöglichen und strukturieren sie den Prozess der touristischen Entwicklung und stellen den Rahmen für Veränderungen dar. Zum Beispiel orientieren sich neben Touristen auch neue Akteure, Sehenswürdigkeiten und Beschreibungsformen mehr oder weniger stark am schon etablierten touristischen Image der Stadt, ebenso wie sich dieses durch strukturelle Veränderungen in der Organisation des Städtetourismus weiter fortentwickeln kann. Die städtetouristische Genese verläuft in diesem Sinne nicht zufällig; sie ist immer vorstrukturiert. Manche strukturelle Veränderungen passen sich gut in schon tradierte Beobachtungsformen und dadurch strukturierte touristische Erwartungen ein (z.B. eine neue „Altstadtführung" oder das Reichskammergerichtsmuseum), manche forcieren ihre Umformung oder Neuausrichtung (z.B. die Integration der lokalen Industrie oder einer Möbelsammlung als Standorte im Besichtigungsprogramm). Durch Wiederholung lagern sich auch ursprünglich weniger anschlussfähige Formen im topographischen Gedächtnis ab (z.B. die durch Industrieführungen, industriebezogene Beschreibungen und ihre territorialen Verortungen hervorgerufene topographische Erweiterung der touristischen Stadt). Auch sie entfalten bei Gelegenheit ein Erinnerungspotential, an das angeschlossen und das weiterentwickelt werden kann (z.b. als „Kontrast von Altstadt und moderner Stadt"). Die *Pfadabhängigkeit* der städtetouristischen Entwicklung erweist sich folglich insgesamt als das Resultat des Wechselverhältnisses von Ortssemantik und Struktur.

Räumliche Unterscheidungen und Formen wirken nicht nur erinnernd und orientierend, sie können Strukturbildungen auch auslösen und städtetouristisches Wachstum verstärken. Dies zeigt das Beispiel der touristischen Entdeckung der Wetzlarer Altstadt sehr deutlich. Historisch vorgeformt durch den bereits fokussierten Blick auf „Alt-Wetzlar" (die „alte Stadt" usw.) ermöglicht die territoriale Reduktion Wetzlars auf die Altstadt die Partizipation am allgemeinen Wachstumstrend des *heritage tourism*. Sie initiiert und unterstützt eine erstaunliche Steigerung und Ausdifferenzierung des touristischen Angebots. Diese städtetouristische Komplexitätssteigerung durch territoriumsbezogene Reduktion basiert auf zwei Merkmalen, die mit der Beobachtungsform Altstadt – stärker als mit anderen räumlichen Formen des Wetzlartourismus – verbunden sind: auf der durch die Altstadt-Verortung ermöglichten Asymmetrisierung des städtetouristischen Blicks sowie auf der weiteren flächenräumlichen Verdichtung der Stadt zu einer leichter wahrnehmbaren, kultur-räumlichen Einheit.[215]

Mit dem letzten Punkt ist ein weiteres Ergebnis angesprochen. So illustriert die Fallanalyse, dass der ortssemantische Formenvorrat des Städtetourismus keineswegs beliebig konstruier- und reproduzierbar ist. Denn trotz allen strategischen Bemühens der beteiligten und auf Profit, Standort-Marketing oder Anderes zielenden Organisationen bleiben die kommunizierten Verdinglichungen und Verortungen immer an die Wahrnehmbarkeit durch Städtetouristen gebunden.[216] Wie der missglückte langjährige Versuch, die Industrie im Rahmen einer relational-räumlichen Konstruktionsweise der Stadt in das Besichtigungsrepertoire des Wetzlarer Städtetourismus zu integrieren, indirekt demonstriert, sind daher nicht alle der vom Verkehrsamt (oder anderen touristischen Organisationen) ‚künstlich' konstruierten Sehenswürdigkeiten und nicht alle der aus verschiedenen Ortsdiskursen komponierten Beobachtungs- oder Beschreibungsformen erfolgreich. Touristische Sehenswürdigkeiten und Beobachtungsweisen werden durch Nachfrage, d.h. durch Bereisung und

---

215 Siehe dazu die beiden Unterkapitel *Verdinglichung und Verortung* sowie *Alltagsdistanz durch Flächenräume* im Kapitel *Städte des Tourismus und Städtetouristen.*

216 Siehe das Unterkapitel *Site-Seeing* im Kapitel *Städte des Tourismus und Städtetouristen.*

die mit ihr verknüpfte Wahrnehmung, lizensiert. Auf diese Weise kommt es zur ‚Erdung' der städtetouristischen Ortssemantik. Neben der Kondensierung und Konfirmierung ihrer kulturellen und räumlichen Unterscheidungen durch Wiederholung (vgl. Luhmann 1998, 431) trägt auch der über Wahrnehmung stabilisierte und lizensierte Bezug auf Materialität und Territorialität der Stadt zu ihrer auffälligen Persistenz bei.

Als letzte wichtige Eigenschaft verortender Semantiken, die bei der Rekonstruktion des Fallbeispiels Wetzlar (vor allem anhand der Altstadt) sichtbar wurde, sei ihre kontextvermittelnde sowie netzwerkbildende und -stabilisierende Funktion festgehalten. So vermögen ausgezeichnete Orte[217] die touristische Entwicklung dadurch zu strukturieren, dass sie verschiedene, ansonsten voneinander unabhängige Akteure, Systeme oder Organisationen in eine durch die Orientierung an ihnen vermittelte Beziehung setzen. Durch geteilte Ortsbezüge können systemübergreifende Kommunikationsprozesse für einen gewissen Zeitraum koordiniert werden. Die dadurch möglichen Leistungstransfers und Netzwerkseffekte können, wie das Beispiel der Gründung des Wetzlarer Reichskammergerichtsmuseums zeigt, städtetouristische Strukturen durch Neubildung und Erweiterung verändern (und bereichern).

Aber auch durch die Tatsache, dass Orte in verschiedenen Kommunikationszusammenhängen je nach Bedarf als abstrakte – d.h. Komplexität durch Verortung reduzierende (oder ausblendende) – Begriffe reproduziert und mit neuen Bedeutungen aufgeladen werden können, fungieren sie kontextvermittelnd. Auch ‚hinter dem Rücken' der beteiligten Akteure kann der Bezug auf einzelne Orte Koordinationseffekte erzeugen. Bedeutsam ist diese nicht-intentionale Funktion von Orten bzw. Ortssemantiken für das Fallbeispiel u.a. deshalb, weil sich der Wetzlartourismus lange Zeit ‚von unten' entwickelte. Als Gedächtnis der Destination strukturierte die Ortssemantik die städtetouristische Entwicklung auch schon zu Zeiten, als formale Vernetzung und strategische Planung noch in weiter Zukunft lagen. Die dynamische Entwicklung der letzten 20 Jahre, die mit der Formbildung Altstadt eingeleitet wurde, wäre ohne die lang präformierte touristische Topographie Wetzlars und die sie erzeugenden und durch sie vermittelten sozialen Kontexte so nicht möglich gewesen. Das topographische Gedächtnis scheint daher insgesamt das zu ersetzen, was die Programmierung im Falle von Funktionssystemen leistet. Es spezifiziert situationsübergreifend die Anschlussmöglichkeiten touristischer Kommunikation und legt fest, was an Wetzlar bereisens- und in Wetzlar sehenswert ist.

---

217 Zum Beispiel die mit Hilfe territorialisierender Bezüge ausgezeichneten Wetzlarer *Orte* „Altstadt", „Umland", „Lahnbrücke" oder „Lottehaus".

ZUSAMMENFASSUNG UND AUSBLICK

Diese Arbeit leistet eine systemtheoretisch gerahmte Bestimmung des Zusammenhangs von Gesellschaft, Tourismus und Raum. Ihren Ausgangspunkt bildet die jüngere gesellschaftstheoretische Debatte zur sozialen Konstruktion des Raums, die in der Geographie und der Soziologie geführt wird. Im Anschluss daran fragt die Arbeit am Beispiel des Städtetourismus nach der Bedeutung räumlicher Unterscheidungen und Formen für die Generierung, Stabilisierung und Veränderungen sozialer Strukturen. Motiviert wird diese Fragestellung durch die Beobachtung der weitgehenden Unverbundenheit von tourismusbezogener und gesellschaftstheoretischer Forschung. Selbst der beidseitige Raumfokus hat bislang nicht zur Verknüpfung beider Forschungsstränge geführt. Während die Tourismusforschung zwar einen starken Raumbezug pflegt, ihre Arbeiten aber nur selten gesellschaftstheoretisch fundiert, halten geographietheoretische sowie stadt- und raumsoziologische Studien auffallende Distanz zum touristischen Phänomen. Diesen Abstand gilt es zu überbrücken. Die Vermutung, dass für eine derartige Aufgabe gerade die soziologische Systemtheorie ein viel versprechendes Angebot darstellt, entsteht in der Beschäftigung mit dem systemtheoretischen Beitrag zur Raumdiskussion der letzten Jahre. Der vorliegende Text belegt die Berechtigung dieser Annahme.

Das zentrale Ergebnis der Untersuchung lässt sich in zwei Sätzen zusammenfassen: (1) Ja, Raum *ist* relevant für die Strukturierung des städtetouristischen Phänomens, und zwar in mehrfacher Hinsicht. (2) Die Durchführung der Untersuchung zeigt, dass räumliche Unterscheidungen und Formen im (Städte-)Tourismus, obgleich relevant, ‚nur' eine *nachgeordnete* Bedeutung haben, die erst vor dem Hintergrund der Besonderheit der (städte-)touristischen Strukturbildung sichtbar wird. So allgemein diese beiden Hauptergebnisse der Untersuchung sind, so speziell und vielfältig sind ihre Teilergebnisse. Sie hier erneut im Einzelnen nachzuvollziehen, kann nicht Aufgabe des abschließenden Fazits sein. Dazu sei auf die entsprechend formulierten Zwischenergebnisse und Zusammenfassungen in den einzelnen Kapiteln der Arbeit verwiesen. An dieser Stelle sollen vielmehr nur ausgewählte Ergebnisse hervorgehoben werden, an die zukünftige Untersuchungen anknüpfen können.

Die Untersuchung der Raumrelevanz im Städte*tourismus* erfordert auch eine Auseinandersetzung mit der Frage, um was für ein Phänomen es sich bei Tourismus handelt. Das bisherige Fehlen einer umfassenden und tragfähigen sozialwissenschaftlichen Tourismustheorie veranlasste eine strukturtheoretische Analyse des Tourismus im Allgemeinen. Sie verdeutlicht, dass Tourismus eine hochgradig organisierte soziale Strukturbildung ist, die im Zusammenhang mit der funktionalen und organisatorischen Differenzierung der modernen Gesellschaft entsteht. Ob der Tourismus bereits ein eigenes (noch sehr junges) Funktionssystem darstellt, konnte nicht abschließend geklärt werden. Ein einfacher und scharfer binärer Code, auf dem die operative Schließung anderer Funktionssysteme basiert, ist im Falle des Tourismus nicht erkennbar. Neben anderen Punkten, die ebenfalls eher gegen die These eines Funktionssystems Tourismus sprechen, lassen sich allerdings auch Indizien dafür finden. Hier besteht Forschungsbedarf.

Die mit der Analyse entwickelte Argumentation lautet zusammenfassend, dass der Tourismus auf die Folgen reagiert, die die moderne Inklusionsstruktur für Individuen mit sich bringt – auf die selektive Multiinklusion, die eng miteinander gekoppelten Erwartungsstrukturen des Alltags, die alltäglichen Anforderungen der (auch körperlichen) Abstraktion und Selbstdisziplinierung, das moderne Identitätsproblem und die Überinanspruchnahme durch Leistungsrollen. Die gesellschaftliche Aufgabe des Tourismus besteht in der Ermöglichung der vorübergehenden Lockerung und Variation alltäglicher Inklusions- und Erwartungsstrukturen. Mit der Semantik der Erholung und der Entstehung und allgemeinen Durchsetzung des bezahlten Urlaubs im Kontext des modernen Wohlfahrtsstaates werden die dem Tourismus zugrunde liegenden Folgeprobleme gesellschaftlicher Differenzierung reflexiv gewendet. Dies löst ein enormes Wachstum des Tourismus aus. Praktisch möglich werden Entstehung und Ausdifferenzierung des Tourismus durch die Arbeit von Organisationen. Sie greifen das moderne Strukturlockerungsproblem auf und organisieren Urlaubsreisen (als zeitlich befristete Ortswechsel) sowie die Bereisung von alltagsfremden Orten durch Touristen.

Auf diese Weise verdeutlicht die strukturtheoretische Bestimmung des Tourismus, dass es im Tourismus *primär* um Alltagsdistanz bzw. um Strukturlockerung, Strukturvarianz und körperlich-sinnliche Welt- und Identitätserfahrungen geht. Demgegenüber wird Raum *sekundär* relevant: Der organisierte Ortswechsel strukturiert die Antwort auf die den Tourismus induzierende Frage *Was erholt?*. Raum fungiert als Medium der touristischen Erwartungsbildung. Tourismus lässt sich in diesem Sinne als organisierte Erholung durch Ortswechsel deuten.

Vor dem Hintergrund dieser allgemeinen Interpretation kann der Städtetourismus als eine spezifische *Form* des Tourismus bestimmt werden. Die Untersuchung städtetouristischen Prospekt- und Reiseführermaterials identifiziert *Kultur* als den charakteristischen Modus städtetouristischer Strukturbildung. So beruht der Städtetourismus auf dem Beobachtungsschema Kultur bzw. auf drei auf Kultur reflektierenden Vergleichsperspektiven – der *regionalisierenden*, der *historisierenden* und der *heterogenisierenden* Perspektive. Sie präformieren die städtetouristischen Möglichkeiten der Lockerung und Variation alltäglicher Inklusionsstrukturen. Der Städtetourismus offeriert Erholung im Modus der Kultur.

Im Rahmen dieser theoretischen Deutung des Städtetourismus wird die ordnende, stabilisierende und veranschaulichende Funktion räumlicher Unterscheidungen und Formen deutlich. Sie bestätigt den allgemeinen Befund, dass Raum zwar keine vorrangige, aber doch eine wichtige Bedeutung bei der touristischen Strukturbildung zukommt, die eng mit einer grundlegenden Funktion von räumlichen Formen verbunden ist – der Kopplung von sozialen und psychischen Systemen. So ist das Beobachtungsschema Kultur praktisch immer räumlich codiert. Stellt Kultur den Modus städtetouristischer Strukturbildung dar, so fungiert Raum als das Medium, in dem Differenzen eingeschrieben und abgelesen werden können. Die wichtigsten räumlichen Unterscheidungen, die dabei verwendet werden, sind: *hier/dort, nah/fern, innen/außen* sowie *in, zwischen, neben, vor/hinter*. Diese Unterscheidungen werden mit einer weiteren räumlichen Formbildung – dem Territorium – verknüpft. Durch die *territorialisierende Verortung* der im Modus der Kultur erzeugten Differenzen wird *Stadt* im Städtetourismus topographisiert. Als ein aus Orten (bzw. territorialen Stellen) bestehender Flächenraum ist sie selbst formbares Medium der touristischen Kommunikation.

Im Hinblick auf zukünftige Forschungen drängt sich der Vergleich des Städtetourismus mit anderen touristischen Formen auf. So ist zu erwarten, dass sich auch andere Formen des Tourismus (z.B. der Wanderurlaub, der Badeurlaub oder das Backpacking) über spezifische Strukturbildungsmodi (z.B. Natur, Körper, Globalität) ausbilden. Dabei stellt sich insbesondere die Frage, inwiefern Raum in diesen Formen in vergleichbarer Weise als Medium der Strukturbildung bedeutsam wird. Dass Raum auch für andere touristische Formen relevant ist, lässt schon die Wahrnehmungs- und Körperbezogenheit des Tourismus vermuten. Doch sind die gleichen oder andere räumliche Unterscheidungen dominant? Spielen Territorialisierung und territoriale Kartierung immer eine prominente Rolle?

Die in der städtetouristischen Kommunikation beobachtbaren Kultur-Raum-Verknüpfungen bilden den Formenvorrat, der den städtetouristischen Blick und die städtetouristische Entwicklung strukturiert. Die *Städte des Tourismus* lassen sich daher als spezifische *Ortssemantiken*, genauer: als kultur- und raumbezogene Semantiken, deuten.

Die räumlichen Unterscheidungen und Formen dieser Semantiken sind zentrale Mechanismen der Regulierung des Verhältnisses von städtetouristischer Kommunikation, Wahrnehmung und den Körpern der Städtetouristen. Als Schemata formen und führen sie den städtetouristischen Blick. Sie orientieren und navigieren die Städtetouristen während ihrer Bereisung städtetouristischer Ziele. Außerdem ermöglichen sie die strukturelle Kopplung zwischen (gleichzeitig ablaufenden) städtetouristischen Kommunikations- und Wahrnehmungsprozessen. Damit erfüllen räumliche Schemata insgesamt Konditionierungs- und Steuerungsfunktionen, die der Organisation des Städtetourismus dienen. Um die wahrnehmungsstrukturierende und körpersteuernde Bedeutung räumlicher Schemata genauer bestimmen zu können, sind empirische Untersuchungen nötig. Neben der Durchführung von Interviews mit Städtetouristen ist hier insbesondere daran zu denken, die städtetouristischen Blicke, Bewegungen und Bereisungspraxen ethnographisch zu erforschen. Dass eine solche empirische Erweiterung vielversprechend ist, deuten sowohl die Beobachtungen von Keul/Kühberger (1996) als auch die im Rahmen dieser Arbeit durchgeführte Miniethnographie zu touristischen Blindenführungen an.

Strukturieren räumliche Schemata die touristische Wahrnehmung, so sind städtetouristische Ortssemantiken ihrerseits an die Wahrnehmung der Touristen und die Wahrnehmbarkeit der kommunizierten Kultur-Raum-Verknüpfungen rückgebunden. Dieses Wechselverhältnis stellt den Hintergrund dar, vor dem die Funktionen der städtetouristischen *Territorialisierung* einsichtig werden. Durch Territorialisierung entstehen Zusammengehörigkeit betonende Flächenraumkonstruktionen. Werden diese auch als Einheiten wahrgenommen, können sie touristisch attraktiver als relationale Raumkonstruktionen sein, die Alltagserfahrungen wie Fragmentierung und Auflösung territorialer Einheiten nur zu bestätigen scheinen. Neben diesem Zusammenhang ist vor allem folgendes Untersuchungsergebnis festzuhalten. Wie die Verdinglichung dient auch die territorialisierende Verortung der Asymmetrisierung und damit der Ordnung und *Stabilisierung* des potentiell instabilen Kulturschemas. Sie überführt die Kontingenz des Beobachtungsschemas Kultur in die Erwart- und Erfahrbarkeit von Kultur, sozialer Variation und Veränderlichkeit an und durch konkrete Orte. Dies ist entscheidend für die Mobilisierung der Touristen und ihre Besichtungspraxis. Da die Evidenz des materiell Sichtbaren Beobachtungsunabhängigkeit simuliert, trägt die territorialisierende Verortung mit ihrem Bezug auf materielle Objekte außerdem dazu bei, den Konstruktcharakter der Stadt des Tourismus und des durch sie strukturierten ‚Site-Seeings' unsichtbar zu machen.

Dass Ortssemantiken noch in einem anderen Sinne strukturierend wirken, führt die exemplarische Analyse der Entstehung der städtetouristischen Destination Wetzlar vor. Ortssemantiken fungieren als das *topographische Gedächtnis* der städtetouristischen Entwicklung, das touristische Strukturbildungen rahmt. Ortssemantiken stabilisieren einmal etablierte Organisations-, Beobachtungs- und Bereisungsweisen von Destinationen. Zugleich werden durch sie strukturelle Veränderungen ebenso präformiert wie limitiert. Die hohe Pfadabhängigkeit der städtetouristischen Entwicklung kann daher als Resultat des Wechselverhältnisses von Ortssemantik und Struktur interpretiert werden. Die exemplarische Rekonstruktion illustriert darüber hinaus die wachstumsverstärkende und Komplexität strukturierende Funktion von territorialen Verortungen und flächenräumlichen Reduktionen (Beispiel Altstadt). Schließlich wird deutlich, dass verortende Semantiken das Potential besitzen, durch ihren Ortsbezug auch kontextvermittelnde, d.h. systemübergreifende, Koordinationsfunktionen zu erfüllen.

Diese Ergebnisse werfen die weiterführende Frage auf, ob sich die Gedächtnis- und Kontextvermittlungsfunktionen raumbezogener Semantiken an anderen (nicht-touristischen) Phänomenen ebenfalls nachweisen lassen. Die theoretischen Überlegungen Kuhms zur Funktion von *Regionen* erhärten diese Vermutung (vgl. Kuhm 2003b). In diesem Fall könnte man davon sprechen, dass Ortssemantiken auch einen mehr oder weniger effektiven Mechanismus der strukturellen Kopplung verschiedener (operativ geschlossener) *Kommunikations*systeme bilden.

Auch mit Blick auf die Genese touristischer Destinationen liegt eine vergleichende Erweiterung der durchgeführten Studie nahe. Die Kontrastierung unterschiedlicher Entwicklungsgeschichten könnte z.B. die Variabilität des Zusammenspiels von Stadt (d.h. kommunaler Politik und Verwaltung), Wirtschaft (d.h. ökonomisch ausgerichteten, tourismusbezogenen Organisationen) und städtetouristischer Entwicklung beleuchten. In diesem Zusammenhang wäre zu prüfen, ob das topographische Gedächtnis immer eine ähnlich große Rolle wie bei der Entstehung des Reiseziels Wetzlar spielt.

Die vorliegende Untersuchung zeigt insgesamt, dass die in Weiterführung systemtheoretischer Arbeiten entworfene sozialtheoretische Konzeption des Raums tragfähig ist. Der Vorschlag lautet, Raum als Medium der Kommunikation und der Wahrnehmung zu verstehen. Er basiert auf der Unterscheidung von Stellen (als den Elementen des Mediums) und Objekten. Durch die Besetzung von Stellen durch Objekte werden Formen in das Medium eingeprägt, anhand derer es erst als solches erkennbar ist. Wichtig ist die konzeptionelle Ergänzung dieser Unterscheidung durch so genannte räumliche Unterscheidungen (hier/dort, nah/fern, innen/außen usw.). Durch ihre Verwendung kann die Kommunikation verschiedene Raumstellen (und mit ihrer Hilfe auch verschiedene Objekte, die diese Stellen besetzen) identifizieren, voneinander unterscheiden, miteinander relationieren und derart räumliche Formen erzeugen. Diese Raumkonzeption erweist sich als hinreichend abstrakt, um verschiedenste Verknüpfungen räumlicher Unterscheidungen mit anderen Formen und auf diese Weise verschiedenste räumliche Formbildungen (z.B. die Konstruktion von *Orten* und der ihnen zugeschriebenen Bedeutungen) beobachten und analysieren zu können.

Entscheidend für die praktische Durchführung der Analyse waren neben der Kombination der Medium/Form-Unterscheidung mit räumlichen Unterscheidungen insbesondere zwei Implikationen der Konzeption. Aus ihrer formalen, beobachtungstheoretischen Anlage folgt erstens, Untersuchungen zur Relevanz des Raums strikt im Analysemodus der Beobachtung zweiter Ordnung durchzuführen. Nicht immer sind räumliche Unterscheidungen relevant, nicht immer werden in der interessierenden sozialen Praxis mit ihrer Hilfe Formen gebildet, nicht immer haben derartige Konstruktionen im Medium des Raums beobachtbare Folgen. Wenn räumliche Unterscheidungen jedoch beobachtbar sind, kann ihr Beobachter rekonstruieren, in welcher Weise und mit welchen Folgen sie verwendet und mit anderen Unterscheidungen verknüpft werden. Für diese Rekonstruktion wird dann die zweite Implikation bedeutsam. Mit der vorgeschlagenen Konzeption, die räumliche Formen als abhängig von den systemspezifisch variierenden Modi und Bedingungen ihrer Konstruktion fasst, wird die möglichst genaue Kontextualisierung der beobachteten Raumformen zentral.

Dass diese Implikationen nur auf den ersten Blick trivial sind, demonstriert die durchgeführte Untersuchung. Indem sie dazu auffordern, bei der Analyse der sozialen Relevanz des Raums nicht mit Raum, sondern mit der Kontextbestimmung zu beginnen, mahnen sie zur Langsamkeit. Die Beobachtung der kommunikativen Verwendung räumlicher

Unterscheidungen sagt noch nichts über ihre Bedeutung. Diese erschließt sich nur über die jeweils relevanten Kontexte, die als solche erst zu bestimmen sind. Lässt man sich auf diesen Weg ein, entsteht aus der simplen Frage nach der sozialen Funktion des Raums eine vielschichtige, nicht immer leichte, aber doch lohnende Aufgabe. In diesem Sinne sind *Beobachtung zweiter Ordnung* und *Kontextualisierung* einfache, aber ausgesprochen folgenreiche Implikationen einer systemtheoretischen (bzw. beobachtungstheoretischen) Raumkonzeption. Sie formulieren mögliche Faustregeln für die weitere Erforschung des Verhältnisses von Gesellschaft und Raum.

LITERATUR

Adler, Judith (1989): Origins of Sightseeing, in: Annals of Tourism Research 16, S. 7-29

Adorno, Theodor W. (1969): Freizeit, in: ders.: Stichworte. Kritische Modelle 2, Frankfurt a.M., S. 57-68

Agnew, John A. (1994): The Territorial Trap: The Geographical Assumptions of International Relations Theory, in: Review of International Political Economy 1/1, S. 53-80

Allwood, John (1977): The Great Exhibitions, London

Anton-Quack, Claudia / Quack, Heinz-Dieter (2003): Städtetourismus – eine Einführung, in: Becker, Christoph / Hopfinger, Hans / Steinecke, Albrecht (Hg.): Geographie der Freizeit und des Tourismus: Bilanz und Ausblick, München/Wien, S. 193-203

Armanski, Gerhard (1986/1978): Die kostbarsten Tage des Jahres. Tourismus – Ursachen, Formen, Folgen, Bielefeld

Ashworth, Gregory J. (1989): Urban Tourism: An Imbalance in Attention, in: Cooper, Chris P. (Hg.): Progress in Tourism, Recreation and Hospitality Management. Volume One, London, S. 33-54

Ashworth, Gregory J. / Tunbridge, John E. (2000): The Tourist-Historic City. Retrospect and Prospect of Managing the Heritage City, Amsterdam u.a.

Assmann, Aleida (1999): Erinnerungsräume. Formen und Wandlungen des kulturellen Gedächtnisses, München

Baecker, Dirk (1993): Die Form des Unternehmens, Frankfurt a.M.

Baecker, Dirk (2004a): Fraktaler Raum, in: ders.: Wozu Soziologie? Berlin, S. 215-235

Baecker, Dirk (2004b): Miteinander leben, ohne sich zu kennen: Die Ökologie der Stadt, in: Soziale Systeme 10/2, S. 257-272

Bærenholdt, Jørgen Ole / Haldrup, Michael / Larsen, Jonas / Urry, John (2004): Performing Tourist Places, Aldershot u.a.

Bahrdt, Hans Paul (1974/1961): Die moderne Großstadt. Soziologische Überlegungen zum Städtebau, München

Bahrenberg, Gerhard (2003): Suburbanisierung – die Abschwächung der Stadt/Land-Differenz in der modernen Gesellschaft, in: Krämer-Badoni, Thomas / Kuhm, Klaus (Hg.): Die Gesellschaft und ihr Raum. Raum als Gegenstand der Soziologie (Stadt, Raum und Gesellschaft 21), Opladen, S. 215-232

Bahrenberg, Gerhard / Kuhm, Klaus (1999): Weltgesellschaft und Region – eine systemtheoretische Perspektive, in: Geographische Zeitschrift 87/4, S. 193-209

Baumann, Zygmunt (1995): Vom Pilger zum Touristen – Postmoderne Identitätsprojekte, in: Keupp, Heiner (Hg.): Lust an der Erkenntnis: Der Mensch als soziales Wesen, München, S. 295-300

Beck, Ulrich (1986): Risikogesellschaft. Auf dem Weg in eine andere Moderne, Frankfurt a.M.

Becker, Christoph (1993): Kulturtourismus – Eine Einführung, in: Becker, Christoph / Steinecke, Albrecht (Hg.): Kulturtourismus in Europa: Wachstum ohne Grenzen? Trier, S. 7-9

Becker, Christoph (2002): Die Geographie des Tourismus – Stand und Perspektiven, in: Geographie und Schule 24/135, S. 4-10

Becker, Christoph / Brittner, Anja (2003): Wellness-Tourismus in Deutschland und den USA. Ein Vergleich, in: Hennig, Christoph u.a. (Hg.): Voyage. Jahrbuch für Reise- und Tourismusforschung 6, München/Wien, S. 81-89

Becker, Christoph / Hopfinger, Hans / Steinecke, Albrecht (Hg.) (2003): Geographie der Freizeit und des Tourismus: Bilanz und Ausblick, München/Wien

van den Berg, Leo / van der Borg, Jan / van der Meer, Jan (1995): Urban Tourism. Performance and Strategies in Eight European Cities, Aldershot

van den Berghe, Pierre L. (1992): Tourism and the Ethnic Division of Labour, in: Annals of Tourism Research 19, S. 234-249

Berger, Peter L. / Luckmann, Thomas (1996) [1966]: Die gesellschaftliche Konstruktion der Wirklichkeit. Eine Theorie der Wissenssoziologie, Frankfurt a.M.

Berndt, Christian / Boeckler, Marc (2005): Ordnung der Verunordnung transterritorialer Stadtlandschaften: Die Nürnberger Gartenvorstadt Werderau im globalen Zeitalter, in: Erdkunde 59/2, S. 102-119

Bhabha, Homi K. (2000): Die Verortung der Kultur, Tübingen

Binder, Jana (2005): Globality. Eine Ethnographie über Backpacker, Münster u.a.

Bloch, Marc (1982): Die Feudalgesellschaft, Frankfurt a.m.

Blotevogel, Hans-Heinrich (1995): Stichwort „Raum", in: Akademie für Raumforschung und Landesplanung (Hg.): Handwörterbuch der Raumordnung, Hannover, S. 733-740

Boissevain, Jeremy (1989): Tourism as Anti-Structure, in: Giordano, Christian u.a. (Hg.): Kultur anthropologisch. Eine Festschrift für Ina-Maria Greverus, Frankfurt a.M., S. 145-159

Bommes, Michael (1999): Migration und nationaler Wohlfahrtsstaat. Ein differenzierungstheoretischer Entwurf, Opladen/Wiesbaden

Bommes, Michael (2002): Migration, Raum und Netzwerke. Über den Bedarf einer gesellschaftstheoretischen Einbettung der transnationalen Migrationsforschung, in: Oltmer, Jochen (Hg.): Migrationsforschung und Interkulturelle Studien: Zehn Jahre IMIS. IMIS-Schriften 11, Osnabrück, S. 91-105

Bommes, Michael / Scherr, Albert (2000): Soziologie der Sozialen Arbeit. Eine Einführung in Formen und Funktionen organisierter Hilfe, Weinheim und München

Bommes, Michael / Tacke, Veronika (2001): Arbeit als Inklusionsmedium moderner Organisationen. Eine differenzierungstheoretische Perspektive, in: Tacke, Veronika (Hg.): Organisation und gesellschaftliche Differenzierung, Opladen, S. 61-83

Boorstin, Daniel J. (1987/1961): Vom Reisenden zum Touristen: Die verlorengegangene Kunst des Reisens, in: ders.: Das Image. Der Amerikanische Traum, Hamburg, S. 117-166

van der Borg, Jan / Costa, Paolo / Gotti, Giuseppe (1996): Tourism in European Heritage Cities, in: Annals of Tourism Research 23/2, S. 306-321

Bourdieu, Pierre (1985): Sozialer Raum und „Klassen", Frankfurt a.M.

Bourdieu, Pierre (1991): Language and Symbolic Power, Cambridge (Massachusetts)

von Böventer, Edwin (1991): Ökonomische Theorie des Tourismus, Frankfurt a.M./New York

Braudel, Fernand (1971): Die Geschichte der Zivilisation: 15. bis 18. Jahrhundert, München

Braunfels, Wolfgang (1982): Mittelalterliche Stadtbaukunst in der Toskana, Berlin

Brilli, Attilio (1997): Als Reisen eine Kunst war. Vom Beginn des modernen Tourismus: Die „Grand Tour", Berlin

Bruner, Edward M. (1991): Transformation of Self in Tourism, in: Annals of Tourism Research 18, S. 238-250

Budke, Alexandra / Kanwischer, Detlef / Pott, Andreas (Hg.) (2004): Internetgeographien. Beobachtungen zum Verhältnis von Internet, Raum und Gesellschaft (Erdkundliches Wissen 136), Stuttgart

Burmeister, Hans-Peter (Hg.) (1998): Auf dem Weg zu einer Theorie des Tourismus (Loccumer Protokolle 5/1998), Rinteln

Cairncross, Frances (1997): The Death of Distance. How the Communication Revolution will Change our Lives, Harvard

Casson, Lionel (1976): Reisen in der alten Welt, München

Castells, Manuel (1996): The Rise of Network Society. The Information Age: Economy, Society and Culture, Vol. 1, Cambridge (Massachusetts) u.a.

Castells, Manuel (1997): The Power of Identity. The Information Age: Economy, Society and Culture, Vol. 2, Cambridge (Massachusetts) u.a.

Cazes, Georges (2000): Städtetourismus: Aktuelle Fragestellungen aus französischer Perspektive, in: Geographische Rundschau 52/2, S. 46-50

Chang, T.C. / Milne, Simon / Fallon, Dale / Pohlmann, Corinne (1996): Urban Heritage Tourism. The Global-Local Nexus, in: Annals of Tourism Research 23/2, S. 284-305

Clayton, Tristan (2002): Politics and Nationalism in Scotland: A Clydeside Case Study of Identity Construction, in: Political Geography 21/6, S. 813-843

Cocks, Catherine (2001): Doing the Town. The Rise of Urban Tourism in the United States, 1850-1915, Berkeley u.a.

Cohen, Eric (1979): A Phenomenology of Tourist Experiences, in: Sociology 13, S. 179-201

Cohen, Eric (1984): The Sociology of Tourism: Approaches, Issues, Findings, in: Annual Revue of Sociology 10, S. 373-392

Conforti, Joseph M. (1996): Ghettos as Tourism Attractions, in: Annals of Tourism Research 23/4, S. 830-842

Corbin, Alain (1990): Meereslust. Das Abendland und die Entdeckung der Küste 1750-1840, Berlin

Costa, Nicolò / Martinotti, Guido (2003): Sociological Theories of Tourism and Regulation Theory, in: Hoffman, Lily / Fainstein, Susan S. / Judd, Dennis R. (Hg.): Cities and Visitors: Regulating People, Markets and City Space, Oxford, S. 53-71

Crouch, David (2000): Places Around Us: Embodied Lay Geographies in Leisure and Tourism, in: Leisure Studies 19, S. 63-76

Dahles, Heidi (1998): Redefining Amsterdam as a Tourist Destination, in: Annals of Tourism Research 25, S. 55-69

Deutscher Tourismusverband (Hg.) (2006): Grundlagenuntersuchung Städte- und Kulturtourismus in Deutschland. Langfassung, Bonn

Döring, Jörg / Thielmann, Tristan (Hg.) (2007): Spatial Turn. Das Raumparadigma in den Kultur- und Sozialwissenschaften, Bielefeld

Drepper, Thomas (2003): Der Raum der Organisation – Annäherung an ein Thema, in: Krämer-Badoni, Thomas / Kuhm, Klaus (Hg.): Die Gesellschaft und ihr Raum. Raum als Gegenstand der Soziologie (Stadt, Raum und Gesellschaft 21), Opladen, S. 103-129

Dunn Ross, Elizabeth, L. / Iso-Ahola, Seppo E. (1991): Sightseeing Tourists' Motivation and Satisfaction, in: Annals of Tourism Research 18, S. 226-237

Durkheim, Emile (1988/1893): Über soziale Arbeitsteilung: Studie über die Organisation höherer Gesellschaften, Frankfurt a.M.

Eadington, William R. / Redman, Milton (1991): Economics and Tourism, in: Annals of Tourism Research 18, S. 41-56

Ebertz, Walter / Flender, Herbert (1979): Wetzlar in alten Bildern, Friedberg

Echterhoff, Gerald / Saar, Martin (2002): Einleitung: Das Paradigma des kollektiven Gedächtnisses. Maurice Halbwachs und die Folgen, in: dies. (Hg.): Kontexte und Kulturen des Erinnerns. Maurice Halbwachs und das Paradigma des kollektiven Gedächtnisses, Konstanz, S. 13-35

Egner, Heike (2002): Freizeit als „Individualisierungsplattform". Entwicklung und Ausdifferenzierung sportorientierter Freizeitaktivitäten aus systemtheoretischer Perspektive, in: Geographische Zeitschrift 90/2, S. 89-102

Eisel, Ulrich (1980): Die Entwicklung der Anthropogeographie von einer „Raumwissenschaft" zu einer Gesellschaftswissenschaft (Urbs et Regio 17), Kassel

Elias, Norbert (1978): Über den Prozeß der Zivilisation. Soziogenetische und psychogenetische Untersuchungen. 2 Bände, Frankfurt a.M.

Elsrud, Torun (2001): Risk Creation in Travelling: Backpacker Adventure Narration, in: Annals of Tourism Research 28, S. 597-617

Entrikin, J. Nicholas (1997): Place and Region 3, in: Progress in Human Geography 21/2, S. 263-268

Enzensberger, Hans Magnus (1962/1958): Eine Theorie des Tourismus, in: ders.: Einzelheiten I – Bewußtseins-Industrie, Frankfurt a.M., S. 179-205

Esposito, Elena (2002): Virtualisierung und Divination. Formen der Räumlichkeit der Kommunikation, in: Maresch, Rudolf / Werber, Niels (Hg.): Raum – Wissen – Macht, Frankfurt a.M., S. 33-48

Feifer, Maxine (1985): Going Places. The Ways of the Tourist from Imperial Rome to the Present Day, London/Basingstoke

Fendl, Elisabeth / Löffler, Klara (1992): Utopiazza. Städtische Erlebnisräume in Reiseführern, in: Zeitschrift für Volkskunde 88, S. 30- 48

Fendl, Elisabeth / Löffler, Klara (1993): „Man sieht nur, was man weiß". Zur Wahrnehmungskultur in Reiseführern, in: Kramer, Dieter / Lutz, Ronald (Hg.): Tourismus-Kultur, Kultur-Tourismus, Münster/ Hamburg, S. 55-77

Filippov, Alexander (2000): Wo befinden sich Systeme? Ein blinder Fleck der Systemtheorie, in: Merz-Benz, Peter-Ulrich / Wagner, Gerhard (Hg.): Die Logik der Systeme. Zur Kritik der systemtheoretischen Soziologie Niklas Luhmanns, Konstanz, S. 381-410

Fischer, Joachim / Makropoulos, Michael (Hg.) (2004): Potsdamer Platz. Soziologische Theorien zu einem Ort der Moderne, München

Foerster, Heinz von (1985): Sicht und Einsicht. Versuche zu einer operativen Erkenntnistheorie, Braunschweig u.a.

Fontanari, Martin L. / Scherhag, Knut (Hg.) (2000): Wettbewerb der Destinationen. Erfahrungen – Konzepte – Visionen, Wiesbaden

Fontane, Theodor (1972): Modernes Reisen. Eine Plauderei, in: ders.: Unterwegs und wieder daheim. Sämtliche Werke. Band 18 (herausgegeben von Walter Keitel), München, S. 7-14

Frank, Susanne (1999): „Angriff auf das Herz der Stadt". Festivalisierung, Imagepolitik und lokale Identität: Die Rollplatz-Debatte in Weimar, Kulturstadt Europas 1999, in: Tourismus Journal 4/3, S. 513-530

Fuchs, Peter (2001): Die Metapher des Systems. Studien zur allgemein leitenden Frage, wie sich der Tänzer vom Tanz unterscheiden lasse, Weilerswirst

Fuss, Karl (1960): Geschichte des Reisebüros, Darmstadt

Gaebe, Wolf (1993): Moderne Architektur als Ziel des Städtetourismus, in: Becker, Christoph / Steinecke, Albrecht (Hg.): Kulturtourismus in Europa: Wachstum ohne Grenzen? Trier

Galani-Moutafi, Vasiliki (2000): The Self and The Other. Traveler, Ethnographer, Tourist, in: Annals of Tourism Research 27, S. 203-224

Gellner, Ernest (1991): Nationalismus und Moderne, Berlin

Glasersfeld, Ernst von (1985): Konstruktion der Wirklichkeit und des Begriffs der Objektivität, in: Gumin, Heinz / Mohler, Armin (Hg.): Einführung in den Konstruktivismus, München, S. 9-39

Gleichmann, Peter R. (1969): Zur Soziologie des Fremdenverkehrs (Forschungsberichte des Ausschusses „Raum und Fremdenverkehr" der Akademie für Raumforschung und Landesplanung: Wissenschaftliche Aspekte des Fremdenverkehrs), Hannover

Gleichmann, Peter R. (1973): Gastlichkeit als soziale Verhältnis. Ein Baustein zu einer Theorie des Tourismus, in: Mitteilungen des Instituts für Fremdenverkehrsforschung der Hochschule für Welthandel. Sonderausgabe Fs. Bernecker, Wien, S. 25-36

Glücker, Johannes / Berndt, Christian (2005): Globalisierung und die vielfach gebrochene Geographie wirtschaftlicher Grenzziehungen, in: Berichte zur deutschen Landeskunde 79/H. 2/3, S. 305-316

Goethe, Johann Wolfgang (1774): Die Leiden des jungen Werthers (Erstausgabe), Leipzig

Gosztonyi, Alexander (1972): Grundlagen der Erkenntnis, München

Gottschall, Karin / Voß, Günter G. (Hg.) (2003): Entgrenzung von Arbeit und Leben. Zum Wandel der Beziehung von Erwerbstätigkeit und Privatsphäre im Alltag, München

Graburn, Nelson H.H. (1989/1977): Tourism: The Sacred Journey, in: Smith, Valene L. (Hg.): Hosts and Guests. The Anthropology of Tourism, Philadelphia, S. 21-36

Groh, Ruth / Groh, Dieter (1991): Weltbild und Naturaneignung. Zur Kulturgeschichte der Natur, Frankfurt a.M.

Gugerli, David / Speich, Daniel (2002): Topografien der Nation. Politik, kartografische Ordnung und Landschaft im 19. Jahrhundert, Zürich

Günther, Armin (1996): Reisen als ästhetisches Projekt. Über den Formenwandel touristischen Erlebens, in: Hartmann, Hans A. / Haubl, Rolf (Hg.): Freizeit in der Erlebnisgesellschaft: Amüsement zwischen Selbstverwirklichung und Kommerz, Opladen, S. 95-124

Günther, Armin (1997): Reisen als Rollenspiel, in: Tourismus Journal 1, S. 449-466

Habermas, Jürgen (1958): Soziologische Notizen zum Verhältnis von Arbeit und Freizeit, in: Funke, Gerhard (Hg.): Konkrete Vernunft. Festschrift für Erich Rothacker, Bonn, S. 219-231

Habermas, Jürgen (1995/1981): Theorie des kommunikativen Handelns. 2 Bände, Frankfurt a.M.

Hacking, Ian (1999): Was heißt „soziale Konstruktion"? Zur Konjunktur einer Kampfvokabel in den Wissenschaften, Frankfurt a.M.

Halbwachs, Maurice (1991/1950): Das kollektive Gedächtnis, Frankfurt a.M.

Halfmann, Jost (1996): Makrosoziologie der modernen Gesellschaft. Eine Einführung in die soziologische Beschreibung makrosozialer Phänomene, Weinheim/München

Hamnett, Chris / Shoval, Noam (2003): Museums as Flagships of Urban Development, in: Hoffman, Lily / Fainstein, Susan S. / Judd, Dennis R. (Hg.): Cities and Visitors: Regulating People, Markets and City Space, Oxford, S. 219-236

Hanna, Stephen P. / Del Casino Jr., Vincent J. (Hg.) (2003): Mapping Tourism, Minneapolis/London

Hansmeyer, Karl-Heinrich (Hg.) (1973): Kommunale Finanzpolitik in der Weimarer Republik, Stuttgart u.a.

Hard, Gerhard (1993): Über Räume reden. Zum Gebrauch des Wortes „Raum" in sozialwissenschaftlichem Zusammenhang, in: Mayer, Jörg (Hg.): Die aufgeräumte Welt – Raumbilder und Raumkonzepte im Zeitalter globaler Marktwirtschaft, Loccum, S. 53-77

Hard, Gerhard (2002): Raumfragen, in: ders.: Landschaft und Raum. Aufsätze zur Theorie der Geographie. Band 1, Osnabrück, S. 253-302

Harvey, David (2000): Spaces of Hope, Edinburgh

Häußermann, Hartmut / Colomb, Claire (2003): The New Berlin: Marketing the City of Dreams, in: Hoffman, Lily / Fainstein, Susan S. / Judd, Dennis R. (Hg.): Cities and Visitors: Regulating People, Markets and City Space, Oxford, S. 200-218

Häußermann, Hartmut / Siebel, Walter (Hg.) (1993): Festivalisierung der Stadtpolitik. Stadtentwicklung durch große Projekte (Leviathan, Sonderheft 13), Opladen

Heitmeyer, Wilhelm (1994): Das Desintegrations-Theorem. Ein Erklärungsansatz zu fremdenfeindlich motivierter, rechtsextremistischer Gewalt und zur Lähmung gesellschaftlicher Institutionen, in: ders. (Hg.): Das Gewaltdilemma. Gesellschaftliche Reaktionen auf fremdenfeindliche Gewalt und Rechtsextremismus, Frankfurt a.M., S. 29-72

Hennig, Christoph (1998): Entwurf einer Theorie des Tourismus, in: Burmeister, Hans-Peter (Hg.): Auf dem Weg zu einer Theorie des Tourismus (Loccumer Protokolle 5), S. 54-70

Hennig, Christoph (1999): Reiselust. Touristen, Tourismus und Urlaubskultur, Frankfurt a.M.

Herbert, David T. (1995): Heritage Places, Leisure and Tourism, in: ders. (Hg.): Heritage, Tourism and Society, London, S. 1-20

Hesse, Reinhard (1978): Massentourismus als Flucht in die Selbstbestätigung? In: Zeitschrift für Kulturaustausch, Heft 3, S. 93-96

Hirsch, Joachim (2001): Postfordismus: Dimension einer neuen kapitalistischen Formation, in: Hirsch, Joachim / Jessop, Bob / Poulantzas, Nicos: Die Zukunft des Staates, Hamburg, S. 175-209

Hoffman, Lily / Fainstein, Susan S. / Judd, Dennis R. (Hg.) (2003): Cities and Visitors: Regulating People, Markets and City Space, Oxford

Hoffmann, Walther G. (1965): Das Wachstum der deutschen Wirtschaft seit Mitte des 19. Jahrhunderts, Berlin

Hömberg, Erentraud (1977): Tourismus. Funktionen, Strukturen, Kommunikationskanäle, München

Huber, Hans Dieter (1991): Interview mit Niklas Luhmann am 13.12.1990 in Bielefeld, in: Texte zur Kunst 1/4, S. 121-133

Hughes, George (1995): Authenticity in Tourism, in: Annals of Tourism Research 22/4, S. 781-803

Idies, Yusif / Müller, Jana (2005): Stadt und Tourismus. Bericht zur Feldforschung in Fulda (unveröffentlichte Seminarhausarbeit), Frankfurt a.M.

Ihmels, Karl (1981): Das Recht auf Urlaub. Sozialgeschichte, Rechtsdogmatik, Gesetzgebung, Königstein/Ts.

Institut für Kommunikationsgeschichte und angewandte Kulturwissenschaften der FU Berlin (Hg.) (1995): Berlin wirbt! Metropolenwerbung zwischen Verkehrsreklame und Stadtmarketing 1920-1995 (Ausstellungskatalog), Berlin

Jahn, Georg / Knauff, Markus (2003): Raum zum Lesen: Die Konstruktion mentaler Modelle beim Verstehen narrativer Texte, in: Krämer-Badoni, Thomas / Kuhm, Klaus (Hg.): Die Gesellschaft und ihr Raum. Raum als Gegenstand der Soziologie (Stadt, Raum und Gesellschaft 21), Opladen, S. 53-72

Jähner, Harald (1988): Tour in die Moderne. Die Rolle der Kultur für städtische Imagewerbung und Städtetourismus, in: Scherpe, Klaus R. (Hg.): Die Unwirklichkeit der Städte. Großstadtdarstellungen zwischen Moderne und Postmoderne, Reinbek bei Hamburg, S. 225-242

Job, Hubert / Metzler, Daniel (2003): Tourismusentwicklung und Tourismuspolitik in Ostafrika, in: Geographische Rundschau 55/7-8, S. 10-17

Judd, Dennis R. / Fainstein, Susan S. (Hg.) (1999): The Tourist City, New Haven

Jung, Irene (Hg.) (1991): Wetzlar im Spiegel alter Postkarten, Horb am Neckar

Jung, Irene (1998): Zur Wetzlarer Stadtgeschichte, in: Schmidt-von Rhein, Georg (Hg.): Wetzlar. Stadt des Reichskammergerichts, Wetzlar, S. 7-20

Jung, Irene (1999): Wetzlar. Kleiner Stadtführer, Wetzlar

Kamp, Michael (1996): Die touristische Entdeckung Rothenburgs ob der Tauber im 19. Jahrhundert. Wunschbild und Wirklichkeit, Rothenburg o.T.

Keitz, Christine (1997): Reisen als Leitbild. Die Entstehung des modernen Massentourismus in Deutschland, München

Keller, Peter (1973): Soziologische Probleme im modernen Tourismus
unter besonderer Berücksichtigung des offenen und geschlossenen
Jugendtourismus (Europäische Hochschulschriften XXII/5),
Bern/Frankfurt a.m.

Kentler, Helmut (1965): Forschungsbericht „Jugend im Urlaub", München

Keul, Alexander / Kühberger, Anton (1996): Die Straße der Ameisen.
Beobachtungen und Interviews zum Salzburger Städtetourismus
(Tourismuswissenschaftliche Manuskripte 1), München/Wien

Kieserling, André (1999): Kommunikation unter Anwesenden. Studien
über Interaktionssysteme, Frankfurt a.m.

Klüter, Helmut (1986): Raum als Element sozialer Kommunikation.
Gießener Geographische Schriften 60, Gießen

Klüter, Helmut (1994): Raum als Objekt menschlicher Wahrnehmung
und Raum als Element sozialer Kommunikation. Vergleich zweier
humangeographischer Ansätze, in: Mitteilungen der Österreichischen Geographischen Gesellschaft, Jg. 136, Wien, S. 143-178

Knebel, Hans-Joachim (1960): Soziologische Strukturwandlungen im
modernen Tourismus, Stuttgart

Kneer, Georg / Nassehi, Armin (1997): Niklas Luhmanns Theorie sozialer Systeme. Eine Einführung, München

Knoll, Gabriele Marita (1988): Großstadttourismus der Innenstadt von
Köln im 19. und 20. Jahrhundert, Köln

Köck, Christoph (Hg.) (2001): Reisebilder: Produktion und Reproduktion touristischer Wahrnehmung, Münster u.a.

Köddermann, Peter (2000): Städtetourismus im Ruhrgebiet, in: Tourismus Journal 4/1, S. 71-78

Kohli, Martin (1985): Die Institutionalisierung des Lebenslaufs, in: Kölner Zeitschrift für Soziologie und Sozialpsychologie 1, S. 1-29

Köstlin, Konrad (1995): Wir sind alle Touristen – Gegenwelten als Alltag, in: Cantauw, Christiane (Hg.): Arbeit, Freizeit, Reisen. Die feinen Unterschiede im Alltag, Münster/New York, S. 1-12

Krämer-Badoni, Thomas / Kuhm, Klaus (Hg.) (2003): Die Gesellschaft
und ihr Raum. Raum als Gegenstand der Soziologie (Stadt, Raum
und Gesellschaft 21), Opladen

Kreisel, Werner (2003): Trends in der Entwicklung von Freizeit und
Tourismus, in: Becker, Christoph / Hopfinger, Hans / Steinecke,
Albrecht (Hg.): Geographie der Freizeit und des Tourismus: Bilanz
und Ausblick, München/Wien, S. 74-85

Krempien, Petra (2000): Geschichte des Reisens und des Tourismus. Ein Überblick von den Anfängen bis zur Gegenwart, Limburgerhof

Kresta, Edith (1998): Die Flucht ins Andere, in: Burmeister, Hans-Peter (Hg.): Auf dem Weg zu einer Theorie des Tourismus (Loccumer Protokolle 5), S. 11-20

Krippendorf, Jost (1984): Die Ferienmenschen. Für ein neues Verständnis von Freizeit und Reisen, Zürich/Schwäbisch Hall

Krüger, Rainer (2001): Zwischen Strandurlaub und Internet: Räume des Reisens, in: Tourismus Journal 5/3, S. 365-374

Kuhm, Klaus (2000a): Raum als Medium gesellschaftlicher Kommunikation, in: Soziale Systeme 6/2, S. 321-348

Kuhm, Klaus (2000b): Exklusion und räumliche Differenzierung, in: Zeitschrift für Soziologie 29/1, S. 60-77

Kuhm, Klaus (2003a): Was die Gesellschaft aus dem macht, was das Gehirn dem Bewusstsein und das Bewusstsein der Gesellschaft zum Raum ,sagt', in: Krämer-Badoni, Thomas / Kuhm, Klaus (Hg.): Die Gesellschaft und ihr Raum. Raum als Gegenstand der Soziologie (Stadt, Raum und Gesellschaft 21), Opladen, S. 13-32

Kuhm, Klaus (2003b): Die Region – parasitäre Struktur der Weltgesellschaft, in: Krämer-Badoni, Thomas / Kuhm, Klaus (Hg.): Die Gesellschaft und ihr Raum. Raum als Gegenstand der Soziologie (Stadt, Raum und Gesellschaft 21), Opladen, S. 175-196

Lakoff, George (1990): Women, Fire, and Dangerous Things. What Categories Reveal about the Mind, Chicago/London

Lakoff, George / Johnson, Mark (1998): Leben in Metaphern. Konstruktion und Gebrauch von Sprachbildern, Heidelberg

Läpple, Dieter (1991): Essay über den Raum, in: Häußermann, Hartmut / Ipsen, Detlev / Krämer-Badoni, Thomas / Läpple, Dieter / Rodenstein, Marianne / Siebel, Walter: Stadt und Raum. Soziologische Analysen, Pfaffenweiler, S. 157-207

Lash, Scott (1996): Tradition and the Limits of Difference, in: Heelas, Paul / Lash, Scott / Morris, Paul (Hg.): Detraditionalization: Critical Reflections on Authority and Identity, Oxford, S. 250-274

Lash, Scott / Urry, John (1994): Mobility, Modernity and Place, in: dies.: Economies of Signs and Space, London u.a., S. 252-278

Lauterbach, Burkhart (1989): Baedeker und andere Reiseführer. Eine Problemskizze, in: Zeitschrift für Volkskunde 85, S. 206-234

Law, Christopher M. (1993): Urban Tourism – Attracting Visitors to large Cities, London/New York

Lazzorotti, Olivier (2001): Tourismus: Von Orten und Menschen, in: Voyage. Jahrbuch für Reise- und Tourismusforschung 4, S. 72-78

Leed, Eric J. (1993): Die Erfahrung der Ferne. Reisen von Gilgamesch bis zum Tourismus unserer Tage, Frankfurt a.m./New York

Leibniz, Gottfried Wilhelm (1966) [1715/1716]: Hauptschriften zur Grundlegung der Philosophie. Band 1 (herausgegeben von Ernst Cassirer), Hamburg

Leiper, Neil (1990): Tourism Systems: An Interdisciplinary Perspective, Palmerston

Lindner, Rolf (2003): Der Habitus der Stadt. Ein kulturgeographischer Versuch, in: Petermanns Geographische Mitteilungen 147/2, S. 46-53

Lippuner, Roland (2005): Raum – Systeme – Praktiken. Zum Verhältnis von Alltag, Wissenschaft und Geographie (Sozialgeographische Bibliothek 2), Stuttgart

Löfgren, Orvar (1999): On Holiday. A History of Vacationing, Berkeley u.a.

Lohmann, Martin (1999): Kulturtouristen oder die touristische Nachfrage nach Kulturangeboten, in: Heinze, Thomas (Hg.): Kulturtourismus. Grundlagen, Trends und Fallstudien, München/Wien, S. 52-82

Lossau, Julia (2002): Die Politik der Verortung. Eine postkoloniale Reise zu einer ANDEREN Geographie der Welt, Bielefeld

Löw, Martina (2001): Raumsoziologie, Frankfurt a.m.

Luckmann, Thomas (1989): Kultur und Kommunikation, in: Haller, Max / Hoffmann-Nowotny, Hans-Jürgen / Zapf, Wolfgang (Hg.): Kultur und Gesellschaft. Verhandlungen des 24. Deutschen Soziologentages, des 11. Österreichischen Soziologentages und des 8. Kongresses der Schweizerischen Gesellschaft für Soziologie in Zürich 1988, Frankfurt am Main/New York, S. 33-45

Luhmann, Niklas (1971): Sinn als Grundbegriff der Soziologie, in: Habermas, Jürgen / Luhmann, Niklas: Theorie der Gesellschaft oder Sozialtechnologie – Was leistet die Systemforschung? Frankfurt a.m., S. 25-100

Luhmann, Niklas (1980): Gesellschaftsstruktur und Semantik. Studien zur Wissenssoziologie der modernen Gesellschaft 1, Frankfurt a.m.

Luhmann, Niklas (1981): Symbiotische Mechanismen, in: ders.: Soziologische Aufklärung 3, Opladen, S. 228-244

Luhmann, Niklas (1987): Soziale Systeme. Grundriß einer allgemeinen Theorie, Frankfurt a.m.

Luhmann, Niklas (1989): Individuum, Individualität, Individualismus, in: ders.: Gesellschaftsstruktur und Semantik. Studien zur Wissenssoziologie der modernen Gesellschaft 3, Frankfurt a.m., S. 149-258

Luhmann, Niklas (1990a): Soziologische Aufklärung 5. Konstruktivistische Perspektiven, Opladen

Luhmann, Niklas (1990b): Sozialsystem Familie, in: ders. 1990a, S. 196-217

Luhmann, Niklas (1994): Die Wissenschaft der Gesellschaft, Frankfurt a.M.

Luhmann, Niklas (1995a): Inklusion und Exklusion, in: ders.: Soziologische Aufklärung 6. Die Soziologie und der Mensch, Opladen, S. 237-264

Luhmann, Niklas (1995b): Kultur als historischer Begriff, in: ders.: Gesellschaftsstruktur und Semantik. Studien zur Wissenssoziologie der modernen Gesellschaft 4, Frankfurt a.M., S. 31-54

Luhmann, Niklas (1995c): Die Soziologie des Wissens: Probleme ihrer theoretischen Konstruktion, in: ders.: Gesellschaftsstruktur und Semantik. Studien zur Wissenssoziologie der modernen Gesellschaft 4, Frankfurt a.M., S. 151-180

Luhmann, Niklas (1996): Die Realität der Massenmedien, Opladen

Luhmann, Niklas (1997): Die Kunst der Gesellschaft, Frankfurt a.M.

Luhmann, Niklas (1998): Die Gesellschaft der Gesellschaft. 2 Bände, Frankfurt a.M.

Luhmann, Niklas (2000): Die Politik der Gesellschaft (herausgegeben von André Kieserling), Frankfurt a.M.

Luhmann, Niklas (2002a): Einführung in die Systemtheorie (herausgegeben von Dirk Baecker), Heidelberg

Luhmann, Niklas (2002b): Das Erziehungssystem der Gesellschaft (herausgegeben von Dieter Lenzen), Frankfurt a.M.

Luhmann, Niklas (2003/1988): Frauen, Männer und George Spencer Brown, in: Pasero, Ursula / Weinbach, Christine (Hg.): Frauen, Männer, Gender Trouble. Systemtheoretische Essays, Frankfurt a.M., S. 15-62

MacCannell, Dean (1973): Staged Authenticity: Arrangements of Social Space in Tourist Settings, in: American Journal of Sociology 79/3, S. 589-603

MacCannell, Dean (1999/1976): The Tourist. A New Theory of the Leisure Class, Berkeley u.a.

MacKay, Kelly J. / Fesenmaier, Daniel R. (1997): Pictorial Element of Destination in Image Formation, in: Annals of Tourism Research 24/3, S. 537-565

Mäder, Ueli (1988/1982): Vom Kolonialismus zum Tourismus – von der Freizeit zur Freiheit, Zürich

Mandel, Birgit (1996): Wunschbilder werden wahr gemacht. Aneignung von Urlaubswelt durch Fotosouvenirs am Beispiel deutscher Italientouristen der 50er und 60er Jahre, Frankfurt a.m. u.a.

Markwick, Marion (2001): Postcards from Malta. Image, Consumption, Context, in: Annals of Tourism Research 28/2, S. 417-438

Maschke, Joachim (1999): Die Bedeutung des Kulturtourismus für städtische Destinationen, in: Heinze, Thomas (Hg.): Kulturtourismus. Grundlagen, Trends und Fallstudien, München/Wien, S. 83-104

Matthiesen, Ulf (2003): Dimensionen der Raumentwicklung in der Perspektive einer strukturalen Hermeneutik, in: Krämer-Badoni, Thomas / Kuhm, Klaus (Hg.): Die Gesellschaft und ihr Raum. Raum als Gegenstand der Soziologie (Stadt, Raum und Gesellschaft 21), Opladen, S. 251-274

Maturana, Humberto R. / Varela, Francisco J. (1987): Der Baum der Erkenntnis. Die biologischen Wurzeln menschlichen Erkennens, Bern/München

McInnes, Agnes (1988): The Emergence of a Leisure Town. Shrewsbury, 1660-1760, in: Past and Present 120, S. 53-87

McIntyre, Sylvia (1981): Bath: The Rise of a Resort Town, 1660-1800, in: Clark, Peter (Hg.): Country Towns in Preindustrial England, Leicester, S. 197-249

Meethan, Kevin (1996a): Consuming (in) the Civilized City, in: Annals of Tourism Research 23/2, S. 322-340

Meethan, Kevin (1996b): Place, Image and Power: Brighton as a Resort, in: Selwyn, Tom (Hg.): The Tourist Image. Myths and Myth Making in Tourism, Chichester u.a., S. 179-196

Meethan, Kevin (2001): Tourism in Global Society. Place, Culture, Consumption, New York

Meier, Iris (1994): Städtetourismus. Trierer Tourismus Bibliographie, Band 6, Trier

Michaelis, Herbert (1982): Zum Begriff und zur Bedeutung des Städtetourismus als Teil des Fremdenverkehrs, in: Akademie für Raumforschung und Landesplanung (Hg.): Städtetourismus. Analysen und Fallstudien aus Hessen, Rheinland-Pfalz und Saarland (Forschungs- und Sitzungsberichte 142), Hannover, S. 13-27

Miggelbrink, Judith (2002a): Kommunikation über Regionen. Überlegungen zum Konzept der Raumsemantik in der Humangeographie, in: Berichte zur deutschen Landeskunde 76/4, S. 273-306

Miggelbrink, Judith (2000b): Der gezähmte Blick. Zum Wandel des Diskurses über „Raum" und „Region" in humangeographischen Forschungsansätzen des ausgehenden 20. Jahrhunderts (Beiträge zur Regionalen Geographie 55), Leipzig

Miggelbrink, Judith / Redepenning, Marc (2004): Die Nation als Ganzes? Zur Funktion nationalstaatlicher Semantiken, in: Berichte zur deutschen Landeskunde 78/3, S. 313-337

Mill, Robert C. / Morrison, Alastair M. (2002): The Tourism System. An Introductory Text, Englewood Cliffs

Moore, Alexander (1980): Walt Disney World: Bounded Ritual Space and the Playful Pilgrimage Center, in: Anthropological Quarterly 53, S. 207-218

Morin, Edgar (1965/1958): Vivent les Vacances, in: ders.: Introduction à une Politique de l'Homme, Paris, S. 220-225

Morin, Edgar (1986): La Méthode. Tome 3: La Connaissance de la Connaissance, Paris

Mullins, Patrick (1991): Tourism Urbanisation, in: International Journal of Urban and Regional Research 15/3, S. 326-342

Mundt, Jörn W. (2001): Einführung in den Tourismus, München/Wien

Nahrstedt, Wolfgang (1972): Die Entstehung der Freizeit. Dargestellt am Beispiel Hamburgs. Ein Beitrag zur Strukturgeschichte und zur strukturgeschichtlichen Grundlegung der Freizeitpädagogik, Göttingen

Nash, Dennison (1989/1977): Tourism as a Form of Imperialism, in: Smith, Valene L. (Hg.): Hosts and Guests. The Anthropology of Tourism, Philadelphia, S. 37-52

Nassehi, Armin (1993): Die Zeit der Gesellschaft. Auf dem Weg zu einer soziologischen Theorie der Zeit, Opladen

Nassehi, Armin (1997): Inklusion, Exklusion, Integration, Desintegration. Die Theorie funktionaler Differenzierung und die Desintegrationsthese, in: Heitmeyer, Wilhelm (Hg.): Was hält die Gesellschaft zusammen? Bundesrepublik Deutschland: Auf dem Weg von der Konsens- zur Konfliktgesellschaft (Band 2), Frankfurt a.M., S. 113-148

Nassehi, Armin (2002): Dichte Räume. Städte als Synchronisations- und Inklusionsmaschinen, in: Löw, Martina (Hg.): Differenzierungen des Städtischen, Opladen, S. 211-232

Nassehi, Armin (2003a): Geschlossenheit und Offenheit. Studien zur Theorie der modernen Gesellschaft, Frankfurt a.M.

Nassehi, Armin (2003b): Geschlecht im System. Die Ontologisierung des Körpers und die Asymmetrie der Geschlechter, in: Pasero, Ursula / Weinbach, Christine (Hg.): Frauen, Männer, Gender Trouble. Systemtheoretische Essays, Frankfurt a.M., S. 80-104

Newton, Isaac (1988) [1687]: Mathematische Grundlagen der Naturphilosophie (herausgegeben von Ed Dellian), Hamburg

Niedermaier, Hubertus / Schroer, Markus (2004): Sozialität im Cyberspace, in: Budke, Alexandra / Kanwischer, Detlef / Pott, Andreas (Hg.): Internetgeographien. Beobachtungen zum Verhältnis von Internet, Raum und Gesellschaft, Stuttgart, S. 125-141

Niehuss, Merith (1999): Die Hausfrau, in: Frevert, Ute / Haupt, Heinz-Gerhard (Hg.): Der Mensch des 20. Jahrhunderts, Frankfurt a.M./New York, S. 45-65

Nora, Pierre (Hg.) (1984-1993): Les Lieux de mémoire. 7 Bände (1984: I. La République, 1986: II. La Nation (1, 2, 3), 1993: III. Les France (1, 2, 3)), Paris

Nuryanti, Wiendu (1996): Heritage and Postmodern Tourism, in: Annals of Tourism Research 23/2, S. 249-260

Ohler, Norbert (1988): Reisen im Mittelalter, München

Opaschowski, Horst W. (1989): Tourismusforschung, Opladen

Opaschowski, Horst W. (2002): Tourismus. Eine systematische Einführung. Analysen und Prognosen (3., aktualisierte und erweiterte Auflage), Opladen

Page, Stephen J. (1995): Urban Tourism, London/New York

Page, Stephen J. / Hall, C. Michael (2003): Managing Urban Tourism, Harlow

Park, Robert E. (1967/1925): Suggestions for the Investigation of Human Behaviour in the Urban Environment, in: Park, Robert E. / Burgess, Ernest W. / McKenzie, Roderick D.: The City, Chicago, S. 1-46

Pearce, Douglas G. (1992): Tourist Organisations, London

Peukert, Rüdiger (1996): Familienformen im sozialen Wandel, Opladen

Popp, Herbert (1994): Das Bild der Königsstadt Fes (Marokko) in der deutschen Reiseführer-Literatur, in: ders. (Hg.): Das Bild der Mittelmeerländer in der Reiseführer-Literatur. Passauer Mittelmeerstudien 5, S. 113-131

Pott, Andreas (2001): Der räumliche Blick – Zum Zusammenhang von Raum und städtischer Segregation von Migranten, in: Gestring, Norbert et al. (Hg.): Jahrbuch StadtRegion 2001 – Schwerpunkt: Einwanderungsstadt, Opladen, S. 57-74

Pott, Andreas (2005): Kulturgeographie beobachtet. Probleme und Potentiale der geographischen Beobachtung von Kultur, in: Erdkunde 59/2, S. 89-101

Prahl, Hans-Werner (2002): Soziologie der Freizeit, Paderborn

Prahl, Hans-Werner / Steinecke, Albrecht (1981/1979): Der Millionen-Urlaub. Von der Bildungsreise zur totalen Freizeit, Frankfurt a.M./Berlin/Wien

Pries, Ludger (1997): Neue Migration im transnationalen Raum, in: ders. (Hg.): Transnationale Migration. Soziale Welt, Sonderband 12, Baden-Baden, S. 15-44

Pütz, Robert (2003): Kultur und unternehmerisches Handeln – Perspektiven der „Transkulturalität als Praxis", in: Petermanns Geographische Mitteilungen 147/2, S. 76-83

Redepenning, Marc (2006): Wozu Raum? Systemtheorie, *critical geopolitics* und raumbezogene Semantiken (Beiträge zur Regionalen Geographie 62), Leipzig

Resch, Christine / Steinert, Heinz (2004): Die Widersprüche von Herrschaftsdarstellung – Bescheidenes Großtun als Kompromiss. Der Potsdamer Platz aus der Perspektive der Kritischen Theorie, in: Fischer, Joachim / Makropoulos, Michael (Hg.): Potsdamer Platz. Soziologische Theorien zu einem Ort der Moderne, München, S. 107-138

Reulecke, Jürgen (1976): Vom blauen Montag zum Arbeiterurlaub. Vorgeschichte und Entstehung des Erholungsurlaubs für Arbeiter vor dem Ersten Weltkrieg, in: Archiv für Sozialgeschichte 16, S. 205-248

Richards, Greg (1996): Production and Consumption of European Cultural Tourism, in: Annals of Tourism Research 23/2, S. 261-283

Richter, Dieter (2003): Editorial: Körper auf Reisen, in: Hennig, Christoph u.a. (Hg.): Voyage. Jahrbuch für Reise- und Tourismusforschung 6, München/Wien, S. 8f.

Rieger, Paul (1978): Urlaub – Frist für Freiheit, in: Schilling, Heinz (Hg.): Aspekte der Freizeit, Gießen, S. 57-69

Rodenstein, Marianne (2006): Globalisierung und ihre visuelle Repräsentation in europäischen Städten durch Hochhäuser, in: Faßler, Manfred / Terkowsky, Claudius (Hg.): Urban Fictions. Die Zukunft des Städtischen, München, S. 83-100

Romeiß-Stracke, Felizitas (1998): Fünf Versuche zu einer Theorie des Tourismus, in: Burmeister, Hans-Peter (Hg.): Auf dem Weg zu einer Theorie des Tourismus (Loccumer Protokolle 5), S. 41-53

Rumelhart, David E. (1980): Schemata. The Building Blocks of Cognition, in: Spiro, Rand J. et al. (Hg.): Theoretical Issues in Reading Comprehension, Hillsdale, S. 33-58

Ryan, Chris (1991): Recreational Tourism: A Social Science Perspective, London

Saunders, Peter (1987): Soziologie der Stadt, Frankfurt a.M./New York

Schank, Roger C. / Abelson, Robert P. (1977): Scripts, Plans, Goals, and Understanding. An Inquiry into Human Knowledge Structures, Hillsdale

Scherr, Albert (1995): Soziale Identitäten Jugendlicher. Politische und berufsbiographische Orientierungen von Auszubildenden und Studenten, Opladen

Scheuch, Erwin K. (1969): Soziologie der Freizeit, in: König, René (Hg.): Handbuch der empirischen Sozialforschung, Bd. 2, Stuttgart, S. 735- 833

Schimank, Uwe (1988): Die Entwicklung des Sports zum gesellschaftlichen Teilsystem, in: Mayntz, Renate u.a. (Hg.): Differenzierung und Verselbständigung. Zur Entwicklung gesellschaftlicher Teilsysteme, Frankfurt a.m./New York, S. 181-232

Schimank, Uwe (2000): Theorien gesellschaftlicher Differenzierung, Opladen

Schimany, Peter (1999): Tourismussoziologie zwischen Entgrenzung und Begrenzung. Eine Zwischenbilanz, in: Schwengel, Hermann (Hg.): Grenzenlose Gesellschaft? 29. Kongress der Deutschen Gesellschaft für Soziologie. Band II/2, Pfaffenweiler, S. 274-277

Schlinke, Katrin (1999): Die Reichstagsverhüllung in Berlin 1995. Auswirkungen einer kulturellen Großveranstaltung auf die touristische Nachfrage, in: Heinze, Thomas (Hg.): Kulturtourismus. Grundlagen, Trends und Fallstudien, München/Wien, S. 181-215

Schlottmann, Antje (2005): RaumSprache – Ost-West-Differenzen in der Berichterstattung zur deutschen Einheit. Eine sozialgeographische Theorie (Sozialgeographische Bibliothek 4), Stuttgart

Schneider, Reinhold / Weißenmayer, Martina (2004): Stadt Wetzlar. Denkmaltopographie Bundesrepublik Deutschland. Kulturdenkmäler in Hessen, Stuttgart

Schreiber, Michael (1990): Großstadttourismus in der Bundesrepublik Deutschland am Beispiel einer segmentorientierten Untersuchung der Stadt Mainz (Mainzer Geographische Studien 35), Mainz

Schroer, Markus (2006): Räume, Orte, Grenzen. Auf dem Weg zu einer Soziologie des Raums, Frankfurt a.M.

Schulze, Gerhard (1994): Milieu und Raum, in: Noller, Peter / Prigge, Walter / Ronneberger, Klaus (Hg.): Stadt-Welt. Über die Globalisierung städtischer Milieus, Frankfurt a.m./New York, S. 40-53

Selin, Steven / Beason, Kim (1991): Interorganizational Relations in Tourism, in: Annals of Tourism Research 18, S. 639-652

Selwyn, Tom (1994): The Anthropology of Tourism: Reflections on the State of the Art, in: Seaton, A.V. (ed.): Tourism: The State of the Art, Chichester

Selwyn, Tom (Hg.) (1996): The Tourist Image. Myths and Myth Making in Tourism, Chichester u.a.

Sennett, Richard (1998): Der flexible Mensch. Die Kultur des neuen Kapitalismus, Berlin

Shaw, Gareth / Williams, Allan (1994): Critical Issues in Tourism: A Geographical Perspective, Oxford

Shields, Rob (1991): Places on the Margin. Alternative Geographies of Modernity, London

Shields, Rob (1998): Raumkonstruktion und Tourismus. Orte der Erinnerung und Räume der Antizipation in Quebec City, in: Voyage. Jahrbuch für Reise- und Tourismusforschung 2, S. 53-71

Siebel, Walter (2000): Urbanität, in: Hartmut Häußermann (Hg.), Großstadt. Soziologische Stichworte, Opladen, S. 264-272

Simmel, Georg (1983) [1957 bzw. 1903]: Die Großstädte und das Geistesleben (aus: ders.: Brücke und Tor. Essays des Philosophischen zur Geschichte, Religion, Kunst und Gesellschaft, Stuttgart 1957; erstmals in: Petermann, Th. (Hg.): Die Großstadt, Jahrbuch der Gehe-Stiftung, Dreden 1903), in: Schmals, Klaus M. (Hg.): Stadt und Gesellschaft. Ein Arbeits- und Grundlagenwerk, München, S. 237-246

Simmel, Georg (1995) [1908]: Soziologie des Raums, in: ders.: Aufsätze und Abhandlungen 1901-1908. Band 1 (Band 7 der Georg Simmel – Gesamtausgabe, herausgegeben von Otthein Rammstedt), Frankfurt a.M., S. 132-183

Sismondo, Sergio (1993): Some Social Constructions, in: Social Studies of Science 23, S. 515-553

Smith, Stephen L.J. (1994): The Tourism Product, in: Annals of Tourism Research 21/3, S. 582-595

Smith, Valene L. (2001): Space Tourism, in: Annals of Tourism Research 28/1, S. 238-240

Soeffner, Hans-Georg (1988): Kulturmythos und kulturelle Realität(en), in: ders. (Hg.): Kultur und Alltag. Soziale Welt, Sonderband 6, Göttingen, S. 3-20

Spehs, Peter (1990): Neue staatlich geplante Badeorte in Mexiko, in: Geographische Rundschau 42/1, S. 34-41

Spencer Brown, George (1979): Laws of Form (Neudruck), New York

Spode, Hasso (1988): Der moderne Tourismus – Grundlinien seiner Entstehung und Entwicklung vom 18. bis zum 20. Jahrhundert, in: Storbeck, Dietrich (Hg.): Moderner Tourismus. Tendenzen und Aussichten (Materialien zur Fremdenverkehrsgeographie 17), Trier, S. 39-76

Spode, Hasso (1993): Geschichte des Tourismus, in: Hahn, Heinz / Kagelmann, H. Jürgen (Hg.): Tourismuspsychologie und Tourismussoziologie. Ein Handbuch zur Tourismuswissenschaft, München, S.3-9

Spode, Hasso (1995): „Reif für die Insel". Prolegomena zu einer historischen Anthropologie des Tourismus, in: Cantauw, Christiane (Hg.):
Arbeit, Freizeit, Reisen. Die feinen Unterschiede im Alltag, Mün-
ster/New York, S. 105-123

Spode, Hasso (1999): Der Tourist, in: Frevert, Ute / Haupt, Heinz-
Gerhard (Hg.): Der Mensch des 20. Jahrhunderts, Frankfurt
a.m./New York, S. 113-137

Spring, Ulrike (2002): Touristische Räume in Oslo und Wien, in: Tourismus Journal 6/2, S. 223-238

Stäheli, Urs (2000): Sinnzusammenbrüche. Eine dekonstruktive Lektüre
von Niklas Luhmanns Systemtheorie, Weilerswist

Stagl, Justin (1980): Der wohl unterwiesene Passagier. Reisekunst und
Gesellschaftsbeschreibung vom 16. bis zum 18. Jahrhundert, in:
Krasnobaev, Boris I. u.a. (Hg.): Reisen und Reisebeschreibungen im
18. und 19. Jahrhundert als Quellen der Kulturbeziehungsforschung,
Berlin, S. 353-384

Steinbach, Josef (2000): Städtetourismus und Erlebniseinkauf, in: Tourismus Journal 4/1, S. 51-70

Steinecke, Albrecht (2003): Kunstwelten in Freizeit und Konsum:
Merkmale – Entwicklungen – Perspektiven, in: Becker, Christoph /
Hopfinger, Hans / Steinecke, Albrecht (Hg.): Geographie der Freizeit und des Tourismus: Bilanz und Ausblick, München/Wien, S.
125-137

Stichweh, Rudolf (1988a): Inklusion in Funktionssysteme der modernen
Gesellschaft, in: Mayntz, Renate u.a. (Hg.): Differenzierung und
Verselbständigung. Zur Entwicklung gesellschaftlicher Teilsysteme,
Frankfurt a.m./New York, S. 261-293

Stichweh, Rudolf (1988b): Differenzierung des Wissenschaftssystems,
in: Mayntz, Renate u.a. (Hg.): Differenzierung und Verselbständigung. Zur Entwicklung gesellschaftlicher Teilsysteme, Frankfurt
a.M./New York, S. 45-116

Stichweh, Rudolf (1998): Migration, nationale Wohlfahrtsstaaten und
die Entstehung der Weltgesellschaft, in: Bommes, Michael / Halfmann, Jost (Hg.): Migration in nationalen Wohlfahrtsstaaten. Theoretische und vergleichende Untersuchungen. IMIS-Schriften 6, S.
49-61

Stichweh, Rudolf (2000a): Raum, Region und Stadt in der Systemtheorie, in: ders.: Die Weltgesellschaft. Soziologische Analysen, Frankfurt a.M., S. 184-206

Stichweh, Rudolf (2000b): Semantik und Sozialstruktur. Zur Logik einer
systemtheoretischen Unterscheidung, in: Soziale Systeme 6/2, S.
237-250

Stichweh, Rudolf (2003a): Raum und moderne Gesellschaft. Aspekte der sozialen Kontrolle des Raums, in: Krämer-Badoni, Thomas / Kuhm, Klaus (Hg.): Die Gesellschaft und ihr Raum. Raum als Gegenstand der Soziologie (Stadt, Raum und Gesellschaft 21), Opladen, S. 93-102

Stichweh, Rudolf (2003b): Der 11. September 2001 und seine Folgen für die Entwicklung der Weltgesellschaft, in: Kümmel, Gerhard / Collmer, Sabine (Hg.): Asymmetrische Konflikte und Terrorismusbekämpfung. Prototypen zukünftiger Kriege? Baden-Baden, S. 7-16

Storbeck, Dietrich (1988): Sozialwissenschaftliche Erklärungsansätze für den modernen Tourismus, in: ders. (Hg.): Moderner Tourismus. Tendenzen und Aussichten (Materialien zur Fremdenverkehrsgeographie 17), Trier, S. 239-255

Sturm, Gabriele (2000): Wege zum Raum. Methodologische Annäherungen an ein Basiskonzept raumbezogener Wissenschaften, Opladen

Syrjämaa, Taina (2000): Tourism as a Typical Cultural Phenomenon of Urban Consumer Society, in: Borsay, Peter / Hirschfelder, Gunther / Mohrmann, Ruth-E. (Hg.): New Directions in Urban History. Aspects of European Art, Health, Tourism and Leisure since the Enlightenment, Münster u.a., S. 177-202

Tacke, Veronika (2001): Funktionale Differenzierung als Schema der Beobachtung von Organisationen. Zum theoretischen Problem und empirischen Wert von Organisationstypologien, in: dies. (Hg.): Organisation und gesellschaftliche Differenzierung, Wiesbaden, S. 141-169

Thomas, Ursula (1998): Europäische Tourismuspolitik (Materialien zur Fremdenverkehrsgeographie 44), Trier

Treiber, Hubert / Steinert, Heinz (1980): Die Fabrikation des zuverlässigen Menschen. Über die „Wahlverwandtschaft" von Kloster- und Fabrikdisziplin, München

Turner, Victor (1989/1969): Das Ritual: Struktur und Anti-Struktur, Frankfurt a.M.

Urry, John (1990): The Tourist Gaze. Leisure and Travel in Contemporary Societies, London u.a.

Urry, John (1995): Consuming Places, London

Urry, John (1999): Sensing the City, in: Judd, Dennis R. / Fainstein, Susan S. (Hg.): The Tourist City, New Haven u.a., S. 71-86

Urry, John (2001): Globalising the Tourist Gaze, online-paper: http://www.comp.lancs.ac.uk/ sociology/079ju.html

Urry, John (2003): Global Complexity, Cambridge

Veijola, Soile / Jokinen, Eeva (1994): The Body in Tourism, in: Theory, Culture and Society 11, S. 125-151

Vester, Heinz-Günter (1999): Tourismustheorie. Soziologische Wegweiser zum Verständnis touristischer Phänomene (Tourismuswissenschaftliche Manuskripte 6), München/Wien

Vetter, Friedrich (Hg.) (1986): Großstadttourismus, Berlin

Vorlaufer, Karl (1996): Tourismus in Entwicklungsländern. Möglichkeiten und Grenzen einer nachhaltigen Entwicklung durch Fremdenverkehr, Darmstadt

Vorlaufer, Karl (2003): Tourismus in Entwicklungsländern. Bedeutung, Auswirkungen, Tendenzen, in: Geographische Rundschau 55/3, S. 4-13

Wang, Ning (1999): Rethinking Authenticity in Tourism Experience, in: Annals of Tourism Research 26/2, S. 349-370

Wang, Ning (2003): Tourismus und Körper. Soziologische Bemerkungen, in: Hennig, Christoph u.a. (Hg.): Voyage. Jahrbuch für Reise- und Tourismusforschung 6, München/Wien, S. 127-134

Watson, G.L. / Kopachevsky, J.P. (1994): Interpretations of Tourism as Commodity, in: Annals of Tourism Research 21/3, S. 643-660

Weber, Carl-Hans (1996): Städtereisen, in: Dreyer, Axel (Hg.): Kulturtourismus, München, S. 51-69

Weber, Max (1972): Wirtschaft und Gesellschaft. Grundriß der verstehenden Soziologie (herausgegeben von Johannes Winckelmann), Tübingen

Wehler, Hans-Ulrich (1987): Deutsche Gesellschaftsgeschichte. Band 1: Vom Feudalismus des alten Reichs bis zur defensiven Modernisierung der Reformära: 1700-1815, München

Welz, Gisela (1993): Slum als Sehenswürdigkeit. „Negative Sightseeing" im Städtetourismus, in: Kramer, Dieter / Lutz, Ronald (Hg.): Tourismus-Kultur, Kultur-Tourismus, Münster/Hamburg, S. 39-53

Wenzel, Harald (2001): Die Abenteuer der Kommunikation. Echtzeitmassenmedien und der Handlungsraum der Hochmoderne, Weilerswist

Werlen, Benno (1993): Gibt es eine Geographie ohne Raum? Zum Verhältnis von traditioneller Geographie und zeitgenössischen Gesellschaften, in: Erdkunde 47/4, S. 241-255

Werlen, Benno (1995): Sozialgeographie alltäglicher Regionalisierungen. Band 1: Zur Ontologie von Gesellschaft und Raum, Stuttgart

Werlen, Benno (1997): Sozialgeographie alltäglicher Regionalisierungen. Band 2: Globalisierung, Region und Regionalisierung, Stuttgart

Willke, Helmut (2000): Systemtheorie I: Grundlagen, Stuttgart

Wirths, Johannes (2003): Über einen Ort des Raumes. Vorbereitende Bemerkungen im Blick auf aktuelle raumbegriffliche Konjunkturen, in: Funken, Christiane / Löw, Martina (Hg.): Raum – Zeit – Medialität. Interdisziplinäre Studien zu neuen Kommunikationstechnologien, Opladen, S. 139-170

Wöber, Karl W. (Hg.) (2002): City Tourism 2002. Proceedings of European Cities Tourism's International Conference in Vienna, Austria, 2002, Wien/New York

Wöhler, Karlheinz (1997): Auf dem (schwierigen) Weg zu einer Tourismuswissenschaft, in: Tourismus Journal 1, S. 4-10

Wöhler, Karlheinz (1998): Konstruktion von touristischen Raumbildern (Materialien zur Tourismuswissenschaft 26), Lüneburg

Wöhler, Karlheinz (2000): Konstruierte Raumbindungen. Kulturangebote zwischen Authentizität und Inszenierung, in: Tourismus Journal 4/1, S. 103-116

Wöhler, Karlheinz (2003): Kulturstadt versus Stadtkultur: Zur räumlichen Touristifizierung des Alltagsfremden, in: Bachleitner, Reinhard / Kagelmann, H. Jürgen (Hg.): Kultur – Städte – Tourimus, München/Wien, S. 21-34

Wöhler, Karlheinz (2005): Entfernung, Entfernen und Verorten, in: Spode, Hasso / Ziehe, Irene (Hg.): Voyage. Jahrbuch für Reise- und Tourismusforschung 7 – Gebuchte Gefühle. Tourismus zwischen Verortung und Entgrenzung, München/Wien, S. 121-134

Wöhler, Karlheinz / Saretzki, Anja (1996): Tourismus ohne Raum. Preise und Plätze als Reiseentscheidungsdeterminanten (Materialien zur angewandten Tourismuswissenschaft 24), Lüneburg

Wolber, Thomas (1996): Kulturtourismus in einer Stadt – der Weg zu einem Konzept am Beispiel von Weimar, in: Dreyer, Axel (Hg.): Kulturtourismus, München, S. 325-344

Wolber, Thomas (1999): Die touristische Inwertsetzung des kulturellen Erbes in größeren Städten – Historic Highlights of Germany, in: Heinze, Thomas (Hg.): Kulturtourismus. Grundlagen, Trends und Fallstudien, München/Wien, S. 105-145

Wunderer, Hartmann (1977): Der Touristenverein „Die Naturfreunde" – Eine sozialdemokratische Arbeiterkulturorganisation (1895-1933), in: Internationale Korrespondenz zur Geschichte der deutschen Arbeiterbewegung 13, S. 506-520

Zeiher, Hartmut J. / Zeiher, Helga (1994): Orte und Zeiten der Kinder. Soziales Leben im Alltag von Großstadtkindern, Weinheim/München

Ziemann, Andreas (2003): Der Raum der Interaktion – eine systemtheoretische Beschreibung, in: Krämer-Badoni, Thomas / Kuhm, Klaus

(Hg.): Die Gesellschaft und ihr Raum. Raum als Gegenstand der Soziologie (Stadt, Raum und Gesellschaft 21), Opladen, S. 131-153

Zimmermann, Stefan (2003): „Reisen in den Film" – Filmtourismus in Nordafrika, in: Egner, Heike (Hg.): Tourismus – Lösung oder Fluch? Die Frage nach der nachhaltigen Entwicklung peripherer Regionen (Mainzer Kontaktstudium Geographie 9), Mainz, S. 75-83

Verwendete deutschsprachige Reiseführer, Städteprospekte und ‚graue' Literatur

Allgemein

Deutsche Städte erleben – Prospekt der Deutschen Zentrale für Tourismus e.V., 2003/2004

Europa entdecken! Neon-Reise-Tipps von Budapest bis Barcelona – Beilage der Zeitschrift Neon, 2004/06

Marco Polo: Frankfurt – 2003, 6. Auflage

Schöner Reisen mit Goethe. Goethe-Jahr 1999 in Deutschland – Prospekt der Deutschen Zentrale für Tourismus e.V., 1999

Städte erleben. Spannende Metropolen individuell erleben – TUI-Prospekt, April-Oktober 2004

Städtereisen – DERTOUR-Prospekt, April-Oktober 2003

Weekend Lovers. Mit dem Billigflieger in Europas Metropolen. 20 Städtereisen zu Schnäppchenpreisen – Dumont-Reiseführer, 2003, Köln

Zu Wetzlar

A) Reiseführer und Prospekte

Phase der touristischen Grundlegung (bis 1939):

1862: *Wetzlar und das Lahntal – ein Führer für Fremde und Einheimische* (von Paul Wigand), Wetzlar

1903: *Wetzlar und seine Umgebung. Führer für Einheimische und Fremde* (von H. Hofmann), Wetzlar

1911: *Wetzlar an der Lahn. Den Besuchern der Stadt gewidmet* (Verfasser unbekannt), Wetzlar

1919: *Führer durch Wetzlar und Umgebung* (von Th. Netz), Wetzlar

1925: *Die Goethestadt und ehemals freie Reichsstadt Wetzlar*, herausgegeben vom Wetzlarer Verkehrs-Verein und Bürgermeisteramt, Wetzlar

1926: *Wetzlar an der Lahn*, herausgegeben vom Wetzlarer Verkehrs-Verein und Bürgermeisteramt, Wetzlar

1934: *Wetzlar an der Lahn*, herausgebeben vom Städtischen Verkehrsamt und Verkehrsverein Wetzlar/Lahn

1938: *Wetzlar an der Lahn*, herausgebeben vom Städtischen Verkehrsamt und Verkehrsverein Wetzlar/Lahn

1938: *Wetzlar an der Lahn*, herausgebeben vom Landesfremdenverkehrsverband Rhein-Main

Phase des touristischen Dämmerschlafs (1945-1980):

1953: *Wetzlar* (ohne Angaben zum Herausgeber)

1956: *Wetzlar*, herausgegeben vom Verkehrsamt der Stadt Wetzlar, Wetzlar

1963: *Wetzlar. Ein Fremdenführer*, herausgegeben vom Städtischen Verkehrsamt und Verkehrsverein, Wetzlar

1967: *Wetzlar*, herausgegeben vom Städtischen Verkehrsamt, Wetzlar

1967a:*Wetzlar heißt Sie herzlich willkommen*, herausgegeben vom Verkehrsamt der Stadt Wetzlar, Wetzlar

1972: *Wetzlar*, herausgegeben vom Städtischen Verkehrsamt, Wetzlar

1973: *Ein Stadtführer durch Wetzlar*, herausgegeben vom Verkehrsamt und dem Magistrat der Stadt Wetzlar, Wetzlar (Neuauflagen: 1976, 1977)

1975: *Wetzlar*, herausgegeben vom Städtischen Verkehrsamt, Wetzlar

1978: *Wetzlar*, herausgegeben vom Städtischen Verkehrsamt, Wetzlar

1979: *Wetzlar*, herausgegeben vom Städtischen Verkehrsamt, Wetzlar

Phase des touristischen Erwachens (1980-1995):

1981: *Wetzlar*, herausgegeben vom Städtischen Verkehrsamt, Wetzlar

1984: *Wetzlar*, herausgegeben vom Städtischen Verkehrsamt, Wetzlar

1988: *Wetzlar. Dom- und Goethestadt. Historischer Rundweg in der Altstadt*, herausgegeben vom Verkehrsamt und dem Magistrat der Stadt Wetzlar, Wetzlar

1990: *Wetzlar. Dom- und Goethestadt*, herausgegeben vom Städtischen Verkehrsamt, Wetzlar

Phase der touristischen Wachstumsanstrengungen (seit 1995):

1999: *Wetzlar. Historischer Rundweg in der Altstadt*, herausgegeben von der Tourist-Information, Wetzlar (wiederholte Neuauflage seit ca. 1995)

1999: *Wetzlarer Goethe-Sommer*, herausgegeben vom Magistrat der Stadt Wetzlar und der Tourist-Information Wetzlar, Wetzlar

2002: *Wetzlar: Alles, was Recht ist. Alles, was Freude macht. Alles, was Stil hat*, herausgegeben von der Tourist-Information (erstmals: 1994), Wetzlar

2004: *Stadtführungen & Ausflüge*, herausgegeben von der Tourist-Information, Wetzlar

2004: *Stadtführungen & mehr*, herausgegeben von der Tourist-Information, Wetzlar

2004: *Erlebnis STATT Führung*, herausgegeben von der Tourist-Information, Wetzlar

2004: *Wetzlar. Kongresse – Tagungen – Events*, herausgegeben von der Tourist-Information, Wetzlar

B) ‚Graue' Literatur

Econ-Consult (1999): Einzelhandelsentwicklungskonzept Wetzlar, Köln

Depner, Marion / Hillmer, Sandra / Wengertsmann, Sandra (2002): Marktstudie: Gästebefragung in Wetzlar/Hessen. Hausarbeit zur Vorlesung Tourismusbetriebswirtschaftslehre an der Fachhochschule Heilbronn, Heilbronn

Klingebiel, Anja / Filtzinger, Melanie / Stettinus, Silvia (2004): „Wetzlar – Stadt der Optik". Gestaltungsvorschlag für den Optikpfad, Studentische Hausarbeit im Studiengang Immobilienwirtschaft und -management an der Hochschule für angewandte Wissenschaft und Kunst, Holzminden

Magistrat der Stadt Wetzlar (Hg.) (1957): Verwaltungsbericht der Stadt Wetzlar vom 1. April 1928 bis 31. März 1952, Wetzlar

Magistrat der Stadt Wetzlar (Hg.) (1975): Verwaltungsbericht der Stadt Wetzlar 1952 – 1968, Wetzlar

Magistrat der Stadt Wetzlar (Hg.) (1980): Verwaltungsbericht der Stadt Wetzlar 1969 – 1976, Wetzlar

Maiworm, Regina (2002): Stadt mit Flair und Geschichte – Tourismus in Wetzlar, in: Kirk, Christian, in Zusammenarbeit mit der Stadt Wetzlar (Hg.): Wirtschaftsstandort Region Wetzlar, Darmstadt, S. 100-111

Pfeiffer, Hanny (1987): Das Lottehaus und seine Sammlung, in: Schmidt, Hartmut (Hg.): Lottehaus und Jerusalemhaus. Wetzlars Goethe-Stätten, Wetzlar, S. 19-28

Sachse, Gisela (1998): Bilder einer Stadt – Wetzlar, in: Schmidt-von Rhein, Georg (Hg.): Wetzlar. Stadt des Reichskammergerichts, Wetzlar, S. 23-38

Schmidt, Hartmut (Hg.): Lottehaus und Jerusalemhaus. Wetzlars Goethe-Stätten, Wetzlar

von Schneidemesser, Gisela (1987): Ein literarischer Spaziergang auf Goethes Spuren von Wetzlar nach Garbenheim, in: Schmidt, Hartmut (Hg.): Lottehaus und Jerusalemhaus. Wetzlars Goethe-Stätten, Wetzlar, S. 63-75

Seifert, Volker / Höher, Matthias (2001): Der Boots- und Radtourismus an der Lahn. Eine quantitative und strukturelle Untersuchung der touristischen Frequentierung im Jahre 2000, Gießen

Stadt-Marketing Wetzlar (Hg.) (2002): Stadt-Marketing-Infos. Ausgabe 2, Wetzlar

Tourist-Information (Hg.) (2001): Tourismuskonzept Wetzlar, Wetzlar

DANKSAGUNG

Die Jahre der Arbeit an diesem Buch werde ich vor allem als einen Lernprozess, der mir über weite Strecken große Freude bereitet hat, in Erinnerung behalten. Dies ist nicht selbstverständlich, sondern Ergebnis einer Konstellation, für die ich sehr dankbar bin. Viele Personen und Einrichtungen haben die Entstehung des Buches begleitet, ermöglicht und gefördert.

Ganz herzlich danke ich

dem Fachbereich Geowissenschaften/Geographie der J.W. Goethe-Universität Frankfurt am Main für die Annahme einer früheren Version dieser Arbeit als Habilitationsschrift,

Marianne Rodenstein für ihre mehrjährige Begleitung meines Projekts, ihre kritische Lektüre einzelner Kapitel und ihre Begutachtung,

Robert Pütz für seine motivierende Unterstützung beim Endspurt und seine Begutachtung,

Gerhard Bahrenberg für sein Interesse und seine Tätigkeit als dritter Gutachter,

Michael Bommes für seine theoretischen Anregungen, von denen die ganze Arbeit und insbesondere das Kapitel *Der Tourismus der Gesellschaft* sehr profitiert haben,

Marc Redepenning für unsere raumtheoretischen Gespräche,

Julia Lossau für ihre Kommentare zu einer Vortragsversion des Kapitels *Die Form des Städtetourismus*,

Irene Jung und Regina Maiworm und allen anderen Wetzlarer Gesprächspartnern für ihre Hilfe während meiner Feldforschung für das Kapitel *Ortssemantik und städtetouristische Entwicklung*,

Matthias Proske und Frank-Olaf Radtke für stimulierende Mittagspausen,

Kendra Briken, Oliver Brüchert, Ute Kandetzki, Jörg Ottmann und Verena Sommer für viele Gespräche und heitere Stunden als Kollegen und Tutoren während meiner Frankfurter Mitarbeiterzeit sowie für ihr gewissenhaftes und konstruktives Korrekturlesen,

Renate Uhrig für ihre unermüdliche Hilfe bei der Formatierung des Manuskripts,

der Geschwister Boehringer Ingelheim Stiftung für Geisteswissenschaften für ihre großzügige finanzielle Förderung der Drucklegung sowie der Stadt Wetzlar für einen weiteren Druckkostenzuschuss.

Meinen Eltern, Brüdern und Schwiegereltern danke ich für ihr anhaltendes Interesse und manche familiäre Hilfeleistungen.

Auch meine Kinder Alexis und Melina hatten ihren Anteil: Sie haben sich nach Kräften (und oft erfolgreich) um die Herstellung der nötigen Distanz zum Forschungsgegenstand bemüht.

Und meiner Frau Stamatia danke ich für ihr unentbehrliches Vertrauen, ihre Geduld und ihre durchgängige Zuversicht.

Osnabrück, im Juli 2007   *Andreas Pott*

Sozialtheorie

Patricia Purtschert,
Katrin Meyer,
Yves Winter (Hg.)
**Gouvernementalität
und Sicherheit**
Zeitdiagnostische Beiträge im
Anschluss an Foucault

Dezember 2007, ca. 250 Seiten,
kart., ca. 25,80 €,
ISBN: 978-3-89942-631-1

Franz Kasper Krönig
**Die Ökonomisierung
der Gesellschaft**
Systemtheoretische
Perspektiven

November 2007, ca. 160 Seiten,
kart., ca. 25,80 €,
ISBN: 978-3-89942-841-4

Johannes Angermüller
Nach dem Strukturalismus
Theoriediskurs und
intellektuelles Feld in
Frankreich

Oktober 2007, 288 Seiten,
kart., 28,80 €,
ISBN: 978-3-89942-810-0

Tanja Bogusz
Institution und Utopie
Ost-West-Transformationen an
der Berliner Volksbühne

Oktober 2007, 348 Seiten,
kart., ca. 29,80 €,
ISBN: 978-3-89942-782-0

Anette Dietrich
»Weiße Weiblichkeiten«
Konstruktionen von »Rasse«
und Geschlecht im deutschen
Kolonialismus

Oktober 2007, ca. 360 Seiten,
kart., ca. 29,80 €,
ISBN: 978-3-89942-807-0

Andreas Pott
Orte des Tourismus
Eine raum- und gesellschafts-
theoretische Untersuchung

Oktober 2007, 330 Seiten,
kart., 28,80 €,
ISBN: 978-3-89942-763-9

Jörg Döring,
Tristan Thielmann (Hg.)
Spatial Turn
Das Raumparadigma in den
Kultur- und Sozialwissen-
schaften

Oktober 2007, ca. 350 Seiten,
kart., ca. 29,80 €,
ISBN: 978-3-89942-683-0

Daniel Suber
**Die soziologische Kritik der
philosophischen Vernunft**
Zum Verhältnis von Soziologie
und Philosophie um 1900

September 2007, 524 Seiten,
kart., 39,80 €,
ISBN: 978-3-89942-727-1

Susanne Krasmann,
Jürgen Martschukat (Hg.)
Rationalitäten der Gewalt
Staatliche Neuordnungen vom
19. bis zum 21. Jahrhundert

September 2007, 294 Seiten,
kart., 26,80 €,
ISBN: 978-3-89942-680-9

Markus Holzinger
**Kontingenz in der
Gegenwartsgesellschaft**
Dimensionen eines Leitbegriffs
moderner Sozialtheorie

September 2007, 370 Seiten,
kart., 29,80 €,
ISBN: 978-3-89942-543-7

**Leseproben und weitere Informationen finden Sie unter:
www.transcript-verlag.de**

Sozialtheorie

Jochen Dreher,
Peter Stegmaier (Hg.)
**Zur Unüberwindbarkeit
kultureller Differenz**
Grundlagentheoretische
Reflexionen
August 2007, 302 Seiten,
kart., 28,80 €,
ISBN: 978-3-89942-477-5

Sandra Petermann
Rituale machen Räume
Zum kollektiven Gedenken der
Schlacht von Verdun und der
Landung in der Normandie
August 2007, 364 Seiten,
kart., zahlr. Abb., 33,80 €,
ISBN: 978-3-89942-750-9

Benjamin Jörissen
Beobachtungen der Realität
Die Frage nach der Wirklichkeit
im Zeitalter der Neuen Medien
Juli 2007, 282 Seiten,
kart., 27,80 €,
ISBN: 978-3-89942-586-4

Susanne Krasmann,
Michael Volkmer (Hg.)
**Michel Foucaults »Geschichte
der Gouvernementalität« in
den Sozialwissenschaften**
Internationale Beiträge
Juni 2007, 314 Seiten,
kart., 28,80 €,
ISBN: 978-3-89942-488-1

Hans-Joachim Lincke
Doing Time
Die zeitliche Ästhetik von
Essen, Trinken und
Lebensstilen
Mai 2007, 296 Seiten,
kart., 28,80 €,
ISBN: 978-3-89942-685-4

Anne Peters
Politikverlust?
Eine Fahndung mit Peirce
und Zizek
Mai 2007, 326 Seiten,
kart., 29,80 €,
ISBN: 978-3-89942-655-7

Nina Oelkers
**Aktivierung von
Elternverantwortung**
Zur Aufgabenwahrnehmung in
Jugendämtern nach dem neuen
Kindschaftsrecht
März 2007, 466 Seiten,
kart., 34,80 €,
ISBN: 978-3-89942-632-8

Ingrid Jungwirth
**Zum Identitätsdiskurs in den
Sozialwissenschaften**
Eine postkolonial und queer
informierte Kritik an George H.
Mead, Erik H. Erikson und
Erving Goffman
Februar 2007, 410 Seiten,
kart., 33,80 €,
ISBN: 978-3-89942-571-0

Christine Matter
»New World Horizon«
Religion, Moderne und
amerikanische Individualität
Februar 2007, 260 Seiten,
kart., 25,80 €,
ISBN: 978-3-89942-625-0

Thomas Jung
**Die Seinsgebundenheit
des Denkens**
Karl Mannheim und die
Grundlegung einer
Denksoziologie
Februar 2007, 324 Seiten,
kart., 29,80 €,
ISBN: 978-3-89942-636-6

**Leseproben und weitere Informationen finden Sie unter:
www.transcript-verlag.de**